KB140134

행복
윤리교육과
상담

행복
윤리교육과
상담

최용성 지음

한국학술정보

이끄는 글

　　고등학교 때 우울증을 심각하게 앓은 적이 있었던 나는 다시 몇
년 전 경미한 우울증을 앓았다. 그것은 콜버그(L. Kohlberg)의 도덕
발달이론이나 레스트(J. Rest)의 4구성요소모형 등이 학생들의 인성
발달과 행복 그리고 정신건강에 별로 기여하지 못한다는 것을 통계
뿐만 아니라 체험적으로 인식한 이후였다. 대안을 찾고 있던 중 긍
정심리학을 만나게 되었고, 그때의 감격은 지금도 잊을 수가 없다.
당시 충만하고 행복한 삶에 필요한 인격강점을 잘 형성해서 인격적
으로 인성적으로 선하고 똑똑한 학생을 기르는 교육(good and smart
character education)을 제대로 할 수 있을 것이라는 확신, 대학과 직
업 그리고 사회에 적응할 수 있는 긍정건강(회복탄력성 등)을 제대
로 형성할 수 있을 것이라는 확신이 있었다. 어설프게 긍정심리학
에 접근했지만 아리스토텔레스의 덕윤리학이 제시한 유다이모니아
(eudaimonia)의 좋은 삶(행복)을 확장한 긍정심리학의 플로리시
(flourish)의 긍정정서, 몰입, 의미 있는 삶, 관계, 성취의 행복을 제대
로 제시함으로써 행복하되 자신의 직업영역에서도 성취의 행복을
이루어가는 학생을 도울 수 있을 것이라는 확신이 그때에 있었다.
그 뒤 긍정심리학이 초・중・고등학교 및 대학 인성교육이 법률적
으로 강화되는 2015년 인성교육진흥법의 요구에 부응하는 인성교육

적 대안을 제시할 수 있을 것이라는 확신을 더욱 가지게 되었다. 심정적으로는 엄청난 확신이 넘쳤지만 연구와 실력이 부족했다. 때문에 윤리학과 덕윤리학과 융복합·통섭되는 심리학, 신경과학, 신경도덕교육, 도덕심리학·긍정심리학에 근거한 인성교육 프로그램을 구현하는 데에는 시간이 필요했다. 회복탄력성과 낙관성, 우울증과 불안장애 등의 정신·신체 건강 등 긍정건강을 다루는 긍정심리학의 풍성하고 포괄적인 접근을 취함으로써 정신건강에 기여하는 프로그램을 구현하는 데에는 부족한 연구의 보충이 필요했고, 나름대로의 고민과 성찰이 더 필요하였다.

이제 놀라운 확신과 기대, 그리고 감사의 시간을 뒤로 하고 이 책을 통해 긍정심리학을 기반으로 한 행복교육과 상담을 학제적 접근으로 제공해보고자 한다. 이 책은 사회과학적 접근인 긍정심리학을 행복윤리학이나 덕윤리학으로 확대해보고, 윤리교육으로 확대해보았으며, 인성교육으로 확대해본 책이다. 또한 윤리상담과 심리치료로 확대하여 긍정심리학의 성과를 최대한 확대해본 책이라고 할 수 있다.

이런 과정에서 필자는 여러 통계나 현실적 반응을 살피면서 긍정심리학 및 덕과 행복의 교육, 웰다잉 교육 및 인성교육과도 지평융합과 거리 둠의 해석학적 작업을 시도해보았다. 결국 이 책은 총 7장의 결실을 보게 되었는데, 긍정심리학과 관련하여 다양한 전략을 추구하고 있다. 제1장 "행복·덕을 위한 긍정심리학 성격강점 교육 프로그램의 적용과 평가"에서 제시하고 있는 내용은 사회과학적으로는 성격강점이고 덕윤리학적 표현으로 덕이라고 볼 수 있는 성격강점을 활용한 교육 프로그램을 적용하고 평가한 내용이다. 이어지는 제2장 "인성교육에 관한 긍정심리학적 성찰과 대안적 인성교육의 모색"은 인성이란 결국 덕이며, 성격강점인데, 이런 성격강점에 근거한 긍정심리학적 접근이 기존의 인성교육에 대한 새로운 대안이 될 수 있음을 제시한 것이다. 제3장 "조너선 하이트의 사회적 직관주의의 틀에서 본 긍정심리 및 덕교육"은 '직관이 먼저이고 전략적 추론은 그다음'이라는 조너선 하이트의 사회적 직관주의의 틀에서 콜버그 내지 레스트류의 도덕적 추론에 집중하는 기존 교육에 대한 대안으로 긍정심리교육 및 덕교육을 대안으로 제시한 것이다. 도덕적 추론이란 대체로 그때그때 맞춰 만들어지는 사후 구성물이라고 볼 때, 인지치료나 마음챙김 명상 등에 근거한 도덕교육, 긍정심리학의 성격강점(덕) 교육에 근거한 도덕교육 접근이 새로운 대안적 가능성이 있음을 제시한 글이다. 제4장 "긍정심리학과 행복·덕윤리교육의 적용-기독교적 관점"은 연구자가 긍정심리학을 불교나 유교와 도교, 기독교와 연결시킨 글 중에서 기독교의 행복·덕윤리교육과 연결시킨 글을 제시하였다. 특별히 구체적으로 행복교육, 덕윤리교육의 대안을 제시하고 있는 특징을 갖고 있다고 하겠다. 제5장 "영화를 활용한 웰빙 및 웰다잉 교육의 통합적 접근"은 긍정심리학의 웰빙 교육을 웰다잉 교육까지 확장시켜 통합한 글이다. 특별히 긍정심리학과 실존주의 심리학 및 해석학을 연계시켜 이러한 작업을 시도해본 글이다. 제6장 "긍정심리학과 도덕교육에서의 우울증 상담·교육"은 불안장애나 우울증 등으로 고통받는 학생들을 위하여 관련 상담치료적 접근을 모두 고려하였다. 약물, 운동치료와 인지치료 등을 고려하되 특별히 긍정심리학적 접근에서 어떻게 어울증 상담과 교육을 할 수 있는지를 제시하였다. 마지막으로 제7장 "긍정심리학과 회복탄력성을 위한 윤리상담"은 정신분석학적 접근, 인간주의 상담, 배려의 도덕교육적 접근, 인지치료적 접근, 마음챙김 명상 등을 고려하되 특별히 긍정심리학에 근거한 회복탄력성 윤리상담의 방안을 제시해보았다.

끝으로 이런 시도를 할 수 있도록 감동과 감사를 제공한 한국긍정심리연구소의 우문식 소장님, 대한철학회에서 관련 세미나를 통해 인문학과의 확장을 시도하도록 도와주신 이왕주, 문성학, 박장호 교수님, 그리고 선배·동료 연구자 김홍수, 이남원, 이미식, 조수경 교수님과 성지연, 정미경, 최병학, 최성희 선생님께도 감사를 드린다. 그 외 긍정심리학을 배우고 연구하는 과정에서 만났던 수많은 교수님들과 선생님들의 진심 어린 사랑과 격려, 가르침에 감사를 드리고 싶다. 책 편찬의 마지막까지 친절하게 챙기고 도와주신 한국학술정보 사장님 및 관계자분들께도 감사를 드리고 싶다. 아무쪼록 행복윤리교육과 상담을 추구하는 독자들 역시 진정한 행복과 기쁨이 가득 차고, 이 책이 유익한 것이 되었으면 한다.

2017년 9월 20일
최용성

목차

PART 01

⋮

행복·덕을 위한
긍정심리학 성격강점 교육
프로그램의 적용과 평가

1. 들어가면서

1) 연구의 필요성 및 목적

탁월한 도덕심리학자이자 긍정심리학자인 조너선 하이트(J. Haidt)는 젊은이들에게 덕행(virtue, 미덕, 덕행, 덕목, 장점 등)을 권할 때, "마치 가짜 약장수의 외침처럼 들릴 때"가 있지만 행복이란 탁월함(arete)이나 미덕과 조화되는 영혼의 활동이란 아리스토텔레스의 관점이 자신의 강점을 개발하고 잠재력을 실현하고 타고난 본성을 실현하는 좋은 삶에 대한 통찰을 보여준다는 점을 강조한다.[1) 덕행이 주는 행복을 '잘 훈련된 코끼리'라고 은유적으로 표현하는 그는 석가모니의 팔정도나 아리스토텔레스의 습관화를 강조하는 '피리 비유', 공자의 음악 연주법에 대한 비유, 『구약성경』의 「잠언」에서의 지혜 등이 시간을 초월한 미덕 형성의 실천적인 지혜를 보여주고 있음을 강조한다.[2)

이런 고대의 지혜, 고대 덕윤리학의 지혜를 긍정적으로 평가하면

---

* 본 글은 최용성, "행복·덕을 위한 긍정심리학 성격강점 활용교육 프로그램의 적용과 평가",『윤리교육연구』, 제38호(2015.10.30.)에서 수정·보완한 글임.
1) 조너선 헤이트, 권오열 옮김,『행복의 가설』(서울: 물푸레, 2010), pp.272-274 참조.
2) 위의 책, pp.278-279 참조.

서 최근의 심리학계에서 가장 급부상한 하나의 분야로 평가받는 긍정심리학(Positive Psychology)의 성과 역시 긍정적으로 평가하는 조너선 하이트는 과학적 접근을 통해 덕의 소유 없이는 행복할 수 없다는 아리스토텔레스류의 덕윤리학, 덕의 함양은 인간을 행복하게 만들어준다는 덕윤리학의 가설을 적극적으로 옹호하면서 도덕교육적 대안으로 고대 동서양의 덕교육적 전통을 잇는 긍정심리학의 인격(성격)강점 개발을 제시한다.3) 또한 버지니아 대학 긍정심리학 수업에서 덕행 혹은 인격강점을 실천하는 수업은 또한 행복에도 기여함을 제시한다.4)

긍정심리학을 창안한 마틴 셀리그만(M. Seligman) 역시 심리학이 병리학과 인간성의 어두운 면에 집착하게 되었고 인간 속에 내재하는 훌륭하고 고귀한 모든 것에 눈을 감아버렸다고 비판하면서 덕목을 드러내고 실천하고 함양하는 구체적인 방법으로서 인격(성격)강점을 제시한다. 인간에게는 질병, 질환, 고통이 발생하는 것과 동시에 미덕과 탁월함, 장점, 강점도 주어진다는 것을 강조하는 긍정심리학자들은 행복의 과학과 함께 인간의 강점과 미덕에 대한 과학적 연구를 통해 이런 미덕과 인격강점의 강화를 통해 행복을 증진할 수 있다고 주장한다.5) 전통적으로 윤리학이 다루어왔던 덕과 인격, 행복을 과학적으로 다루는 긍정심리학은 전통적인 윤리학적 접근이 다소 모호하고 효과적이지 못한 비과학적 특징이 있다면, 자신들은 보다 과학적인 접근을 취하고 있다고 본다.6) 소크라테스나 플라톤,

---

3) 위의 책, pp.292-296 참조.
4) 위의 책, pp.296-303 참조.
5) 위의 책, p.284.
6) 셀리그먼과 피터슨 등의 긍정심리학자들은 덕, 인격 강점 혹은 행복에 대하여 경험적으로 측정

아리스토텔레스, 에피큐러스, 스토아학파, 어거스틴과 아퀴나스 등이 이미 철학적, 종교적 맥락에서 행복과 좋은 삶을 질문했기에, 긍정심리학의 주목할 만한 조상들이라고 할 수 있지만 보다 경험과학적, 실증적 맥락에서 질문한 것이 긍정심리학이라는 것이다.[7)]

또한 기존의 심리학에 대해서도 심리학적 전통이 일방적으로 질병, 약점, 손상 등에 대한 연구로 치우쳤다고 비판하면서 긍정심리학은 인간의 강점과 미덕을 연구해서 옳은 것을 형성시키고, 이를 통해 행복을 추구하고자 함을 강조한다. 과거 철학자들에 의해 주로 고찰되었던 심리학이 19세기에 와서 독일의 빌헬름 분트에 의해 체계적으로 정립되고, 1890년대 이후 프로이드의 정신분석학적 접근 등에 의해 정신 병리를 치료하는 정신분석학적 임상 치료 방식 등이 창안되어 현재까지도 임상에서 사용되고 있지만 이런 과거의 심리학들이 인간의 부정적 측면, 즉 심리적 결함과 장애에만 편향적인 관심을 기울여왔다는 반성 속에서 인간의 긍정적인 측면을 과학적으로 탐구하고, 인간의 행복과 성장을 지원하는 심리학의 새로운 분야를 모색하게 된 것이다. 다시 말해서 진정한 상담과 치료는 잘못된 것을 고치는 것뿐만 아니라 옳은 것을 계발해나가는 것이기도 한 것이다.

비록 1960대, 1970년대의 인간주의 심리학자들, 예컨대 로저스(C. Rogers)나 매슬로우(A. Maslow) 등의 예외적인 노력들이 있었지만[8)] 정신분석학이나 행동주의 등 기존의 심리학은 인간의 약점이나

가능한, 즉 양화가능한 방법으로 접근한다. 그들이 제시한 진정한 행복과 연관된 6개의 덕과 24개의 강점은 지난 수천 년간 동서양에서 출현한 관련 문헌들, 즉 철학, 종교, 사상, 학문, 교육에 관한 자료조사를 통해서 얻어내었지만 그들은 국제적인 통계학적 분류표와 같은 것을 긍정심리학의 영역에서 만들고자 하였다. 박장호, "긍정심리학의 덕이론", 『윤리교육연구』 제33집 (한국윤리교육학회, 2014), p.213, 218 참조.

7) <Positive Psychology Center>, http://www.ppc.sas.upenn.edu/faqs.htm, 2014년 9월 25일 최종검색.

부정적인 측면에 너무 초점을 두었다는 것이다. 예컨대 인간의 심리적 결함과 장애에 대해서는 정신장애 진단 및 통계편람(DSM: Diagnostic and Statistical Manual of Mental Disorders)이라는 방대한 분류체계가 구성되어 있어 14가지 중요 정신병, 수십 가지의 신경증과 같은 다른 심리적 질병에 관하여 자세히 논하면서 수차례의 개정 작업을 거치면서 발전해 왔지만 셀리그만이 "온전한 정신(sanities)" 이라고 일컫고 심리학자들이 권장해야 할 긍정적인 상태, 인간의 강점과 덕성을 분류하는 매뉴얼은 존재하지 않는 것이다.[9] 그래서 긍정심리학을 주도한 셀리그만과 피터슨(C. Peterson)은 인간의 긍정적 특질, 즉 인격적 강점과 덕성의 분류체계를 개발하였는데, DSM에 상응하는 그것이 행동가치에 대한 프로젝트(Values in Action Project: VIA)인 것이다. 이것은 훌륭한 삶을 영위하는 건강한 사람을 정의하는 긍정적인 인간의 질적 측면들을 기술하고자 하였다. DSM이 '영하'(below zero)의 삶을 기술한다면(여기에서 '영점'(zero)은 정신건강과 정서적 질병을 나누는 역치를 표상한다), VIA의 목표는 '영상'(above zero)의 삶을 기술하고자 하였다.[10]

학령기 아동이나 청소년기의 측면에서 보면, 그동안 상담에서 학업부진, 우울, 불안감, 학교생활 부적응, 공격성, 약물문제, 인터넷게임 중독, 폭력, 비행 등의 문제행동에 초점을 두고 청소년의 문제 및 병리의 제거와 감소에 초점을 두었다면 긍정적인 인격강점과 덕성에 초점을 두고 긍정심리 상담이 이루어져야 한다고 보는 것이

---

8) <Positive Psychology Center>, http://www.ppc.sas.upenn.edu/faqs.htm, 2014년 9월 25일 최종검색.
9) 이종목·이계윤, 『행복을 만드는 심리학 이야기』(서울: 전남대학교 출판부, 2009), p.86.
10) 위의 책, p.116. 안신호 외, 『긍정심리학』(서울: 시그마프레스, 2009), p.333 참조.

다.[11] 예컨대 긍정심리치료 이전에 우울증치료의 과학적 효과성이 검증되었던 인지행동치료(CBT)의 경우 "우울한 것에서 벗어나기"라는 것에 초점을 두었다면, 긍정심리치료는 이런 방어적인 개입을 넘어서 "행복해질 수 있다"에 초점을 두면서 우울한 내담자에게 삶의 즐거움과 적극성, 의미를 갖게끔 개입함으로써 내담자 인생의 행복한 측면을 발달시키고 우울을 예방하는 보다 적극적 개입과 효과성을 보여주는 것이다.[12]

이런 시각은 기존의 심리학의 성과를 부정하거나 포기하려는 것이 아니라 균형을 맞추자는 것이며, 인간의 약점들(weaknesses)뿐만 아니라 강점(strengths) 역시 초점을 둘 필요가 있다는 입장이다.[13] 이런 맥락에서 긍정심리학자들은 문제가 있어 병원을 찾는 사람들을 치료하고 교정하기보다 문제없이 잘 사는 평범한 사람들의 강점도 이해하고자 한다. 인간의 정신병리 및 문제에 집중하여 증상을 경감시키더라도 인간의 행복과 삶의 질, 심리적 안녕감을 효과적으로 증진시키는 것이 아니며, 문제의 제거를 넘어 그 사람을 그 이상의 상태로 변화시켜 행복한 상태로 이끄는 것이 필요하다는 것이다.[14] 또한 상담에 있어서 기존의 질병 모델 접근은 많은 시간과 노

---

11) 김광수, "긍정심리학에 기반한 초등학교 상담의 방향과 과제", 『초등상담연구』, 제11권 2호(한국초등상담교육학회, 2012), p.195.

12) 국외 연구에서 긍정심리치료의 치료 효과는 전통적인 심리치료(TAU)와 약물치료와 병행한 전통적인 심리치료(TAUMED), 뿐만 아니라 인지행동치료(CBT)보다 우울증 회복률이 유의미하게 높게 나타나고 있다. 국내연구에서도 우울증을 호소하는 대학생 30명을 대상으로 긍정심리치료 집단 프로그램을 실시하고, 그 효과를 인지행동 치료 프로그램과 비교하였다. 그 결과 인지행동치료를 받은 통제 집단에 비해 우울증이 현저하게 호전되었을 뿐만 아니라 삶의 만족도와 긍정정서도 역시 증가되었으며 이러한 효과는 치료가 끝난 뒤 5주 동안 지속되었다. 임영진, "성격강점과 긍정 심리치료가 행복에 미치는 영향", 서울대학교 박사학위논문, 2010 참조.

13) <Positive Psychology Center>, http://www.ppc.sas.upenn.edu/faqs.htm, 2014년 9월 25일 최종검색.

14) 김광수, 앞의 논문, p.194.

력에 의해 증상의 치유가 있더라도 개인의 강점과 건강한 심리 특성의 계발이 이루어지지 않을 때에는 증상과 장애가 재발되고 문제의 악화로 반복되는 경향이 높은 한계를 보인다는 것이다.[15]

때문에 긍정심리학은 약점, 상처, 슬픔, 분노 등의 병리현상만을 연구하는 것이 아니라, 행복, 사랑, 미덕 등 인간의 강점과 덕(virtues)에 대한 연구도 포함해야 한다고 본다. 일찍이 동양의 유가적 전통뿐 아니라 서양의 아리스토텔레스가 그의 저서『니코마코스 윤리학(Ethica Nicomachea)』에서 미덕을 습관적으로 실천하면, 유덕한 사람이며 유덕한 사람은 행복한 사람이며, '행복한 삶'(eudaimonia)이란 "미덕과 일치하는 영혼의 활동"이라고 보았던 것처럼[16] 인간의 삶의 목적은 행복의 실현에 있고, 이는 덕(virtue)들을 길러감으로써 실현될 수 있다고 긍정심리학은 보는 것이다. 긍정심리학자 셀리그먼은 "진정한 행복은 여러분의 가장 근본적인 강점을 발견·함양하여 그것들을 여러분의 일, 사랑, 놀이, 양육에서 활용하는 것으로부터 나오는 것이다"라고 말한 바 있다.[17]

이런 통찰에 고무되어 국내의 도덕교육학자 김상돈 역시 도덕과 교육이 학생들에게 행복을 가져다 줄 있다는 과학적 증명을 안겨준 긍정심리학의 성과를 활용하여 교과 내용으로서 행복 교육의 강화와 교수 학습방법으로서 과학화의 결합을 적극적으로 추진해야 함을 주장한다. 그는 심리학의 병리학적 집착으로부터 벗어나서 행복

---

15) A.M. Wood & N. Tarrier, "Positive Clinical Psychology: A new vision and strategy for integrated research and practice", *Clinical Psychology Riview,* 30 (2010), pp.819-829 참조.

16) Aristotle, *Nicomachean Ethics*, trans. David Ross(New York: Oxford University Press, 1925), 1104b.

17) M.E.P. Seligman, *Authentic happiness* (New York: Free Press, 2002), p.xiii.

을 위한 심리학으로의 변화를 주장하는 긍정심리학은 도덕과교육의 활성화에 적극적으로 기여할 수 있다고 보고 있다.[18] 윤리학적 측면에서도 그는 소크라테스와 플라톤, 아리스토텔레스와 에피큐러스, 스토아학파, 그리고 어거스틴과 아퀴나스의 윤리사상체계를 언급하면서 행복과 도덕적 삶은 불가분리의 관계에 있음을 강조한다.[19] 추병완 역시 긍정심리학이 도덕 교과에서의 행복교육에 시사해주는 바가 무엇인지를 탐색하면서 도덕 교과에서 학생들의 행복 증진을 위해 중시해야 할 바가 무엇인지를 탐구하고 있다고 평가한다.[20] 하지만 선행연구들에 비추어 실제적으로 긍정심리학의 성과를 활용해서 긍정적인 성품을 형성하고 행복이 증가되었다는 도덕윤리과 교육에서의 실증적 연구는 전무한 상황이다.

국외 연구의 경우 셀리그만과 그의 동료들이 경미한 우울을 가진 대학생 40명을 대상으로 6주간의 긍정심리치료 프로그램(19명)을 실시한 결과 우울 증상이 현저하게 호전되었다는 연구[21]나 국내연구의 경우 교육현장에서 긍정심리를 활용한 집단상담이나 치료가 학생들의 우울증상을 완화시키고 학생들의 생활만족도와 자아탄력성 및 행복감 향상에 도움이 된다는 선행연구들[22]이나 학생들의 자

---

18) 김상돈, "행복과 도덕교육의 관계에 기초한 도덕과 교육 활성화 방안-도덕과교육의 과학화를 지향하며", 『도덕윤리과교육』 제 34호(도덕윤리과교육학회, 2011), p.81.

19) 위의 논문, pp. 87-88.

20) 추병완, "도덕 교과에서의 행복교육: 긍정심리학과 긍정교육의 시사점", 『도덕윤리과교육』 제 40호(도덕윤리과교육학회, 2011), p.53.

21) M.E.P.Seligman, T. Rashid & A.C. Parks, *Positive psychotherapy, American Psychologist*, 61-8(2006), pp.774-788 참조.

22) 고영미, "긍정심리학 기반의 행복증진 집단상담 프로그램이 아동의 행복감과 우울에 미치는 영향", 서울교육대학교 교육대학원 석사학위논문, 2010와 백순복, "긍정심리적 집단상담의 효과검증", 고려대학교 교육대학원 석사학위논문, 2010. 그리고 이진주, "우울증상 감소 및 행복 증진을 위한 수용적 긍정심리치료 프로그램 개발 및 효과검증", 아주대학교 심리학과 석사학위논문, 2012 참조.

기주도적 학습능력과 학업성취도 향상에 기여했다는 선행연구[23])들이 있어왔지만 긍정심리치료상담 및 교육 프로그램이 윤리교육, 덕교육 차원에서의 긍정적 성품(덕)의 형성과 행복증가에 도움이 된다는 실증적 연구는 없었다. 이에 본 연구자는 자기주도적 학습능력향상과 자아탄력성, 우울감 완화 등의 요소에 대한 선행연구를 고려하면서도 긍정심리학의 인격강점 활용 교육 및 상담 프로그램을 통해 행복과 덕을 실현해나가는 과정들을 적용 및 검증하는 과정을 거치고자 한다.

2) 연구문제

본 연구는 자기주도적 학습능력저하나 우울증, 자아탄력성 약화 등 문제 중심 학생의 '초점적 상담 접근'(problem-focused approach)을 일부 고려하면서도 모든 학생의 전면적 발달과 행복, 덕을 촉진하는 긍정심리학의 '강점 기반 상담 접근'(strenghth based approaches)을 통해 학생들이 자신의 인격 강점을 이해, 발견, 활용하며 이를 삶의 모든 생활세계에서 지속적으로 발달시켜 나가는 상담조력 및 코칭의 프로그램을 행복과 덕을 위한 교육의 차원에서 시도하고자 한다. 다시 말해서 불행을 감소시키는 방법만으로는 행복을 증진시킬수 없으며, 단순히 정신장애를 치료한다고 행복해지는 것은 아니라고 보고, 행복 증진의 방법 중 하나인 강점 기반 상담 접근을 과학적으로 추구하고자 하는 것이다. 본 연구에서는 대학생들의 인격강점을 찾아내고 활용하면 우울증이 감소하고, 자기주도적 학습능력이

---

23) 이에 대해서는 손희정, "긍정심리집단상담이 초등학생의 자기주도적 학습능력과 학업성취도에 미치는 영향", 고려대학교 교육대학원 상담심리전공 석사학위논문, 2012.

향상되며, 자아탄력성이 증가할 것이라고 가정하지만 덕의 향상과 행복의 향상이라는 차원에 초점을 두고 연구하고자 한다.

이를 위해 대학생들을 중심으로 해서 인격강점 상담 프로그램을 개발하여 적용하고 프로그램의 효과의 타당성을 검증하고자 한다. 본 연구는 구조화된 설문지를 통한 조사 연구, 사전 문헌조사를 통한 문헌 연구, 또한 실험집단을 대상으로 한 개입효과 연구로 구성되었다. 본 연구의 연구문제를 보다 자세히 진술하면 다음과 같다.

첫째, 선행연구에서는 긍정심리치료가 자아탄력성이나 자기주도적 학습능력, 우울감소와 상관관계가 있는데, 자아탄력성, 자기주도적 학습능력, 우울감소는 즐거운 삶, 적극적인 삶, 의미 있는 삶, 총 행복점수와 어떤 상관관계가 있는가?

둘째, 인격강점활용 교육은 덕교육 차원에서 긍정적 성품(덕)을 향상시키는가?

셋째, 인격강점활용 교육은 즐거운 삶, 적극적인 삶, 의미 있는 삶을 포괄하는 행복을 증가시키는가?

넷째, 인격감정활용 교육 및 프로그램에서 실험집단은 비교집단에 비해 긍정적 성품(덕)의 향상에 효과성이 있는가?

다섯째, 인격강점활용 교육 및 프로그램에서 실험집단은 비교집단에 비해 행복의 향상에 효과성이 있는가?

2. 이론적 고찰

행복에 대해 객관적으로 정의하고 정확히 밝혀서 실증적 과학으로 측정이 가능할까? 행복에 대한 철학적 접근의 다원성을 인정할 수밖에 없지 않을까? 하지만 마틴 셀리그만은 심리학은 정서장애를 극복하는 데만 도움을 주는데 그치지 말고 사람들이 행복하게 되도록 최고의 삶을 살 수 있도록 도와야 한다고 주장하였다. 셀리그만은 자신이 창시한 분야를 긍정심리학이라고 불렀다. 또한 셀리그만과 그의 동료들은 고대 서양 및 동양철학의 사상과 기법을 탐구한 다음 객관적인 '행복의 과학'을 만들어내고자 했다.

셀리그먼의 경우 다소간 자아실현적 행복관에 무게중심을 두면서도 쾌락주의적 행복관 역시 고려하면서 진정한 행복이란 즐거운 삶(pleasurable life), 적극적(관여적)인 삶(engaged life), 의미 있는 삶(meaningful life)으로 구성된다고 보았다.[24] 즐거운 삶은 우리의 과거, 현재, 미래에 대해서 '긍정적인 정서'(positive emotion)를 느끼며 사는 삶이다. 미래에 대한 긍정적 정서는 낙관주의, 희망, 신념, 신뢰를 포함한다. 현재에 대한 긍정적 정서는 기쁨, 황홀경, 평온함, 열정, 정열, 즐거움, 몰입을 포함한다. 그리고 과거에 대한 긍정적 정서는 감사와 용서, 만족감, 안도감, 성취감, 자부심, 평정을 포함한다.[25] 적극적인 삶은 자신의 삶의 주요 영역에서 풍부한 만족이나 몰입(flow)을 얻기 위해 자신의 대표적 성격강점을 활용하는 삶이다.

---

24) M.E.P. Seligman, *op. cit.*, 2002, pp.262-263와 M.E.P. Seligman, R.M. Ernst, J. Gillham, K. Reivich & M. Linkins, "Positive education: Positive psychology and classroom interventions", *Oxford Review of Education*, 35-3(2009), p.296 참조.

25) M.E.P. Seligman, *op. cit.*, 2002, p.62.

의미 있는 삶이란 자신보다 더 큰 무엇을 위해서 자신의 대표 성격 강점과 미덕들을 활용하는 삶이다. 인간에게 있어서 완전한 삶(full life)이란 긍정적 정서를 경험하는 것, 자신의 대표강점으로부터 풍부한 만족을 이끌어내는 것, 의미 추구를 위해 자신보다 더 큰 무엇을 위해 대표강점과 미덕들을 활용하며 사는 삶이다.26) 반대로 행복하지 못한 우울증의 경우 종종 긍정정서가 부족하며, 적극성이 결여되어 있고, 삶에 대한 의미를 찾지 못하는 증상들이 포함되어 있으며, 이런 특성들이 우울 증상의 발달 및 유지에 영향을 준다. 따라서 즐거운 삶을 향유할 수 있는 개입방법을 통해 긍정정서를 함양하고, 강점을 활용하는 개입을 통해 적극성을 키우고, 인생의 의미를 찾는 개입을 통해 우울증을 완화할 수 있다고 할 수 있다.27)

하지만 논의의 초점을 행복에 두자면 행복은 과학적으로 사용하기 어려운 개념이기 때문에, 연구 수행을 위해서는 우리가 행복에 이르는 독특하면서도 제대로 정의된 경로를 담고 있는 용어로 행복 개념을 세분할 필요성이 있음에 주목하였다.28) 이에 그는 긍정적 정서와 쾌락(즐거운 삶), 관여(적극적인 삶), 의미(의미 있는 삶)가 개인적 행복의 구성 요인이 된다고 본 것이다.

---

26) 최근에는 이를 더 확장하여 다섯 가지 구성요소, 즉 즐거운 삶, 몰입하는 삶, 의미 있는 삶, 성취하는 삶, 함께하는 삶으로 제안하기도 한다. 최근에 긍정심리학은 개인의 긍정적 정서, 몰입(강점과 미덕), 삶의 의미, 긍정적 인간관계, 성취를 끌어내어 플로리시로 확장되었고, 교육, 건강을 거쳐 이제 사회, 국가까지 포함한 인간의 삶 전체를 다루고 있다.

27) M.E.P. Seligman, T. Rashid & A.C.Parks, "Positive Psychotherapy", *American Psychologist*, 61-8(2006), pp.774-788 참조.

28) M.E.P. Seligman, T.A. Steen, N. Park & C. Peterson, "Positive psychology progress: Empirical validation of interventions", *American Psychologist*, 60-5(2005), p.413.

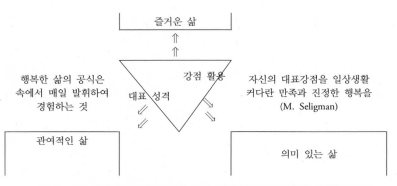

즐거운 삶

행복한 삶의 공식은
속에서 매일 발휘하여
경험하는 것

강점 활용

대표 성격

자신의 대표강점을 일상생활
커다란 만족과 진정한 행복을
(M. Seligman)

관여적인 삶

의미 있는 삶

<그림 1-1> 셀리그만(M. Seligram)의 인격강점 활용과 긍정심리학의 행복 모델

이렇게 긍정심리학은 인간의 삶은 과거, 현재, 미래에 대해 긍정
적이고 낙관적인 감정을 느끼며 살아가는 즐거운 삶, 매일의 삶에서
자신이 추구하는 활동에 열정적으로 몰입하여 자신의 성격강점과
잠재력을 최대한으로 발휘하는 몰입된 삶 그리고 이기적인 것을 넘
어 자신보다 더 큰 것을 위해 공헌하는 의미 있는 삶 모두를 행복한
삶의 조건으로서 수용하는데, 우리가 자신의 대표성격강점을 매일
발휘할 때, 행복을 누릴 수 있다고 본다.[29]

특별히 피터슨과 셀리그만은 청소년의 행복과 정신건강 증진을
위한 프로그램의 개발과 보급사업을 하는 가운데 인간의 인격강점
과 덕성에 대한 분류체계와 측정방법의 개발이 급선무임을 깨닫고
VIA(Virtues in Action)를 개발하였고, 그 결과물을 담은 저서인
『Character Strengths and Virtues』를 2004년에 발간하였다.[30] 포스
트모더니즘과 윤리적 상대주의를 부르짖는 오늘날 미덕은 특정시대

---

29) 권석만, 『긍정심리학 행복의 과학적 탐구』 (서울: 학지사 2008), pp.32-33.
30) 위의 책, pp.174-175.

와 특정 공간에서 살아가는 사람들의 사회적 관습일 뿐이라는 통념이 지배적이지만, 셀리그만은 피터슨 박사와 달스가드(K. Dahlsgaarde) 등의 동료 연구자들과 함께 동서양을 아우르는 미덕과 성격강점을 찾아내게 되었다.[31] 사실 심리학의 역사에서 덕목에 대한 연구는 연구자의 도덕적 신념과 그 당시의 문화규범에 쉽사리 영향을 받아 편향적인 것으로 치부되었고, 철학자나 신학자들의 영역으로 남겨두는 경향도 있었으나 인간 행동에 대한 완전한 설명을 위해 삶에 대한 도덕적인 차원이 포함될 필요성이 강조되게 되었다. 특별히 긍정심리학의 경우 좋은 사람과 훌륭한 삶의 의미는 덕목과 밀접하게 관련되어 있다고 보았고, 덕목을 특별히 두드러진 가치를 가진 것으로 보았다.[32]

이런 맥락에서 셀리그만과 그의 동료 연구자들이 개발한 VIA는 인간의 심리적 결함과 장애의 분류체계인 DSM과 대조적인 것으로, 인간 심리에 대한 병리학적 접근에 초점을 두는 DSM의 단점[33]을 극복하고 인간 심리의 긍정적 장점을 계발하는 데 기여할 수 있는 실질적인 심리 측정 도구로 개발된 것이다. 나아가 피터슨과 셀리그

---

31) 마틴 셀리그만, 위의 책, p.199.

32) 안신호외, 위의 책, pp.332-333 참조.

33) DSM의 단점은 무엇인가? 예컨대 인지행동 치료의 경우, 내담자들에게 부정적인 자동적 사고를 확인하고, 그것을 바꾸는 것을 가르쳐왔다. 내담자의 부정적 측면에 초점을 맞추는 치료 방법은 내담자의 부적응 상태를 확인하고, 교정해줄 수는 있지만, 내담자가 자기 자신을 부정적 존재로 바라보게 하는 부작용이 나타날 수 있다. 또한 우울증상과 부정정서를 통제하려는 개입은 내담자가 가진 제한된 자원과 에너지를 우울증상과 부정정서를 통제하는 데에 할애하게 만들기도 한다. 때문에 정작 자신의 강점을 활용하고, 긍정정서를 느끼는 분야에는 상대적으로 에너지를 덜 투입하게 된다. 개인의 행복과 안녕감에 기여할 수 있는 강점을 간과하는 오류를 범하여, 개인의 전체론적인 관점을 저해하고, 그들을 DSM 범주의 일부로 지각하게 할 수도 있어, 일부 내담자의 경우 이러한 절차가 오히려 역효과를 가져오고 치료적 효과를 반감시키는 것으로 나타났다. (Burns & Nolen-Hoeksema, 1992; Castonguay et al., 2004) 이진주, "우울증상 감소 및 행복증진을 위한 수용적 긍정심리치료 프로그램 개발 및 효과검증", 아주대학교 심리학과 석사학위논문, 2012, p.4에서 재인용.

만은 좋은 성격과 행복과의 상관성에 대한 실증적 연구를 토대로 효과적인 덕성 함양 프로그램을 개발하고자 하였다.[34]

그런데 셀리그만은 아리스토텔레스의 에우다이모니아적 삶에서 인간의 본성을 이성적 능력에 제한하지 않고 아주 많이 제시하며, 자신의 본성의 강점, 미덕을 발현하는 삶이 행복한 삶이라고 본다. 그러나 아리스토텔레스와 일치하는 점은 탁월성으로서의 덕 또는 인격강점이 자신과 다른 사람을 위한 좋은 삶을 구성하는 실현과 성취에 기여한다는 것이며, 덕윤리에서의 덕이든지 VIA 분류체계에서의 성격강점이든지 간에 모두 좋은 삶을 위한 탁월성의 발휘를 실현하게 한다는 것이다.[35]

위의 이러한 덕목과 성격강점들은 아리스토텔레스의 경우 품성의 덕은 습관에 의해, 사유의 덕은 교육에 의해 함양된다고 주장한 바에 비해,[36] VIA 분류체계는 각 강점별로 다양하고 구체적인 함양방법들을 제시하고 있다. 또한 이러한 인격강점들은 재능과는 다른 도덕적 특성으로서 습관화와 의지력, 연습에 의해 계발될 수 있는 것이다.

또한 셀리그먼은 기초적인 설문지를 이용하여 한 사람이 지닌 이런 강점들을 과학적으로 수량화할 수 있으며, 이 강점들을 향상시키는 데 도움을 줄 수 있다고 주장했다. 이를 통해 모든 사람은 원하는 행복 증진과 안녕(well-being)에 도움을 줄 수 있다고 본다. 행복한

---

34) 김상돈, 위의 논문, p.104.

35) 위의 논문, p.166.

36) 아리스토텔레스는 덕을 크게 품성의 덕과 사유의 덕으로 나누고, 품성의 덕으로는 용기, 절제, 온화, 진실, 재치 등을 제시하고, 사유의 덕에는 학문적 인식, 기예, 실천적 지혜, 철학적 지혜 등을 제시하고 있다.

삶이 무엇인지에 대한 견해는 시대와 문화 및 학자에 따라 의미하는 바가 조금씩 다르며 한마디로 합의된 정의는 부족한 상황이지만 긍정심리학은 현대의 실증적 과학으로 고대철학을 시험하여 "이해할 수 있는 매력적이며 실증적으로 건전한 좋은 삶의 비전"을 만들어내고자 하는 것이다.[37] 이런 측면에서 클립보드와 설문지로 무장한 긍정심리학자들은 우리를 더 행복하게 해주는 것이 정말로 무엇인지를 과학적으로 말하기를 원했다.

특별히 'VIA 성격강점과 덕성의 분류 체계'는 방대한 경험과학적인 연구를 통해 시대와 지역을 넘어 보편적으로 실재하는 인격 특질을 밝혀낸 것이다. 이것은 지혜, 용기, 인간애, 정의, 절제, 초월의 6개 덕목과 그에 속한 24개의 성격강점으로 구성되어 있는데, 이 덕목과 강점은 모두 윤리학의 덕(德)에 해당되는 것이다. 셀리그먼과 피터슨이 메이어슨(Mayerson) 재단의 후원 아래 개발한 인간의 성격강점과 미덕의 분류 체계는 2000년에 VIA(The Values in Action) 연구소가 설립되면서 여러 연구자들과 함께 연구 프로젝트가 수행되었는데, VIA 연구진들은 세계의 주요 종교와 철학자들이 제시하는 덕목들을 광범위하게 조사하였으며 심리학자들의 연구 결과도 철저하게 분석하였다. 그 결과 그들은 총 200여 개의 덕목을 찾아냈으며 그 가운데 비교적 보편적인 덕목들을 위와 같은 12가지 기준에 근거하여 선별한 결과, 최종적으로 지혜와 지식, 용기, 인간애, 정의, 절제, 초월의 6개의 덕목과 24개의 성격강점을 <표 1-1>과 같이 선정하였다.[38] 부분적으로 발췌하여 제시하면 다음과 같다.

---

37) http://www.ppc.sas.upenn.edu/aparep98.htm
38) M.E.P. Seligman, T.A. Steen, N. Park & C. Peterson, "Positive psychology progress: Empirical

VIA 분류체계는 덕을 인간의 에우다이모니아를 위한 긍정적, 인격 특질(traits)로 보는데, 여기서 '특질'이라는 심리학적 개념은 이제 사변적 논의의 대상이라기보다는 과학적 탐구의 대상이 되며, 덕과 행복과의 상관관계 역시 경험적, 실증적 증거를 통해 제시하고 있다. 이러한 선행연구에 터하여, 본 연구에서는 우선적으로 한국의 대학생들을 대상으로 설문조사를 하여 그들의 성격강점의 빈도 및 성격강점과 행복관련 변인들과의 관련성이 어떠한지를 조사하고자 한다.

<표 1-1> 덕목과 성격강점 분류체계

지혜와 지식	창의성, 호기심, 개방성, 학구열, 지혜
용기	진실성, 용감, 끈기, 활력
인간애	친절(이타성), 사랑, 사회 지능
정의	공정성, 리더십, 팀워크
절제	용서, 겸손, 신중성, 자기조절
초월	아름다움과 탁월성에 대한 감상력, 감사, 낙관성, 유머, 영성

3. 긍정심리학과 성격강점 상담 프로그램의 개발

1) 기존 긍정심리학의 프로그램과 성격강점 활용 교육상담 프로그램에 대한 접근

본 장에서는 대학생을 대상으로 긍정심리학의 인격강점 교육 혹은 인성·치료 프로그램을 활용해서 행복수업을 위한 실천적인 교실 개입을 추구하고자 한다. 기존 심리학의 개입이 정신장애 치료에

---

validation of interventions", *American Psychologist*, 60-5(2005), p.412.

관한 것으로 장애를 줄이는 데 초점을 맞춘다면 성격강점 활용 교육·인성·치료 프로그램은 개인의 의지를 이끌어내고 스스로 능동적으로 긍정적인 성품으로서의 덕 또는 자신의 성격강점을 계발해 나가는 데 초점을 두고자 하였다.[39] 다시 말해서 외부적 도움이 중시되는 지시적 상담 접근이 아니라 행복을 스스로의 발견과 창조를 통해 자기화할 수 있는 비지시적 상담과정을 추구하고자 하였다.

개인마다 타고난 대표 장점을 살리고 덕성을 향상시키고 행복도를 높이기 위해서는 훈련과 실천이 필수적인 요소로 등장하지만, 단점에 주목하고 단점을 고치는 데 초점을 두는 것이 아니라 강점과 미덕을 스스로 창조적으로 계발하고, 일상생활에서 활용하고 발견하고 창조를 통해 자기화하는 데 초점을 두었다.[40] 긍정심리학에서는 행복감 또는 불행감의 차이는 유전적으로 타고난 기질 50%, 빈부·결혼·건강·외모 등 환경 10%, 의도된 활동 40%에서 비롯된다고 보기에, 이 40%의 행복을 위하여 연습을 통해 행복 수준을 높이고자 하였다.

그러므로 긍정심리 상담 프로그램에서 기존의 수업을 실시하면서도 행복한 삶을 위한 성격강점 교육 프로그램을 통합함으로써 윤리교육에서 덕교육과 행복교육을 적용하려는 시도를 해보고자 하였다. 이런 덕의 함양 및 행복수업은 다른 수업의 내용을 변경시키거나 지장을 초래하지 않으면서도 긍정심리학의 인격강점 교육 프로그램의 교육적 실천을 실시하고자 하였다.

성격강점 교육 프로그램을 개발하기 위하여 구안한 프로그램의

---

39) 앞의 책, p.204.
40) 위의 책, p.205.

방법은 선행연구를 기반으로 하면서도 그 모형을 기초로 인격강점 교육 프로그램에 집중하면서 개발하고자 하였다. 특별히 긍정심리학과 성격강점(VIA) 분류체계는 좋은 삶과 행복한 삶에 대한 물음과 함께 덕과 연구를 심리학의 장으로 끌어들임으로써 도덕윤리교육과 도덕교육적 치료 및 인성교육에 큰 통찰을 줄 수 있다는 점에 초점을 두고자 하였다. 다시 말해서 이 프로그램을 통해 성격강점의 분류를 활용하여 행복윤리학, 덕윤리학적 관점을 수용하는 덕교육적 접근 또는 인성교육·치료 프로그램 접근의 차원에서 활용하고자 하였다.

그런데 한국에서 긍정심리학의 성과를 활용하여 교육 프로그램을 개발한 것을 소개해보면 다음과 같은 것이 있다. VIA 성격강점 기반 행복 프로그램들의 경우 인격교육적 접근이나 도덕교육의 관점이 아닌 상담심리학이나 임상심리학의 관점에서 개발된 것들이 주종을 이루었다. 예외적으로 권석만의 경우 부모양육 프로그램이나 학교에서의 인성교육 프로그램으로 만들었는데, 특히 대학생을 대상으로 덕성함양 프로그램을 개발하기도 하였다. 자기관리역량, 인간관계역량, 건강한 가치관의 대영역을 중심으로 각 역량별로 3개의 하위능력으로 구분하여 프로그램을 구성하였다. 하지만 인격강점 분류체계의 일부 강점만을 다루고 있다는 한계를 보이고 있다. 지혜, 인간애, 절제를 함양할 수 있는 프로그램이지만 용기나 정의, 초월의 감정은 충분히 다루어지지 않고 있다.[41] 때문에 본 연구에서는 권석만의 선행연구에 주목하면서도 6개의 덕목과 24개의 강점을 모두 활용하는

---

41) 정창우 외, 『미래사회대비 국가수준 교육과정 방향 탐색 연구-도덕, 2012년 정책연구개발사업』 (서울: 교육과학기술부, 2012), p.78 참조 및 재구성.

교육 프로그램을 추구하고자 하였다.

이것을 위해 연구자는 1회기에 행복에 이르는 세 가지 경로에 대한 논의(즐거움, 몰두, 의미 있는 삶)에 대해 생각해보게 하였다. 또한 개인이 가지고 있는 고유한 강점을 찾기 위한 검사지를 활용하고 학습자가 이 과정을 통해 자신의 강점과 단점을 말하고 대표강점을 찾게 하였다. 결국 학생들의 대표강점을 확인하고 관련 설명 및 일상생활에서의 대표강점 활용을 지속적으로 모니터하고 격려하고 고무시켜주는 것이 중요한 교육 및 상담기법의 요소가 되었다. 성격강점이 두드러진 영웅적 인물을 소개한다든지, 영화 속에서 인격강점을 캐릭터를 뽑아서 제시하는 활동 등도 구체적으로 시도하였다. 대표강점들을 새로운 방식으로 활용하기를 지속적으로 시도하게 하는 것이 주요 초점이 되었다. 스트래스 헤이븐 긍정심리학 교육과정(Strath Haven Positive Psychology Curriculum)에서 이미 시도한 것이지만 '대표강점들을 새로운 방식으로 활용하기'를 보다 강화시키는 방식으로 추구하였다. 즉, 학생들로 하여금 자신과 타인의 대표강점들을 확인하도록 도와주고, 그들이 직면한 도전들을 극복하기 위해 대표강점들을 새로운 방식으로 활용하는 방법들을 도와주는 방식을 보다 강화시키고자 하였다.[42]

2) 성격강점 활용 교수전략의 선정

교수전략은 긍정심리 프로그램 소개와 함께 성격강점을 발견하고 실현하는 것으로 두었다. 우선 19명을 대상으로 먼저 성격강점 점수

---

42) 위의 논문, p.64 참조.

와 즐거운 삶, 적극적인 삶, 의미 있는 삶, 총 행복점수, 자아탄력성, 자기주도적 학습능력, 우울척도를 살펴보고 상관관계 분석을 실시하였다. 이를 통해 성격강점 활용 교수전략이 성품의 향상과 행복향상을 위한 인성교육적 차원뿐만 아니라 학교생활에 부적응행동을 고려하되, 어려움이나 곤란을 겪는 학생들을 위한 치료 도움의 자료로 활용될 수 있음을 확인하고자 하였다. 자아탄력성, 자기주도적 학습능력, 우울척도 등을 고려하면서 상담 역시 시도하고자 하였다. 학생들의 어려움 가운데서의 회복을 조장하고 학습에 어려움을 겪는 학생들을 파악하면서 우울한 상태에 있는 학생들에게 도움을 주고자 하였다. 자아탄력성이나 자기주도적 학습능력이 학교생활의 적응뿐만 아니라 행복한 삶과도 정적인 상관관계가 있다는 1차 사전 연구에서의 결과는 보다 이런 학생들에게 관심을 가지면서 연구를 추동하게 하였다. 하지만 전체적인 주목표는 전체 학생들의 성품의 향상과 행복의 증가에 두는 덕·행복교육 및 인성교육 차원에 있었다.

우선 셀리그만이 강조한 대로 '대표강점'(signature strength)을 발견하고 실현하는 것으로 정하였다. 하지만 대표적인 인격강점뿐만 아니라 행복강점을 고려하면서도 전체적으로 보통강점 역시 모두 계발해보는 계기를 제공하려고 했다.[43] 왜냐하면 셀리그만도 인정하고 있듯이 덕 있는 사람이 된다는 것은 특정한 미덕이나 강점이 아니라 여섯 가지 미덕, 즉 지혜, 용기, 자애, 정의감, 절제력, 초월성을 대부분 굳은 의지로서 발휘하는 것이기 때문이다.[44] 따라서 아리

---

43) 일부 긍정심리학자들은 개인이 지니고 있는 가장 두드러지는 강점들, 특히 한두 개의 대표강점을 찾고자 가급적 여타의 잠재적 강점들을 배제하려는 접근을 취한다. 이런 방식을 우드폴크(R. L. Woodfolk)와 와서만(R. H. Wasserman)은 '조각 선별 접근'(piecemeal, pick-and-choose approach)이라고 부르고, 박장호는 삶의 영역에서 주로 적용되는 여러 덕들의 조합과 통일을 간과하는 접근이라고 비판한다. 연구자는 이런 비판적 시선을 염두에 두었다. 앞의 논문, p.219.

스토텔레스도 강조한 바 사람에게는 누구나 가져도 좋은 성품, 덕들이 있고, 이러한 미덕이나 인격강점을 자기 훈련 또는 교육을 통해 습관화할 수 있도록 교육하고자 하였다. 덕윤리는 좋은 성품과 덕을 가지는 데 맞는 행동이 옳은 행동이라고 보기에, 기본적으로 모든 미덕과 인격강점을 경험하고 적용 및 습관화해 볼 수 있는 기회를 제공하고자 하였다.

때문에 VIA 분류체계 중에서 성격강점 중 대표강점에 3(24개 강점 중 점수 순서대로 상위 일곱 개의 강점), 보통강점(12개의 중간강점 및 다섯 개의 하위강점)에 2, 행복강점에 1의 비중을 두고서 추구해보고자 하였다. 여기서 보통강점에 2의 비중을 둔 것은 자신의 약점을 고치려고 시간과 노력을 투자하는 것이 아니라 대표강점의 적용 이후로 남는 힘으로 보통강점 역시 적용해보자는 전략적 고려와 함께, 의도적인 개입과 노력을 통해 행복한 학생뿐만 아니라 현재와 비교해서 좀 더 유덕한 학생들을 길러내어야 한다는 도덕교육 내지 인성교육적 문제의식을 보다 적용해본 것이다. 그러므로 우선순위를 두고 각각의 성격강점에 집중하여 이를 배양시키는 활동과 행복강점에 초점을 주는 전략 및 다른 강점들도 고려하는 전략을 병행하였다. 이를 통해 VIA 분류체계상의 24개 덕(성격강점) 모두를 함양 및 계발할 수 있는 계기를 제공하고자 하였다. 즉, 대표강점의 발휘뿐만 아니라 행복강점의 활용과 보통강점의 활용이 행복과 덕에 기여하는 바를 살펴보고자 하였다.

또한 성품으로서의 덕과 인격강점의 함양이 행복한 삶을 사는 데

---

44) 앞의 책, p.205.

있어서 필수불가결한 요소임을 강조하였으며 주지주의적 지식교육을 탈피해서 구체적인 적용을 매우 중시하는 교육과 상담을 실시하였다. 왜냐하면 인격강점을 연습하고 습관화하여 자신의 더욱 탁월한 강점으로 만들어가는 것이 중요하다고 보았기 때문이다. 미덕도 행복도 습관화가 중요하며, 교사가 학생들에게 자꾸 좋은 경험을 반복할 수 있도록 해주는 것이 중요하다고 보았다.

때문에 실제적으로 적용사항을 꼼꼼하게 점검하였고, 성격강점 일지작성 과정과 결과를 성적에 반영하였다. 성격강점을 창의적으로 적용하고, 충실하게 적용한 학생에게는 전체 성적의 30%를 반영하였다. 또한 인격의 대표강점과 행복강점 그리고 보통강점을 계발하는 동기를 부여하기 위해 역할모델이나 본보기를 실례를 제시했는데, 주로 짧은 영화 동영상을 통해 제시하였다. 예컨대 '행복강점'의 함양에 비중을 두는 교육, 즉 행복에의 기여도가 높은 낙관성, 감사, 활력, 사랑 등의 인격강점에 함양을 두는 교육은 <인생은 아름다워>와 같은 영화, 낙관성과 감사, 활력과 사랑 등에서 인격강점을 갖는 주인공 캐릭터(귀도)가 있는 영화를 통해 캐릭터의 성격강점을 관찰, 분석하고 자기에게 적용해보는 시도를 하였다. 또한 대표강점이나 행복강점을 계발하는 것이 행복뿐만 아니라 학습과 진로모색, 학교생활의 만족에 도움이 될 수 있음을 강조하였으며, 특별히 리포트 등 학술적 글쓰기 지도와 병행에서 이러한 요소를 강조하였다.

또한 긍정심리를 추구하는 상담자의 태도는 칼 로저스(C. Rogers)류의 내담자 중심 상담의 방향을 취하였다. 긍정심리 상담기법이 내담자중심 상담의 영향을 받았고, 그 기본정신과 가정에 있어서 내담자 중심상담과 밀접한 관계가 있다고 보았기 때문이다.[45] 무조건적

존중과 공감적 이해, 경청 등의 상담가적 태도와 함께 내담자가 자신의 인격강점을 탐색하고 적용 및 발전시킬 수 있도록 최대한 노력하였다.

우선 1회기에는 긍정심리학에 대한 대략적인 이해를 제공하고 대표강점을 발견하기를 시도하였다. 긍정심리학 및 긍정심리치료의 출현 배경을 소개하고, 정신병리는 개인의 삶에서 긍정적 자원: 긍정적 감정, 성격적 강점, 인생의 의미가 부족할 때 발생하고 유지됨을 설명하였다. 또한 이 때문에 행복증진에 관한 긍정심리치료의 관점 소개: 즐거운 삶, 적극적인 삶, 의미 있는 삶과 관련하여 설명하였으며, 수많은 연구 결과들이 이 프로그램의 긍정적 효과에 관한 결과들을 보고하고 있다는 점을 강조하였다.

2회기는 수업과 함께 병행하였다. 특별히 자신의 성격강점을 찾도록 동기를 부여하였다. VIA-IS에서 말하는 24가지 성격강점들에 대해 간단히 소개하고, 자신의 강점들을 활용함으로써 자신의 인생에 적극적으로 참여했다는 느낌을 가질 수 있도록 동기부여 하였으며, VIA 성격적 강점의 정의들이 정리되어 있는 목록을 나눠주고, 이메일을 통해 보다 복잡한 내용들을 제공하였다.

3회기부터는 학술적 글쓰기의 주제 설정과 관련하여, 자신의 대표강점이 잘 발휘될 수 있는 주제와 방식 등을 고민해보자고 제안하였다. 또한 진로 및 직업세계를 고려하면서 자신의 강점을 실현할 수 있는 방향에 맞추어 리포트 주제를 맞추고 리포트나 소논문을 써보자고 격려하였다. 또한 자기주도적으로 학술적 글쓰기를 할 수 있는

---

45) 앞의 논문, p.205 참조.

방안 등을 코칭해주었다. 뿐만 아니라 자신의 성격강점을 어떻게 학습과 진로로 연결시킬 수 있을지에 대해 이메일이나 상담을 통해 서로 소통하였다. 어떻게 자신의 강점을 활용하고 이를 토대로 더 발달할 수 있는 학습경험을 경험해나갈 수 있을지에 대해 함께 고민하고 상담하였다.

4회기부터는 구체적으로 어떻게 활용하고 있는지를 물어보았다. 성격강점 척도를 수거하고 검사결과를 가지고 적용하는 부분을 살피기 시작하였다. 수업시간에 대표적인 성격강점을 적용할 계획을 P대학 시험지에 적게 하였다. 약 10가지 내외로 적게 하고 이를 그다음 시간까지 구체적으로 적용하게 하였다. 그다음 시간에는 성격강점을 하루에 몇 번씩 적용했는지 어떻게 적용했는지를 가져오게 하였다. 예컨대 용서 4회, 호기심 3회, 용감성 5회 등을 적도록 하였다. 또한 친절한 행동하기, 감사한 일 적어보기 등 사소한 행동들의 사례를 적어보게 하고 다시 P대학 시험지를 제출하게 하였다. 코치와 멘토링의 측면에서 행복에 도움이 되는 연습과 습관이 지속적으로 이루어지는 것을 확인하고자 하였으며, 이 성격강점을 훈련하는 것은 실제의 적용과 함께 성실성이 필요하며, 또한 멘토 또는 코치의 독려와 격려를 제공하였다. 날마다 자신의 성격강점을 훈련하고 모니터링할 수 있도록 지도하였으며 구체적인 적용에서 좋은 사례들은 이메일로 소개하였다.

5회기부터는 자신의 대표강점을 자신의 삶에 구체적으로 활용함으로써 강점 배양하기를 시도하였다. 뿐만 아니라 6회기부터는 긍정정서와 관련하여 과거의 긍정정서와 관련 깊은 용서와 감사의 강점과 현재의 긍정정서와 관련된 향유와 몰입하기에 대한 설명, 미래의 긍정정서와 관련된 낙관성 등의 강점을 적극적으로 적용하도로 하였다.

7회기에는 대표강점을 일상생활에서 창의적으로 적용하는 방법에 대해 나누었다. 또한 대표강점이 자신의 학습, 연구, 진로, 대인관계, 연애생활, 학교생활 등 주요 생활 장면에서 발휘될 수 있는 방안에 대해서 코칭을 하기도 하였다. 성격강점 활용 방안에 대한 구체적인 예들을 미리 준비하였다가 몇 개 제시해주기도 하였다. 또한 일주일에 2번 정도 좋은 사례들을 이메일을 통해 보내었다.

8회기부터는 '강점 활용하기'의 적용에 대해 나누는 시간을 갖도록 하였다. 발표자는 기존의 적용에서 창조적으로 적용을 잘하는 학생을 선정하였다. 아직 적절한 아이디어를 떠올리지 못한 참여자들은 다른 집단원들의 아이디어를 듣고 참고할 수 있도록 하기 위해서였다. 또한 8회기에는 '행복강점 활용계획'을 시도하였다. 자신이 보다 행복해지기 위해 행복강점을 활용할 필요가 있음을 제시하고 코칭해주었다. '행복 활용하기'를 통해 긍정적 정서를 함양하고, 자신의 삶이 보다 적극적으로 행복해질 수 있음을 강조하였다.

9회기에도 행복강점에 초점을 두고 보다 창조적으로 적용할 수 있는 계획과 방안 등을 점검하고 코칭하였다. 또한 계획한 것을 매일 1가지 이상 행동으로 옮기기를 조언하였다.

10회기에는 '대표강점 활용계획'을 통해 계획한 것을 일주일 동안 행동으로 옮긴 경험 나누기를 다시 시도하였다. 2명씩 한 조를 만들어서 '대표강점 활용계획'을 일주일 동안 행동으로 옮긴 사례를 서로 이야기하게 하였다. 이야기 나누기가 끝나면 각 조에서 나왔던 이야기들을 발표하도록 하였다. 각자 자신이 강점을 활용한 사례를 발표하도록 하였다. 한 사람이 한 번에 세 가지씩 소개, 일주일간 기록한 내용 중 가장 인상적인 것 중심으로 세 가지만 발표하도록 하였다. 또한 코멘트 및 피드백과 코칭을 해주는 것을 잊지 않도록 하였다.

10회기에는 영화 <인생은 아름다워>를 통해 행복강점을 갖춘 캐릭터를 분석하고 관련 이야기를 소개함으로써 보다 행복을 위한 노력이 필요함을 제시하고 적용하고자 하였다. 또한 대표인격강점이나 행복강점이 아닌 그냥 강점들도 삶 속에 적용해보기를 권면하였다.

11회기에는 대표인격강점이나 행복강점이 아닌 다른 보통강점(중간강점과 하위강점)들도 활용하고 새로운 활동들을 해볼 것을 권유하였다. 동일한 한 가지 활동들을 반복하면, 지겨워질 수 있기 때문임을 설명, 레퍼토리를 늘리도록 권유하였다.

12회기에는 전체 수강생들에게 보통강점과 함께 행복강점에 대해 다시 나누고 연습하였다. 낙관성과 활력, 감사, 사랑과 같은 행복강점들이 실증적 연구를 통해 행복의 주요 지표인 주관적 안녕, 심리적 안녕 등에 큰 영향을 줌을 알려주고 이런 행복감정들을 연습해보았다. 이런 행복강점들의 연습에서는 현재의 순간순간 속에서 긍정적인 정서를 증진하기 역시 시도하였다. 즐길 만한 활동에 참여하거나 내담자를 완전히 몰입하도록 하고 그의 개인적 강점만을 완전히 활용하도록 하는 활동들을 찾고 실행에 옮겨보았다.

13회기에는 가족이나 매우 친밀성을 느끼는 사람들의 성격강점 검사를 시도하고, 가장 소중한 사람 중의 한 사람에게 성격강점 검사를 작성해오도록 부탁하였다. 그 결과를 가지고 사랑하는 사람과 함께할 수 있는 활동에 활용하였다. 내담자 자신 및 중요한 타인의 강점을 알고 그들의 강점을 아는 것이 왜 그리고 얼마나 중요한지를 알게 하고, 내담자 자신 및 중요한 타인의 강점을 활용할 수 있는 데이트를 계획하고 실행에 옮기기를 시도하였다. 활동지에 내담자 자신 그리고 배우자나 친구 또는 자녀, 형제·자매의 강점을 활용할 수 있는 데이트(함께하는 시간)를 계획하도록 하였다. 이 과제 완성을 위해 지난 시간에 수거해간 소중한 사람의 성격적 강점 찾기 결과표를 각자에게 배부하였다. 각 조원들은 그 성격적 강점 찾기 결과표를 사용해 가까운 사람과 강점을 활용할 수 있는 구체적인 데이트 계획을 세운다. 계획하기까지만 회기 내에서 완성하고 실행하기 및 실행 후 소감은 숙제로 부과하기, 데이트 계획을 발표하도록 하였다.

14회기에는 성격강점에 관련된 과제들을 실행에 옮기되, 성격강점을 가지고 친절한 행동하고 또는 봉사로 활용하기를 시도하였다. 남을 돕기 위해 대표강점을 사용함으로써 삶의 의미 찾기를 시도하였다. 자신의 대표강점을 남을 돕기 위해 사용할 수 있는 구체적인 방법들을 찾도록 하였다. 성격강점 찾기에서 발견한 자신의 7개의 대표강점을 남을 돕기 위해 사용할 수 있는 구체적인 방법들을 조원들과 논의하도록 한다. 15회기에는 사전사후 설문지를 통해 기존의 활동을 평가하였다.

<표 1-2> 성격강점 활용 교수전략의 도식

1, 2, 8, 10회기	3, 4, 5, 6, 7, 8, 10, 12, 13회기	4, 9, 11회기	1, 2, 15회기
성격강점의 발견 설명, 이해의 수업	성격강점의 적용	성격강점의 점검 및 코칭	성격강점 및 관련 사전, 사후 설문지 평가
· 대표강점 이해, 발견 · 보통강점 이해, 발견(중간강점, 하위강점) · 즐거운 삶, 적극 적인 삶, 의미 있는 삶과 설명 · 행복강점의 설명 · 행복강점과 영화 <인생은 아름다워> 보기 · 주위 사람들의 성격강점의 발견	· 대표강점을 활용 하는 학술적 글쓰 기 시도 및 코칭 · 일상생활에서 대 표강점의 창의적 적용 · 자신의 학습, 연 구, 진로, 대인관 계, 연애, 학교생 활에 대표강점을 적용해보기 · 성격강점 적용사 례 나누기 · 행복강점의 적용 과 나눔 · 주위 사람들의 인격강점의 적용	· 학습이나 진로에 인격강점의 적용 점검 및 코칭 · 1일 1회 이상 적 용하도록 코칭 · 성격강점 적용의 레퍼토리 넓히기	· 성격강점의 발견 및 여러 측도 설 문지 작성하기 · 사후 설문지 작성 · 교육평가의 실시 및 논문 작성

3) 연구대상

본 연구의 참가자들은 부산지역 대학생들이었다. 우선 1차 사전조 사에서는 23명에게 설문조사를 실시하였다. 그중 19명의 설문지를 회수하였다. 그다음 2차 사전조사에서는 총 80명에게 설문조사를 실시하였으나 설문을 완성하지 못했거나 무성의하게 응답한 경우 또는 설문지가 회수되지 않은 경우 18명을 제외하고 최종 62명의 자료가 본 연구의 분석에 사용되었다. 설문에 참가한 사람 중 강점 활용 프로그램 참여한 30명은 실험집단에, 강점 활용 프로그램에 참 여하지 않는 대학생은 32명으로 비교집단으로 구성되었다.

4) 측정도구와 자료 분석

본 연구에서 사용된 척도들의 정보는 아래와 같다.

① 성격강점 검사(Inventory of Character Strengths: ICS)

본 연구에서는 사용한 측정도구는 피터슨과 셀리그만(2004)이 개발한 VIA 분류체계에 따른 24개의 인격강점을 측정할 수 있도록 권석만(2009)이 제작한 도구이다. 이 검사는 24개의 인격강점을 각 강점당 10개씩의 문항으로 측정하는 240개의 문항에 사회적 선희도를 평가하는 10문항을 더하여 모두 250개의 문항으로 구성되어 있다. 본 연구에서는 사회적 선희도를 평가하는 10문항을 제외한 240개의 문항만을 사용하였다. 각 문항에 대해 4점 척도상에 평정하도록 하였다. 권석만의 연구에서 내적 합치도는 .76-.92였고, 4주간의 검사-재검사 신뢰도는 .65-.87이었다. 본 연구에서의 신뢰도는 Cronbach's α=.90이었다.

② 한국판 긍정심리치료척도(Korean Positive Psychotherapy Inventory: K-PPTI)

라시드(Rashid, 2005)는 긍정심리치료적 개입의 효과를 과학적으로 좀 더 다루기 쉽도록 "행복"을 세 가지 삶으로 개념화한 Seligman(2002)의 행복한 삶 모델에 입각한 치료효과를 측정할 수 있는 도구인 긍정심리치료척도(Positive Psychotherapy Inventory: PPTI)를 개발하였다. 본 연구에서는 이를 한국어로 번안하고 타당화한(윤성민·신희천, 2010) 한국판 긍정심리치료척도(K-PPTI)를 사용하였다. 라시드가 개발한 PPTI는 Beck 우울척도가 우울을 측정하는 것과 유사하게, 행복을 측정하는 도구로 Seligman(2002)이 설명한 행복에 이르는 세 가지 길을 평가할 수 있도록 3개의 요인으로 구성되어 있다. 원척도는 모두 21문항으로 되어 있는데, 즐거운 삶 7문항, 적극적인 삶 7문항, 의미 있는 삶 7문항으로 나누어진다. 4점(0-3점) 척도로 평정하고 점수가 높을수록 행복정도가 높음을 의미한다. PPTI 개발 당시 Rashid(2005)에 의해 보고된 전체 내적합치도 계수(Cronbach's α)는 .90이었고, 하위 소척도의 내적합치도 계수(Cronbach's α)는 .78-.80이었다. 윤성민과 신희천(2010)의 연구에서는 요인분석 결과, 3개 요인이 적합한 것으로 시사되었지만, 원척도와는 문항이 다르게 묶이는 것을 확인하였고, 결과적으로 19개의 문항을 선별하였다. 윤성민과 신희천(2010)의 연구에서 각 하위 척도의 내적 합치도 계수는 .67-.82이었고, 전체 척도의 내적 합치도는 .87이었다. 3주 간격으로 실시한 검사-재검사 신뢰도는 각 하위 척도에 대해서는 .76-.83으로 나타났고, 전체 19개 문항에 대해서는 r=.83이었다. 본 연구에서는 Cronbach's α=.90이었다.

③ 자아탄력성 척도, 자기주도적 학습능력 척도, 우울 척도

여기서 자아탄력성[46) 척도는 이해래와 조한익(2005)이 한국청소년을 대상으로 개발한 자아탄력성 척도 48문항 중에서 외적보호요인을 제외한, 개인 내적요인 척도 24문항으로 하였다. 점수가 높을수

---

46) 자아탄력성(resilience)라는 용어는 Garmdzy(1983)과 Rutter(1985)가 열악한 환경과 스트레스 조건에서도 잘 기능할 뿐만 아니라 스트레스에도 저항적인 학생들을 특징지을 때 처음 사용하였고, 정신분석학적 조망에서 탄력성을 정의한 Block(Block & Kremen, 1996; Blick & Block, 1980)이 에고(ego)라는 접두사를 붙여 자아탄력성(ego-resilience)라는 이름을 붙였다. 자아탄력성을 좁은 의미로는 개인의 감정 차원을 조절하고 상황과 환경적 수반성을 변화시키는 적응적 차원이며, 넓은 의미로는 내적, 외적 스트레스에 대해 유연하고 융통성 있게 적응하는 일반적인 능력으로, 스트레스나 위기위험요소를 잘 극복할 수 있는 일종의 성격유형이라고 정의했다. 백순복, "긍정심리적 집단상담의 효과검증", 고려대학교 교육대학원 석사학위논문, 2010, p.13.

록 자아탄력성이 높은 것으로 해석한다. 역 채점 문항은 1개이고 '확실히 그렇지 않다'(1점)에서 '확실히 그렇다'(5점)의 Likert형 5점 척도로 구성되어 있다. 점수가 높을수록 자아탄력성이 높은 것으로 해석된다. 이해리, 조한익(2005)의 연구에서는 .80 이상의 신뢰도를 보고하고 있다. 본 연구에서의 신뢰도 계수(Cronbach's α)는 .92였다.

<표 1-3> 자아탄력성 척도의 문항구성(24개 문항)

하위 요인		문 항
지적 차원	자기효능감	7, 10, 24
	문제해결능력	13, 19, 18
정서적 차원	감정 및 충동조절	1, 20, 22
	공감과 수용	3, 5, 8
의지적 차원	목표와 희망	19, 21, 23
	낙관주의	11, 14,* 17
영성적 차원	의미추구	2, 4, 6
	종교적 영성	9, 12, 15

* 표기는 역채점 문항임.

자기주도적 학습능력검사는 김명철과 정태근(2001)이 제작한 자기주도적 학습능력척도를 사용하였다. 김명철과 정태근의 연구에서 전체 자기주도적 학습능력의 신뢰도 계수(Cronbach's α)는 .88이었다. 본 연구에서의 신뢰도 계수는 .92였다.

<표 1-4> 자기주도적 학습능력 척도의 문항구성

요인 명	문항 수	문항번호
학습동기	6	8, 9, 10, 11, 12, 13
학습전략	7	1, 2, 3, 4, 5, 6, 7
학습자아개념	10	14, 15, 16, 17, 18, 19, 20, 21, 22, 23
전체 자기주도적 학습능력	23	

마지막으로 우울척도는 한국판 CES-D(Center for Epidemiological Studies-Depression Scale)를 활용하였다. 총 20문항으로 4점 척도상에 평정하도록 되어 있다. 본 연구에서는 전겸구, 최상진, 및 양병찬(2001)이 개발한 통합적 한국어판 CES-D를 사용하였다. 신뢰도 계수(Cronbach's α)는 .83이었다.

④ 자료 분석

본 연구에서 수집된 자료는 SPSS 18.0 프로그램을 사용하여 분석하였다. 우선 인격강점이 즐거운 삶, 적극적인 삶, 의미 있는 삶, 그리고 전체 행복에 얼마나 영향을 미치는지 알아보기 위해 사전검사와 사후검사 모두 상관분석을 실시하였다.

다음으로 인격감정의 활용효과를 활용하고자 하였다. 인격감정 활용 집단은 사전 동질성 검증을 위해 독립표본 T-검증을 실시하였고, 집단 내 사전-사후 변화를 측정하기 위해 대응표본 t-test를 실시하였다. 이를 통해 인격강점이 얼마나 성장하였고, 또한 행복은 얼마나 증가하였는지를 살펴보고자 하였다.

4. 성격강점활용 교육 · 치료 프로그램의 적용과 효과검증

1) 1차 사전검사 시 긍정적 성품 점수들의 평균, 표준편차

대학생들의 성격강점 활용 교육이 성품과 행복지수 상승에 영향을 미치는 효과를 검증하기에 앞서 19명의 학생들을 대상으로 하여 1차적으로 긍정적 성품 점수들 및 행복점수들의 평균과 표준편차를 알아보았다. 주요변인의 평균 및 표준편차는 <표 1-5>에 제시되어 있다.

<표 1-5> 1차 사전검사 시 긍정적 성품·행복 점수들의
평균과 표준편차, 최소값 및 최대값

	N	최소값	최대값	평균	표준편차
즐거운 삶	19	7	20	14.74	3.679
참여의 삶	19	7	19	13.05	2.934
의미의 삶	19	4	14	7.53	2.736
총 행복점수	19	19	53	35.11	7.908
창의성 1	19	18	39	26.84	5.708
호기심 2	19	18	35	28.00	4.933
개방성 3	19	21	34	28.00	4.796
학구열 4	19	16	31	23.79	4.674
지혜 5	19	18	35	27.47	4.514
사랑 6	19	25	36	31.84	3.338
이타성 7	19	19	37	30.47	5.092
사회지능 8	19	15	33	26.32	5.498
용감 9	19	16	31	25.37	4.003
끈기 10	19	16	35	25.89	5.705
진실성 11	19	21	35	26.68	4.398
활력 12	19	17	34	25.74	3.739
용서 13	19	19	38	28.68	5.548
겸손 14	19	20	37	30.26	5.269
신중 15	19	21	33	27.42	3.548
자기조절 16	19	20	32	27.16	3.610
시민정신 17	19	22	35	29.21	4.263
공정성 18	19	20	34	30.58	3.878
리더십 19	19	14	33	25.79	6.079
심미안 20	19	20	37	30.26	4.306
감사 21	19	16	36	30.58	4.857
낙관성 22	19	22	36	28.95	3.358
유머 23	19	16	35	27.89	4.383
영성 24	19	12	33	19.26	5.685
유효 수(목록별)	19				

2) 1차 사전검사 시 즐거운 삶, 적극적인 삶, 의미 있는 삶, 총 행복점수, 자아탄력성, 자기주도적 학습능력, 우울척도, 만족 감과의 상관관계 분석

<표 1-6> 즐거운 삶, 적극적인 삶, 의미 있는 삶, 총 행복점수, 자아탄력성,
자기주도적 학습능력, 우울척도, 만족감과의 상관관계 분석

	즐거운 삶	참여의 삶	의미의 삶	총 행복점수	자아탄력성	자기주도적 학습능력	우울척도
즐거운 삶	1						
참여의 삶	.408	1					
의미의 삶	.489*	.661**	1				
총 행복점수	.784**	.819**	.855**	1			
자아탄력성	.397	.565*	.669**	.681**	1		
자기주도적 학습능력	.541*	.463*	.502*	.640**	.366	1	ㅜ
우울척도	-.598**	-.058	.183	-.216	.018	-.348	1

*p<.05 **p<.01

<표 1-6>에서는 즐거운 삶, 적극적인 삶, 의미 있는 삶, 총 행복점수, 자아탄력성, 자기주도적 학습능력, 우울척도와의 상관관계 분석이 제시되어 있다. 상관분석 결과, <표 1-6>에서 보는 바와 같이 즐거운 삶(r(n=19)=.78, p<.01)이었고, 참여의 삶(r(n=19)=.82, p<.01), 의미의 삶(r(n=19)=.86, p<.01)은 모두 총 행복점수와 의미 있는 상관관계를 가지고 있음을 알 수 있다. 또한 총 행복점수는 자아탄력성(r(n=19)=.68, p<.01)과 자기주도적 학습능력(r(n=19)=.64, p<.01)

과 의미 있는 상관관계를 가지고 있음을 알 수 있다. 총 행복점수 중 즐거운 행복한 삶(r(n=19)=-.60, p<.01)은 우울척도와는 부적 상관관계를 가지고 있으나 자기주도적 학습능력(r(n=19)=.54, p<.05)과는 정적 상관관계를 가지고 있음을 알 수 있으며, 참여의 행복의 삶은 자아탄력성(r(n=19)=.57, p<.05)과 자기주도적 학습능력(r(n=19)=.46, p<.05)과는 정적 상관관계를 가지고 있으나 우울척도와 만족감과는 그렇지 않음을 알 수 있다. 또한 의미 있는 행복한 삶 역시 자아탄력성(r(n=19)=.67, p<.01)과 자기주도적 학습능력(r(n=19)=.50, p<.05)과 상관관계를 가지고 있음을 알 수 있다.

3) 실험집단의 2차 사전검사 및 사후검사와 행복도의 변화

<표 1-7> 실험집단의 사전사후 행복의 변화량

범 주	N	최소값	최대값	평균	표준편차
즐거운 삶(사전)	30	6	19	13.40	3.607
참여의 삶(사전)	30	7	17	11.23	1.870
의미의 삶(사전)	30	1	13	5.33	2.708
총 행복점수(사전)	30	21	49	29.97	5.916
즐거운 삶(사후)	30	11	22	17.13	2.991
참여의 삶(사후)	30	10	20	15.87	2.255
의미의 삶(사후)	30	5	13	9.47	2.161
총 행복점수(사후)	30	34	52	42.73	5.186
유효 수(목록별)	30				

위 <표 1-7>에서 보는 바와 같이 실험집단의 총 행복점수는 사전 점수가 29.97임에 비해, 사후점수가 42.73으로 크게 증가했음을 알 수 있다. 세부적으로 보면 즐거운 삶이 13.40에서 17.13으로, 참여의

삶이 11.23에서 15.87로, 의미의 삶이 5.33에서 9.47로 상승했음을
보여준다. 이것은 비교집단의 총 행복점수 및 즐거운 삶, 참여의 삶,
의미의 삶이 별다른 증가가 없는 것과 대비된다고 하겠다.

실험집단의 경우 성격감정 활용 프로그램 이후 행복도가 유의미
하게 증가하였다. 이를 검증하기 위해 사전검사와 사후검사의 평균
차이를 일표본 T검증으로 분석한 결과 즐거운 삶의 경우 t값이
25.055, 유의확률(p)이 .000(p<.05)이다. 따라서 두 변수 간 평균차
이는 유의수준 .05에서 매우 유미한 차이가 있다고 할 수 있다. 참
여의 삶의 경우도 T검증으로 분석한 결과 t값이 25.055, 유의확률
(p)이 .000(p<.05)이다. 따라서 두 변수 간 평균차이는 유의수준 .05
에서 매우 유미한 차이가 있다고 할 수 있다. 의미의 삶의 경우도
T검증으로 분석한 결과 t값이 25.055, 유의확률(p)이 .000(p<.05)이
다. 따라서 두 변수 간 평균차이는 유의수준 .05에서 매우 유미한
차이가 있다고 할 수 있다. 총 행복점수의 경우도 T검증으로 분석한
결과 t값이 25.055, 유의확률(p)이 .000(p<.05)이다. 따라서 두 변수
간 평균차이는 유의수준 .05에서 매우 유미한 차이가 있다고 할 수
있다.

4) 실험집단의 2차 사전검사 및 사후검사와 성격강점(긍정적 성 품) 점수의 변화

<표 1-8>에서 행복에 영향을 미치는 성격강점들은 모두 사전점수
에 비해 사후점수가 크게 증가했음을 알 수 있다. 이 중 가장 빈번하
게 보고된 강점('자신에게 해당하는 정도'를 평정척도로 평가하게 했
을 때 가장 높은 평균점수를 보이는 강점)은 사전검사 기준으로 사

랑(32.23), 이타성(30.73), 공정성(28.50), 감사(29.80), 낙관성(30.93) 등이었으며, 이 모두 사후검사에서 사랑(34.40), 이타성(33.30), 공정성(31.10), 감사(35.7), 낙관성(34.67)으로 증가했음을 알 수 있다.

반대로 가장 드물게 보고된 강점은 영성(16.73→사후 21.30), 학구열(20.63→사후 24.20), 창의성(24.60→사후 29.17), 리더십(25.30→사후 28.90), 자기조절(25.50→사후 29.80), 용감(25.70→사후 29.03), 심미안(25.87→사후 30.87), 호기심(26.23→사후 30.77), 용서(26.30→사후 31.40), 끈기(26.60→사후 26.60) 겸손(26.67→사후 31.43) 등이었는데, 이 모두 사후검사에서 증가되었음을 알 수 있다.

<표 1-8> 실험집단의 사전사후 긍정적 성품 점수의 변화

범주	N	최소값	최대값	평균	표준편차
창의성 1(사전)	30	2	36	24.60	7.703
호기심 2(사전)	30	17	37	26.23	4.819
개방성 3(사전)	30	21	37	27.97	3.347
학구열 4(사전)	30	13	29	20.63	5.000
지혜 5(사전)	30	22	35	26.73	4.076
사랑 6(사전)	30	25	39	32.23	3.390
이타성 7(사전)	30	25	39	30.73	3.542
사회지능 8(사전)	30	20	38	28.07	4.906
용감 9(사전)	30	18	35	25.70	4.692
끈기 10(사전)	30	16	35	26.60	4.606
진실성 11(사전)	30	25	36	28.13	3.104
활력 12(사전)	30	18	37	26.93	4.828
용서 13(사전)	30	12	34	26.30	5.147
겸손 14(사전)	30	17	36	26.67	5.020
신중 15(사전)	30	25	33	28.37	2.456
자기조절 16(사전)	30	20	34	25.50	3.739
시민정신 17(사전)	30	17	36	27.50	4.385

공정성 18(사전)	30	23	36	28.50	2.418
리더십 19(사전)	30	14	37	25.30	5.615
심미안 20(사전)	30	14	37	25.87	5.077
감사 21(사전)	30	13	37	29.80	4.874
낙관성 22(사전)	30	24	38	30.93	3.704
유머 23(사전)	30	15	38	28.40	5.691
영성 24(사전)	30	10	35	16.73	6.108
창의성 1(사후)	30	22	38	29.17	5.867
호기심 2(사후)	30	16	38	30.77	5.513
개방성 3(사후)	30	21	39	30.93	4.315
학구열 4(사후)	30	13	38	24.20	6.037
지혜 5(사후)	30	22	39	30.07	4.608
사랑 6(사후)	30	20	40	34.40	4.336
이타성 7(사후)	30	25	39	33.30	4.036
사회지능 8(사후)	30	23	39	30.53	4.516
용감 9(사후)	30	21	36	29.03	5.353
끈기 10(사후)	30	23	39	30.37	3.891
진실성 11(사후)	30	24	38	31.33	3.809
활력 12(사후)	30	23	39	30.47	4.790
용서 13(사후)	30	25	38	31.40	4.239
겸손 14(사후)	30	22	39	31.43	3.711
신중 15(사후)	30	20	35	30.17	3.992
조절 16(사후)	30	22	39	29.80	3.718
시민 17(사후)	30	19	39	31.03	4.650
공정성 18(사후)	30	17	38	31.10	5.461
리더십 19(사후)	30	17	38	28.90	5.530
심미안 20(사후)	30	20	40	30.87	6.268
감사 21(사후)	30	25	40	35.07	4.042
낙관성 22(사후)	30	17	40	34.67	5.067
유머 23(사후)	30	17	40	31.90	5.359
영성 24(사후)	30	11	35	21.30	7.598
유효 수(목록별)	30				

뿐만 아니라 피트선과 셀리그만이 강점들 간의 관계를 살펴보기 위해 VIA-IS의 24개 강점 점수에 대한 탐색적 요인분석을 위해 구성된 5개 요인으로 살펴보면[47] (1) 억제적 강점(예: 공정성, 겸손, 용서, 신중성), (2) 지적 강점(예: 창의성, 호기심, 학구열, 감상력), (3) 대인관계적 강점(예: 친절성, 지도력, 시민정신, 유머감각), (4) 정서적 강점(예: 용감성, 낙관성, 자기조절, 활력), (5) 신학적 강점(예: 감사, 영성) 등이 모두 사후검사에서 증가했음을 알 수 있다. 특별히 지적강점인 창의성(24.60→사후 29.17), 호기심(26.23→사후 30.77), 학구열(20.63→사후 24.20), 심미안(25.87→사후 30.87)과 신학적 강점인 영성(16.73→사후 21.30) 등은 사전검사에서는 매우 낮은 점수였으나 사후검사에서 많이 증가했음을 알 수 있다.

또한 행복한 삶과 상관관계가 높다고 여겨지는 감사와 사랑, 활력, 낙관성 등의 성격강점, 즉 행복강점의 경우도 감사(29.80→사후 35.7), 사랑(32.23→사후 34.40), 활력(27.41→사후 27.50), 낙관성(30.93→사후 34.67)로 증가했음을 알 수 있다.

인격강점 활용이 덕성함양에 미치는 효과를 확인하기 위해서 사전검사와 사후점수의 평균 차이를 일표본 T검증으로 분석한 결과 t값이 25.055, 유의확률(p)이 .000(p<.05)이다. 따라서 두 변수 간 평균 차이는 유의수준 .05에서 매우 유의미한 차이가 있다고 할 수 있다. 그러므로 인격강점 활용이 덕성함양에 미치는 효과가 매우 있었음을 알 수 있다.

---

47) N.Park, C. Peterson & N.E.P. Seligman, "Strenghs of chracter and well-being", *Journal Social and Clinical Psychology*, 23(2006), pp.603-619 참조.

5) 비교집단의 2차 사전검사 및 사후검사와 행복도의 변화

<표 1-9> 비교집단의 사전사후 행복의 변화량

	N	최소값	최대값	평균	표준편차
즐거운 삶(사전)	32	6	20	14.75	4.040
참여의 삶(사전)	32	7	19	12.94	2.994
의미의 삶(사전)	32	3	14	7.84	2.930
총 행복점수(사전)	32	18	53	35.09	8.376
즐거운 삶(사후)	32	7	20	14.56	3.893
참여의 삶(사후)	32	7	19	13.06	2.983
의미의 삶(사후)	32	3	14	7.81	3.074
총 행복점수(사후)	32	18	53	35.09	8.306

위 <표 1-9>에서 보는 바와 같이 비교집단 총 행복점수는 사전점수가 35.09임에 비해, 사후점수가 35.09로 전혀 변화하지 않았음을 보여준다. 세부적으로 보면 즐거운 삶이 14.75에서 14.56으로, 참여의 삶이 12.94에서 14.56로, 의미의 삶이 7.84에서 7.81로 아주 미미한 수준에서 상승하고 하락했지만 변화가 없음을 보여준다. 이것은 실험집단의 총 행복점수 및 즐거운 삶, 참여의 삶, 의미의 삶이 많은 증가가 생긴 것과는 차이가 있다고 하겠다.

6) 비교집단의 성격강점(긍정적 성품) 점수의 변화

<표 1-10>에서 보듯이 변화가 없음을 알 수 있다.

<표 1-10> 비교집단의 사전사후 긍정적 성품 점수의 변화

범주	N	최소값	최대값	평균	표준편차
창의성 1(사전)	32	18	39	26.28	5.479
호기심 2(사전)	32	18	38	28.44	5.105
개방성 3(사전)	32	21	37	28.75	4.704
학구열 4(사전)	32	16	35	23.56	4.805
지혜 5(사전)	32	18	36	27.91	4.306
사랑 6(사전)	32	24	37	31.81	3.881
이타성 7(사전)	32	19	40	31.53	5.205
사회지능 8(사전)	32	15	36	26.91	5.018
용감 9(사전)	32	16	38	26.91	4.835
끈기 10(사전)	32	16	38	26.63	5.780
진실성 11(사전)	32	21	36	28.50	4.899
활력 12(사전)	32	17	39	27.41	4.478
용서 13(사전)	32	19	38	28.16	5.347
겸손 14(사전)	32	19	40	29.50	5.495
신중 15(사전)	32	21	35	27.94	3.843
자기조절 16(사전)	32	19	38	27.06	4.235
시민정신 17(사전)	32	22	40	29.75	4.181
공정성 18(사전)	32	20	40	30.13	4.014
리더십 19(사전)	32	14	38	26.47	6.530
심미안 20(사전)	32	20	38	29.78	5.369
감사 21(사전)	32	16	40	31.19	4.856
낙관성 22(사전)	32	22	39	29.78	3.867
유머 23(사전)	32	16	37	28.72	4.781
영성 24(사전)	32	11	36	19.78	6.519
창의성 1(사후)	32	18	39	26.41	5.375
호기심 2(사후)	32	18	38	28.72	5.043
개방성 3(사후)	32	22	37	29.09	4.768
학구열 4(사후)	32	16	35	23.66	4.681
지혜 5(사후)	32	18	36	27.84	4.480
사랑 6(사후)	32	24	37	32.13	3.949
이타성 7(사후)	32	19	40	31.53	5.205
사회지능 8(사후)	32	15	36	26.97	5.032
용감 9(사후)	32	16	38	27.16	5.030

끈기 10(사후)	32	16	38	26.66	5.694
진실성 11(사후)	32	20	38	28.69	5.214
활력 12(사후)	32	17	39	27.50	4.501
용서 13(사후)	32	19	38	28.34	5.660
겸손 14(사후)	32	20	40	29.81	5.152
신중 15(사후)	32	21	35	27.88	3.791
조절 16(사후)	32	19	38	27.19	4.004
시민 17(사후)	32	22	40	29.78	4.286
공정성 18(사후)	32	20	40	30.25	4.064
리더십 19(사후)	32	14	38	26.81	6.523
심미안 20(사후)	32	20	38	30.06	5.291
감사 21(사후)	32	16	40	31.31	4.762
낙관성 22(사후)	32	22	39	29.94	3.983
유머 23(사후)	32	16	37	28.91	4.624
영성 24(사후)	32	12	36	20.06	6.283

이렇게 볼 때, 실험집단의 인격강점 활용이 학생들의 덕성함양에 주는 개입의 효과가 큰 것에 비해 비교집단에는 무의미한 변화가 없음을 알 수 있다. 인격강점 활용이 덕성함양에 미치는 효과를 확인하기 위해서 사전검사와 사후점수의 평균 차이를 일표본 T검증으로 분석한 결과 t값이 25.055, 유의확률(p)이 .000(p<.05)이다. 따라서 두 변수 간 평균차이는 유의수준 .05에서 매우 유의미한 차이가 없다고 할 수 있다. 그러므로 인격강점 활용을 하지 않은 경우 덕성함양에 미치는 효과는 전혀 없다고 할 수 있다.

5. 논의 및 결론

1) 요약 및 논의

본 연구에서는 대학생을 대상으로 한 성격강점 활용 교육 및 인성·치료 프로그램의 효과성을 검증하고자 하였다. 이를 위해 긍정심리학의 상담 프로그램 중 성격강점 활용 차원에 초점을 두고 프로그램을 적용하였고 이러한 적용이 대학생들의 긍정적 성품 향상과 행복도에 유미한 영향을 미치는지를 확인해보고자 하였다. 이를 위해 부산지역의 대학생들을 대상으로 1차 설문조사를 실시하였으며, 그 결과를 바탕으로 2차 설문조사와 함께 성격강점 활용 개입 교육 프로그램을 시행하였다. 본 연구문제와 가설을 중심으로 결과를 요약하고 논의하면 다음과 같다.

첫째, 1차 설문조사를 통해 즐거운 삶, 적극적인 삶, 의미 있는 삶, 총 행복점수는 자아탄력성, 자기주도적 학습능력과는 상관관계가 있음을 알 수 있었다. 우울척도와는 부적인 상관관계가 있음을 알 수 있었다. 이러한 결과는 셀리그만이 행복을 위해 제안한 즐거운 삶, 적극적인 삶, 의미 있는 삶이 덕성의 차원뿐 아니라 자아탄력성이나 자기주도적 학습능력 및 우울증의 극복과 관련성이 있음을 보여주는 것이다. 비록 효과성 검토까지는 수행하지 않았지만 셀리그만(2006),[48] 임영진(2010),[49] 김근향(2010),[50] 손희정(2012)[51] 등의 선

---

48) M.E.P.Seligman, T. Rashid & A.C. Parks, *op. cit.*, pp.774-788 참조.
49) 임영진, "성격강점과 긍정 심리치료가 행복에 미치는 영향", 서울대학교 박사학위논문, 2010.
50) 김근향, "정신과 입원환자의 적응기능 향상을 위한 긍정심리치료 프로그램의 효과", 고려대학교 박사학위논문, 2010.
51) 손희정, "긍정심리집단상담이 초등학생의 자기주도적 학습능력과 학업성취도에 미치는 영향",

행연구결과와 일치하는 것으로서 긍정심리치료나 인성교육이 행복을 증진시킬 뿐만 아니라 우울증상을 호전시키고, 자아탄력성이나 자기주도적 학습능력을 향상시키는 것과 관련되어 있음을 알 수 있었다.

둘째, 덕목 및 인격강점의 개선이 있었다. 성격강점(인격강점)을 활용하는 것은 학생의 긍정적 성품을 발달시키는 것에 유의한 효과가 있음을 확인하였다. 개인 고유의 성격강점인 대표강점과 행복강점, 보통강점 등을 골고루 활용하는 성격강점 활용은 실험집단을 통해서 비교집단에 비해 통계적으로 유의미한 변화를 보여주었다. 긍정심리학은 성품(character)을 심리적으로 좋은 삶, 행복한 삶을 이해하는 데 있어서 중심적인 것으로 파악하는 가운데, 성품에 관한 과학적 관심을 다시 불러일으켰다. 그런 성품, 즉 덕목과 인격강점들의 개선이 있었다. 개별적인 성품의 강점들을 발견하여 활용하는 가운데 덕목 및 성격(인격)강점의 개선이 있었다. 성격강점 인성교육 혹은 치료 프로그램은 다른 상담 프로그램에 비해 비교적 쉽게 구성되어 있고, 깊은 심리학적 지식이 필요하지 않으며, 학급단위의 운영도 쉬웠다. 그러므로 각각의 성격강점에 집중하여 이를 배양시키는 활동은 학생들의 학습과 행복감을 고양시킬 뿐 아니라 실제적으로 덕목과 인격 강점의 개선에 도움이 되었다.

셋째, 긍정심리학자들이 주장하듯이, 성품으로서의 덕과 인격강점의 함양은 즐거운 삶으로서의 행복한 삶을 영위하는 데 있어서 필수불가결한 요소이다. 성격강점을 활용하는 것은 학생의 즐거운 행복

고려대학교 교육대학원 상담심리전공 석사학위논문, 2012.

한 삶을 발달시키는 것에 유의한 효과가 있음을 확인하였다. 개인 고유의 성격강점인 대표강점과 행복강점, 보통강점 등을 골고루 활용하는 성격강점 활용은 실험집단을 통해서 비교집단에 비해 통계적으로 유의미한 변화를 보여주었다. 본 연구에서도 비교집단에 비해 즐거운 삶이 향상되었다. 기존 연구에서 긍정심리 상담 프로그램이 주관적 안녕감과 생활만족도, 만족감 등 개인의 정서적인 영역에서 효과가 있다는 연구결과처럼[52] 본 연구에서도 긍정심리 상담 프로그램이 주관적 안녕감과 생활만족도 및 만족감 등과 연결되는 즐거운 삶의 개선에 도움이 되었다.

넷째, 관여적 삶의 행복이 증진되었다. 성품으로서의 덕과 인격강점의 함양은 관여적 삶으로서의 행복한 삶을 영위하는 데 있어서 필수불가결한 요소이다. 성격강점을 활용하는 것은 학생의 관여적인 행복한 삶을 발달시키는 것에 유의한 효과가 있음을 확인하였다. 윤리수업에서 자신들의 대표강점이 무엇인지를 찾아보게 하고, 그 대표강점들을 생활 속에서 더욱 발전시킬 수 있는 기회들을 제공하는 것은 스트라스 헤이븐 긍정심리학교육과정처럼 관여적 삶의 행복을 증가시켰다. 단순히 주지주의적으로 지식을 전달하는 덕교육이 아니라 성품으로서의 덕, 인격강점을 함양하기 위해 실제적으로 적용해 보는 교육, 즉 특별히 인격강점을 활용한 긍정심리 교육은 인류의 공통적인 미덕인 감사와 행복, 친절, 지혜, 용서 등 주변에서 자주 접하는 소재를 이용하기에 적용하기 때문에 프로그램에서 체득한 내용을 실생활 장면에서 실천하고 관여시키고 적용시키기가 용이하

---

52) 고영미, "긍정심리학 기반의 행복증진 집단상담 프로그램이 아동의 행복감과 우울에 미치는 영향", 서울교육대학교 교육대학원 석사학위논문, 2010 참조.

였고, 결과적으로 관여적 삶의 행복이 증진되었다.

다섯째, 의미 있는 삶의 행복도 증진되었다. 성격강점(인격강점)을 활용하는 것은 학생의 의미 있는 행복한 삶을 발달시키는 것에 유의한 효과가 있음을 확인하였다. 다시 말해서 학생들은 더욱더 의미감을(sense of meaning)을 가질 수 있게 되었다.

여섯째, 결국 전체 삶의 총 행복은 증가하였다. 성격강점을 활용하는 것은 학생의 총체적 행복한 삶을 발달시키는 것에 유의한 효과가 있음을 확인하였다. 결국 덕은 좋은 삶을 가능케 하는 탁월성인데, 좋은 삶은 행복한 삶이므로, 행복한 삶은 덕(탁월성)을 통해 가능하게 된다는 것을 알 수 있었다. 덕(인격강점)을 소유한 사람은 즐거운 삶, 관여적인 삶의 행복, 의미 있는 삶의 행복을 증진시킨다는 것을 알 수 있었다.

일곱째, 성격강점의 활용은 덕과 성격강점의 계발 외에도 행복에도 기여함을 보여주었다. 이것은 나 행복강점을 계발하는 것뿐만 아니라 다른 덕과 인격강점을 계발하는 것에도 초점을 두는 것이 필요하고 이것이 덕의 함양에 도움이 될 수 있음을 확인하였다.

여덟째, 덕윤리학의 입장, 행복을 위한 도덕교육적 입장을 반영하는 성격강점의 활용 교육은 행복의 증가뿐만 아니라 다른 요소들과도 상관성이 있음을 보여주었다. 즉, 사후검증을 통해 자기주도적 학습과 자아탄력성의 증가와 우울감의 감소를 검증해 내지는 못했지만 1차 사전검사를 통해 성격강점 활용 교육이 학습이나 자아탄력성의 향상과 우울감의 감소에 기여할 것이라는 가설을 확인하게 해주었다. 다시 말해서 학생들의 경우 학업에 대한 스트레스와 무기력함, 우울증 등을 가지고 있으나 긍정심리학의 성격강점을 통한 접근이 스트레스 상황에서 무기력함을 약화시키고 자아탄력성을 증진시켜줄 수 있는 가능성을 예견하게 하였다. 기존의 연구에서도 긍정심리 집단 상담 프로그램이 자아탄력성을 증진시킨다는 연구결과가 있었지만[53] 이런 연구결과들을 더욱 검증할 필요성을 제공해주었다. 또한 자기주도적 학습능력을 증진시켜서 자신감을 회복하고 학생들에게 자신의 잠재력을 발견하고 고양할 수 있는 효과적인 방법이 될 수 있음을 알 수 있었다.[54] 자기주도적 학습능력 점수가 유의미하게 상승하였다는 것은 성격강점 활용 교육이 인성이나 덕목의 실현 및 행복뿐만 아니라 학습차원과 학교생활의 적응 등에서도 효과가 있음을 보여주었다.

2) 결론 및 제언

본 연구와 관련하여 결론과 제언을 보다 구체적으로 제시하면 다음과 같다.

첫째, 이 연구는 윤리교육과 덕, 행복과의 관계에 탐구를 시도하되, 실증적인 과학적 분석을 통해 긍정심리학의 주장을 검증하였다.

둘째, 이 연구는 성격강점을 활용하는 것이 학생들의 덕개선과 행복에 증진한다는 것을 밝혀내었다.

셋째, 윤리교육에서 긍정심리학이 중시하는 덕목과 대표강점들을 강조하는 것은 덕목의 형성뿐만 아니라 즐거운 삶, 관여적인 삶, 의미 있는 삶의 행복 모두에 기여한다는 것을 밝혀내었다.

---

53) 백순복, 2010, 임영진, 2010.

54) 김태승, "긍정심리 집단상담 프로그램이 초등학교 고학년 학생의 시험불안 및 학습동기에 미치는 효과 검증", 고려대학교 교육대학원 상담심리교육전공 석사학위논문, 2011, p.57.

넷째, 덕목과 대표강점을 밝히고 활용하는 것은 자기주도적 학습을 제고하고, 자아(회복)탄력성을 향상시키며, 우울증을 해소하는 데에도 유용할 수 있는 가능성을 제시하였다. 긍정심리학의 치료에서는 내담자를 고통받는 수동적인 존재가 아니라 수기치인의 능력, '자조능력이 대상'으로 보고 긍정적인 평가를 한다. 이런 측면에서 덕목과 대표강점을 활용하는 것은 자기주도적 학습 등에도 효과적으로 작용할 수 있음을 보여주었다.

한편 이상의 결론에 더하여 본 연구에서 향후 진행되어야 할 연구과제를 생각해볼 수 있다.

첫째, 1차 사전조사에서 즐거운 삶, 적극적인 삶, 의미 있는 삶, 총 행복점수, 자아탄력성, 자기주도적 학습능력과는 상관관계가 있음을 알 수 있었지만 설문 참여자 수가 충분히 많지 않아서 연구결과를 일반화하는 데 어려움이 있다. 불과 19명의 학생을 대상으로 조사했기에 사례수가 풍부하지 못한 한계를 가진다고 하겠다.

둘째, 본 연구에서는 실험집단은 30명, 비교집단은 32명으로 2차 사전조사를 실시하고 통계 연구를 실시하였는데, 실험집단의 경우 성격강점 활용을 시도하였지만 비교집단에 대해서는 어떠한 처치도 하지 않았다는 점이다. 성격강점 활용이 아니더라도 비슷한 형식의 다른 처치를 제공하고 비교집단에 개입하였다면, 실험집단의 변화가 성격강점 활용으로 인해 얼마나 다른 처치보다는 효과적인지를 더욱 도드라지게 보여줄 수 있었을 것인데, 그러한 점에서 한계를 가진다. 향후 연구에서는 성격강점 활용 개입에 대해 비교집단에 인지행동치료나 다른 종류의 덕교육적 개입이나 치료적 개입을 실시하는 것도 의미가 있을 것으로 보인다.

셋째, 성격강점 활용 윤리교육은 본 연구에서 대한 수준에서 개발한 방법 외에 중고등학교 교육과정에도 실시해봄으로써 그 효과성을 보다 검증해볼 필요가 있다.

넷째, 본 연구에서 실험집단의 경우 15주간 15회기에 걸쳐 실험처치를 하되 실제적인 수업내용에 시간을 부여하지 않았으나 1시간씩 시간을 부여하고 덕윤리학적 탐구 등 윤리적 탐구와 연계된 교육과정을 개발할 필요가 있으며, 이 경우 15주 이상의 장기 프로그램을 고려할 필요가 있을 것이다.

다섯째, 본 연구는 부산권의 대학생을 대상으로 설문조사한 결과를 분석하였기에 제한점을 가지고 있다. 향후 타 지역 및 군대 등 다른 기관까지 고려하여 교육 프로그램의 효과성을 적용하고 검토 및 확대할 필요가 있다.

PART 02

인성교육에 관한
긍정심리학적 성찰과
대안적 인성교육의 모색

1. 들어가면서

최근 마련된 「인성교육진흥법」(2015.7.21. 시행)에 따르면 국가 및 정책 차원에서 제시된 인성교육(character education)을 각 학교에서는 매년 교육계획을 수립하여 시행해야 한다. 이렇게 국가 및 정책 차원에서 거시적으로 인성교육의 정당성과 필요성을 강조하는 것은 지속되어온 흐름이었다고 할 수 있다. 물론 인성교육의 필요성은 어느 시대나 강조되었으나 그 방향성과 강도에 있어서는 약간의 차이가 있었다. 1995년 5월 31일 교육개혁에서도 인성교육은 강조되었지만 특별히 2015년에 인성교육진흥법(2015.1.20. 법률 제3004호)이 통과되면서 인성교육에 대한 정책적 의지나 강도가 좀 더 강화되었다고 할 수 있다. 교육부가 교육의 근본토대로서 인성교육을 복원하고 이를 중심으로 전체 교육시스템을 바꾸어야 한다는 입장을 강하게 밝히면서 인성교육진흥법과 그 시행령을 마련한 후 2015년 7월부터 조금은 급하게 시행하였다.

이 「인성교육진흥법」의 핵심 가치와 덕목은 "예(禮), 효(孝), 정직, 책임, 존중, 배려, 소통, 협동" 등의 8가지로 마음가짐과 사람됨을 목표로 하고 있다. 정부는 인성교육을 국가의 책무로 규정하고, 교육부장관이 5년마다 인성교육 종합계획을 세워, 학교 현장에서 인성교육을 강화한다는 방향제시를 하였지만 보다 미시적인 차원에서 어려움이 존재하며, 각급 학교에서도 매년 자체적으로 인성교육에 대한 계획을 수립하여 시행하는 부분에서 구체성과 현장성에 있어서 어려움을 갖고 있다.

이러한 구체성과 현장성에서의 미시적인 어려움은 우리 사회에서 시도되었던 다양한 형태의 기존 인성교육의 실패를 답습하지 않을까 하는 두려움과 함께 맞물려 있다. 연구자가 보기에 기존 인성교육은 여러 장점에도 불구하고 다음과 같은 미시적인 차원에서 문제점을 가지고 있다고 본다. 첫째, 대부분의 인성교육 시도들이 단편적으로 이루어지거나 일과성에 그치는 경향성이 있었다. 둘째, 대부분의 인성교육은 덕목들을 제시하고 이를 다양한 방법으로 사회화시키고자 하는 덕목적 접근들이라고 할 수 있다. 셋째, 제시되는 덕목들이 너무 일반적이거나, 부분적·단편적이어서 덕목 선택의 타당성이 충분히 확보되지 못했다. 넷째, 인성교육은 단지 도덕적 인성 강점에 초점을 맞추고 수행적 강점을 통한 지적 성취나 정신적 안녕과 성장, 행복에 기여하는 비전을 가지지 못했다. 다섯째, 인성교육은 학생들의 필요와 동기유발에 별로 성공적이지 못했다. 여섯째, 학생들의 정신건강에 이바지하지 못했다.

이상과 같은 인성교육의 문제점에 초점을 두고 이를 해결할 수 있는 최적의 대안적 인성교육방안을 연구자는 제시하고자 한다. 다른 인성교육적 접근도 나름대로의 강점과 가치가 있겠지만 연구자는 다른 인성교육적 접근과는 달리 긍정심리학적 관점이 가지는 장점을 부각시키고자 한다. 이를 위해 다른 인성교육적 접근의 한계를 분석하고, 이를 통해 긍정심리학에 근거한 인성교육적 접근이 왜 포괄적이면서도 보다 효과적인 접근인지를 제시하고자 하는 것이다.

특별히 안락한 삶은 돈으로 살 수 있지만 진정으로 행복한 삶은 '정신장애 진단과 통계 편람(Diagnostic and Statistical Manual, 이하 DSM)' 4판에 대비되는 인성강점 또는 'VIA 성격강점과 덕목'[1]과 같은 일종의 덕성·강점의 기반 위에 이루어진다는 긍정심리학의 관점이 왜 인성교육에 특별한 함의를 가지는지를 살피고자 한다. 긍정심리학의 창시자이기도 한 마틴 셀리그만(M. Seligman)은 2011년 새로 발전된 이론을 발표하면서 긍정심리학의 주제는 웰빙이고 목표는 플로리시(번성, flourish)로 바꿀 것을 제안했다.

플로리시를 위한 새로운 웰빙 이론은 긍정정서(positive emotion), 몰입(engagement), 관계(relationship), 의미(meaning), 성취(accomplishment)와 5가지 핵심요소를 추구하되 이 모두의 기반이 되는 인성강점(character strength)을 다룬다. 이들 첫 글자를 따서 팔마스(PERMAS)라고도 한다.[2] 또한 회복탄력성과 낙관성, 정신·신체건강 등 긍정건강을 다루는 긍정심리학의 풍성하고 포괄적인 접근이 왜 인성교육에서 새로운 대안적 가능성을 가지고 있는지를 제시하되, 이를 기

---

* 본 글은 최용성, "인성교육에 관한 긍정심리학적 성찰과 대안적 인성교육의 모색", 『윤리교육연구』, 제42호.(2016.10.30.)에서 수정·보완한 글임.

1) VIA 성격강점척도(Values in Action Inventory of Character Strengths, VIA−IS; Peterson & Seligman, 2004)는 Peterson과 Seligman(2004)이 개발한 VIA 분류체계에 기초해 개발된 강점척도이다. VIA 분류체계는 DSM을 대체하거나 부가적으로 쓰기 위해 개발되었다. 『VIA 분류편람(VIA Classification Handbook)』은 분류체계를 구성하는 24개 강점의 정의뿐 아니라, 각 강점을 평가하고 적용하는 방법, 강점을 함양하는 개입법, 강점의 귀감이 되는 사례, 강점의 이론적 기반 및 연구 기반, 강점의 상관물과 결과, 강점이 어떻게 생애에 걸쳐 발달되고 발현되는지, 강점의 성차, 강점의 비교 문화적 측면에 관한 수많은 정보를 제공하고 있다. C. Peterson & M. E. P. Seligman, *Character strengths and virtues: A handbook and classification*(New York, NY: Oxford University Press, 2004) 참조.

2) 여기에 낙관성, 회복력 등의 긍정심리치료까지 다루는 긍정적 건강(positive health)까지 포괄할 수 있다.

존 인성교육의 문제점 및 한계를 분석하는 것과 연계해서 대안적 가
능성을 제시하고자 한다.

2. 기존 인성교육적 접근과 긍정심리학적 접근의 차이

인성교육은 매우 모호한 개념이며, 그 방향성 역시 매우 모호하
다. 이는 여러 선행연구에 나타난 다양한 개념과 접근들을 통해서도
알 수 있다. 하지만 상이한 인성교육의 개념 정의 속에서도 공통적
인 요소와 차별적인 요소, 보다 긍정적인 차원과 의미 있는 차원들
을 통해 인성교육의 효과적인 대안을 모색해볼 수 있다.

특별히 긍정심리학의 경우 인성교육에 있어서 새로운 대안적 가
능성을 지닌다고 할 수 있다. 이런 맥락에서 기존의 인성 개념이나
인성교육의 공통점을 찾아볼 수 있다. 20세기 미국의 심리학 중 성
격특질(personality traits) 이론가로 이름을 떨치던 고든 알포트(G.
Alport)는 성격특질과 관련된 학문적 담론에서 인성(인격, character)
을 제외시켰다. 왜냐하면 인성은 심리학적인 것이라기보다는 철학적
인 문제라고 생각했기 때문이다.[3] 그 이후 인성은 심리학적 영역에
서 배제되는 경향성이 있었다. 하지만 에릭슨(E. Erikson)이나 긍정
심리학에서는 이 인성을 적극적인 연구의 영역으로 포섭하였다. 이
인성에는 도덕적인 특성이 다루어지고, 가치함의적인 분야가 개입되
는 것이다.

---

3) 크리스토퍼 피터슨, 문용린·김인자·백수현 옮김, 『긍정심리학 프라이머』(서울: 도서출판 물푸
레, 2009), p.254.

<표 2-1>의 남궁달화(1999), 조난심 외(2004), 문용린·최인수(2010)의 연구는 이런 인성개념을 잘 보여주고 있다. 물론 이런 인성개념은 흔히 덕목이라는 이름으로 전 세계적으로 퍼져 있는 개념이었다. 유교, 도교, 불교, 힌두교, 아테네 철학, 기독교 그리고 이슬람과 같이 종교적이고 철학적인 전통에서는 인성과 덕목을 보편적으로 다루었던 것이다. 예컨대 아리스토텔레스가『니코마코스 윤리학』에서 다루었던 것은 도덕과 가치가 개입되는 인성과 덕목이었던 것이다.

<표 2-1> 선행 인성교육의 핵심가치·덕목 및 역량 및 개념[4]

분야	영역
조연순 외 (1998)	· 민주시민의식: 준법정신, 봉사정신, 협동정신, 책임감, 정의감, 애국심, 환경보호의식 · 타인존중의식: 권위의 존중과 수용, 예의범절, 효, 사랑, 배려, 정직, 신뢰 · 자기존중의식: 자신감, 자아수용, 자기표현, 자기통제
남궁달화(1999)	· 인간의 성품으로, 성품은 인간의 성질과 품격으로 구성됨. 여기서 성질은 마음의 바탕이고, 품격은 사람됨의 바탕임
조난심 외(2004)	· 사람이 태어나면서 가지고 있는 성격이나 특질의 개념이 아니라 의도적인 교육이나 학습에 의해 습득하거나 변화가 가능한 인간의 성품
최준환 외 (2009)	· 창의성: 사고능력, 독창성, 유창성, 융통성, 정교성 등 · 인성: 기존의 인성교육요소(기본생활습관, 자아확립, 효도 경애, 공동체의식), 인성교육요소(자기주도성, 관용, 개방성, 사고의 유연성, 타문화의 이해, 창의성, 합리적 의사결정, 창의적 문제해결능력, 리더십 등)
한국과학창의재단 (2010)	· 창의성: 사고의 확장, 사고의 수렴, 독창성, 개방성, 몰입, 호기심·흥미 · 인성: 신뢰(정직, 약속), 협동(배려, 공정), 책임감(책임, 소유)
문용린·최인수 (2010)	· 신뢰받을 만하고 협동적인 인간관계를 맺으며 행복한 삶을 사는 품성 · 창의성: 인지적 요소(사고의 확장, 사고의 수렴, 문제해결력, 지식), 성향적 요소(독립성, 개방성), 동기적 요소(호기심·흥미, 몰입) · 인성: 인간관계 덕목(정직, 약속, 용서, 책임, 배려, 소유), 인성판단력(도덕적 예민성, 도덕적 판단력, 의사결정능력, 행동실천력)

이명준 외(2011)	· 존중, 배려, 책임, 신뢰성, 정의·공정성, 시민성 · 6덕이 개인과 사회에서 구현되는 하위 각 덕들로 상세화
천세영 외 (2012)	· 도덕성: (역량) 가치인식, 책임 있는 능력, (덕) 정직, 책임 · 사회성: (역량) 사회인식능력, 대인관계능력, (덕) 공감, 소통 · 감성: (역량) 자기인식능력, 자기관리능력, (덕) 긍정, 자율
정창우(2013)	· 지혜, 용기, 성실, 절제, 효도, 예절, 존중, 배려, 책임, 협동, 준법, 정의
현주 외(2014)	· 자기존중, 성실, 배려·소통, 책임, 예의, 자기조절, 정직·용기, 지 혜, 정의, 시민성
인성교육법 (2015)	· 예, 효, 정직, 책임, 존중, 배려, 소통, 협력, 의사소통능력, 갈등(문 제)해결 능력
조셉슨 연구소 (Josephson Institute)	· 진실성, 존중, 책임, 정의, 배려, 시민성
사회정서학습	· 자신의 강점인식 및 관리 · 타인의 감정인식 및 관리 · 책임 있는 의사결정
T. Lickona와 M. Davidson(2005)	· 정직, 정의와 같이 핵심윤리적 가치가 될 수 있는 덕목인 도덕적 인성(moral character)과 인내심, 용기처럼 도덕적 행동을 지지해주 는 덕목인 수행적 인성(performance character)이 있음
C. Peterson & M. Seligman (2004)	지식 및 지혜(덕목): 창의성, 호기심, 개방성, 학구열, 통찰(인성강점) 인간애(덕목): 사랑, 친절, 사회지능(인성강점) 용기(덕목): 용감함, 인내, 진실성, 활력(인성강점) 절제(덕목): 용서와 자비, 겸손, 신중함, 자기조절(인성강점) 정의(덕목): 시민성, 공정, 리더십(인성강점) 영성과 초월성(덕목): 심미안, 감사, 희망, 유머, 영성(인성강점)

또한 동서양의 전통에서 제시되는 인성과 덕목 역시 마찬가지인
데, 이를 <표 2-2>에서 보다 구체적으로 살펴보면 다음과 같은 것들
이 있다. 이렇게 인성은 인간의 성품, 덕을 의미하고 있다. 그러므로
우리가 인성교육을 통해 함양시켜야 할 인성은 '개인의 내면을 바르
고 건전하게 가꾸는 데 필요한 인간다운 성품과 역량'(개인적 차원)

---

4) 손경원, "인성교육의 연구 동향과 과제", 『윤리교육연구』 제39집(한국윤리교육학회, 2016),
pp.108-109 및 이인재, "학교 인성교육의 체계적 접근과 교사의 역량", 『윤리교육연구』 제39집
(한국윤리교육학회, 2016), p.274 참조 및 재구성.

및 '타인·공동체·자연과 더불어 살아가는 데 필요한 인간다운 성품과 역량'(타인·공동체·자연과의 관계 차원)을 포함한다.

<표 2-2> 덕목과 정의

주요 이론사상	핵심덕목
플라톤	지혜, 용기, 정의, 절제
기독교의 7가지 덕목	지혜, 용기, 정의, 절제, 믿음, 소망, 사랑
유교 덕목	인(仁), 의(義), 예(禮), 지(知), 신(信)
불교 덕목	사성제와 8정도: 팔정도의 인성덕목: 인간애, 정의, 절제, 초월성, 지혜, 용기, 팔정도: 이해, 사고, 연설, 행동, 생계, 노력, 명심, 집중

이러한 인성개념을 바탕으로 인성교육의 개념을 도출한다면, <표 2-3>에서와 같이 인성교육은 '개인의 내면을 바르고 건전하게 가꾸고 타인·공동체·자연과 더불어 살아가는 데 필요한 인간다운 성품과 역량을 길러주는 일'로 정의될 수 있다. 이것을 개인적 차원에서 핵심인성역량으로 4가지 차원, 즉 윤리적 문제해결능력, 긍정적 태도, 자기관리능력, 자기성찰능력으로 제시할 수 있으며, 이런 차원에는 수행적 인성강점이 많이 요구된다고 할 수 있다. 한편 타인관계적 차원에서는 의사소통능력과 대인관계능력으로 공동체·자연의 차원에서는 시민적 참여능력, 다문화시민성, 자연차원으로 제시할 수 있으며, 이는 도덕적 인성강점이 중요하며, 부분적으로 수행적 인성강점 역시 필요하다고 할 수 있다.

그런데 이러한 인성 혹은 인성강점은 도덕적인 행위나 수행적인 행위에 기여할 뿐만 아니라 정신건강과 행복에도 기여한다. <표 2-1>의 문용린·최인수(2010)의 연구에서 "신뢰받을 만하고 협동적인 인간관계를 맺으며 행복한 삶을 사는 품성"이라고 설명하듯 인성 강점은 행복한 삶에 기여한다. 이러한 주장은 긍정심리학이나 아리스토텔레스적인 덕윤리학이 강조하는 주장일 뿐 아니라 불교나 기독교, 도교나 유교 모두에 공통되는 주장이라고 할 수 있다. 특별히 긍정심리학에서는 긍정정서나 몰입, 긍정관계나 성취가 행복에 기여할 뿐만 아니라 인성강점 자체가 하나의 뿌리로서 행복에 기여하는 것이라고 본다.

<표 2-3> 핵심인성역량과 긍정심리학의 차원

긍정심리학의 차원	핵심인성역량
개인 차원의 인성 덕목 (긍정심리학 인성덕목) - 지혜와 지식 덕목 (창의성, 호기심, 개방성, 학구열, 통찰: 인성강점) - 용기 덕목(용감함, 인내, 진실성, 활력: 인성강점) - 절제 덕목(용서와 자비, 겸손, 신중함, 자기조절: 인성강점)	윤리적 문제해결능력: 어떤 문제를 윤리적 관점에서 합당하게 해결하는 능력(윤리적 의사결정능력, 도덕적 추론능력 포함)
	긍정적 태도: 삶에 대해 낙관적이고 긍정적인 관점을 지니고 난관에 직면했을 때 꿋꿋하게 튀어 오르는 능력(회복력 포함)
	자기관리 능력: 자신에 대한 참된 이해를 바탕으로 바람직한 정체성을 형성하고 자신의 행동과 정서를 도덕적으로 관리하고 개발하는 능력
	자기성찰능력: 자신이 행한 경험적 사실을 도덕적 관점에서 반추하면서 어떻게 살아갈 것인가에 대해 사색하는 능력
관계·시민·다문화·자연 차원의 인성 덕목 (긍정심리학 인성덕목) - 인간애 덕목(사랑, 친절, 사회지능: 인성강점) - 정의 덕목(시민성, 공정, 리더십: 인성강점) - 영성과 초월성 덕목 (심미안, 감사, 희망, 유머, 영성: 인성강점)	의사소통능력: 다른 사람의 입장을 경청하고 그들과 소통하여 다양한 관점과 정보를 공유할 수 있는 능력
	대인관계능력: 다른 사람을 존중, 배려하고, 갈등을 관리하며, 다른 사람과 도덕적으로 원만한 관계를 유지하고 협력하는 능력
	시민적 참여능력: 보편적 가치를 지향하고 인권을 존중하는 바람직한 공동체의 실현에 참여하고 공헌하는 능력
	다문화시민성: 다문화 사회에서 문화적 다양성을 존중하고 바람직한 국가정체성을 형성하며, 지구적 문제해결을 위해 참여하고 실천하는 능력
	자연과 교감함으로써 인간과 자연과의 관계를 이해하고, 생태의식과 환경에 대한 규범적인 노력을 토대로 인간과 자연의 건강한 미래를 설계하는 능력

이런 관점에서 볼 때, 청소년의 인성실태 및 인성교육 활성화 방안에 관한 학술대회에서 정창우는 인성교육의 활성화가 필요한 이유로 제시한 청소년의 인성실태 7가지는 효과적인 인성교육이 채워주워야 할 인성교육의 요소를 잘 보여준다.5) ① 배려와 자율적 사고 및 행동능력 개선, ② 정서능력과 사회적 상호작용 능력 개선, ③ 중학생의 낮은 인성수준, ④ 더불어 사는 능력 개선, ⑤ 삶의 만족도 및 행복 지수, ⑥ 불의(학교 폭력)에 대한 방관자적 태도, ⑦ 정신건강 증진이 바로 그것이다.

이러한 인성실태는 ①, ②, ③, ④, ⑥과 관련해서 도덕적 인성의 문제와 함께 ⑤와 ⑦에서 나타나는바 삶의 만족과 행복지수를 높이고 정신건강을 보살펴야 하는 문제 역시 인성교육이 제대로 다루어야 함을 보여준다.

그러므로 인성교육의 강화에는 단지 비도덕적 행동의 문제뿐만 아니라 긍정심리학에서 강조하는바 정신건강과 행복의 문제 역시 실제적으로 고려되어야 함을 보여준다. 다시 말하면 인성교육에서 강조하는 인성강점은 도덕적 행위나 수행적 행위 그리고 정신건강과 행복에 모두 기여하는 특성을 지닌다는 것이다. 이런 포괄적인 관점에서 보면 기존의 인성교육은 네 가지 요소를 모두 구현한다기보다 부분적인 필요를 채우는 한계가 있었으며, 이를 구분해서 다음과 같이 제시해볼 수 있다.

첫째, 도덕적 인성강점만을 중요시하는 인성교육적 입장들이 있다는 것이다. 이런 인성교육의 관점은 1995년 5월 31일 교육개혁이

---

5) 정창우·손경원·김남준·신호재·한혜민, "학교급별 인성교육 실태 및 활성화 방안", 『2013년 정책연구개발사업』(교육부, 2014), pp.32-34 및 손경원, 앞의 논문, p.100 참조.

나 2012년 학교 폭력 근절 종합대책 시기에 강조되던 인성교육 관점에서도 나타났지만 <표 2-1>에서 토마스 리코나(T. Lickona, 1991)의 초기 연구, 이명준 외(2011)의 연구, 조셉슨 연구소(Josephson Institute)가 대표적인 예라고 할 수 있다. 문제는 인성교육법(2015)에서 제시하는 인성교육적 관점도 배타적으로 도덕적 인성강점에 편향된 차원을 보여준다는 것이다. 다시 말해서 최근 우리나라에서 제시된 인성덕목 혹은 인성강점은 <표 2-4>와 같다. 위에서 제시된 인성요소들, 즉 예와 효, 정직과 책임, 존중과 배려, 소통과 협력 등 인성교육진흥법의 인성요소들은 한편으로는 시공을 초월한 보편적인 가치지만 제한되어 있는 관점이며, 수행적 인성강점과 같은 다른 인성강점의 요소들을 간과하고 있는 관점이라고 볼 수 있다.

<표 2-4> 인성교육법에서 제시된 인성덕목과정

인성덕목	정의
효도	인을 행하는 근본이 되는 것으로서 부모의 은혜에 감사하고 이에 보답하고자 하는 것
예절	사람이 만든 질서에 따라 나와 남을 구분하고 그 구분에 따라 알맞게 표현하는 것
정직	자신을 거짓과 꾸밈없이 드러내고, 개인의 행동이나 감정을 수용하고 책임지는 것
존중	정중하고 사려 깊은 방식으로 다른 사람들을 대함으로써 그들이 존엄성을 가진 가치 있는 존재라는 것을 보여주는 것
배려	다른 사람의 행복이나 복지 등에 관심을 가지면서 그들의 필요나 요구에 민감하게 반응을 보이는 것
소통	두 명 이상 사람들이 자신들이 가지고 있는 의견, 감정, 정보를 전달하여 막히지 않고 잘 통할 수 있도록 상호작용하는 것
책임	공동선의 실현을 위해 각 구성원들이 부여된 역할과 의무를 충실히 이행하는 것
협동심	사회의 공동선을 창출하고 증진하기 위해 구성원들이 힘과 뜻을 모아 노력하는 것

둘째, 도덕적 인성강점뿐만 아니라 수행적 인성강점들도 포괄적으로 강조하는 입장들이 있다. 가장 대표적인 경우가 토마스 리코나와 폴 데이비슨(T. Lickona & P. Davidson, 2005)의 연구에서 나타나 있다. 이들은 도덕적인 선함을 추구하는 정의, 배려, 존중, 협동과 같은 도덕적 인성강점과 인성교육뿐 아니라 지적인 현명함(smartness)을 강조하면서 이것에 필요한 수행적 인성강점, 즉 창의성, 호기심, 노력, 근면, 인내, 강력한 근로윤리, 긍정적 태도, 자기규율과 같은 수행적 인성강점과 이를 고양하는 인성교육을 강조한다.[6] 긍정심리학의 경우는 정의와 인간애의 덕목 영역에서 도덕적 인성강점들을 강조할 뿐만 아니라 지혜와 지식 덕목에서 창의성과 호기심의 인성강점, 그리고 용기와 절제의 덕목 영역에서 수행적 인성강점들을 강조하는 포괄적 입장을 취하고 있다. 국내연구로는 조연순 외(1998), 천세영 외(2012), 정창우(2013), 현주 외(2014)의 연구에서도 이런 포괄적인 관점들이 부분적으로 나타나고 있다.

셋째, 긍정심리학에서의 사회지능을 특별히 강조하는 인성교육 지향들이 있다. 사회정서학습이 대표적인 예이다. 천세영 외(2012)의 연구에서 부분적으로 이런 부분들이 강조되고 있다.

넷째, 긍정심리학의 지적 및 지혜의 덕목, 즉 창의성, 호기심, 개방성, 학구열, 통찰과 같은 인지적 인성강점들을 강조하는 입장들이 있다. 이 입장은 흔히 인성교육과 창의성 교육을 함께 추구하는 입장에서 많이 나타나는데, 창의성의 인성강점들은 지적인 능력들을 중시하면서 긍정심리학의 인지적인 인성강점이기도 한 지식 및 지혜의 덕목과 유사성을 가진다. 긍정심리학의 지식 및 지혜의 덕목은

---

6) 이인재, 앞의 논문, p.290.

독창성, 발명, 재간, 흥미, 새로운 것 추구, 경험지향성, 판단력, 비판적 사고, 지혜의 요소를 포괄하면서 또한 긍정심리학에서 강조하는 몰입을 함께 강조하기도 한다. 그런데 이런 요소들은 우리나라에서 2009년부터 강조되었던 창의·인성교육시기에 강조되었던 관점과도 연결되며, 최준환 외(2009)의 연구, 한국과학창의재단(2010), 문용린·최인수(2010)의 연구에서 제시되는 창의성의 요소와 거의 유사하거나 일치한다고 할 수 있다.

다섯째, 긍정심리학에서 강조하는바 정신적 건강과 행복까지 고려하는 입장은 문용린·최인수(2010)의 연구에서 부분적으로 나타난다. 하지만 앞서 제시된 첫째 넷째 요소를 모두 고려하면서 다섯째 요소까지 고려하는 인성강점의 입장은 긍정심리학의 입장이라고 할 수 있다. 다시 말해서 긍정심리학의 창시자인 셀리그만(M. Seligman)과 피터슨(C. Peterson)은 VIA연구소에서 연구원들과 함께 인간의 인성강점(character strengths)과 덕성에 대해 광범위하고 체계적인 연구를 실시하였다. 이들은 인성강점을 덕과 같은 의미로 사용하면서, 방대한 자료들을 검토하고 분석하여 역사와 문화를 초월하여 공통적이고 객관적인 덕목들을 추출하고 체계화하였는데, 이것이 바로 'VIA 인성강점과 덕목의 분류체계'이다. 여기에는 지혜와 지식, 용기, 인간애, 정의, 절제, 초월성과 영성이라는 6개 덕목과 이에 속한 24개의 인성강점이 포함되어 있다.[7] 이러한 인성강점에는 도덕적 인성강점과 함께 수행적 인성강점이 포괄되고 있으며, 사회정서적 학습의 영역뿐 아니라 창의적·인지적 영역을 위한 인성강점과 함께 행복을 위해 필요한 인성강점이 포괄되어 있는 특징을 갖는다.

7) 정창우·손경원·김남준·신호재·한혜민, 앞의 논문, p.19.

3. 기존 인성교육 덕목의 한계와 긍정심리학적 분석 · 성찰

1) 인성강점의 합리성 · 보편성과 심리학적 고려 및 검증의 문제

덕윤리나 덕교육의 덕목론적 입장이나 인성교육에서의 인성핵심
덕목 및 인성강점의 제시는 종종 덕의 보편성을 확보할 수 없다는
비판을 받는다. 덕은 사회의 역사적 전통과 사회적 관행을 중시하는
경향이 있기 때문에 사회마다 다를 수밖에 없다는 것이다. 또한 덕
의 사회문화적 구체성과 특수성은 도덕적 상대주의를 가져오고 이
는 도덕적 회의주의로 귀결되므로 덕은 보편적 도덕으로서 기능하
기가 어렵다는 것이다. 이와 같이 공동체의 문화적 전통에 따라 덕
의 목록이 다를 수 있다는 점에서 보자면, 덕교육의 덕목론적 입장
은 상대주의 문제에서 완전히 벗어나기는 어려울 것이다. 하지만 핵
심 덕목에 대한 사회적 동의 및 합의의 과정을 거칠 수 있고, 또한
덕의 목록에 인간 존엄성에 대한 긍정과 다른 사람에 대한 공정한
대우의 관점이 기본적으로 반영되어 있다면, 실제로 인성교육의 접
근법으로서 문제가 될 가능성은 거의 없다. 하지만 가르치고자 하는
가치들이 피상적인 합의에 의해 선정된 것은 아닌지, 다시 말하면
덕목 선택이 자의적이지 않은지에 대해 반성해보아야 한다. 하지만
작금의 핵심인성덕목의 제시에는 사회적 동의 및 합의의 과정, 합리
성, 과학적 검증의 과정에서 문제점을 가진다. 미국의 경우 대부분
의 인성교육은 덕과 가치들을 양성하는 데 선택할 수 있는 합의에
의한 합리성을 가지지 못했다.[8] 물론 우리나라의 작금의 인성교육
은 합리성의 과정은 어느 정도 거쳤지만 긍정심리학처럼 과학적 검

---

8) Peterson & Seligman, *op. cit.*, 2004 참조.

증의 과정을 거치지를 않았다. 예컨대 긍정심리학에서는 인지적 강점으로 지혜와 지식의 덕목을 제시하면서 그 덕목 아래 창의성, 호기심, 학구열, 개방성, 지혜(통찰)의 인성강점을 제시하고 있다. 많은 철학이나 종교에서 지혜나 이성을 제안하면서 이러한 인지적인 인성강점을 강조했지만 이런 인성강점에 왜 간과되었는지에 대한 합리적이고 과학적인 설명과 검증이 필요하다. 또한 심미안, 감사, 희망, 유머, 종교성(영성)을 포괄하는 초월성의 영역에 해당하는 덕목, 인성강점이 누락되어 있다. 이에 대한 설명이 필요하다.

또한 작금에 있어서 인성교육을 교육과정 내에 덕목을 편성하고 배열하는 데 심리학적으로 적절한 고려가 있었는지에 대해 보다 진지한 고려가 필요하다. 예컨대 학생들의 발달단계에 따라 구성되었는지 반성해보아야 한다. 이런 부분들이 미비하다면 비록 2015년 법으로 제정, 2016년부터 본격적으로 시행될 인성교육의 총론은 나름대로의 장점을 가지고 있지만 실제 현장의 각론에서 추구되는 수많은 인성교육은 실패할 가능성이 많다. 실제 미국의 경우 인성교육은 미국에서 부분적 성공을 거둔 소수의 프로그램 외에 수많은 실패를 거쳤던 과정을 거쳤고, 이러한 과정을 우리나라도 답습할 가능성이 매우 큰 것이다. 과연 인성과 인성관련 심리적 구성에 관한 심리학적 엄밀함의 결여를 넘어서고 있는 것인가? 미국에서도 그런 상황이 있었지만 기존의 인성교육은 인성과 심리적 구성에 대해 매우 허약한 개념으로 구성되어 있었고,[9] 우리나라의 경우 이런 문제점을 다분히 가지고 있다. 긍정심리학에서 보이는 바 인성에 대한 과학적

9) R. Gilman, E. S. Huebner & M. J. Furlong(Editor), *Handbook of Positive Psychology in Schools*(New York: Routledge, 2014), p.66.

주의와 초점이 보이지 않으며, 철학적 사변이나 주관적인 이론적 방향제시가 남무하고 있으며, 심리학적 웰빙에 대한 이해에 있어서도 핵심적인 통찰을 결여하고 있다.[10) 때문에 긍정심리학에 기반한 인성교육에서 보이는 심리학적 엄밀함이 견지될 필요가 있다.

뿐만 아니라 인성교육 프로그램의 체계적 기획 및 수행·검증 및 평가에 있어서 보다 엄밀함이 필요하다. 미국의 인성교육이나 지금 수행되는 인성교육들은 이론적 틀과 교육적 프로그램의 기획과 수행에 있어서 그리고 검정 및 평가에 있어서 상당한 문제점을 지니고 있다. 기존의 인성교육이 학생들의 필요와 발달, 행복에 초점을 맞추지 못했고, 심리학적 타당성 및 프로그램의 검증에서도 약점과 함께 거친 측면이 많았다면 긍정심리학은 성취와 관계, 몰입과 의미, 긍정정서를 이루어가며, 행복한 학생으로 만들어가는 강점이 있는 것이다. 그러므로 긍정심리학적 관점을 통해 기존의 인성교육적 덕목의 제한성과 한계를 보완하고 긍정심리학적 관점을 통해 통합해 나가야 할 것이다.

2) 정신건강과 회복탄력성, 사회정서학습의 강화

인성교육은 학생들의 정신장애를 치료하는 정신건강과 연결된다. 긍정심리학이 추구하는 긍정심리치료는 각종 스트레스에 노출되어 있는 학생들에게 긍정심리학적 개입을 통해 내담자들의 정신건강문제 예방과 관리에 큰 도움을 줄 수 있다. 외국의 경우 긍정심리학을 교육과정에 반영하고 있는 호주의 질롱 그래머스쿨 프로젝트의 경

---

10) Ibid., p.68.

우 긍정건강을 인성교육의 중요요소로 포함하고 있다.

<표 2-5> 질롱 그래머스쿨 긍정교육 과정 체계

긍정감정 (Positive emotions)	긍정관여(몰입) (Postive engagement)	의미(목적) (Postive purpose)	긍정관계 (Postive relations)	긍정성취 (Postive accomplishment)	긍정건강 (Positive health)
character strengths(인성강점들) ⇒ Flourish					

미국의 펜실베이니아 쾌활성 프로그램(Penn Resiliency Program: PRP) 교육과정도 긍정건강을 중요시하는데, 이 프로그램의 주된 목적은 청소년기 동안에 대부분의 학생들에게 나타나는 일상적인 스트레스와 문제들을 다루기 위한 학생들의 능력을 제고하여 주는 것이다. 대표적인 우울증 예방 프로그램이기도 한 이 프로그램은 항우울제 등을 병행한 그룹보다 우울증 증상의 감소뿐만 아니라 무기력과 불안증을 감소시키고 건강과 관련된 행동을 대폭 개선시켰다.[11] 학생들의 경우 동일한 스트레스나 역경에도 무너지기도 하고 더 강해지기도 한다. 그 이유는 내면의 힘 때문이다. 긍정심리학은 정신장애 진단과 통계를 위한 매뉴얼인 DSM을 넘어 정신건강을 증진하기 위해 질병 패러다임을 바꾸려는 노력을 전개하면서, 정신장애를 치료하고 예방하는 차원에서 나아가 정신건강을 증진하는 것을 강조한다. 미국 정신의학회(American Psychiatric Association)는 1950년대부터 정신질환 관련 진단의 신뢰도를 높이기 위하여 진단 기준들을 일목요연하게 정리한 DSM을 발간해왔다. 이 편람은 의사, 심리학자, 카운슬러 등의 임상수행을 위한 표준참고문헌으로 국내외에서

---

11) 마틴 셀리그만, 우문식·윤상운 옮김, 『플로리시』(서울: 물푸레, 2011), pp.128-130.

널리 쓰이고 있다.[12]

지금까지의 정신건강의학도 의학의 전통에 따라 질병의 치료에 집중하여 부정적 증상에 치중하여 온 경향이 짙었다면 최근의 정신의학계는 정신건강을 증진하기 위해 질병 패러다임을 바꾸는 것이 필요하다는 견해를 강조하고 있다. 특히 심리학에서 긍정심리학은 정신장애를 치료하고, 예방하는 차원에서 나아가 정신건강과 주관적 안녕을 증진하는 것을 강조한다.[13] 긍정심리학 중재는 비장애인에게 시행하여 심리적 안녕과 행복을 증진하는 것을 목표로 개발된 단기 치료 기법들이지만 정신장애인에게도 적용하여 효과가 있다고 한다. 긍정심리학 중재들은 행복을 증진하기 위하여 즐거움을 주는 활동에 참여하게 하는 것, 자신의 강점을 활용하도록 하는 것, '세 가지 좋은 것(three good things) 나누기', 감사하기, 역기능적 사고와 행동을 교정하는 것 등의 감정기법이나 인지행동기법들을 이용한다. 이렇게 긍정심리학은 '대표강점들을 새로운 방식으로 적용하기' 등을 통해 개인이 갖는 강점과 능력의 증진을 통해 정신장애의 치료, 정신건강 증진, 그리고 도덕성 및 인성함양에도 응용할 수 있다.

이를 위해 인간이 가진 긍정정서, 낙관성과 회복탄력성, 인성강점과 같은 긍정적 마음근력에 더욱 주목하는데, 이런 요소들은 행복에 도움이 되는 동시에 정신건강에 기여한다.[14] 자기조절능력, 대인능력 혹은 공감능력, 세상을 긍정적으로 바라보는 낙관성 등을 뿌리로

---

12) 미국 정신의학회, 권준수 옮김, 『정신질환의 진단 및 통계 편람 제5판』(서울: 학지사, 2015), p.45 참조.

13) 박형빈, "의학적 관점에서 본 도덕성의 정신건강 측면과 마음치유로서의 도덕교육", 『윤리교육연구』 39집(한국윤리교육학회, 2016), p.25.

14) 위의 논문, pp.25-26 참조.

하는 회복탄력성의 경우 외상 후 성장(Post-traumatic growth, PTG)과도 연결된다. 우리 학생들에게는 세월호 사건 후 많이 회자되었던 외상 후 스트레스 장애(PTSD, Post-Traumatic Stress Disorder)뿐 아니라 인생에는 크고 작은 수많은 장애와 어려움들이 도사리고 있다. 기나긴 학습경쟁에 내몰리는 우리 아이들 역시 예외가 아니다. 우리 아이들 앞에는 공부와 관련된 숱한 좌절이 늘어서 있다. 성적, 등수, 친구들 간의 학습경쟁, 공부 슬럼프, 진로갈등, 입시문제, 친구관계 등과 같은 수많은 삶의 고난이 줄지어 늘어서 있고 관련하여 심리적 스트레스·불안장애와 함께 우울장애(depressive disorder)와 같은 기분장애를 갖고 살아가는 것이 작금의 우리 학생들이다. 치료되지 않은 불안장애는 신체적 악화, 절망, 극도의 공포, 관계악화, 공부의 포기, 자살을 야기한다. 뿐만 아니라 자기애적 성격장애·연극성 성격장애·반사회적 성격장애·경계성 성격장애 등 여러 성격장애와 약물남용과 같은 물질사용장애·충동조절장애 그리고 아동 및 청소년기 특유의 장애라고 할 수 있는 주의력결핍·과잉행동장애(ADHD)와 적대적 반항장애와 학교폭력과 왕따라는 품행장애 등 여러 문제행동 가운데 비행청소년이라고 낙인을 찍히며 살아가고 있는 학생들이 우리 청소년들이자 학생들이라고 할 수 있다. 더욱 안타까운 것은 품행장애가 동반되는 가면우울증의 경우 마음의 고통을 줄이기 위해 나쁜 집단에서 어울리거나 약물사용, 성적 문란, 게임중독, 비행을 저지르는 경우도 있는데, 이 경우 분노를 방출하기 위해서 하는 파괴적이고 공격적인 행동을 마치 품행장애인 것처럼 잘못 이해할 때도 있는데, 이런 양상은 현대의 성장영화·교육영화 속에 지배적으로 나타나기도 하는 것이다. 이러한 우울증으로 고통받은 청소년들을 위한 긍정심리학적 접근, 낙관성 훈련, 회복탄력성 교육은 절망감을 극복하고 긍정건강을 가질 수 있는 매우 효과적인 접근이 될 것이다. 또한 이런 다양한 장애와 난관을 이겨 나가려면 수행적 인성강점인 인내와 절제력과 같은 인성강점과 함께 낙관성, 회복탄력성이 병행되는 긍정건강, 긍정치료를 수행·교육하여야 할 것이다.

마음챙김 명상(mindfulness meditation)뿐만 아니라 인지행동치료와도 연결되는 ABC훈련, 즉 잘못된 사고를 긍정적 사고를 통해 반박하고 사고를 바꾸어나가는 작업을 하기, 감사 일기를 쓰는 등 좋은 일 찾아내기, 자신의 인격강점을 확인하기, 견고한 관계 구축을 위해 좋은 의사소통 방식을 교육하기 등 회복탄력성 기술을 통해 정신건강을 확보할 필요가 있다. 이러한 회복탄력성 교육은 무기력과 우울증을 극복해주는 낙관성 키우기의 정신건강교육과도 연결된다. 사실 회복탄력성 교육은 최근 교육계에 떠오른 화두이기도 하지만 인성교육차원에서 매우 요긴하게 추구되어야 할 프로그램이라고 할 수 있다.

이런 정신건강을 추구하는 인성교육은 도덕적 윤리적 개념과 규제와 절제를 강요하는 지식전달형의 훈육적 교육으로는 한계가 있다. 타인과 공동체, 자연과 더불어 살아가는 데 필요한 교육이 되려면 또한 정서적 감정, 사회적 관계에 대한 실천 중심의 교육이 병행되어야 하며, 이런 차원에서 사회정서학습(social and emotional learning)이 강화되어야 한다. 청소년의 낮은 사회적 상호작용능력이나 정신건강 문제를 고려할 때, 특히 사회성과 감성능력을 집중적으로 길러야 하며, 미국의 사회·정서학습에서 제안하는 자기인식 및 관리, 타인인식 및 관리, 책임 있는 의사결정기술들이 인성역량의 중요 요소로서 가르쳐질 필요성이 있는 것이다.15) 흔히 SEL 학습은 긍정심리학의 사회지능의 강점과 연결되기나 긍정관계를 추구하는 교육과 연결된다. 긍정심리학에서는 인성강점의 훈련뿐만 아니라 긍정정서를 행복교육, 긍정관계를 통한 행복교육과 함께, 회복탄력성 교육을 중시한다. 이런 부분들을 충분히 교육해야 할 것이다.

3) 도덕적·수행적 인성강점을 포괄하는 인성

지금 제시되는 인성강점들은 매우 제한된 측면들만 제시되고 있지 않는지를 고려해야 한다. 예컨대 미국 인성교육에서 유명한 조셉슨 연구소의 '여섯 기둥'(6 Pillars)의 덕목이나 우리나라의 인성교육에서 제시하는 8가지 인성덕목 혹은 인성강점은 수행적 인성덕목보다 도덕적 인성덕목에 한정되는 한계를 가진다. 예컨대 우리나라에서 총론적으로 제시하는 인성강점, 즉 효와 예절, 정직이나 존중, 배려와 소통, 책임과 협동심은 모두 도덕적 인성덕목으로서 몰입연구를 유명한 칙센트미하이를 비롯한 동료연구자들이 연구한바 학업성취를 위해 필수적인 절제와 인내란 수행적 인성덕목 혹은 인성강점을 간과하고 있다. 다시 말해서 재능을 발달시키는 데 성공적인 아이들은 강한 인내로 특징 지울 수 있는 습관을 가지는데, 일이나 학업에 있어서 강한 수행적 인성은 가능성이 있는 재능을 현실화하는 데 있어서 특징적인 표지인 것이다.16) 뿐만 아니라 절제라는 수행적 인성강점이 좋은 여학생들이 남학생들보다 초·중·고등학교

---

15) 손경원, 앞의 논문, p.111.

16) M. Csikszentmihalyi, K. Ratunde, & S. Whalen, *Talented teenagers: The roots of success and failure*(New York: Cambridge University Press, 1993).

에서 좋은 성적을 내는 점을 제대로 간파하고 있지 못하다.17) 그뿐
만 아니라 긍정심리학의 성격강점인 인내, 활력, 절제, 학구열, 창의
성, 호기심, 지혜, 개방성, 신중, 낙관성과 같은 수행적 인성을 포괄
하지 못한다. 긍정심리학에서는 수행적 인성강점이 용기와 절제의
덕목과 관련하여 많은 위치를 차지하고 있는데, 이런 수행적 인성강
점이 간과되고 있는 것이다.

　　최근 후기 토마스 리코나와 데이비슨(T. Lickona & M. Davidson)
은 수행적 인성(performance character)과 도덕적 인성(moral character)
을 상호 구분하면서 도덕적 인성뿐 아니라 수행적 인성을 통해 도덕
적으로 착한 학생뿐 아니라 지적으로 똑똑한(Smart) 학생들이 되도
록 도와야 한다고 주장한다. 여기서 지적으로 똑똑한 학생들이란 다
차원적인 지성을 갖춘 학생을 말하고, 도덕적으로 착한 학생들이란
다차원적인 도덕적 성숙감을 가진 학생을 말한다.18) 왜 도덕적 인성
외에 수행적 인성이 필요한가? 우선 인성교육의 핵심 개념으로 간주
되어온 도덕적 인성은 "관계 지향적"(relational orientation)이고, 정
직, 정의, 배려, 존중, 협력 등과 같이 성공적인 개인 상호 간 관계형
성 및 윤리적 행위에 필요한 자질로 구성된다. 도덕적 인성은 타인
들과 우리 자신들을 존중과 배려를 가지고 대하도록 하는 동시에 우
리의 윤리적 삶을 위해 진실성을 가지고 행동하도록 해준다. 이런
도덕적 인성강점들은 학생들이 자신과 사회를 해치는 부정적 행위

---

17) A. L. Duckworth & M. E. P. Seligman, "Self-discipline gives girls the edge: Gender in
　　self-discipline, grades, and achievement test scores", *Journal of Educational Psychology*, 98-1(2006),
　　p.198.

18) M. Davidson, T. Lickona & V. Khmelkov, "Smart & Good Schools: A New Paradigm for High
　　School Character Education", pp.370-390. In L. Nucci & D. Narvaez(ed.) *The Handbook of
　　Moral and Character Education* (New York: Routledge, 2007), p.372.

들을 감소시켜주는 장점이 있다. 사실 리코나나 여러 인격교육론자들이 주장한 대로, 좋은 인성의 부재가 젊은이들의 문제행동을 일으킨다는 것을 오랫동안 주장해왔고, 정당성이 있다.[19] 하지만 좋은 인성은 학업적 성취와 자아실현에도 도움이 된다. 예컨대 수행적 인성은 "과업완수 지향적"(mastery orientation)이고, 노력, 근면, 인내력, 강력한 근로윤리, 긍정적 태도, 창의성, 그리고 자기규율과 같은 자질들로 구성된다. 이러한 수행적 인성은 학과 공부, 공동학업 활동, 직장, 그 외 자기가 일하는 어느 곳에서든 자신의 잠재가능성을 탁월하게 발휘하는 데 필요한 자질들로 구성되는 것이다.[20] 이런 차원에서 우리는 도덕적 인성과 수행적 인성을 포괄하는 인성강점들이 국어나 영어, 수학이나 과학과 같은 과목의 학습성취에 도움이 되는지를 물어야 하며, 이런 강점들이 번성하는 삶(flourishing life)에 이바지하는지도 물어야 하는 것이다. 긍정심리학 운동의 경우 이런 차원을 강조하였고, 인성강점들이 의미 있는 삶, 자아실현하는 삶, 만족할 수 있는 삶의 가능성을 극대화하는 데 학생들을 도와주어야 한다는 초점을 가지고 있는 것이다.[21]

---

19) T. Lickona, *Educating for character: How our schools can teach respect and responsibility*(New York: Bantam, 1991); T. Lickona, *Character matters: How to help our children develop good judgment, integrity, and other essential virtues*(New York: Simon & Schuster, 2004).

20) '도덕적 인성'과 '수행적 인성'에 대한 리코나와 데이비슨의 이러한 구분은 알토프(Althof)와 버코위츠(Berkowitz), 그리고 블라지(Blasi)의 주장과도 공통점을 지닌다. 알토프와 버코위츠에 따르면, 인성교육은 도덕적 가치의 함양뿐만 아니라 "(예컨대 인내, 충성, 용기처럼) 특별히 도덕적이지는 않지만 도덕적 행위를 지지하는 역할을 하는" 가치들도 가르친다. W. Althof & M. Berkowitz, "Moral education and character education", *Journal of Moral Education*, 35-4(2006), p.499. 한편, 블라지는 도덕적 인성을 구성하는 핵심 덕목을 제시하면서 그것들을 '낮은 수준의 덕'(lower-order virtues)과 '높은 수준의 덕'(higher-order virtues)으로 구분하였다. 그는 전자가 도덕적 의미를 부여하는 반면에, 후자가 동기부여와 인성 특질의 안정성 및 보편성과 관련이 있다고 말한다. 정창우 옮김, 『도덕심리학과 도덕교육』(파주: 인간사랑, 2008), pp.137-139.

21) Davidson, Lickona & Khmelkov, *op. cit.*, p.372.

우리는 도덕적으로 착한 학생들뿐만 아니라 지적으로 똑똑한 학생들을 기르기 위해서는 수행적 인성 혹은 덕이 필수적이다. 또한 수행적 덕이 없다면 도덕적 덕 역시 효과적으로 수행할 수 없으며 제한성을 심각하게 지닌다. 아무리 좋은 도덕적 동기를 가지고 있더라도 수행적 덕을 가지고 있지 않다면 도덕적 동기를 효과적으로 수행할 수 없다. 그러므로 수행적 덕은 우리가 도덕적 가치를 온전하고 효과적으로 수행하는 데 필수적이다. 뿐만 아니라 수행적 인성을 발달시킴으로써 우리는 학문적 성취를 효과적으로 이룰 수 있고, 단지 높은 성적을 가지는 것을 넘어서 탁월성의 윤리를 이루어갈 수 있다. 또한 과학적, 학문적, 예술적, 인문학적 재능들을 발전시킬 수 있으며, 경쟁적이면서도 창조적인 여러 과업들을 이룰 수 있는 것이다. 비록 도덕적 인성들이 동료들의 잔인성과 학교 폭력을 방지하고 안전한 학교환경을 만들지만, 부정행위와 훈육의 문제들을 감소시키고 사회, 정서적 기술들과 윤리적 기술들을 배양시키고, 공적시민들을 양성해가는 데 도움이 되지만 도덕적 인성만으로는 너무 제한적이고 부족한 것이다.[22] 실제 학교에서도 교사들과 학생들 모두 학교 체험에서 수행적 인성과 도덕적 인성 모두를 필요로 하고 의미 있는 것으로 간주한다는 사실을 제대로 고려해야 하고,[23] 우리나라의 경우도 청소년들은 자신과 관련된 덕 혹은 수행적 인성강점의 부족함을 많이 느끼고 있음을 고려해야 한다. 예컨대 10개의 덕목을 조사한 현주 외의 연구에서 성실, 자기조절, 지혜 등 '자신을 바로 세우

---

22) Ibid. pp.370-390.

23) T. Lickona & M. Davidson, *Smart and good high schools: Integrating excellence and ethics for success in school, work, and beyond.* Cortland, NY: Center for the 4th and 5th Rs(Respect and Responsibility). (Washington, D. C.: Character Education Partnership, 2005).

는 것과 관련된 인성' 또는 수행적 인성강점들이 낮게 나타났다는 사실을 주목해야 한다.[24)]

또한 아리스토텔레스가 말하는 덕(arete)이란 말도 단지 인간관계에서 바른 것을 행하는 도덕적인 덕, 혹은 인성강점뿐만 아니라 인간가능성의 도달, 수행적 인성으로서 탁월한 일을 이루어가는 덕을 포함하는 것으로 보아야 할 것이다.[25)] 이런 차원에서 리코나와 데이비스는 지적이고 도덕적으로 선한 학교를 만들기 위해 다음과 같은 8개의 인성강점을 제시한다.

> 첫째, (1) 평생 학습자이자 비판적 사고자 (2) 부지런하고 능력 있는 수행자 (3) 사회·정서적인 기술을 가진 사람 (4) 윤리적 사고자 (5) 존중과 책임의 도덕적 행위자 (6) 건강한 삶의 스타일을 추구하는 자기훈련된 사람 (7) 공헌하는 공동체의 멤버 및 민주시민 (8) 고상한 목적의 삶을 정교하게 만들어가는 데 참여하는 사람(의미 있는 삶은 무엇이며, 진정한 행복은 무엇인가와 같은 보편적으로 중요한 실존적 질문에 초점을 가지고 종교적 세계관뿐만 아니라 비종교적 세계관을 포괄적으로 가진 사람)[26)]

이런 인성강점의 제시는 조셉슨 연구소나 우리나라의 인성강점의 제시보다 포괄적으로 인성강점을 제시하면서 보다 프로리시한 삶에 기여하는 차원까지도 가진다고도 볼 수 있다. 다시 말해서 도덕적 인성강점과 관련된 인성강점은 앞서 언급한 인성강점 중 (3), (4), (5), (7)과 깊은 관련성을 가진다면 (1), (2), (6), (8)은 수행적 인성강

---

24) 현주·임소현·한미영·임현정·손경원, 『초중등 학생 인성수준 조사 및 검사도구의 현장 활용도 제고방안연구』(한국교육개발원, 2014), pp.105-107 및 손경원, 앞의 논문, p.116.

25) Davidson, Lickona & Khmelkov, *op. cit.*, p.377.

26) Ibid., p.379.

점과 관련되는데, (6), (8)의 경우는 긍정심리학에서 말하는 프로리시한 삶과 보다 직접적으로 연결된다고 할 수 있다. 이런 차원에서 인성강점들은 2개의 범주 혹은 3개의 범주로 분류해볼 수 있으며, 3개의 범주는 프로리시한 삶이란 하나의 범주 안에 포섭될 수도 있다. 도덕적 인성강점을 넘어서 수행적 인성강점을 포괄하면서 프로리시에도 관여되는 이런 인성강점의 제시는 조셉슨 연구소와 한국에서 제시하는 인성강점보다 더 포괄적이고 적절성을 가진다고 할 수 있다.

리코나와 데이비슨은 이런 인성강점의 제시가 유명한 피터슨과 셀리그만의 인성강점과 연결될 수 있으며, 의미 있는 삶과 관련된 프랭클(V. Frankel)의 고전적 개념과도 연결된다고 본다.27) 뿐만 아니라 도덕심리학의 성과들과 사회정서적 학습의 성과들을 포괄할 수 있다고 본다.28) 결론적으로 학생들의 프로리시한 삶에 도움을 주기 위해서는 인성강점에 대한 보다 포괄적인 비전이 필요하다. 호주의 질롱 문법학교프로젝트(Geelong Grammar School Project)의 경우 '긍정교육을 가르치기'(teaching positive education), '긍정교육의 토대 만들기'(embedding positive education), '긍정교육을 생활화하기'(living positive education)로 구성되면서 인성강점을 포괄적으로 가르치고 있다. 도덕적 인성강점에만 초점을 두고 수행적 인성강점의 탁월성을 무시하는 것은 제한된 시각이라는 것이다.29)

---

27) C. Peterson, C. & M. Seligman, *Character strengths and virtues: A handbook and classifi cation*(New York: Oxford University Press, 2004); V. Frankel, *Man's search for meaning* (Boston: Beacon, 1959).

28) Davidson, Lickona & Khmelkov, *op. cit.,* p.379.

29) Ibid., p.387.

4) 학생들의 성장·안녕·웰빙에 기여하는 인성교육

학교에서 웰빙을 교육해야 한다는 요구는 거세지고 있다. 긍정심리학에서는 긍정정서나 회복탄력성을 통해 웰빙을 가르치고 인성강점을 통해 웰빙을 가르쳐야 한다고 본다. 인성강점 중에서 자신에게 풍부한 인성강점이 무엇인지 확인하고 그것을 학교에서, 취미생활에서, 친구와 가족에게 최대한 많이 활용함으로써 삶의 만족도를 높이고 웰빙을 증가시켜야 한다고 본다. 학생들은 VIA 인성강점 검사를 받고 학교에서 이를 학교에서 활용하도록 요구받는다. 수업은 자신, 친구, 자신이 읽은 소설이나 영화, 고전 속 등장인물의 인성강점을 확인하고 여섯 가지 보편적 미덕과 그에 수반되는 스물네 가지 강점의 유형 분류 속에서 탁월한 인성강점을 지닌 등장인물을 지켜볼 때, 경험하는 긍정적 정서(예컨대 고양감(elevatin))를 동반한다. 인성교육에서 고양이 중요한 이유는 무엇인가? 우리의 도덕적 직관이나 심의적인 도덕적 추론을 실행하기 위해서는 먼저 우리가 그렇게 동기화되어야만 한다. 그런데 정서는 도덕적 사고와 도덕적 행동의 간극을 연결시키도록 우리를 동기화시켜준다. 그러므로 문학 작품이나 위인전, 영화에 등장하는 다양한 사람들의 도덕적 미에 자주 접하게 하는 것은 고양을 유발함으로써 학생들의 인성발달에 크게 기여할 수 있는 장점이 있다. 때문에 조너선 하이트(J. Haidt)는 도덕교육에서 콜버그식의 전통적인 도덕적 추론능력을 발달시키는 교육프로그램보다 고양과 같은 긍정적인 도덕정서를 강화하고 유발하는 인성교육 프로그램이 더 효과적일 수 있다고 주장하고 있다.[30] 내러티브

---

30) J. Haidt, "Elevation and the positive psychology of morality", In C. L. Keyes & J. Haidt(Eds.), *Flourishing: Positive psychology and life well-lived*(Washington, DC: american Psychological

전략을 동반한 소설 읽기나 영화 관람 후의 논의와 숙고 그리고 토론과 나눔은 교육적 효과를 극대화할 수 있다. 또한 인성강점을 활용하여 난관을 이겨내고 행복을 찾아가도록 지도할 필요가 있다.[31] 이러한 인성강점의 활용은 호기심, 학구열, 창의성 등의 강점을 활용하여 지적 성취를 높이고, 사회적 기술이나 품행을 증가시킬 뿐 아니라 행복을 증가시킨다. 이러한 인성강점의 활용은 긍정적 정서, 몰입, 의미, 긍정적 관계, 성취를 위한 기반으로 작용하면서 행복의 만개인 플로리시(flourish)에 기여한다. 인성교육의 목표로서 플로리시를 진지하게 받아들이는 비전이 기존의 인성교육에 진지하게 반영되어 있는지를 물어야 하는 것이다.

이런 관점에서 볼 때, 플로리시(행복의 만개)에 대한 비전이 없이 도덕적 인성만을 주목하는 것은 기존의 인성교육에서 나타나는 결함이었던 사회화 중심의 억지스런 교육이 시행될 가능성이 있다. 인성을 구축하고 형성하는 것은 단지 나쁜 행위나 결과들을 금지하는 것이 아니라 인성을 발달시키고 행복한 삶을 위해 중요하다는 점을 인식해야 한다. 하지만 미국에서 시행된 대부분의 인성교육과 그 프로그램들은 사회화와 규칙 준수에 너무 초점을 맞추었다는 것이다. 그러한 접근은 발달을 제공하지 못하고, 학생의 필요와 웰빙에 기여하지 못하며, 지나친 사회화와 교화의 측면이 부각되었기에 학생들 자신들이 적극적으로 임하는 동기부여와 필요한 둔감한 차원이 있었다. 미국 인성교육의 실패에서 나타나듯이 사회화와 규칙 준수에 너무 초점을 맞추어, 지적인 학생, 잠재력과 가능성의 발휘, 학생의

Association. 2003).

31) 마틴 셀리그만, 우문식 · 윤상운 옮김, 앞의 책, p.132.

필요와 웰빙에 기여하지 못할 뿐 아니라 적극적인 동기부여 및 필요에 맞춤을 제시하지 못하는 것이다. 이것은 학교폭력 대처라는 소극적 대안을 넘어 학습된 학습 무기력, 우울증, 심리치료 및 건강·성장·안녕·행복 차원의 필요를 제시하지 못하는 한계와도 연결되어 있다. 반면에 긍정심리학 중심의 인성교육은 위의 모든 약점들을 가지고 있지 않으며, 인성과 심리적 구성에 대해 매우 과학적인 개념으로 구성되어 있으며, 인성에 대한 과학적 주의에 초점을 맞추고 있다. 뿐만 아니라 심리학적 웰빙에 대한 이해에 있어서도 핵심적인 통찰을 제공하고 있는 것이다. 규칙을 잘 지키며, 도덕적일 뿐만 아니라 지적인 학생, 학생들의 필요와 발달, 자아실현과 행복, 우울증, 스트레스 예방과 정신건강, 심리치료의 차원을 포괄하는 긍정심리학 기반 인성교육은 기존의 인성교육에 대한 대안적 인성교육의 가능성을 가지는 것이다. 기존의 인성교육이 학생들의 필요와 발달, 행복에 초점을 맞추지 못했고, 심리학적 타당성 및 프로그램의 검증에서도 약점과 함께 거친 측면이 많았다면 긍정심리학은 성취와 관계, 몰입과 의미, 긍정정서를 이루어가며, 행복한 학생으로 만들어가는 강점이 있는 것이다. 그러므로 긍정심리학적 관점을 통해 기존의 인성교육적 덕목의 제한성과 한계를 보완하고 긍정심리학적 관점을 통해 웰빙, 플로리시를 제고하는 방식으로 통합해나가야 할 것이다. 결국 <표 2-6>과 같이 기존 8가지 인성덕목을 중심으로 하는 인성교육 접근은 긍정심리학의 6개 덕 24개 강점을 포함하는 접근으로 확대되어야 할 것이다. 그러면서도 기존 인성교육의 주요 원칙들을 계승하면서 보다 발전적인 인성교육의 방향성을 모색해나가야 할 것이다.

<표 2-6> 인성덕목과 긍정심리학으로 확장

8가지 인성덕목	긍정심리학 6개 덕	긍정심리학 24개 강점
예, 효, 정직, 책임, 존중, 배려, 소통, 협동	지혜 및 지식, 용기, 인간애, 공정, 절제, 초월성	24개 성격강점
도덕적 인성덕목에 너무 한정됨	지혜 및 지식, 용기, 절제, 초월성은 수행적 인성덕목, 인간애와 공정은 도덕적 인성덕목의 특징을 가짐	전체적으로 수행적 인성덕목과 도덕적 인성덕목이 적절하게 배치되어 있음

인성이란 사람의 성품(character)라고 할 수 있다. 또한 인성이란 성품의 좋은 상태인 덕(德, virtue)이라고도 할 수 있으며 긍정심리학은 덕을 다시 24개의 성격강점으로 구분하고 있음

정신건강과 사회정서학습, 낙관성·회복탄력성 교육의 병행강화	·불안장애(강박·두려움 장애·사회불안 및 외상 후 스트레스 장애)와 우울장애 등 기분장애, 품행장애(적대적 반항장애, 공격성, 비행), 심리적 스트레스 등 학생의 정신적 어려움에 대한 지원(→인지행동치료(ABC 확인하기)와 마음챙김 명상) 학생들의 정신적·신체적인 긍정적 건강(positive health)에 대한 비전과 가치를 가짐(운동과 영양, 심리적 스트레스에 따른 신체적 장애의 극복) ·효과적인 사회·정서학습(SEL) 교육과정 구축-사회·정서적 스킬 연습을 위한 기회제공 ·낙관성(optimism)·회복탄력성(resilience)을 위한 교육기회제공 * 예시: 펜실베이니아 회복탄력성 프로그램(PRP)
도덕적·수행적 인성강점 모두를 포괄하는 인성교육	·무엇보다 학생의 흥미와 필요가 중요 ·착한 학생뿐 아니라 지적으로 똑똑한(Smart) 학생들이 되도록 돕기-다차원적인 지성을 갖춘 학생과 다차원적인 도덕적 성숙감을 가진 학생을 기름→도덕적 고양감에 기반한 인성강점활용 교육·대표강점 연습 교육·내러티브 및 영화활용교육
웰빙에 기여하고 번영(flourish)을 추구하는 인성교육	·인성강점에 기반하여 긍정적 정서, 몰입, 의미, 긍정적 관계, 성취의 행복을 추구하면서 행복의 만개인 플로리시(flourish)에 기여하는 인성교육-팔마스(PERMAS) 교육의 추구

4. 긍정심리학의 기존 인성교육에 대한 발전적 계승 전략

1) 학교, 가정, 지역사회 등 인성교육 참여주체들의 긍정적 기여

물론 긍정심리학은 기존 인성교육에서 강조하는바 학교, 가정, 지역사회 등에서 광범위하게 이루어지고 참여주체들의 참여 역시 강조하는 방식을 취할 필요가 있다. 긍정심리학에서도 긍정기관의 역할을 강조하는데, 가족, 학교, 직장, 교회, 지역사회, 국가 등의 조직이 원활하게 기능이 된다면 개인의 역량들을 합한 것보다 더 큰 시너지를 발휘하게 된다고 본다. 이런 차원에서 긍정심리학에서는 긍정가족(positive family)과 긍정학교(positive school), 긍정직장(positive work) 그리고 긍정지역사회(positive community)에 깊은 관심을 갖는다.[32] 긍정가족은 바움린트(D. Baumrind)가 강조했듯이 독재적 양육이나 방임형 양육이 아니라 권위·민주적 양육이나 훈육[33] 등을 통해 아이들의 인성이 보다 발전이 이루어지는 좋은 가정이 되도록 노력해야 한다.[34] 뿐만 아니라 적절한 보살핌, 안정적 애착, 긍정적 자기인식, 정서적 능력, 자기조절, 회복탄력성 등을 발달시키는 가족환경을 만들어가야 한다. 회복탄력성 교육의 경우 학교뿐만 아니라 '감사 일기' 등을 통해 가정에서부터 가르칠 수 있는 것이다. 가정에서 아이들과 생활 속에서 자녀의 회복탄력성을 키워주는 작은 실천이 아이의 마음을 더 건강하게 키우고 결국 학습능력도 신장시킬 수 있다. 사실 회복탄력성이 높은 학생의 특성 중 가정적 요인

---

32) 위의 책, p.57.

33) D. Baumrind, "Current Patterns of Parental Authority", *Developmental Psychology Monographs*, 4-1(1971).

34) 크리스토퍼 피터슨, 문용린·김민자·백수현 옮김, 앞의 책, pp.502-504.

을 보면, 인성을 중요시하는 부모의 양육태도, 부모와의 애착관계, 부모의 관심과 친밀한 상호작용(경제적으로 어렵더라도 대화하는 시간이 많은 경우 등), 부모의 자녀교육에 대한 높은 기대수준이 공통점으로 나타난다. 부모의 애정적 양육태도, 가족 간 긍정적 상호작용, 가족의 건강성도 모두 회복탄력성에 영향을 미치는 요소인 것이다. 무엇보다도 부모는 아이들을 공감하여, 아이들이 자존감을 가지고 스트레스 상황을 잘 헤쳐 나가는 회복탄력성을 가질 수 있도록 해야 할 것이다. 또한 자신의 대표인성강점을 발견하고 좋아하는 일을 선택하고 성취하는 행복 역시 가질 수 있도록 도와야 할 것이다.

<표 2-7> 인성교육 강화 기본계획(교육부)와 긍정심리교육적 추가[35)]

분야	영역	추진과제
학교	실천 인성교육 중심의 학교문화 개선	・학교 특색에 맞는 인성교육 확대 ・교원의 인성교육 역량 강화 ・인성함양에 적합한 학교문화 기반 조성 ・학교체육 예술 교육 활성화
가정	가정에서 시작하는 인성교육체제 구축	・학부모가 참여하는 인성교육 활성화 ・가정과 학교의 소통 강화
사회	인성을 중시하는 범사회적 분위기 조성	・모두가 동참하는 인성교육 실천운동 ・인성중심의 지역사회 협력체제 구축 ・인성교육 확산을 위한 협업 및 연구 지원 ・인성교육 활성화를 위한 사회기반 조성
추가	긍정심리교육에서 추가하는 사항	・학생들의 회복탄력성, 정신적 어려움을 지원하는 긍정건강(positive health) 단체와의 파트너십 ・긍정적인 학교 공동체 ・학생들의 정신건강과 웰빙을 향상시키는 학교 공동체

기관으로서의 학교 역시 인성교육이 주도적으로 이루어져야 할 것이다. 하지만 우수한 학교는 학교폭력이나 약물남용, 그 외 불량행동

---

35) 손경원, 앞의 논문, p.106 참조 및 재구성.

들과 같은 부정적 결과물들을 최소화시키는 역할을 넘어 학습의 무기력 등을 넘어 성취를 이루면서 수행적 인성을 제고하는 역할을 해야 할 것이다. 대표적인 긍정심리학자인 크리스토퍼 피터슨은 미국의 인성교육 옹호자들이 추진하는 교육방식들이 심리학적으로 다소 단순하고 불충분하다고 평가하면서,36) 인성을 위한 보다 긍정적인 제도기관이 될 필요성이 있음을 강조한다. 학교는 사회정서학습에서 강조하듯 사회적 능력과 정서적 능력을 향상시켜야 하며, 인성교육 프로그램에 대한 엄정한 평가를 통해 보다 좋은 학교가 될 필요성이 있다.37)

또한 좋은 지역사회 또는 사회가 개인적인 덕목들을 넘어서 제도상의 덕목들을 통해 인성교육에 기여하는 좋은 사회가 될 필요성이 있다. 이런 맥락에서 <표 2-7>과 같이 인성교육의 강화에는 학교에서 인성교육이 비중을 두고 실천될 수 있도록 해야 하고, 민간단체, 유관기관, 기업 등의 다양한 인성교육 협력체제를 구축할 필요가 있으며, 이를 위해 다음과 같은 것이 추구될 필요가 있다. 즉, ① 인성교육 우수 프로그램 인증제나 공모전을 추진하고, ② 지역단위 인성교육 네트워크를 선정하며, ③ 지역단위 인성교육 네트워크를 지원하는 것이다. 또한 정책적으로는 학교에서는 '실천적 인성중심의 학교 문화를 개선'하고, 가정에서는 '가정에서 시작하는 인성교육 체제 구축'을 하고, 사회에서는 '인성을 중시하는 범사회 분위기 조성'이 중요한 것이다.38) 관련해서 긍정심리학과 긍정교육을 통한 인성교육을 지원할 수 있는 연구단체들의 노력도 필요하다고 할 수 있다.

---

36) 크리스토퍼 피터슨, 문용린·김민자·백수현 옮김, 앞의 책, p.506.
37) 위의 책, pp.507-508.
38) 교육부(2014.04), 『2014년도 인성교육 강화 기본계획』.

2) 인성교육을 위한 기본원칙의 적용

인성교육을 위해서는 다음과 같은 원칙들이 제시되고 있는데, 이를 잘 활용할 필요가 있다. 뿐만 아니라 긍정심리학의 장점을 인성교육을 위한 기본원칙의 ③, ⑧, ⑨, ⑩에 많이 반영해야 한다. 우선 정창우·손경원·김남준·신호재·한혜민(2014)의 연구에서 제시된 인성교육의 10가지 원칙을 제시하면 다음과 같다.[39)

① 인성교육을 통해 길러야 할 핵심덕목 및 인성역량을 선정해야 한다.
② 잘 조직된 학교 교육과정을 통해 인성교육을 실천해야 한다.
③ 교과교육을 통해 인성교육이 이루어져야 한다.
☞ 긍정심리학의 'VIA 분류 체계'는 도덕과의 덕교육을 통한 통합적 인성교육의 가능케 해줄 수 있다. 'VIA 분류 체계'와 관련된 심리학적, 사회과학적 방법과 결과는 도덕교육의 과학성을 제고하는 데 활용될 수 있다.[40) 이를 다음과 같은 방식으로 제시해볼 수 있다.

<표 2-8> 도덕과 교육의 영역과 VIA 분류 체계 덕목의 대응[41)

도덕과 교육과정의 내용 영역	VIA 분류 체계의 덕목
도덕적 주체로서의 나-개인윤리	지성, 용기, 절제
우리, 타인과의 관계-대인관계 윤리	인애
사회, 국가, 지구공동체와의 관계-시민윤리	정의
자연, 초월적 존재와의 관계-초월	초월

---

39) 정창우·손경원·김남준·신호재·한혜민, 앞의 논문, pp.50-67 참조 및 재구성.

40) 윤병오, "긍정심리학의 '성격강점과 덕목'의 도덕교육적 함의", 『도덕윤리과교육』, 제33호(한국도덕윤리과교육학회, 2011).

41) 위의 논문, p.188.

④ 학교와 교실을 정의롭고 배려적인 공동체로 만들어야 한다.

⑤ 학교장의 인성교육 리더십이 발휘되어야 한다.

⑥ 모든 교사들이 인성교육에 대한 책임을 공유하고, 학생들의 인성변화에 긍정적인 영향을 줄 수 있어야 한다.

⑦ 가정과 공동체의 성원들을 인성교육의 충실한 협조자로 만들어야 한다.

⑧ 학교는 학생들의 자기동기를 유발하는 데 힘써야 한다.

☞ 학교는 물질적 보상이나 인정으로 학생들에게 보상을 제공하는 것보다 자기 동기를 가지고 올바른 것을 실천하도록 가르친다. 종종 기존의 인성교육은 사회화 차원이 강해서 내적 자기동기를 부여하지 못하는 경우가 있는데, 긍정심리학이 강조하는바 인성강점 활용, 대표인성강점 활용 등을 통해 자신의 강점을 발견하고 행복할 수 있는 계기를 마련해주어서 학생 스스로의 자기동기가 부여될 수 있도록 해야 한다. 뿐만 아니라 수행적 인성강점 등을 제대로 고려해서 학업의 성취 등에도 도움이 될 수 있도록 해야 한다.

⑨ 인성함양을 위하여 학생들은 도덕적 행동을 위한 기회를 필요로 한다.

☞ 학교는 인성함양을 돕는 다양한 활동에 참여하는 것에 대한 명확한 기대를 설정한다.

☞ 지역사회 여러 기관의 도움으로 학생들의 다양한 활동이 지원되고 봉사학습 기회가 제공되어야 한다. 학생들은 반복적인 도덕적 경험들을 통하여 인성의 행동 측면을 구성하는 도덕적 기능과 행동 습관들을 발달시킬 수 있게 된다.

☞ 학교는 모든 학생에게 의미 있는 교내 활동에 참여하도록 다양한 기회를 제공하고, 학생은 참여를 통해 자신을 성찰한다. 이것을 여러 봉사활동과 연결시키되, 인성역량과 연결한다. 긍정심리학의 관점에서 보면 봉사학습의 기회 등은 의미 있는 삶의 행복에 기여하며, 학생들의 도덕적 인성과 수행적 인성을 발달시키는 데도 큰 역할을 할 수 있다. 또한 이런 인성강점들의 활용은 학생에게 더 넓은 공동체에 기여하는 의미 있는 삶의 행복에 기여한다고 할 수 있다.

⑩ 인성교육의 적용효과를 과학적, 객관적으로 분석하고 그 결과를 환류하여 설계과정에 재투입해야 한다.

☞ 학교는 다양한 방법 활용하여 학교 인성교육이 학생들의 인성 변화에 어떤 영향을 미쳤는가를 정기적으로 평가한다. 긍정심리학의 입장에서는 인성의 변화뿐만 아니라 회복탄력성 척도, 행복지수, 긍정정서, 몰입 등 다양한 척도를 가지고 기존의 인성교육이 학생들의 필요와 발달, 행복에 초점을 맞추지 못한 것을 넘어서면서 인성교육의 적용효과를 과학적, 객관적으로 분석할 수 있다. 그러므로 기존의 인성교육이 심리학적 타당성 및 프로그램의 검증에서 약점을 가진 것을 넘어서기 위해 긍정심리학의 여러 과학적인 척도 등을 활용하면서 프로그램 평가를 해나가야 할 것이다. 뿐만 아니라 이런 평가는 향후 인성교육 계획 수립에 반영해야 할 것이다.

3) 학교 수준에서의 긍정인성교육 실천 프로그램 적용·검증 강화

인성교육의 실행과정과 절차를 계획하지 않는 학교와 학교의 여건에서 국가적으로 실천위주의 방법을 강조한 결과, 학교의 인성교육은 주로 행사중심의 전시형 인성교육으로 전도될 가능성이 지금도 많이 남아 있다.[42] 또한 인성교육에 대한 내용이나 방법에 대해 제대로 배울 기회가 거의 없었던 교사들이 개인적으로 또는 소수의 교사를 중심으로 교육과정을 재구성하기가 용이하지 않는 것이 사실이다. 하지만 교사가 인성교육을 용이하게 실행할 수 있는 학교여건을 조성하고 국가수준에서 강조된 인성교육을 교과교육을 통해서 또는 학교나 가정, 지역사회를 포괄하는 수준에서 구체화하고 재구성하기 위해서는 철저한 준비와 계획, 실행 및 평가가 수반되어야 한다. 긍정심리학에 기반한 인성교육에서는 긍정심리학적 교수기법들을 각 교과에 적합한 방법을 사용하여 가르칠 수 있을 것이다. 긍정심리학에서 강조하는 인성강점은 다섯 가지 행복 요소 전체의 기반이다. 긍정심리학은 인간의 긍정적 측면과 긍정심리학의 PERMAS인 긍정정서, 몰입, 긍정관계, 삶의 의미, 성취와 함께 이들의 기반이 되는 인성강점을 강조한다. 다시 말해서 사랑, 감사, 즐거움, 용서, 일의 만족도 같은 긍정정서와 함께 창의성, 용감성, 감상력, 호기심, 열정 같은 인성강점들이 삶 속에서 어떻게 작용해서 어떤 결과를 산출해내는지를 강조하는 것이다.

그런데 PERMAS 접근은 학교교육의 모든 차원, 특별히 윤리교육 차원에서 적용할 수 있다. 미국의 경우 스트래스 헤이븐 긍정심리학 교육과정(Strath Haven Positive Psychology Curriculum) 프로그램의 경우 인성강점에 대한 토론, 사회정서적 학습, 실생활에서의 숙제,

---

42) 손경원, 앞의 논문, p.119.

저널 작성 및 성찰로 이루어져 있지만 인성과 심리적 구성이 매우 과학적으로 이루어져 있다. 또한 학생들이 자신의 대표적인 인성강점을 확인하게 도와주고, 둘째, 일상생활에서 이 강점의 활용을 증가시키는 것이다. 이 목표에 더해서 회복탄력성, 긍정정서, 의미, 목적, 긍정적인 관계와 성취를 향상시키기 위해 긍정심리학 개입을 시도했던 것이다.[43]

인성강점을 통해서 덕교육을 시도할 수 있고, 국어과나 음악, 미술의 과목에서도 긍정정서 교육과 심미감의 인성강점 등을 교육할 수 있다. 이를 학교 공동체와 가족들에게도 적용할 수 있다. 긍정심리학은 개인과 조직, 사회에 일어나는 기쁘고 좋은 일을 더 오랫동안 지속시킬 수 있는 방법과 힘들고 나쁜 일들을 극복하고 해결할 수 있는 과학적인 방법들을 알려준다. 이를 PERMAS 접근이라고 명명하여도 된다. 다시 말해서 긍정심리학의 PERMA인 긍정정서, 몰입, 긍정관계, 삶의 의미, 성취와 이들의 기반이 되는 인성강점(S)을 부과한다면 PERMAS 접근이 되는 것이다.

어쨌든 표준모형은 인성교육 실천 프로그램을 제작하고 전개하며 그 과정 및 결과를 평가하는 데 지표가 될 수 있는 하나의 틀이라고 할 수 있다. 인성교육 실천 프로그램 표준모형은 4단계로 구성되어 있다.

먼저 준비(preparing) 단계에서는 프로그램의 성격을 파악하고 그 방향을 정하는 작업이 이루어진다. 이때 가장 중요한 것은 프로그램을 요구하는 대상의 '필요'를 파악하고 분석하는 일이다. 이는 인성

---

43) 마틴 셀리그만, 우문식·윤상운 옮김, 앞의 책, p.131.

교육 프로그램 개발에 최우선적으로 선행되어야 할 비전 수립과 관련하여 중요한 함의를 부여한다. 필요를 파악하고 분석하며 그 결과를 평가하는 것은 학교 인성교육 관계자들이 실제 프로그램을 설계하고 선택하기 전에 반드시 행해져야 하는 활동이다. 필요조사의 단계에서는 다음의 두 가지가 정의된다. 첫째, 누가 교육의 주요 대상이 되는가? 다른 말로 말하면, 인성교육 프로그램의 수혜자는 누가되어야 하는가? 혹은 누가 개입(intervention)의 대상이 되는가? 둘째, 인성교육 프로그램 대상의 실제 필요는 무엇인가? 보통 이러한 요구는 직접 묻거나 그 대상에 대해서 적절히 설명할 수 있는 사람들에게 물을 수 있다.

계획(planning) 단계에서는 필요조사의 마지막 단계로부터 충분한 자료가 모여야 하며, 따라서 어떠한 인성교육 프로그램 혹은 모델이 선택되는가에 관한 의사결정이 이루어지기 시작하여야 한다. 이러한 선택은 반드시 필요조사의 결과로 제시되어야 하고, 해당 자료로부터 도출된 결정이어야 한다. 결정된 인성교육 접근은 그 대상의 필요를 중심으로 전개되어야 하고 그들의 세부적인 필요들을 다루어야 한다. 일단 교육 대상과 관련된 필요들이 개괄된다면, 그다음으로는 핵심 프로그램 목표들이 설명되어야 한다. 프로그램 목표는 다음과 같은 질문, 즉 "우리가 왜 특정 프로그램을 실행하기 원하는지 그 목적이나 이유는 무엇인가?"에 대답할 수 있는 것이어야 한다.

실행(implementing) 단계에서는 계획된 프로그램이 실제로 적용되는 단계이다. 특히 인성교육 프로그램에서는 실행 단계가 교사, 관계자 혹은 프로그램에 노출된 사람들에 대한 연수를 포함한다. 또한 인성교육에서 프로그램 실행은 보통 특정 프로그램을 교육과정 속으로 융합시키거나 프로그램상의 핵심 집단을 교육시키는 것을 포함한다. 짧게 말해서 프로그램 실행은 계획된 프로그램 계획을 높은 수준의 진실성을 가지고 실제로 행위에 옮기는 단계이다.

<표 2-9> 인성교육 실천 프로그램 표준모형의 단계 및 구성

주요단계	세부사항
준비(Preparing)	· 인성교육을 논의하기 위해 필요한 사람들 및 전문가들을 구하기 · 교육대상을 정하고 그들의 인성교육적 필요를 확인하기 · 학교문화나 핵심가치들과 관련하여 인성교육적 수요 파악하기 · 프로그램을 지원할 수 있는 사람들과 재정자원을 찾기
계획(planning)	· 인성교육 접근과 활동 및 프로그램을 학교 상황에 맞추기 · 분명한 활동계획을 생각하기 · 실행전략을 개발하기 위해 프로그램 관련자와 함께 일하기 · 학교 행정가, 교사, 학부모, 그리고 학생들과 함께 일하기
실행(implementing)	· 통합적 프로그램 계획 실행하기 · 관련된 교사, 관계자들을 교육하기 · 프로그램을 교육과정 내외로 통합시켜 적용하기
평가(evaluation)	· 인성교육 계획의 구성요소 및 실해 정도 평가하기 · 인성교육 실천 프로그램의 결과 평가하기 · 평가결과 분석 및 활용에 있어 지역공동체와 협력하기

평가(evaluating)는 프로그램 개발과 결코 상관없는 것이 아니다. 오히려 그것은 프로그램 개발에 있어 하나의 중요한 부분을 차지하고 있다. 평가하기 단계에서는 다음의 질문에 대답하는 것에 초점을 두고 있다; 우리가 이 프로그램을 계획하고 실행할 때 기대했던 결과물들을 보고 있는가? 보다 자세하게 접근한다면 평가는 다음의 질문에도 대답하는 것을 중시한다. 우리는 이 프로그램을 의도한 방식으로 실행시켰는가? 이러한 프로그램 평가는 크게 두 가지 종류로 구분되어 설명될 수 있다. 첫째, 과정 평가(process evaluations)이다. 과정 평가는 프로그램이 의도한 대로 실행되었는지의 여부를 검증

하는 것이다. 설문 조사, 인터뷰, 체크리스트 혹은 관찰법 등을 사용함으로써 프로그램 실행의 전반적 질을 평가할 수 있다. 과정 평가는 "현재 우리의 인성교육 계획의 구성요소는 무엇인가?" 혹은 "이들 요소들은 얼마나 잘 실행되고 있는가?"와 같은 넓은 질문들에 대한 응답을 분석하고 측정한다. 둘째, 결과 평가(outcome evaluations)이다. 이는 세부적으로 정의된 프로그램의 목표 결과에 대한 즉각적이고 장기적인 효과를 검증하는 것이다. 다양한 평가 방법들을 사용함으로써, 프로그램의 결과로부터 나타나는 학생, 학교 관계자, 학부모 그리고 공동체 구성원들의 인지적, 정의적, 그리고 행위적 변화 정도를 측정할 수 있다. 주어진 결과는 추후 인성교육 프로그램의 개발이나 수정에 있어서 자료로 사용되어야 한다. 이때 지역 공동체, 특히 대학과의 협력이 중요하다.[44]

위와 같은 인성교육 실천 프로그램 표준모형의 단계 및 구성에 따라 학교교육의 모든 교과에서 실천적 인성교육 활성화를 위한 덕목을 종합·예시하고 각각의 덕목 실천에 적절한 교수·학습방법을 적용하여 개별 교과목과 연계된 지식교육과 함께 인성교육을 실시하고 그 효과를 분석하는 것이 필요하다. 2015년 새 교육과정 개정으로 교과교육을 통한 인성교육 활성화 방안이 국가교육과정 수준에서 체계화되고 있지만 학교현장 차원에서 인성교육의 실효성을 위한 보다 체계적인 노력이 필요하다. 뿐만 아니라 2015 개정 교육과정에서 제시될 인성교육 목표와 연계하여 인성교육에 요구되는 주요 덕목을 분류할 뿐만 아니라 부족한 영역의 덕목을 긍정심리학

---

44) 정창우·손경원·김남준·신호재·한혜민, 앞의 논문, pp.226-229 참조.

을 통해 보완할 필요가 있다. 여기에서는 도덕적 인성강점뿐만 아니라 수행적 인성강점을 충분히 반영하여야 할 것이다. 다음으로 긍정심리학적 통찰을 학교급·교과별 인성교육 실천에 적절하게 반영할 필요가 있다. 즉, 긍정심리학의 여러 다양한 기법들을 활용하는 것이다. 여기에는 인성강점 활용뿐만 아니라 다양한 긍정교육의 기법들을 활용할 필요가 있다.

학교 단위에서 긍정심리학에서 기반한 인성교육을 계획하고 실행하기 위해서는 기존에 긍정교육의 잘 정련된 프로그램을 인성교육 프로그램으로 실행하는 것이 중요하다. 만일 이런 과정이 여의치 않다면 단위 학교 중심의 인성교육 매뉴얼을 여러 한계나 지역 교육청과 연계해서 개발할 필요도 있다.

5. 나가면서

지금까지 아동·청소년들이 미래사회에서의 행복하고 도덕적인 삶을 영위하기 위해 꼭 습득·체화해야 할 실질적인 인성덕목들을 기존 인성교육적 접근이 제대로 구현하고 가르치고 있는지를 살펴보았다. 과연 기존 인성교육은 지적인 성취와 연관된 인지적인 인성강점들과 수행적 인성강점들을 포함하고 있는가? 지적인 성취에 필수적인 '핵심역량'을 인성강점을 통해 기를 수 있는가 하는 점을 살펴보았다. 또한 기존 인성교육의 인성강점들은 우울증이나 정서적 치유 등을 포괄하면서 학생들의 행복을 위한 인성강점들을 포괄하고 있는가 하는 점을 살펴보았다. 이와 관련해서 기존의 인성교육이

우리 사회의 아동·청소년들의 필요와 성취, 발달, 행복에 기여하는
데에는 일종의 한계를 가지고 있음을 살펴보았다.

대안으로 긍정심리학에 기반한 인성교육적 접근이 필요함으로 제
시하였다. 물론 긍정심리학 역시 기존 인성교육의 강점들을 발전적
으로 계승할 필요가 있다. 학교, 가정, 지역사회 등 인성교육 참여주
체들의 긍정적 기여가 필요하고, 인성교육을 위한 기본원칙을 잘 적
용할 필요가 있다. 학교 수준에서의 긍정인성교육 실천 프로그램 적
용·검증 강화는 기존의 긍정심리학에서 매우 잘하는 부분이나 인성
교육적 적용에서 꼭 지향해야 할 중요한 강점이라고도 할 수 있다.

결국 본 연구는 학교뿐만이 아니라 가정과 사회단체가 동참하며
인성교육적 미래는 추구함에 있어서 긍정심리학이 가지고 있는 강
점들을 반영하면서 인성교육의 철저화를 추구할 필요가 있음을 제
시하였다. 진정으로 행복한 삶은 인성강점과 같은 덕성 혹은 인성을
통해 이루어질 수 있다는 긍정심리학의 관점은 회복탄력성과 정신건
강, 사회정서적 교육과 수행적 인성을 통한 지적인 성취와 도덕적 인
성을 통한 도덕적 인간까지 고려하면서 진정한 플로리시에 기여하는
인성교육에서 새로운 대안적 가능성을 가지고 있다고 할 수 있다.

PART 03
⋮

조녀선 하이트의
사회적 직관주의의 틀과
긍정심리 및 덕교육

1. 들어가면서

1970년대 탁월한 상담이론가이자 인지행동치료의 선구자인 아론 벡(A. Beck)이 무의식적이고 자동적인 직관적 사고를 임상적 체험에 의해 해명하려고 고투하려고 할 무렵에 의식적이고 사색적인 느린 사고, 다소 좌뇌직향적인 도덕 추론을 발달시키려고 했던 도덕심리학자 콜버그(L. Kohlberg)의 길은 도덕성의 해명과 도덕교육의 방향성에 있어서 잘못된 길을 간 것인가? 그의 주저 『도덕발달의 철학』에서 플라톤이나 아리스토텔레스 또는 스토아학파의 에픽테토스 등이 강조한 인간의 감정적 측면 또는 자동적이고 비합리적 체계를 다소 희석시키면서 인간의 합리적이고 자율적인 부분을 강조했던 그는 고대의 아리스토텔레스와 근대 계몽주의 철학자 흄(D. Hume)을 홀대하되 소크라테스와 플라톤 또는 칸트(I. Kant), 롤즈(J. Rwals) 등이 강조한 도덕성에서의 숙고적 이성과 합리성을 강조하였다. 뿐만 아니라 계몽주의 도덕 이론가들인 벤담(J. Bentham)이나 로크(J. Locke)류의 공리주의적 사고나 사회계약론적 사고를 그의 도덕발달 6단계설의 5단계에 배치시키고, 칸트나 롤즈의 사색적 사고를 6단계에 배치시켰다. 이런 사색적 사고의 수직적 계열화라는 심리학적 성공에 고무된 아펠(K. O. Apel)과 그의 동료 하버마스(J. Habermas)는 이 시대 최고의 모더니스트답게 합리성과 이성을 해체하려는 포스트모더니스트들의 반이성주의적·반계몽주의적 입장과 대결하는 과정에서 그의 사색적이고 이상적인 '의사소통적 합리성(communicative rationality)'이론에 기반한 담론윤리이론을 7단계에 배치시켰다.

하지만 아론 벡의 임상심리적 통찰을 넘어서 각종 통계와 실험결과로 무장한 조너선 하이트(J. Haidt)류의 '사회적 직관주의 모델'(Social Intuitionism Model: SIM)은 2000년대를 넘어서면서 기존의 합리주의적 도덕 추론의 모델에 치명타를 날린 것이 아닐까? 콜버그가 강조하는 도덕적 추론이든지 정당화 추론, 전략적 추론 또는 합리화하는 추론이든지 직관 다음에 오거나 때로 사후 조작과 다름 없다고 보는 조너선 하이트는 도덕성이나 도덕교육에 있어서 과도한 합리주의적 접근의 한계를 효과적으로 드러낸 것이 아닐까? 그는 사색적인 도덕적 추론보다 신속하게 앞서는 무의식적이고도 '자동적'(automatic)인 인지과정으로서의 도덕적 직관을 강조하며, 이러한 도덕적 직관은 사회적으로 조성되고 발달하기는 하나 차후의 도덕적 추론도 처음의 이 직관이 앞서 간다고 봄으로써 도덕성과 도덕교육에 있어서 과도한 합리주의나 도덕적 추론을 강조하는 콜버그류의 패러다임, 이를 계승하는 레스트(J. R. Rest)의 4구성요소모형이나 나바에츠(D. Narvaez)의 도덕교육의 이론구성에 적잖은 충격을 주었던 것 같다.

이런 충격은 기존의 덕교육이나 인격교육 관점에서 종종 콜버그류의 패러다임을 비판하면서 도덕적 추론뿐만 아니라 도덕적 감성과 행동이 중요하다는 데이비드 카(D. Carr)식의 덕교육의 나이브한 비판을 넘어선다. 인간정신의 불합리한 부분이 합리적인 부분과 분열을 일으킬 수 있다고 보았던 플라톤보다 더 이런 분열적 부분을 강조하는 아리스토텔레스류의 덕윤리학보다 더욱더 플라톤주의적 합리주의에 대해 의구심을 표현하며, 이런 차원에서 흄(D. Hume)적인 인성론의 차원을 수많은 과학적 증거와 함께 더욱 깊이 있게 열어가는 하이트의 마음에 대한 관점은 라캉(J. Lacan)식의 정신분석학적 분열적 주체 혹은 탈현대적 포스트구조주의적 주체를 닮아가는 것인가?

도덕적 행동을 정당화하고 합리성을 부여하는 추론에 대항하는 반소크라테스적·디오니소스적 전통을 따라 낙관적 합리주의를 비판하는 계몽주의적 합리성을 비판하는 니체(F. Nietzche), 푸코(M. Foucault) 혹은 라캉류의 포스트구조주의적 주체의 통찰을 조너선 하이트가 따라가는 것은 아닌 듯하다. 오히려 인간 혹은 주체의 죽음을 실증적 증거 없이 도발적으로 주장하는 포스트모더니스들의 주장에 동조하기보다는 분열적 마음을 가진 자아의 성찰과 도덕적 책임을 강조한다는 측면에서 탈근대적이 아니라 고전적·동양적 인성론에 친화성을 가진다. 다시 말해서 이기적이며, 편견에 가득 찬 분열된 마음의 추론이나 합리성이 자아가 자신의 행동을 정당화하는 전략적 목적의 추론임을 강조함에 있어서,[1] 다양한 비유나 예시를 통해 불교나 유교, 기독교 등 동서양의 고전의 지혜나 비유 속에서 분열적 마음에 대한 이해를 보여준다. 프로이트주의 등에서 보이

---

* 최용성, "조너선 하이트의 사회적 직관주의자의 틀에서 본 도덕성과 도덕교육에 대한 성찰과 대안적 모색", 『윤리교육연구』 제36호(2015.4.30.)에서 수정·보완한 글임.

1) 조너선 하이트, 왕수민 옮김, 『바른마음』(서울: 웅진지식하우스, 2014), p.21.

는 분열적 마음이나 자아의 모습 역시 공감하는 듯하나 난해하고 모호한 비과학적 접근 또는 관념적인 인문학적 접근을 넘어서 실증적·통계적 설명을 시원하게 제시한다는 점에서 오히려 정신분석학의 모호성과 비과학성의 약점을 넘어서면서 분열적 마음을 해명한다는 강점을 보여주고 있다.

분열된 자아 혹은 마음을 '기수는 코끼리의 시중을 들어준다'라는 비유로 표현하는 그의 관점은 이성적 추론 능력을 표상하는 기수가 사실은 직관을 비유하는 코끼리의 영향 속에 있다는 그의 도덕심리학적 통찰을 제시하는 것 이상을 포함한다. 숙고하는 도덕적 이성에 대한 망상적인 신봉을 무너뜨리는 그의 관점은 우리들의 편견과 자기기만과 부정직과 관련된 수많은 통계와 연결되고, 도덕적 직관을 포함하는 도덕적 감정 역시 다양한 통계와 관련된 깊은 이해로 연결한다. 그는 대다수의 정직한 사람들도 기회만 주어지면 남을 속이려 들며, 우리는 도덕적 추론을 통해 혹은 전략적 추론을 통해 자신을 정당화하는 데 명수라고 비판한다.[2] 그의 사회심리학적 통찰과 지식이 동반된 이러한 관점은 도덕성과 도덕교육의 문제를 직관주의의 관점에서 새롭게 성찰하는 계기를 줄 뿐만 아니라 고전적 덕교육이나 인격교육의 관점에서와 같이 의지력의 약화, 아크라시아의 문제 등을 통해 콜버그의 인지중심적 관점을 비판하는 것을 넘어선다. 그도 의지력의 약화, 아크라시아의 문제 등을 제시하지만 단순히 그러한 차원을 넘어서서 인간의 위선적이며, 이중적인 차원 그리고 편견적인 신념과 마음의 분열 등의 차원을 다차원적으로 제시하는 그

---

2) 위의 책, pp.146-147.

의 창의적이고 실증적 관점은 인지행동치료나 명상의 방법 등을 통해 나바에츠(D. Narvaez)의 '마음챙김 도덕'(midnful morality)보다 더욱더 우리가 수양을 해야 하고, 명상을 해야 하며, 분열된 마음에 주의를 기울이고 또 마음을 챙기면서 덕교육을 추구해야 할 필요성을 제공한다.

뿐만 아니라 탁월한 인문학적 글쓰기를 통해 덕행이 주는 행복을 '잘 훈련된 코끼리'라고 은유적으로 표현하면서 석가모니의 팔정도나 아리스토텔레스의 습관화를 강조하는 것 등이 시간을 초월한 미덕 형성의 실천적인 지혜임을 보여주는 그의 관점 역시 설득력을 지닌다. 즉, 고대의 지혜에 담긴 덕행과 행복을 긍정심리학과 연관시키는 해석학적 작업, 지평융합의 작업을 감당해내면서 또한 행복한 삶을 위해 덕행을 권하는 현자들의 지혜를 현대의 도덕교육과 연결시키되, 엄밀한 통계적 자료와 소통시키는 지적 능력의 놀라움을 준다고 할 수 있다.

때문에 그의 직관주의는 도덕성에 대한 시각에서 기존의 관점과 대치될 뿐만 아니라 도덕교육에도 큰 통찰을 준다고 할 수 있다. 명시적인 판단이 없이는 또는 합리적인 숙고가 없이는 도덕적 현상이 불가능하다는 이전의 콜버그류의 인지발달적 사고 패러다임을 철저하게 비판하는 그의 관점은 콜버그식의 도덕적 딜레마에 얼마나 고결한 답을 내놓는가 하는 것은 도덕적 삶과 행동에 아무 도움이 되지 않는다는 냉소적 관점을 보다 진지하게 고민하게 한다.[3] 또한 그가 중시하는 전두엽보다 대뇌변연계를 공략하는 수업, 이성보다는

---

3) 위의 책, p.144.

미덕을 습관과 감정 속에서 찾아내는 도덕교육 등을 우리가 살펴볼 필요성을 추동시킨다. 비록 탁월한 도덕심리학자이지만 세밀한 도덕교육적 대안을 나바에츠처럼 제시하지 않는 단점 혹은 약점을 가지지만 우리는 사람들의 행동을 더 윤리적으로 만들기 위해 코끼리를 변화시키는 수업으로 나아가야 한다는 그의 통찰 가득한 관점이[4] 주는 통찰들을 도덕교육에 어떻게 적용할 수 있는지에 대해 살펴볼 필요성을 자극받게 한다.

물론 콜버그나 투리엘(E. Turiel) 또는 레스트의 이론 속에서 나타나는 합리주의적 관점을 넘어서고자 하는 나바에츠나 박장호, 정창우 등의 국내 연구자들은 자동적인 직관과 숙고적인 이성을 동등한 파트너로서 이해하는 도덕심리학과 도덕교육을 요구하면서[5] 하이트 류의 사회적 직관주의가 도덕적 본능의 일종인 도덕적 직관을 지나치게 강조한다고 비판하기도 한다. 도덕적 이성을 배제하고 배타적으로 도덕적 직관에 의해서 인간을 설명할 때, 도덕적 직관에 의한 선택과 행동을 도덕적으로 어떻게 정당화할 것인지에 대한 논쟁이 야기될 수 있다는 것이다. 때문에 나바에츠는 도덕교육은 이성에 의한 숙고뿐만 아니라 직관에 의한 도덕적 자동성 모두에 관심을 가져야 한다고 반응한다.[6] 하지만 도덕교육의 도구로서 이성적 숙고뿐만 아니라 직관을 모두 고려하겠다는 '통합적 도덕교육'(intergrative

---

4) 위의 책, p.180.

5) D. Narvaez, "The social intuitionist model: Some counter-intuitions", In W. Sinnott-Armstrong(Ed.), *Moral psychology*, 2: "The cognitive science of morality"(Cambridge, MA: MIT Press); 정창우, "도덕심리학 연구의 최근 동향과 도덕교육적 함의", 『초등도덕교육』 제37집(한국초등도덕교육학회, 2011), pp.95-130; 박장호, "신경과학의 도덕적 직관 이해와 도덕교육", 『윤리교육연구』 제29집(한국윤리교육학회, 2012), pp.137-164를 참조.

6) M. Christen & D. Narvaez, "Moral development in early child hood is key for moral enhancement", *A JOB Neuroscience*, 3-4(2012), pp.25-26.

ethical education, IEE)을 제시7)하는 나바에츠의 관점이 오히려 이상주의적이고 비실제적 관점일 수 있다. 하이트류의 사회적 직관주의가 제기하는 분열적 마음과 비의도적·자동적·신속한 도덕성에 대한 통찰을 느린 사색적 이성을 통해 나이브하게 종합하려는 한계를 가진다고도 할 수 있다. 파악하기 힘든 자동적 사고를 실제적 치료를 위해 파악하려고 고투했던 아론 벡의 미덕을 닮은 듯한 조나선 하이트는 나바에츠류의 도덕적 추론과 직관을 동등한 파트너로 취하는 입장을 비판하면서 보다 도덕적 직관에 무게중심을 두어야 한다는 입장을 취하면서 이러한 입장이 도덕교육적 방향설정에서도 좋은 방향이라고 보는 듯하다.

본 연구에서도 이런 하이트의 관점을 따라 일상적인 삶에서의 숭고적인 도덕적 이성이 얼마나 느리고 무능한가를 제시하는 통계적 증거와 통찰을 통해 기존의 합리주의적 관점에 의문을 표시하고자 한다. 뿐만 아니라 좋은 이성은 가르쳐질 수 있고, 이를 통해 행위는 개선될 수 있다는 전통적인 합리론자들의 믿음에 반해서, 분열된 마음에 대한 보다 실제적인 관점을 취하면서 직관주의의 틀을 따라 도덕성에 대한 성찰적 이해를 가져야 할 필요가 있음을 제시하고자 한다. 또한 이것을 도덕교육적 성찰의 방향성 제시와 함께 구체적이고도 대안적인 도덕교육적 실천방안 역시 제시해봄으로써 조너선 하이트의 연구성과를 좀 더 도덕교육적 맥락에서 확장해보고자 한다.

---

7) D. Navaez, "Integrative ethical education", in *Handbook of Moral Development*, M. Killen and J. G. Smetana, Eds., (Lawrence Erlbaum Associates, 2006) pp.703-732.

2. 직관주의의 틀에서 본 도덕성의 문제−이기적·편향적 인간의 분열적 마음과 도덕성

조너선 하이트는 피아제(J. Piaget), 콜버그 그리고 투리엘 등의 도덕심리학적 관점이나 플라톤, 칸트, 롤즈 등의 윤리적 합리주의 입장에 대해 사회적 직관주의의 입장에서 그러한 합리주의적 입장이 뇌영상을 활용한 뇌과학의 발달로 밝혀진 사실, 즉 인간의 선택과 행동이 이성적 숙고의 결과가 아니라 자동적이고 암묵적(tacit)인 직관의 작용이란 점을 간과하고 있다고 보았다.8) 프로이트주의자는 아니지만 프로이트(J. Freud)나 석가모니 또는 바울처럼 인간의 마음을 분열된 마음 또는 자아로 보는 하이트는 분열된 자아의 해명을 위해 석가모니의 코끼리 비유나 사도바울의 고백을 끌어온다.9)

> 이전에 내 마음은 이기적인 욕망, 탐욕, 또는 쾌락이 이끄는 대로 방황했다. 그러나 이 마음은 이제 더 이상의 방황을 접고 조련사의 손에 길들여진 코끼리처럼 조화로운 통제의 손길 밑에서 평화롭다.10)
> 육체의 욕망은 성령을 거스르고 성령이 바라시는 것은 육체를 거스릅니다. 이 둘이 서로 적대관계에 있으므로, 여러분은 자기가 원하는 일을 할 수 없게 됩니다. <갈라디아서> 5장 17절

조너선 하이트는 인간의 나약한 의지의 문제와 길들여지지 않는 직관과 본능, 욕망의 문제를 중시하는데, 그에 반하는 인간관, 즉 플

---

8) 이정렬·정창우, "도덕심리학의 흐름 및 쟁점과 도덕과교육의 과제", 『윤리연구』 제87호(한국윤리학회, 2012), p.171.

9) 조너선 하이트, 권오열 옮김, 『행복의 가설』(서울: 물푸레, 2010), pp.22-24.

10) 위의 책, p.54.

라톤이나 칸트, 피아제, 콜버그 등의 합리주의적 관점을 비판하였다. 그는 사람들이 선한 행동을 할 수 있으려면 그 원인으로서 이성적으로 훌륭한 추론능력이 있어야 한다는 관점을 비판하기 위해 플라톤이나 칸트, 콜버그뿐만 아니라 기존의 도덕철학자들이 다른 분야의 사람들보다 도덕적인 항목에서 하나도 나은 게 없다는 슈비츠게벨(E. Schwitzgebel)의 연구 성과를 인용한다.[11]

<표 3-1> 분열된 마음, 내면 또는 자아의 모습

직관(코끼리)과 도덕적 추론(기수) 사이의 분열	길들여지지 않은 코끼리 → (나약한 의지, 직관의 문제) * 코끼리는 기수가 가리키는 방향이 아닌 다른 곳으로 제멋대로 감으로써 나약한 의지, 아크라시아의 문제를 일으킨다. 또한 직관을 통해 기수에 영향을 끼치기도 함	도덕적 판단	→ 기수의 의식적 도덕적 추론에 코끼리의 직관이 영향을 미침
이성과 감성의 분열	대뇌변연계의 원시적인 감정과 충동 → 고도로 감성에 영향받는 이성 * 변연계를 다쳐 감성을 다친 사람은 감정에 휘둘리지 않고 이성적 판단을 잘 하는 것이 아니라 아주 간단한 결정도 내리지 못함	감성에 영향받는 이성	→ 이성적 사고와 판단을 주관하는 전두엽
자동처리와 통제처리의 분열	무의식에 비유되는 자동처리의 과정	자동처리가 통제처리보다 주를 이룸	의식에 비유되는 통제처리의 과정

그 외 조너선 하이트는 마음과 육체의 분열현상, 좌뇌와 우뇌의 분열현상 등도 제시하지만 지면관계로 생략

그가 보기에 인간의 도덕성은 콜버그가 강조한 도덕적 추론을 통해 형성되는 것이 아니라 유전자로 대변되는 선천성과 사회적 학습으로 조합되는데, 즉 일련의 진화한 직관의 형태로 나타난 선천성과

---

11) 조너선 하이트, 왕수민 옮김, 앞의 책, pp.177-178.

그러한 직관이 특정 문화 속에 적용되는 사회적 학습으로 조합된다. 우리 인간은 날 때부터 바른 마음이라고 할 수 있는 직관을 가지고 태어나나 사회적 맥락 속에서의 배움을 통해 무엇이 바름을 알 수 있다고 보는 그의 입장은 대뇌변연계의 원시적인 감정과 충동, 직관 대신에 전두엽피질의 이성공간을 강조하는 인간 진화의 프로메테우스형 각본을 기각한다. 사고로 변연계를 다쳐 감정을 느끼지 못하는 사람들의 경우 감정에 휘둘리지 않아서 이성적 판단을 잘하기는커녕 오히려 아주 간단한 결정도 하지 못하고 삶이 엉망진창이 된다는 <표 3-2>의 ①의 연구결과, 즉 안토니오 다마지오(A. Damasio)의 뇌 연구 결과를 통해 이성과 감성의 조화로운 관계 설정 대신에 이성과 합리성을 강조하는 철학자들의 허구적 주장을 비판하는 것이다.

데이비드 흄처럼 감성의 역할을 강조하는 그의 입장은 코끼리의 비유를 통해서 직관과 자동처리의 의식을 강조하는 것으로 확대된다. 그의 유명한 저작인『행복의 가설』에서 제시된 코끼리의 비유에 의하면 인간 행위의 대부분은 이성적인 도덕적 추론을 진행시키는 동력이 되기도 하는 코끼리(무의식적, 자동적 인지과정)에게서 일어나는데, 기수는 코끼리의 시중을 들어주도록 진화했는데, 기수의 이성적, 의식적 추론능력을 강조하는 것은 문제가 있다는 것이다. 하이트는 기수는 의식적이고 통제된 생각이고 코끼리는 직관, 본능적 반응, 감정, 그리고 육감 등으로 보는데,[12] 기수와 코끼리 비유는 이성과 감성적 본능, 의식과 비의식 습관, 전전두엽과 변연계의 대립 쌍과 비슷한 개념이라고 할 수 있다. 때문에 하이트는 전두엽보다

---

12) 조너선 하이트, 권오열 옮김, 앞의 책, p.46.

대뇌변연계를 공략하는 수업, 이성보다는 미덕을 습관과 감정 속에서 찾아내는 것은 중요하다고 본다. 대뇌변연계가 여러 가지 기본적인 동물적 충동의 근거지임을 인정하는 자아관, 뇌과학에서의 다마지오(A. Damasio)나 그린(J. Green)이 발견한 내용, 즉 '자기공명영상'(fMRI)에서 직관, 감정이 정상적 의사결정에서 매우 중요하다는 점, 도덕적 판단에서 직관이 추론에 우선하며, 도덕적 감정을 포함하여 도덕적 직관이 중요한 역할을 한다는 점을 놓치지 않는 자아관을 강조한다.13) 즉, 이성과 감정은 지적인 행동을 위해 서로 균형을 맞추고 협력해야 하지만 여기서도 대부분 감정(코끼리의 주요 부분)의 몫이라는 자아관, 자아의 큰 부분이 무의식적이고 자동적임을 강조하는 그의 자아관은 기수(통제된 인지과정)보다는 99%의 정신과정을 가리키는 코끼리를 중시하는데, 이런 자아관은 불교의 명상 등을 포함해서 고대의 지혜와 종교적인 자아관이 가진 지혜와 통찰들을 수용하고자 한다. 이런 전통에서 제공하는 지혜에 따르면 인간의 자아는 심각한 문제가 된다고 본다. 왜냐하면 이런 자아는 자기중심적이며, 물질적이어서 세속적인 세계에 갇혀 성스러움과 신성을 인식하지 못하는 경향성이 있으며, 영성의 성장에서 중요한 자기부정에 대립하여 규칙을 깨거나 속일 이유를 찾는 데 도사인 자아이다.14) 이런 이유로 분열된 마음과 자아는 도덕성과 불협화음을 일으키는데, 이런 차원에서 강하고 탐욕스러운 자아는 영혼의 비상을 가로막는 장애물이라고도 할 수 있는 것이다. 그러므로 우선 조너선

---

13) 박병기·김민재, "사회적 직관주의'가 지니는 도덕교육적 함의", 『윤리연구』 제 84호(한국윤리학회, 2012), pp.139-140 참조.
14) 조너선 하이트, 권오열 옮김, 앞의 책, p.353.

하이트가 바라보는 인간의 분열적 마음과 도덕성을 통계적·실증적 자료와 함께 살펴보고자 한다.

1) 도덕적 추론보다 감정과 직관이 앞서는 인간

일찍이 하이트는 뇌과학에 근거한 도덕심리학의 종합모델인 '사회적 직관주의 모델'을 제시하면서 합리적인 숙고가 없이는 도덕적 현상이 불가능하다는 이전의 인지발달론적 사고 패러다임을 비판하는 데, 많은 영향을 주었다. 그는 사회적 직관주의 모델을 통해 사람들은 반성하고 합리적으로 선택하는 능력이 있긴 하지만 매우 제한적이며 대부분의 경우에 과정을 파악하긴 어렵지만 신속하고, 전체론적이고 직관적인 도덕적 결정을 내린다고 주장하였다. 사람들은 상이한 대안들에 대한 더 완벽한 조사가 필요할 때에만 느린 사고로서의 사색적인 추론을 한다는 것이다. 의식적이고 사색적인 느린 체계의 숙고적인 인지적 과정은 도덕성에 있어서 아주 제한된 역할을 수행하며, 그 역할 역시 즉각적인 빠른 체계의 직관적 반응에 국한된다. 또한 사람들은 그들 자신을 위해 사고하는 것이 아니라 타인에게 영향을 주기 위해서 느린 의식적 사고를 한다고 보았다.15) 관련된 구체적인 증거들을 제시하면 다음과 같다.

---

15) J. Haidt, "The emotional dog gets mistaken for a possum", *Review of General Psychology*, 8(2004), p.284.

<표 3-2> 도덕적 추론보다 감정과 직관이 앞서는 과학적 검증의 사례

① 안토니오 다마지오(A. Damasio)의 뇌 연구[16]	② 줄리와 마크의 남매지간의 성교 이야기[17]	③ 시체의 살을 먹은 제니퍼 이야기[18]
・환자들의 뇌의 특정 부위, 즉 복내측 전전두엽 피질(약어로 vmPFC라고 하며, 콧등 맨 위쪽 바로 뒤에 자리 잡고 있다)에 손상을 입으면 특이한 증상을 보인다. 감정과 관련한 이들의 능력은 거의 제로 수준까지 떨어진다. 그러나 무엇이 옳고 그른지 아는 능력은 전과 같이 온전했고, IQ에도 결함은 전혀 없는 것으로 나타났다. 심지어 콜버그의 도덕적 추론 능력 테스트에서 높은 점수까지 받았다. 하지만 자신의 사생활이나 직장생활에 들어가 무엇을 결정해야 하는 상황이 되면 이들은 어리석은 결정을 내리기 일쑤였고, 아니면 아예 결정 자체를 내리지 못했다. 다마지오의 연구결과는 합리적 이성이 감정의 속박에서 벗어나 해방을 맛볼 수 없음을 보여준다. 결국 이 연구는 합리적 추론에는 감정이 필요하다는 것이다. 결국 다마지오의 연구결과는 흄의 모델과 가장 잘 맞는다고 할 수 있다. 주인(열정)이 갑작스레 운명을 달리하여 세상을 떠나도 하인(이성)에게는 통치의 능력도 통치의 욕구도 없다. 결국 모든 게 파멸해버리고 만다는 것이다.	・남매지간인 줄리와 마크는 대학의 여름방학을 맞아 함께 프랑스를 여행 중이다. 그들은 함께 섹스를 해보면 재미있을 거라는 생각을 한다. 줄리는 이미 피임약을 복용했고, 마크도 안전을 위해 콘돔을 착용한다. 둘 다 이 관계를 즐기지만 앞으로 더 이상은 하지 않기도 한다. 그들은 그날 밤의 일을 특별한 비밀로 간직하며, 이를 통해 서로에게 더욱 가까운 감정을 느낀다. 남매지간인 두 성인이 서로 합의하여 육체관계를 가질 수 있느냐의 질문에 대부분의 연구에 참여한 사람들은 '안 된다'고 대답할 것이다. 줄리와 마크가 섹스를 해도 좋다고 한 피험자는 전체의 20%뿐이었다. 하지만 이런 판단을 어떻게 정당화할 것인가? 먼저 근친상간은 유전적으로 결함 있는 자식을 낳게 한다는 논리를 내세우는 경우가 많다. 그러나 두 남매가 두 종류의 피임 수단을 이용했다고 지적해도 "아, 그러면 괜찮아요"라고 말하는 사람은 없다. 그래도 사람들은 "그건 그들의 관계를 해치기 쉽다"는 등의 다른 논리를 찾기 시작한다. 내가 이 경우에 섹스가 그들의 관계를 더욱 밀착시켰다고 지적하면 사람들은 머리를 긁적이고 얼굴을 찡그리며 이런 식으로 말한다고 한다. "그게 잘못됐다는 건 알지만 왜 그런 건지는 딱 부러지게 설명할 수 없네요."	・제니퍼는 병원의 병리 검사센터에서 일하고 있는데, 채식주의자이다. 고기를 먹기 위해 일부러 동물을 죽이는 것은 도덕적으로 잘못이라고 생각하기 때문이다. 그러던 어느 날 밤 제니퍼는 신선한 상태의 시체를 소각하는 일을 맡게 된다. 그래서 제니퍼는 시체의 살을 한 조각 잘라 집으로 가져온다. 그리고는 그것을 요리해서 먹는다. ・제니퍼가 시체 일부를 먹어도 괜찮다고 한 한 사람은 전체의 13퍼센트에 불과했다. 이 무해한 금기 시나리오에서 사람들은 많은 이유를 만들어내고 또 폐기했다. 사람들은 머릿속을 뒤적여 이 이유, 저 이유를 찾아내느라 정신 없는 모습이었고, 그런 마음을 바꾸지 않았다.

<표 3-2>의 ① 안토니오 다마지오(A. Damasio)의 뇌연구 성과사례와 ② 줄리와 마크의 남매지간의 성교 이야기 ③ 시체의 살을 먹은 제니퍼 이야기 사례 모두 합리적 추론이나 도덕적 추론 이전에 빠른 체계인 직관이 선행적으로 요구되며, 감정이 필요하다는 관점을 보여주고 있다. ①의 다마지오의 뇌연구 결과는 흄의 모델과 가장 잘 맞는다고 할 수 있다. 일찍이 이성이 열정의 하인이라고 본 흄은 이성이 도덕적 분별의 토대가 된다는 합리주의적 주장을 반대했다. 이성은 행동에 영향을 줄 수는 있어도 직접 행동을 일으키지 않는 것이다.[19] 주인(열정)이 갑작스레 운명을 달리하여 세상을 떠나도 하인(이성)에게는 통치의 능력도 통치의 욕구도 없다. 이 사례는 사람들이 도덕적 판단을 내릴 때 빠르고 직관적인 판단, 감정적인 판단을 내림을 강조한다. 결국 흄의 주장처럼 추론 또는 도덕적 추론은 열정의 하인에 불과했으며, 하인이 훌륭한 논거를 전혀 찾아내지 못할 때에도 주인은 마음을 바꾸지 않았다고 한다.[20] ② 줄리와 마크의 남매지간의 성교 이야기와 ③ 시체의 살을 먹은 제니퍼 이야기 사례는 무해한 금기위반 사례로 도덕적 추론 이전에 자동적 인지과정 또는 코끼리의 좋고 싫음이 자동적으로 빠르게 드러나는 직관적 판단을 보여준다고 할 수 있다. 만약 누군가 판단의 근거를 설명해보라고 하면 우리는 이야기를 꾸며 되지만 정확한 이유를 모른 채 우리는 이유를 꾸며 되는 추론을 한다는 것이다. 여기서 하이트는

---

16) 조너선 하이트, 왕수민 옮김, 앞의 책, pp.82-85에서 재인용.

17) 조너선 하이트, 권오열 옮김, 앞의 책, pp.52-53 참조 및 재구성.

18) 조너선 하이트, 왕수민 옮김, 앞의 책, p.91 참조 및 재구성.

19) D. Hume, *A Treatise of Human Nature*, edited, with an Analytical Index, by L. A. Selby-Bigge, second edition (Oxford University Press, 1978), p.462.

20) 조너선 하이트, 권오열 옮김, 앞의 책, p.93.

직관, 직감 또는 감정이 먼저이고 느끼는 이유를 급조함을 보여준다. 도덕적 논쟁에서 급조된 통제적 인지과정으로서의 기수의 논거는 의식적인 언어적 사고를 통해 제시한다는 것이다.[21]

또한 조너선 하이트는 줄리와 마크, 제니퍼의 무해한 금기 시나리오에서 반응하는 방식이 콜버그의 하인츠 딜레마와 크게 차이가 남을 강조한다. 예컨대 무해한 금기 인터뷰에서 사람들은 "모르겠다"라고 말할 확률이 하인츠 인터뷰에 비해 거의 2배나 높았고, 아무 근거 없이 그저 선언하듯 답할 확률 역시 2배였으며, 스스로의 주장을 해명 못 하겠다고 답하는 확률은 열 배에 달했다고 한다.[22] 결국 사람들은 순식간에, 그리고 감정적으로 도덕적 판단을 내렸고, 도덕적 추론은 사람들이 이미 도덕적 판단을 내려놓고 그것을 정당화할 이유를 찾기 위해 사후에 일어나는 경우가 대부분이었다는 것이다.[23] 느린 사색적 사고에 초점을 맞추는 하인츠 딜레마의 경우 사람들 대부분은 아내의 생명이 위험한 만큼 하인츠가 약을 훔쳐야 한다는 것을 직관적으로 알아차리고 그 이유를 도덕적 추론으로 알아차리기 쉽기 때문이다. 다시 말해서 콜버그는 어느 쪽에서든 충분히 합리적인 이유가 나오도록 딜레마를 구성해놓았고, 따라서 누구도 당혹감에 빠질 일이 없었다는 것이다.[24]

반면에 하이트는 곰곰이 생각하여 도덕적 추론에서 직관과 연결되는 개인적 성찰과정은 자주 일어나지 않는다고 본다. 이런 관점에 대해 철학자들은 도덕적 추론에서 도덕적 판단으로 또는 도덕적 추론

---

21) 위의 책, pp.53-54.
22) 조너선 하이트, 왕수민 옮김, 앞의 책, p.576.
23) 위의 책, p.94.
24) 위의 책, p.99.

이 도덕적 직관에 이르는 과정이 일상에서 훨씬 자주 일어난다고 보지만 조너선 하이트는 도덕적 추론을 통해 반직관적인 도덕적 판단을 하거나 도덕적 추론의 성찰을 통해 다시금 도덕적 직관(자신의 처음 바른 마음)을 바꾸는지에 대한 어떤 실험적 증거가 없음을 강조한다.25) 그의 이러한 사회적 직관주의적 모델에 따르면 사람들이 도덕적, 정치적 논쟁에서 서로 소통되지 않는 이유가 도덕적 이유가 다르기 때문이라기보다는 직관이라는 개가 흔드는 꼬리가 바로 도덕적 이유이기 때문이며,26) 기수가 코끼리에게 시중을 들기 때문이라고 본다.

2) 도덕적 추론에서 신체성·감성·자동성에 영향받는 인간

<표 3-3>의 사례들은 도덕적 판단이 피해, 인권, 정의 등을 숙고의 사고를 거치는 통제적 인지과정이 아니라 대뇌변연계의 원시적인 감정과 신체성과 무의식적으로 연결되는 자동적 인지과정을 통해 이루어짐을 보여주는 사례들이다. 위의 사례들은 냄새와 관련된 후각신경이 뇌섬엽 피질에 관련 정보(신호)를 전달하고, 사람들의 경우 ①의 경우처럼 공기에서 뭔가 구린내가 났을 때, 불쾌한 느낌이 들어 논쟁이 될 만한 이슈에서 직관적 인상에 좌우되어 더 혹독한 도덕적 판단을 내린다는 것이다. ②의 경우 설문 작성 전 비누로 손을 씻은 신체 상태의 변화가 도덕적 정결(포르노, 약물복용) 관련 이슈에서 도덕 추론에 영향을 끼쳐 더 원칙적인 태도를 보인 사례이다. ③의 사례는 피험자들이 서 있는 가까이 혹은 멀리에 손 소독제를 둠으로써, 신체적 반응을 제공하면 사람들은 도덕적 정결을 중시하면서 좀 더 보수적인 도덕적 판단을 한다는 것이다.

---

25) 위의 책, p.578.
26) 위의 책, p.107.

<표 3-3> 도덕적 판단에 있어서 도덕성 그대로 판단하지 못하는 인간

① 자신의 신체적 상태에 따라 도덕성이 좌우되는 인간 연구[27]	② 손 씻기와 도덕적 정결 판단[28]	③ 에릭 헬저와 데이비드 피자로의 연구[29]
• 알렉스 조던(A. Jorden)은 사람들의 구토경보기를 몰래 작동시켜 놓은 상태에서 그들에게 도덕적 판단을 내리게 하였다. 알렉스가 횡단보도에 서 있을 때, 바로 옆에는 빈 철제 쓰레기통이 있었다. 그는 피험자를 모집하기 전, 먼저 그 쓰레기통에 비닐봉지를 넣어두었다. 그리고는 피험자 절반에 대해서는 횡단보도에 도착하기 전에 (그들이 알렉스의 행동을 미처 보지 못하도록) 비닐봉지 안에 방귀 냄새 스프레이를 두 번 뿌렸다. 그러면 그 후 몇 분 동안은 교차로 전체에 '그 냄새가 배어 있게 된다.' 그리고 나머지 피험자에 대해서는 비닐봉지만 넣어둔 채 스프레이는 뿌리지 않았다. 이때 사람들은 공기에서 구린내가 났을 때 더 혹독한 판단을 내리는 경향이 있었다. 또 다른 연구진은 사람들에게 쓴 음료와 달콤한 음료를 마시게 한 후 설문지를 작성시켜 보았는데, 역시 똑같은 효과가 나타나는 것을 발견할 수 있었다. 즉, 우리는 무엇에 대한 우리의 생각이 어떤지 결정하고자 할 때, 느낌을 중시하며, 느낌이 좋으면 내가 그것을 좋아하는 것이 틀림없고, 뭔가 불쾌한 느낌이 들면 내가 그것을 좋아하지 않는다고 본다.	• 토론토 대학의 종첸보(Chen-Bo Zhong) 교수가 밝혀낸 바에 따르면, 설문을 작성하기 전 비누로 손을 씻게 하자 피험자들이 도덕적 정결(포르노, 약물복용) 관련 이슈에 더 원칙적인 태도를 보이는 것으로 나타났다고 한다. 일단 몸을 깨끗이 하면 더러운 것은 멀리하고 싶은 마음이 생기는 것이다. 종교 수는 그 역의 과정이 성립한다는 것도 보여주었다. 즉, 사람들은 비도덕적인 일을 접하면 깨끗이 씻고 싶어 한다. 사람들은 과거에 자신이 저지른 도덕적 일탈을 손으로 베껴 쓰게만 해도 자신도 모르게 청결을 더 자주 생각하고 자기 몸을 씻고 싶어 하는 욕구를 더 강하게 가진다. 또 실험이 끝난 후 집에 가져갈 일용품을 고르라고 했을 때도 이들을 물티슈나 청소용품을 선택할 가능성이 높다.	• 에릭 헬저(E. Helzer)와 데이비드 피자로(D. Pizzaro)의 연구는 아마도 코넬 대학의 재학생들에게 정치적 태도를 주제로 설문을 하면서 피험자들이 서 있는 가까이 혹은 멀리에 손소독제를 둬보았다. 그러자 소독제 가까이에 있던 학생들은 일시적으로 좀 더 보수적이 되는 모습을 보였다.

이렇게 볼 때, 우리의 신체성과 감정적 느낌은 통제적 인지과정 이전에 코끼리라는 자동적 과정의 형태로 우리에게 영향을 줌을 알수 있다. 도덕적 판단은 급속도로 이루어지는 자동적 과정으로, 동물들이 세상을 이리저리 돌아다니면서 내리는 판단과 비슷하다. 동물들은 다양한 것을 접했을 때, 그것에 다가갈지 아니면 피할지를 스스로의 느낌으로 안다. 대부분의 경우 도덕적 판단을 내리는 주체는 기수의 이성적, 의식적 추론능력, 의식적이고 통제된 생각이 아니라 무의식적인 편견이나 신호에 따르는 본능적 반응, 감정, 그리고 신체성과 연결된 코끼리인 것이다.[30]

3) 확증편향과 자기정당화에 몰입하는 인간

조너선 하이트는 우리는 어떤 현상에 대한 입장을 취할 때에 굉장히 복잡한 사고의 결과물로 그 입장이 나왔다고 생각하고 인간의 의식체계가 스스로를 통제한다고 생각하지만, 기실은 직관을 통해 처음의 바른 마음 또는 판단을 하고 그 판단을 정당화하고 합리화하기 위해 이른바 '확증편향'(confirmation bias)으로 이성을 사용함을 제시한다.

① 디디애너 쿤(D. Kuhn)의 확증편향연구에서는 일상적 추론에서 확증편향의 증거가 일상생활에 두루 나타남을 제시한 것이고 ② 퍼킨스(D. Perkins)의 확증편향연구에서는 IQ가 내 편의 논거를 얼마나 많이 만들어낼 수 있는가, 오로지 그것만을 예측할 수 있었다

---

27) 위의 책, pp.126-127 참조 및 재구성.
28) 위의 책, pp.128-129 참조 및 재구성.
29) 위의 책, p.129.
30) 위의 책, p.129.

고 말하고 있다. 즉, 사람들은 전체 쟁점을 좀 더 온전하고 공평하게 탐구하는 데 IQ를 쏟아붓기보다는 처음의 자신의 바른 마음을 형성한 직관을 더 든든히 떠받치는 데 IQ를 쏟아붓는다는 것이다. ③ 정당화에 대한 연구에서는 사람이 믿고 싶을 때, 단 하나의 허위 증거라도 그와 관련된 증거가 나타나면, 이제 우리는 사고를 멈춰 서서 확증편향을 나타냄을 보여준다. 이렇듯 사람들은 확증편향이 심하고 자신이 원하는 쪽을 정당화하면서 오히려 도덕적 감수성이 제약되고 눈이 멀기도 하는 것이다.

<표 3-4> 확증편향과 자기정당화에 몰입하는 인간

① 디애너 쿤(D. Kuhn)의 확증편향연구[31]	② 퍼킨스(D. Perkins) 등의 확증편향연구[32]	③ 정당화에 대한 연구[33]
• 일상적 추론 분야의 선구적 연구가인 디애너 쿤은 확증편향의 증거가 일상생활에 두루 나타남을 발견했다. 더구나 사람들은 생존에 중요한 문제, 즉 '어떤 음식을 먹으면 몸에 탈이 날지 가려내는 문제'를 해결할 때도 이런 확증편향을 보이는 것으로 드러났다. 쿤은 이 문제를 실험실에서 다뤄보기 위해 우선 여덟 장짜리 카드를 여러 벌 만들었다. 카드 한 장 한 장에는 만화가 그려져 있었는데, 어떤 아이가 무엇(예를 들면, 초콜릿 케이크나 당근 케이크)을 먹고 그다음 어떤 일을 겪는지 보여주고 있었다. 음식을 먹은 아이는 빙그	• 퍼킨스의 연구는 다양한 연령과 학력의 사람들을 실험실로 데려와 사회적 쟁점들에 대해 생각해보도록 한 것이었다. 이를테면 학교에 지금 지원을 늘리면 수업과 학습의 질이 향상될 것인가 하는 문제가 제시되었다. 퍼킨스는 피험자들에게 우선 사회적 쟁점을 접하고 애초 들었던 판단을 글로 적어달라고 했다. 그런 다음에는 피험자들에게 해당 이슈를 곰곰이 생각해보게 한 후, 최종 결론 도출과 관련된 모든 이유(양측 모두의 이유)를 가급적 많이 생각해서 적어달라고 했다. 피험자들이 설문조사를 마치자 퍼킨스는 피험자들이 적어놓은 각 이유를 '내 편'의 논거와 '상대편'의 논거로 구분하고 점수를 매겼다. 사람들이 '상대편'의 논거보다 '내 편'의 논거를 훨씬 많이 내	• 사회심리학자 톰 길로비치(T. Gilovich)는 기이한 믿음들이 어떻게 형성되는지 그 인지 기제를 주로 연구하는 학자인데, 우리는 무엇을 믿고 싶을 때는 스스로에게 이렇게 물어보는 경향이 있다고 한다. "내가 이것을 믿어도 될까?" 그렇게 물은 후에는 믿음을 뒷받침할 증거를 찾아나서고, 단 하나의 허위 증거라도 그와 관련된 증거나 나타나면, 이제 우리는 사고를 멈춰도 된다고 여긴다고 한다. 이렇게 사람들은 자신들은 자신이 원하는 결론에 도달하기 위해 여러 가지 묘책을 짜낸다는 것이다. 예컨대 실험

레 웃고 있거나 아니면 어디가 아픈 듯 인상을 쓰고 있었다. 쿤은 아동과 어른을 대상으로 한 번에 한 벌의 카드를 보여주었고, 이 '증거'(여덟 장의 카드)를 보고 어떤 음식이 아이에게 탈이 나게 했는지 물어보았다. 그러면 어른이나 아이나 보통은 직감에서 출발하는 모습을 보였다(즉, 이 경우에는 초콜릿 케이크를 범인으로 지목하는 확률이 높았다). 그리고 사람들은 보통 그들이 옳다는 것이 증거를 통해 증명되었다고 결론을 내렸다. 심지어 당근 케이크와 몸에 탈이 난 상태를 더 강하게 연관시켜도 사람들은 계속해서 초콜릿 케이크를 먹고 아픈 한두 장의 카드를 증거로 가리켰고, 당근 케이크를 주범으로 지목하는 여러 장의 카드는 무시해버렸다. 쿤의 표현을 빌면, 사람들은 마치 스스로에게 이렇게 말하는 듯한 모습이었다. "자, 여기 내 이론을 뒷받침해주는 증거가 나타났군. 그러니 내 이론이 옳은 거야."

놓은 것은 놀라울 것 없는 일이었다. 마찬가지로 학력이 높은 사람들이 더 많은 이유를 내놓은 것도 놀라울 것 없었다. 신기한 사실은 퍼킨스가 같은 학교별도 고등학교, 대학교, 대학원의 최고학년과 최저학년을 비교해보았을 때, 고학년이 저학년에 비해 응답이 나아지는 현상은 어느 학교에서도 거의 나타나지 않았다는 것이다. 퍼킨스의 연구결과에는 더 문제가 되는 것이 있었는데, 사람의 논쟁 능력을 예측해주는 지표로 IQ만한 것이 없지만 IQ는 내 편의 논거를 얼마나 많이 만들어낼 수 있는가, 오로지 그것만을 예측할 수 있었다. 즉, 똑똑한 사람들은 훌륭한 변호사나 훌륭한 공보관 역할을 더없이 훌륭해 해내지만, 상대편의 논거를 찾아내는 데에서는 다른 이들보다 나을 게 없다는 뜻이었다. 이에 대해 퍼킨스는 "사람들은 전체 쟁점을 좀 더 온전하고 공평하게 탐구하는데 IQ를 쏟아붓기보다는 자신의 논변을 더 든든히 떠받치는 데 IQ를 쏟아붓는다"라고 결론을 내렸다.

에서 피험자들은 지능검사를 한 후 낮은 점수가 나오면, IQ 테스트의 정당성을 (지지하는 기사보다는) 비판하는 기사를 읽어보는 경향이 있다. 또 카페인 섭취와 유방암 사이에 연관성이 있다는 과학 논문(허구로 만든 것)을 가져다 사람들에게 읽힌 결과, 커피를 많이 마시는 여성들이 남성이나 카페인에 덜 길든 여성보다 연구에 더 트집을 잡는 경향을 보였다. 캘리포니아 대학 어바인 캠퍼스에 재직 중인 피트 디토(P. Ditto)도 비슷한 실험을 했는데, 피험자들을 데려다 종잇조각을 주고 효소 결핍이 심한 상태인지 알아본다며 그것을 핥아보게 한 것이다. 사람들은 종이 색이 변하면 효소 결핍이라고 했을 때보다 종이의 색이 변해야 더 좋은 것이라고 했을 때 더 오랜 시간 종이 색이 변하기를 기다렸다. 나아가 여기서 좋지 못한 예후를 받은 피험자들은 테스트가 정확하지 못하다는 근거를 더 많이 찾아냈다.

---

31) 위의 책, pp.161-162 참조 및 재구성.

32) D. N. Perkins, M. Farady & B. Bushey, "Everyday reasoning and the roots of intelligence", In J. F. Voss, D. N. Perkins & J. W. Segal(Eds.), *Informal reasoning and education*(pp.83-105) (Hillsdale, NJ: Erlbaum, 1991)와 조너선 하이트, 왕수민 옮김, 앞의 책, p.163 참조 및 재구성.

33) 위의 책, p.169.

4) 자동성에 영향받아서 유혹·의지력·실천력이 부족한 인간

<표 3-5>의 ① 덕과 실천력이 부족한 도덕철학자의 사례는 이성적 추론의 능력이 높다고 생각되는 도덕철학자들이 사실은 도덕적으로 행동할 능력과 덕도 갖추지 못함을 보여주고 있음을 보여주는 사례이다. 그는 도덕적 실천과 관련해서 도덕적 추론능력, 이성적 추론능력을 과대평가하지 말라고 조언한다. 구체적으로 그는 설문조사를 토대로 도덕적 실천에 있어서 도덕철학자들의 실천능력이 현실적으로 전혀 탁월하지 않음을 소개하고 있다. 설문조사 및 염탐 방법을 동원해 도덕철학자들이 얼마나 자주 자선을 베풀고, 투표에 참가하고 어머니에게 전화하고 헌혈하고, 장기 기증을 하고 학생들이 보낸 이메일에 얼마나 많이 답장해주는지를 조사한 결과 등을 통해 도덕적 추론에의 전문지식이 도덕적 품행과 상관관계가 없으며, 오히려 사후 정당화를 일삼는 태도를 통해 도덕적 품행이 더 나빠질 수 있음을 주장한다.

<표 3-5> 자동성의 영향 속에서 실천력과 의지, 실천력이 부족한 인간

① 덕과 실천력이 부족한 도덕철학자[34]	② 월터 미셸(W. Mischel)의 실험[35]	③ 부정직과 발뺌의 여지와 20%의 정직한 행동[36]
·철학자 에릭 슈비츠게벨(E. Schwizgebel)은 설문조사는 물론 여러 가지 염탐 방법을 동원해 도덕철학자들이 얼마나 자주 자선을 베풀고 투표에 참여하고 어머니에게 전화하고 헌혈하고, 장기기증을 하고, 콘퍼런스를 마친 후 자기 손으로 뒷정리를 하고, 학생들이 보낸 이메일에 얼마	·1970년 월터 미셸의 실험에서 마시멜로를 좋아하느냐고 아이들에게 물었을 때, 마시멜로를 더 받기 위해 유혹과 싸운 아이가, 즉 1985년 대학입학시험에 대한 정보를 요청하는 설문지에서 좋은 성적에 대한 예측을 보여준다는 이야기이다.	·지금까지 많은 심리학자가 연구해온 주제가 '발뺌의 여지'가 갖는 효과라는 것이 있다. 예를 들어 한 연구에서는 피험자에게 과제를 수행하게 한 후 쪽지를 한 장 주며 실험 참가비로 얼마로 줄 것임을 구두로 전달했다. 피험자들이 쪽지를 들고 다른 방으로 받으러 갔다. 그런데 그곳의

나 많이 답장해주는지 조사해보았다.

조사 결과, 도덕철학자들이 다른 분야의 철학자나 교수에 비해 나았다는 항목은 단 하나도 없었다. 심지어 슈비츠게벨이 도서관 수십 곳을 돌며 유실 도서 목록을 모아 보아더니 (대개 윤리학자들이 대출했을) 윤리학 관련 학술서가 타 분야 철학서에 비해 도난당하거나 영영 반납되지 않는 확률이 높았다. 다시 말해서 도덕적 추론에 전문지식이 있다고 해서 도덕적 품행이 더 올바르게 되지 않는 것으로 보이며, 오히려 품행이 나빠질 가능성(도덕적 추론 능력이 발달하면 사후 정당화를 하는 기수의 능력도 더 발달하기 때문인 듯하다)도 있다. 슈비츠게벨은 도덕철학자들의 품행이 다른 철학자들에 비해 나은 부문을 단 하나라도 찾길 바라고 있지만 아직도 성공하고 있지 못하고 있다.

경리가 금액을 한 자리 잘못 읽고 훨씬 더 많은 금액을 피험자에게 건네주었다. 이때 그 사실을 경리에게 밝히고 실수를 정정한 피험자는 전체의 20퍼센트에 불과했다.

그러나 경리가 지불금이 맞는지 묻자 이야기가 달라졌다. 그때에는 피험자 60퍼센트가 지불이 잘못되었다고 말하고 나머지 금액을 돌려주었던 것이다. 직접적으로 질문을 하자 발뺌의 여지가 제거된 셈인데, 그 상황에서도 돈을 계속 챙기려면 자기 입으로 거짓말을 해야 하기 때문이었다. 이렇게 발뺌의 여지를 없앤 결과, 사람들이 정직하게 행동할 확률은 세 배 더 높아졌다.

②의 월터 미셸의 유명한 만족지연능력 실험에 대해 하이트는 유혹을 이길 수 있었던 능력이 느린 사색적 사고가 아니라 감성지능의 한 측면이며, 감성지능이 높은 사람은 숙련된 기수와 같은 사람이라고 본다. 그러므로 인지적이기도 한 통제처리체계가 의지력만으로

---

34) 위의 책, pp.177-178 참조 및 재구성.

35) 조너선 하이트, 권오열 옮김, 앞의 책, pp.47-48 참조 및 재구성.

36) 위의 책, p.166 참조 및 재구성.

자동처리체계를 이기는 것은 쉽지 않다고 본다. 왜냐하면 통제처리
체계는 피로한 근육처럼 곧 지쳐 굴복하는 반면 자동처리체계는 자
동적으로 힘들이지 않고 끊임없이 움직이기 때문에 쉽지 않다는 것
이다.[37] 종종 통제처리체계에서 이성을 숭배하는 철학자들의 경향
성 때문에 자동처리체계가 미덕으로 잘 형성되는 습관과 감정을 중
시하지 못하는 경우가 있는데, 기수보다는 자동처리체계가 작동하는
코끼리에게 주목하여, 코끼리를 잘 훈련시키는 것이 필요하다는 것
이다. 자신이 꽤 합리적이라고 착각하기보다는 불교의 명상 등을 통
해 자동적인 사고과정을 변화시켜 코끼리를 길들이고, 애착을 끊는
것이 중요하다고 본다.[38] ③의 사례는 사람들은 남의 눈에 띄지 않
고 또 발뺌의 여지만 있으면 대부분이 남을 속인다는 것을 알 수 있
다. 우리의 기수 혹은 공보관(내면의 변호사)은 정당화를 하는 데
누구보다 명수인데, 실험에 참가한 사람들도 대부분은 남을 속인
후 실험실을 나가면서 자신이 선한 사람이라고 믿었던 것이다.[39]
하지만 실제적인 실험결과는 정직하게 행동한 사람은 1/5밖에 되지
않았다.

---

37) 위의 책, p.48.
38) 위의 책, p.75.
39) 위의 책, p.167.

5) 여론에 집착하고 자신에 대한 평가를 왜곡하고 타인을 적대
시 및 악마화하는 인간

<표 3-6> 자신이 남보다 더 낮다고 판단하기와 타자를 악마화하기

① 타인에 너무 신경 쓰는 인간[40]	② 남들보다 자신을 과대평가하기[41]	③ 순수한 악의 신화[42]
・1990년대 사회성 계량기 이론을 만들어낸 리어리 (M. Leary)는 대규모의 학생을 모아 스스로의 자부심이 어느 정도이고, 나아가 다른 사람들의 생각이 거기에 얼마나 영향을 미치는지 평가하도록 했다. 이 과정을 마치고 그는 자신은 절대 타인의 의견에 흔들리지 않는다고 이야기한 극소수 학생을 선별해 냈다. 리어리는 이들에게 몇 주 후 실험실에 와줄 것을 부탁했다. 또 이들과 비교할 요량으로 처음부터 끝까지 타인의 생각에 강하게 영향을 받는다고 이야기한 학생들도 몇 주 후 실험실에 오라고 부탁했다. 피험자는 모두 제각기 방안에 혼자 앉아 5분 동안 마이크에 대고 자신에 대해 이야기해야 했다. 그러면 1분이 지날 때마다 앞에 놓인 화면에서 숫자가 깜박였다. 어떤 사람이 다른 방에서 피험자의 이야기를 듣고 있다가, 다음 단계의 연구에서 그 피험자와 얼마나 소통하고 싶은지를 숫자로 나타낸 것이었다. 점수는 1점부터 7	・닉 애플리(N. EPley)와 데이비드 더닝(D. Dumning)은 일련의 놀라운 실험을 통해 자신들을 과대평가하는 것을 확인했다. 우선 그들은 코넬대학 학생들에게 다가오는 자선행사에서 꽃을 얼마나 살 것이며 평균적인 코넬대 학생은 어느 정도나 살지 예측해보라고 했다. 그리고 실제 행동을 관찰했다. 학생들은 자신의 미덕은 한껏 과대평가한 반면 다른 사람에 대한 추측에서는 상당히 정확했다. ・미국의 고등학생 100만 명을 대상으로 한 연구에서 70퍼센트가 자신의 리더십이 평균 수준 이상이라고 생각한 반면, 그 이하라고 생각한 학생들은 고작 2퍼센트에 불과한 것으로 나타났다. ・사회적 비교에서 우리들은 자신들을 과대평가한다. 남편들과 아내들이 각자가 하는 집안에서의 비율을 평가할 때, 그 합계가 총 120퍼센트를 넘고 있음을 보여준다. 협력 집단을 이루어 일하는 MBA 학생들이 팀에 대한 자신의 기여도를 평가할 때는 그 총계가 139퍼센트에 이른다.	・<악: 인간의 잔혹성과 공격성>에서 보마이스터는 희생자와 가해자 모두의 관점에서 악을 해부했다. 가해자의 관점을 취했을 때 그는 배우자 학대로부터 대량학살에 이르기까지 우리가 악한 것으로 여기는 행위를 하는 자들은 좀처럼 자신의 행위가 잘못되었다고 생각하지 않는다는 사실을 발견했다. 인간은 남들이 자기 자존심을 지키기 위해 이용하는 편견을 이해하는 능력이 아주 뛰어나다. 보마이스터는 우리가 우리 자신을 희생자로, 또 희생자들의 정당한 옹호자로 왜곡하는 곤혹스러운 모습을 보여준다. 그가 살펴본 거의 모든 연구문헌에서 희생자들도 책임의 일부를 공유하는 경우가 많았다. 대부분의 살인은 자극과 보복의 악순환이 확대되면서 나온 결과물이며, 많은 경우 피해자가 살인자가 될 수도 있었다. 전체 가정불화 건수의 절반에서 양측 모두가 폭력을 사용했다. 보마이스터는 비디오테이프에 녹화된 1991년의 그 유명한 로드니 킹 구타 사건 같은 명백한 경찰의 잔혹행위

점까지인데(7점이 제일 좋은 점수였다) 내가 이야기를 하고 있는 사이 점수가 '4, 3, 2, 3, 2' 하고 점점 떨어지면 그 기분이 어떨지 여러분도 짐작될 것이다. 그러나 사실 그 점수는 리어리가 조작해놓은 것이었다. 리어리는 피험자 일부에게는 숫자가 계속 떨어지도록 점수를 주고, 나머지 피험자에게는 '4, 5, 6, 5, 6'식으로 숫자가 계속 올라가도록 점수를 주었다. 이전의 설문에서 타인의 의견에 신경 쓴다고 인정했던 피험자뿐만 아닐 별로 신경 안 쓰는 독자파도 이들만큼이나 큰 충격을 받는 것으로 나타났다. 독자는 그들 말대로 자기 안의 나침반만 보고 길을 가는 것일 수도 있지만, 그 나침반이 진북이 아니라 대중의 의견을 가리킨다는 것을 미처 깨닫지 못했다.		에도 대개 사건의 실상에는 뉴스에서 보도되는 것보다 훨씬 많은 속사정이 숨어 있다는 점을 지적한다. 뉴스 프로는 이 땅에 악이 활개치고 있다고 믿고 싶은 사람들의 욕구를 충족시켜줌으로써 시청자들을 확보한다.

하이트는 인간이 자율적이고 독립적인 판단을 하기보다는 ①의 사례에서 보는 것처럼 자동적이고 무의식적인 우리의 코끼리 혹은 자동처리체계에 의해 인간관계나 사회의존적인 판단을 한다고 본다. 비록 대중의 여론에 무심한 척 부정하는 척하면서 매우 합리적이고 자율적인 인간인 척하지만 상당히 타인의 의견에 영향받음을 통계적으로 제시하고 있다.[43] 그러면서도 ②의 경우처럼 상대와 자신에

40) 조너선 하이트, 왕수민 옮김, 앞의 책, pp.157-158 참조 및 재구성.
41) 조너선 하이트, 권오열 옮김, 앞의 책, pp.128-132 참조 및 재구성.
42) 위의 책, pp.140-142 참조 및 재구성.

대해 객관적이지 못하고 편향적으로 자신을 과대평가하고 있음을 보여준다. 사회적 비교에서 우리 자신에게 유리한 방식으로 비교하는 인간들은 덕 있는 삶보다 남에게 덕스럽게 보이기를 힘쓰고, 자동적으로 또 무의식적으로 자신을 과대평가하게 되는데, 이는 남편들과 아내들의 집안일의 대한 평가라든지 MBA 학생들의 팀에 대한 자신의 기여도 평가에서도 과대하게 나타나는 것이다.44) 뿐만 아니라 알렉스 토도르프(A. Todorov) 교수의 연구를 통해 법적, 정치적 판단에서 타인을 왜곡되게 평가함을 보여준다. 우리는 매력적인 사람들을 더 똑똑하고 더 선한 사람으로 판단하는 경향이 있으며, 법정에서 예쁜 사람에게 선처를 베풀 가능성이 높다고 한다. 배심원들은 매력적인 피고에게 무죄를 선고할 경향성이 높으며, 유죄 선고를 받더라도 더 가벼운 형량을 받는 경향이 있다는 것이다.45) 법정에서 기수가 코끼리가 무죄를 선고하고 싶어 할 때, 이를 따라 증거를 해석하는 경향이 있다면 정치에서도 이런 양상이 나타난다. 미국의 상·하원 선거에서 당선자와 2위 후보의 사진을 수집했을 때, 소속정당에 대한 정보를 일절 제공하지 않고, 후보 둘의 사진을 보여주고 어떤 사람이 더 유능해 보이는지 묻는다면 더 능력 있어 보인다고 판단된 사람이 선거에서 실제 승리를 거둘 경우가 전체의 약 3분의 2에 달했다고 한다. 우리 뇌는 순식간에 직관적으로 반응하면서 먼저 왜곡된 평가를 내리는 것이다.46)

이런 자신의 대한 과대평가와 타자에 대한 왜곡된 평가는 협력집

---

43) 조너선 하이트, 왕수민 옮김, 앞의 책, p.158.
44) 조너선 하이트, 권오열 옮김, 앞의 책, p.132.
45) 조너선 하이트, 왕수민 옮김, 앞의 책, p.124.
46) 위의 책, p.125.

단을 구성할 때, 상대에 대한 이기적인 편견을 구성함으로써 상대에 대한 적개심으로 발전할 수도 있고 도덕적으로 눈이 멀 수도 있다. ③의 사례는 내 눈 속의 들보는 보지 못하고 타인의 결점을 항상 찾는 위선과 판단주의로 나타남을 보여준다. 인간은 정치, 종교 논쟁 때 자신이 남들보다 낫다는 편견에 항상 물들어 있으며, 자신은 세상을 그대로 바라보고 있다는 '소박한 실재론'(naive realism)에 빠져 있으면서, 다른 사람이나 집단은 사적인 이해관계나 이데올로기에 눈이 멀어 있다고 판단한다.[47] 하지만 조너선 하이트는 자신이 바르다고 여기는 바른 마음의 판단, 직관적인 판단의 자동적 과정이 수시로 일어나지만 그러한 독선이 도덕적으로 눈을 멀게 한다는 동서 고금의 현자들이 남긴 잠언이 사실이라고 말한다. 예수도 이웃의 눈에 든 티만 본다고 했지만 부처 역시 다음과 같이 말했다.

> 남의 잘못을 알기는 쉬우나, 나 자신의 잘못을 알기란 어렵다.
> 사람들은 남의 잘못을 바람에 곡식 키질하듯 드러내고, 자신의 잘못은 노련한 도박꾼이 패를 숨기듯 감춘다.[48]

뿐만 아니라 갈등이 심해지면 우리의 바른 마음은 바로 전투태세에 돌입하는데, 코끼리의 변호사인 기수는 이성적이고 의식적인 자아로서, 무의식적인 코끼리의 영향을 받되 순수한 악의 신화 등의 심리적 장치들과 공모하여 자신이 천사의 편에 서 있다는 확신과 함께 끊임없이 찬성과 반대의 신호를 보내며, 도덕주의, 독선, 위선의 어리석음에 빠지며 도덕적으로 눈이 먼다는 것이다.[49]

---

47) 위의 책, p.135.
48) 『법구경』 252절(Mascaro, 1973), 위의 책, p.116에서 재인용.

3. 직관주의적 틀에서 본 도덕교육적 성찰과 대안적 교육방법

지금까지 이성 우위의 합리주의적 도덕교육적 입장, 콜버그로 대변되는 그러한 입장들의 한계를 살펴보았다. 이를 통해 이성의 힘에 오히려 영향을 끼치는 직관의 힘을 우리는 알 수 있었다. 비록 신콜버그주의자로서 학문의 여정을 시작했던 나바에츠이지만 이러한 직관의 힘을 수용하게 된 그녀는 직관이 의식적 사고와 함께 춤추는 방식을 택해야 한다고 본다.50) 그러나 조너선 하이트의 직관주의적 입장은 자동적인 직관과 숙고하는 의식적 사고와의 분열을 넘어서고자 하나 대부분의 행위가 도덕적 직관 안에 있고, 도덕적 이성을 동기화하고, 도덕적 행동을 이끄는 것이 도덕적 직관이라는 실제적인 현실을 보다 강조하는 입장이라고 할 수 있다. 이런 입장은 흄(D. Hume)의 입장이었고, 안토니오 다마지오와 조너선 하이트의 입장인 것이다. 이런 하이트의 입장에서 볼 때, 나바에츠마저도 편견이 없고, 자율적이며, 투명한 이성은 희귀하며, 가르치기 힘들다는 점을 인정하고 있지만 보다 현실적이지 않고, 도덕교육적 처방에 있어서도 실제적이지 않는 한계를 갖는다고 볼 수 있다. 대신에 조너선 하이트의 관점을 따르면서 나바에츠와 다른 방식으로 다음과 같은 통찰을 실제적인 도덕교육의 방향으로 생각해볼 수 있다. 첫째는 인지적 왜곡을 넘어서는 인지요법 및 명상의 방법을 생각하는 것이고 둘째는 문화적 의미망과 연결되어 있는 성숙한 직관으로서의 덕윤리학,51) 행복을 추구하는 긍정심리학으로 연결될 수 있다는 것이다.

---

49) 위의 책, p.146.

50) D. Narvaez, *op. cit*, 2008, p.235.

1) 인지적 왜곡을 넘어서는 인지요법·마음챙김 명상의 방법

조너선 하이트는 우리를 괴롭히는 것은 무엇이든 어린 시절에 경험한 여러 가지 사건이며, 현재 자신을 변화시킬 수 있는 유일한 방법은 '무의식적 의식의 갈등화'를 통해 억압된 무의식적 기억 속을 파고 들어가 진단해서 해결되지 못한 갈등을 풀어야 한다는 비과학적인 프로이트식 정신분석치료에 대해 회의적이다.[52] 대신에 무의식적이고도 자동적인 신념(사고)이지만 역기능적 신념을 찾아내어 그에 도전하는 아론 벡이나 엘버트 엘리스(E. Elis)식의 검증된 인지요법 또는 인지행동치료를 옹호한다. 아론 벡의 경우 조너선 하이트와 같은 사회적 직관주의자들이 무의식적·자동적·직관적 사고를 강조하기 이전 1970년대에 이미 무의식적·자동적 사고를 강조하되 '부정적 자동적 사고'(negative automatic thought)의 교정을 강조하였다. 인간이 숙고하는 느린 체계의 통제적 이성을 통해 도덕적 행동을 하는 것이 아니라 무의식적·자동적 사고(신념)에 의해 성급하게 행동하며, 이 중에서 편견적인 부정적인 신념은 각종 부정적 정서와 부적응 행동을 일으킨다고 본 것이 벡의 관점이었다. 하이트도 유사한 이야기를 한다. 그는 우리의 코끼리 안에 뿌리 깊은 무의식적이고도 본능적인 많은 자동성의 믿음(신념)을 갖고 있으며, 진리를 찾기 위해서가 아니라 이런 믿음을 정당화하고, 확증편향을 위해 추론 능력을 이용하는 경우가 많다고 본다.

흔히 이야기되듯이 에픽테토스 또는 스토아학파의 철학에서 영감

---

51) J. Haidt, & C. Joseph, "The moral mind: How 5 sets of innate intuitions guide the development of many culture-specific virtues, and perhaps even modules", In P. Carruthers, S. Laurence & S. Stich(Eds.), *The Innate Mind*, 3(New York: Oxford, 2007).

52) 조너선 하이트, 권오열 옮김, 앞의 책, p.78.

을 받은 '감정의 ABC 모델' 혹은 소크라테스의 질문·대화전략까지 포괄하는 ABCDE 방법에서 주장하듯이 사람들은 '사건'(Activating event)보다 부적절한 정서와 부적응 행동을 야기하는 비합리적 신념, 왜곡된 신념체계를 형성하면서 왜곡되고, 비관적인 사고로 인해 고통받게 된다. 이런 사고방식은 아래 <표 3-7>과 같은 방식으로 반박되어지고 반복적인 훈련을 통해 자동화되는 단계까지 도달할 수 있어야 한다.

예컨대 위의 예에서 배우자가 퇴근을 먼저 하고도 저녁식사 준비를 하지 않았을 때(A), '그럼 그렇지, 언제 당신이 집안일 도운 적 있어?'라는 왜곡된 믿음(B)을 갖는다면 화가 나고 배우자에 대해 실망해 부부싸움을 하게 된다. 이 경우 속단이나 외현화의 오류, 과잉일반화, 감정적 추론 등이 개입할 수 있다. 하지만 속단하지 않고 과잉일반화하지 않고 '업무가 많아 피곤했던 모양이다'라고 생각하면(B), 오히려 안쓰러워 저녁식사를 함께 차리거나 어깨를 주물러주는 결론(C)이 나올 수 있다. 그러나 이런 ABCDE 방법 중 소크라테스적 대화전략이 들어가는 D의 과정에서의 긍정적인 반박의 과정이 싶지 않을 수 있다. 왜냐하면 상담에서의 ABCDE까지의 과정을 거쳐서 비합리적 신념을 탐색하고 왜곡된 자동화 사고를 수정하는 과정 이전에 또는 ABC의 사고과정이 미처 의식하기도 전에 개인의 마음에 자동적으로 떠오르는 '부정적 자동적 사고'는 벡이 말하는 '체계적인 논리적 오류들'(systematic logical errors)을 포함하면서 마치 프로이트의 무의식에 비견되는 빙산 아랫부분처럼 착근되어 있는 무의식적 사고인 것이다. 직관적인 방식으로, 다시 말해서 자동적으로 빨리 떠올라 나타나는 일종의 반응이기에 알아차리기도 힘들고, 코끼리에 기반해서 이미 뿌리 깊게 내린 자동적인 생각들이기에 반박하기가 용이하지가 않을 수 있는 것이다.

<표 3-7> ABCDE 방법으로 반박하기[53]

A(불행한 사건)	B(왜곡된 믿음)	C(잘못된 믿음)	C(잘못된 결론)
배우자가 퇴근을 먼저 하고도 저녁식사를 준비하지 않았음	언제나 그렇다	분노, 실망	싸움
	업무가 많아 피곤했던 모양임	안쓰러움	저녁식사를 함께 차림 어깨를 주물러줌

<왜곡된 생각 혹은 믿음(Belief)의 함정들의 예>
· 속단
· 한쪽에 집착해서 보는 터널 시야
· 확대와 축소
· 개인화의 오류(습관적으로 내 탓으로 몰아붙임)
· 외현화의 오류(습관적으로 다른 사람이나 외부적으로 책임을 물음)
· 과잉 일반화
· 마음읽기(서투른 마음읽기)
· 감정적 추론

<ABCDE 방법으로 반박하는 방법>
· A(Adversity): 당신에게 생긴 불행한 사건
· B(Belief): 그 불행한 사건을 당연하게 여기는 왜곡된 믿음
· C(Consequence): 그 왜곡된 믿음을 바탕으로 내린 잘못된 결론
· D(Disputation): 자신의 왜곡된 믿음에 대한 반박
· E(Energization): 자신의 왜곡된 믿음을 정확하게 반박한 뒤에 얻은 활력

콜버그는 피아제(J. Piaget)의 인지발달이론에 플라톤주의적 상승 욕망, 즉 느린 사색적인 도덕적 추론의 상승하는 도덕단계의 해명에 심혈을 기울였지만 코끼리가 아닌 기수의 좌뇌중심적인 의식적·숙고적 체계의 상승하는 추론을 위한 소크라테스적 대화전략, 흔히 말하는 +1전략을 통한 도덕판단 발달을 강조했지만 그 문제 이전에 사회적 생활세계의 맥락의존적인 인간은 무의식적·직관적·자동적

---

53) 우문식, 『행복 4.0』(서울: 도서출판 물푸레, 2013), pp.457-464 및 p.399 참조 및 재구성.

인 ABC의 과정 속에서 잘못된 인지, 자신에게 해롭고도 왜곡된 무의식적 믿음의 신념체계(B)를 거대한 빙산같이 소유한 채 성급하게 판단하고 행동하는 존재인 것이다. 예컨대 우울증인 경우 어떤 일이 잘못될 때, 우울증의 '인지 3요소'로 알려진 부정적 생각, 즉 자신에 대한 부정적인 생각인 '나는 형편없는 인간이다', 주변환경에 대한 부정적 생각인 '내 세계는 황량하다', 그리고 미래에 대한 부정적 생각인 '내 미래는 절망적이다'란 역기능적인 믿음과 왜곡된 사고현상을 자동적으로 보이는 존재인 것이다.[54] 이런 생각 가운데 온종일 우울했다면(C) 그 사람은 잘못된 개인화, 지나친 일반화, 확대, 독단적 추론, 편향적 추론을 벗어나서 제대로 마음을 챙기고 과연 콜버그가 말하는 자율적인 도덕적 판단자와 행위자가 될 수 있을 것인가?

심리치료의 임상적 현실과 체험에 민감했던 아론 벡이 우선순위를 잘 잡은 것이 아닐까? 예컨대 우울증에 걸린 사람들은 제대로 마음을 챙기지 못하고 왜곡된 생각이 부정적인 감정을 촉발하고 이것이 다시 생각을 더욱 왜곡시키는 무의식적 자동성의 악순환에 빠지는데, 이런 생각을 바꿈으로써 악순환의 고리를 끊을 수 있는 것이다. 벡은 자신의 무의식적 신념을 관찰하는 기법을 '소크라테스적 방법론'이라고 불렀는데, 이러한 인지요법의 주요내용은 환자들이 자신의 무의식적 생각을 잡아내 모두 기록한 다음 왜곡된 내용에 이름을 붙이고 이를 대신하는 더 정확한 사고방식을 찾아내도록 훈련시키는 것이다.[55] 조너선 하이트는 코끼리 안에 존재하는 뿌리 깊은 본능적인 많은 신념체계, 마치 무의식같이 빙산처럼 둘러싼 여러 영

---

54) 조너선 하이트, 왕수민 옮김, 앞의 책, p.79.
55) 위의 책, p.79.

향받는 여러 추론들을 바꾸기 위해서는 콜버그의 사색적인 느린 체계의 사고를 촉발시키는 딜레마 토론이 아니라 무의식적인 것, 자동적인 것을 의식하게 만들고 제대로 마음을 챙길 수 있는 인지요법이 더 중요하다고 본다. 인지요법이 딜레마 토론처럼 사색적인 논쟁을 통해 코끼리를 직접 패배시키기보다 코끼리를 훈련시키는 법을 기수에게 가르치기 때문이다.56) 소크라테스도 '자신의 영혼을 돌보는 것'이 우리의 책임이라고 보았는데, 조너선 하이트도 영혼을 보살피는 과정에서 기수는 코끼리가 자신을 통제하고 있으며, 코끼리의 무의식적 두려움이 자신의 의식적인 생각에 암묵적으로 영향을 주며 조종하고 있다는 사실을 깨닫지 못하지만 시간이 지나면서 비합리적인 자동성의 생각에 도전하고 생각을 재구성할 수 있게 된다고 보았다.57) 인지행동치료는 인간의 무의식적 믿음을 의식할 수 있고, 이런 무의식적 믿음에 합리적으로 이의를 제기함으로써 자신의 자동적인 사고패턴을 바꾸고 그 과정에서 감정양식도 바꾸게 되는데, 이런 인지행동치료는 콜버그나 프로이트의 방법보다는 코끼리의 재훈련을 위해 더욱 효과적이라고 본다. 물론 조너선 하이트는 코끼리의 재훈련을 위한 다른 심리요법이나 프로작 등의 약품을 제시하기도 하지만 코끼리로 말미암은 자동적인 왜곡된 생각, 부정적인 생각으로 고통받고 있는 사람이라면 인지행동요법이 가장 적절한 치료법이 될 수 있다고 제언한다.58) 그러므로 엘리스의 합리적 정서치료(RET: rational emotive therapy), 벡의 인지치료(cognitive therapy),

---

56) 위의 책, p.80.
57) 위의 책, p.80.
58) 위의 책, p.81.

인지행동치료(CBT: cognitive behavior therapy)라는 흐름을 윤리교
육 내로 포섭하고 왜곡된 사고로 인해 고통받거나 관련된 정서적 어
려움을 해결하는 방향을 고려해볼 수 있을 것이다.

조너선 하이트는 코끼리를 길들이고 재훈련하는 또 다른 마음챙
김(mindfulness)의 방법으로 명상(meditation)을 제시한다.[59] 최근에
나바에츠 역시 조너선 하이트 등 사회적 직관주의자들의 비판에 대
응하면서 그녀의 '심층윤리이론'(Triune Ethics Theory: TET) 등에서
콜버그 이론의 탈인습적 도덕추론뿐 아니라 무의식적인 정서 체계
와 직관, 직관에 의한 도덕적 자동성 등을 고려하게 되는데, 그런 맥
락하에서 '마음챙김 도덕'을 강조하였다.[60] 나바에츠의 경우 조너선
하이트류의 사회적 직관주의적 통찰을 인정하나 강한 직관중심적
접근을 인정하지 않고, 좌뇌중심적인 도덕적 숙고와 도덕적 추론의
측면 역시 인정하려는 입장이다. 예컨대 나바에츠가 그의 심층윤리
이론에서 추론과 직관을 통합하는 제3의 도덕적 기능으로 도덕적
상상을 제시할 때, 그녀는 콜버그의 5, 6단계의 좌뇌중심적인 탈인
습적 도덕적 추론들이 마음챙김 도덕의 모범적인 정향을 떠나 직관
과 정서와 조화되지 않을 때, 또는 좌뇌와 우뇌가 조화를 이루지 못
할 때, 진정한 자유와 '도덕적 지혜'(moral wisdom)에 이를 수 없음
을 강조한다. 그는 마음챙김 도덕의 사례로 불교적 명상훈련, 기독

---

59) 명상은 크게 집중명상(concentration meditation)과 통찰명상(insight meditation)으로 나눌 수 있
다. 집중명상은 주의를 지속적으로 한 곳에 집중하는 방법으로서 흔들리지 않는 평온한 마음
상태를 경험하고 계발하는 것을 목표로 한다. 촛불이나 특정한 단어나 구절의 암송과 같은 내
용 등에 주의를 집중할 수 있다. 통찰명상은 변화하는 의식과 현상에 의식을 집중하여 그대로
바라보며 알아차리는 방법으로서 흔히 마음챙김 명상(mindfulness meditation)이라고 불리기도
하는데, 최근 심리학계에서 심리치료의 주요한 방법으로 관심이 급증하고 있다.

60) 이에 대해서는 박장호, "네오-콜버그학파의 새로운 지평: D. 나르바에즈의 신경생물학(II)", 『인
문학논총』 제29집(경성대학교 인문과학연구소, 2012), pp.209-230 참조.

교적 마음챙김의 도덕 등을 고려하면서 이를 통해 추상적 판단과 정서, 의식적 이성과 직관을 조화시키려고 한다.

하지만 앞서 제시한 <표 3-2> 도덕적 추론보다 감정과 직관이 앞서는 과학적 검증의 사례나 <표 3-3> 도덕적 판단에 있어서 신체성·감성·자동성에 영향받는 인간, <표 3-4> 확증편향과 자기정당화에 몰입하는 인간의 사례에서 볼 수 있듯이 실제적으로 실천, 행위하는 인간의 사고는 나름대로 타당한 준거라고 여기는 편향된 사고를 통해 왜곡된 '좋고 나쁨'의 평가를 하지만 분열된 이성과 직관을 용이하게 조화시키지 못하고 내면 속에서의 지나가는 사고나 감정을 성찰하지도 못한다. 때문에 마음챙김 명상을 통해서 우리의 삶을 지배하고 있는 행위양식을 지각하고 왜곡되고 편향된 사고와 자동성의 직관과 감정 현재 상태를 있는 그대로 수용할 뿐만 아니라 마음속에 나타났다 사라지는 분열적 사건들의 흐름을 성찰 수 있게 할 필요가 있다. 이러한 필요와 연결된 마음챙김 명상은 심리적, 신체적 건강에도 도움이 될 뿐만 아니라 다양한 심리적 기능(기억, 자존감, 공감능력, 대인관계능력 등)을 증진시키며 영적·도덕적 성장을 촉진하는 방법으로 긍정심리학 분야에서도 주목을 받고 있다.[61]

그런데 나바에츠의 마음챙김의 도덕 이전에 마음챙김의 명상이 있었고, 존 카밧진(J. Kabat-Zinn)에 의해 서양사회에 처음 소개된 마음챙김 명상은 사실 여러 종교 전통에서 발견되었고, 석가모니가 등장하기 오래 전에 인도에서 이용되었지만, 이를 주류 서양문화로 확신시킨 것은 불교였다. 유학 또는 주자학(朱子學)의 주요 수양방

---

61) 권석만, 『긍정심리학-행복의 과학적 탐구』(서울: 학지사, 2008), pp.469-471 참조 및 재구성.

법인 거경(居敬)과 궁리(窮理) 역시 중요한 우리의 수양방법 및 명상의 전통을 이루고 있지만 조너선 하이트는 여러 동양 전통에서 발견되는 명상들을 어렵지만 겸손과 인내를 통해서 추구할 필요가 있다고 본다. 명상의 목표는 코끼리에 의해 주도되는 자동적인 사고과정을 변화시켜 코끼리를 길들이고 애착을 끊는 것이라고 할 수 있다.[62] 조너선 하이트와 나바에츠의 시각으로 번역해보자면 자기 내부(코끼리)의 움직임에 지속적으로 주의를 기울이고, 이를 통찰하고 자기의 감정과 행동을 조절할 수 있는 능력을 기르는 것이 될 것이다. 존 카밧진은 마음챙김 명상을 통해 몸과 마음에 일어나는 현상과 체험을 '있는 그대로' 수용함으로써 현재의 순간에 주의를 집중하는 능력이 증진되고, 의도적으로 몸과 마음을 관찰함으로써 순간순간 체험한 것을 느끼며, 또한 체험한 것을 있는 그대로 받아들이게 된다고 보았다. 그는 마음챙김의 태도적 특성을 비판단(non-judging), 인내심(patience), 초심자의 마음(beginner's mind), 신뢰(trust), 애쓰지 않음(non-striving), 수용(acceptance), 놓아주기(letting-go)의 7가지로 보았는데,[63] 7가지 중 하나인 '놓아주기'는 자신이 잡고 있는 것을 놓아주거나 자신이 잡고 있는 것에 집착하지 않는 태도를 말한다.[64]

석가모니가 보기에도 애착의 대상이 많은 인간은 다른 사람이 바퀴를 돌리고 우리가 게임을 할수록 더 많이 잃게끔 조작되어 있는 룰렛게임에 빠져 있는 분열된 인간이다. 이길 수 있는 유일한 방법

---

62) 조너선 하이트, 왕수민 옮김, 앞의 책, p.75.

63) 김하연, "나바에츠의 도덕적 전문성 모형 연구", 서울대학교 대학원 석사학위논문, 2012, p.75 참조.

64) 김민지, "마음챙김(mindfulness)의 도덕교육적 함의 연구", 서울대학교 윤리교육과 석사학위논문, 2014, p.14.

은 테이블에서 물러나는 것이다. 즉, 인생의 부침에 요동하지 않는 것은 명상을 하고 마음을 챙기고 길들이는 것이다.[65] 특별히 행복한 삶을 위해서는 고통을 불어오는 애착 또는 집착을 끊고 분열된 내면 세계를 챙기고 다스려 가야 하는 것이다. 석가모니, 노자 그리고 동양의 다른 현자들은 원망이나 욕구로 인해서 지각이 왜곡되지 않으면서 삶에서 실제로 진행되고 있는 것을 명료하게 보는 마음챙김의 명상과 평화와 고요에 이르는 길을 제시했지만 명상은 무신론적 영적 추구를 통해서도 가능한데, 주의를 한곳에 집중하여 마음을 청정하게 만들고 나아가서 삶에 대한 통찰에 이르게 하는 영적, 도덕적 수행방법인 것이다. 마음챙김 명상에서는 호흡, 걷기, 신체활동, 감정, 생각, 욕망 중 어떤 것에 대한 관찰이든 주의 깊게 지속적으로 변화를 관찰하는데, 자기경험(생각이나 경험)을 거리를 두고 바라볼 수 있는 능력이 향상되면, 어떠한 부정적 경험(분노, 우울, 우울을 유발하는 경험)에 대해서도 그것에 함몰되지 않고 이러한 경험으로부터 자유로운 심리상태를 견지할 수 있게 된다.

특별히 통합의학의 세계적 권위자이자 MBSR(Mindfulness-Based Stress Reduction: 마음챙김 명상에 근거한 스트레스 완화 프로그램)의 창시자인 존 카밧진 박사는 마음챙김에 근거한 임상개입 프로그램을 통해 심신치유의 가능성을 제시하였다. 그는 미국 매사추세츠 대학교 의과대학에 설치된 의학, 건강관리 그리고 사회에서의 '마음챙김센터'(CFM)의 창립자이기도 하다.[66] 카밧진 박사는 MBSR이 불교의 근본 가르침에 기반을 두고 있으며, 그것은 어떠한 종교를

---

65) 조너선 하이트, 왕수민 옮김, 앞의 책, p.77.
66) 안신호 외, 『긍정심리학』(서울: 시그마프레스, 2009), p.451.

갖든지 상관없이 수용할 수 있는 보편적 진리에 기반하고 있다고 말한다. MBSR은 불교적 언어나 불교적 가르침을 직접적으로 만날 수 없는 사람들에게 깊은 치유와 변화를 전달하는 것으로서 다르마[法]와 명상적 전통 그리고 경험 과학이 통합된 프로그램으로 간주되고 있다. 이런 측면에서 성장하는 과정에서 다양한 원인과 이유로 고통하고 아파하는 우리 사회의 청소년을 위한 MBSR의 도덕교육적 적용과 활용이 필요한 대목이다.67) 이러한 마음챙김 교육의 적용과 활용은 코끼리에 기반한 반사적 사고 패턴과 자동적 사고 반응에서 벗어나게 함으로써 보다 자유롭고 자율적인 도덕적 행위자를 가능케 함으로써 콜버그가 지향하는 자율적인 도덕판단과 자기결정적 행동의 행위자를 산출하는 데에도 효과적인 도움을 줄 수 있을 것이다. 또한 명상의 목표는 자기 자신에 대한 인식, 타인에로의 개방성, 궁극적으로 자연과 우주와 신과의 합일을 추구한다는 점에서 도덕과의 '가치관계 확장법'과도 일정 부분 그 목표가 중첩되는 것으로 보인다. 이런 점에서 명상의 도덕교육적 적용에 관한 연구가 체계화될 필요가 있다. 향후 '도덕명상교육'(Moral Meditation Education)을 위한 적합한 기법과 방법의 개발 및 적용이 요구되며, 학교급별로 그 목표의 계열성 확보도 필요하다. 가령, 초등학교 단계에서는 "호흡과 몸 바라보기"를, 중학교 단계에서는 "감정과 마음 조절하기"를, 고등학교 단계에서는 "의식의 집중과 자아의식의 확대"를 중점적으로 다룰 수 있다.68)

---

67) 정창우 외, 『미래사회대비 국가수준교육과정 방향 탐색 연구-도덕, 2012년 정책연구개발사업』 (서울: 교육과학기술부, 2012), p.283.
68) 앞의 책, pp.281-282.

2) 긍정심리학과 덕행과 행복을 향한 도덕교육

차세대 긍정심리학(positive psychology)을 이끌 지도자로 부각되는 조너선 하이트는 젊은이들에게 덕행(virtue, 미덕, 덕행, 덕목, 장점 등)을 권할 때, "마치 가짜 약장수의 외침처럼 들릴 때"가 있지만 행복이란 탁월함(arete)이나 미덕과 조화되는 영혼의 활동이란 아리스토텔레스의 관점이 자신의 강점을 개발하고 잠재력을 실현하고 타고난 본성을 실현하는 좋은 삶에 대한 통찰을 보여준다는 점을 강조한다.[69] 덕행이 주는 행복을 '잘 훈련된 코끼리'라고 은유적으로 표현하는 그는 석가모니의 팔정도나 아리스토텔레스의 습관화를 강조하는 '피리 비유', 공자의 음악 연주법에 대한 비유, 『구약성경』의 「잠언」에서의 지혜 등이 시간을 초월한 미덕 형성의 실천적인 지혜를 보여주고 있음을 강조한다.[70]

이런 고대의 지혜, 고대 덕윤리학의 지혜를 긍정적으로 평가하면서 최근 심리치료나 인성교육 등을 모두 포괄하면서 심리학계에서 가장 급부상한 하나의 분야로 평가받는 긍정심리학에서의 과학적 접근을 옹호하는 그는 덕의 소유 없이는 행복할 수 없다는 아리스토텔레스류의 덕윤리학, 덕의 함양은 인간을 행복하게 만들어준다는 덕윤리학의 가설을 적극적으로 옹호하였다. 긍정심리학자로서 하이트는 『행복의 가설』이란 저서[71]에서 매킨타이어(A. MacIntyre)의 덕윤리학 또는 『덕의 상실』(After Virtue)에서의 논리를 되풀이한다. 즉, 현대윤리학이 일종의 실패한 계몽의 프로젝트라고 비판하면서

---

69) 조너선 하이트, 권오열 옮김, 앞의 책, pp.272-274 참조.
70) 위의 책, pp.278-279 참조.
71) 위의 책, 참조.

미덕의 윤리학을 제시한 매킨타이어처럼, 현대윤리학이나 콜버그류의 딜레마중심의 도덕교육이 길을 잃었다고 보는[72] 그는 긍정심리학과 함께 현대과학과 고대의 지혜 사이에 균형을 잡으면서 덕행과 행복의 길을 제시하고자 하는 것이다.

그는 오늘날 도덕교육이 문제해결훈련이 되어버렸다고 비판하면서 인간의 덕과 인격에 초점을 맞추어 우리가 어떤 인간이 되는 것을 목표로 해야 하는지를 물을 필요가 있음을 강조한다. 그는 현대의 윤리학과 도덕교육이 행위에 초점을 맞추어 특정한 행동이 옳은지 그른지를 묻는(가령 5명을 구하기 위해 1명을 죽이는 것이 옳은가, 낙태된 태아를 줄기세포의 원천물질로 이용할 수 있는가) 방식이 적절하지 못함을 강조한다.[73] 그는 이러한 도덕교육적 방식이 우리 각자에게 일주일에 겨우 한두 차례 발생할지 모르는 상황에 도덕을 제한할 뿐만 아니라 기수를 코끼리에서 떼어내고 그가 독립적으로 문제를 해결하도록 훈련시킨다는 점에서 잘못된 심리학에 의존하고 있다는 것이다. 석가모니의 마음에 대한 코끼리의 비유의 통찰을 간과하는 이러한 심리학은 마음과 관련해서 코끼리와 기수의 분열현상, 통제처리와 자동처리의 분열현상, 이성과 감성의 분열현상, 더 나아가서 좌뇌와 우뇌의 분열현상을 제대로 감지하지 못하는 도덕교육의 입장인 것이다. 관련하여 하이트는 인간의 정신적 작업과정을 컴퓨터의 작업과정으로 이해하는 좌뇌중심적인 '정보처리'이론이나 콜버그의 인지발달이론 등이 인간의 동물적 욕망, 나약한 의지의 문제를 제대로 성찰할 수 없다고 보면서, 석가모니의 통찰을 빌

---

72) 위의 책, pp.280-290 참조.
73) 위의 책, p.285.

어 인간의 마음을 코끼리 위에 올라탄 기수로 비유한 것이다. 인간이 덕을 실현하는 삶, 행복한 삶을 살기 위해서는 가수와 코끼리의 갈등과 분열을 최소화해야 한다. 본능과 감정, 직관이라는 코끼리위에 올라탄 이성이라는 기수는 거대한 덩치와 에너지를 가진 코끼리를 조종하기 위해 온 힘을 다하지만 이 시도는 아주 자주 실패한다. 하지만 유교나 불교 또는 서양의 고대로부터 내려오는 명상이나 수행법의 목적은, 코끼리를 철저하게 길들이고 기수의 능력치를 향상시킴으로써, 덕행과 행복한 삶을 구현하려고 했던 교육이었던 것이다. 이런 관점은 기수와 코끼리가 협력해서 조화와 균형을 이루는 덕교육적, 행복교육적 통찰을 간과하고 있는 콜버그류의 인지발달이론 또는 교조적 합리주의를 비판하는 관점이라고 할 수 있다.

도덕적 논쟁에서도 고삐를 쥐고 있는 것은 기수가 아니라 코끼리이다. 선악이나 미추를 판단하는 것은 코끼리이다. 직감과 직관, 그리고 즉각적인 판단은 지속적으로 동시에 일어나지만 기수는 문장을 연결하여 상대에게 제시할 논거를 만들어낼 수 있을 뿐이지만 콜버그의 입장은 기수 편에 치우쳐 분열을 극대화할 수 있는 가능성도 존재한다. 하지만 도덕적 논쟁에서 기수는 코끼리의 조언자 역할을 넘어 남에게 코끼리의 입장을 옹호하기 위해 여론의 법정에서 싸우는 변호사일 뿐이지 도덕적인 존재가 아니다.[74] 조너선 하이트는 이것이 사도 바울, 석가, 오비디우스 등 무수한 사람들이 탄식한 인간의 실상이라고 보았다. 우리는 종종 우리가 정신분석학적인 맥락에서 지신의 무의식, 이드, 또는 동물적인 자아와 싸우고 있다고 생각

---

74) 위의 책, p.54.

에 빠지지만 우리는 사실 기수이자 코끼리이며, 이 모든 것의 집합체라고 주장한다.[75]

이렇게 인간성의 어두운 면을 한껏 드러내는 조너선 하이트는 하지만 분열과 갈등의 입장이 아니라 조화와 균형의 대안을 제시한다. 뇌과학의 연구결과들이 인간의 사고과정, 결정, 선택이 암묵적으로 처리된 사회적 맥락과 같은 외형적인 것뿐만 아니라 우리가 인식할 수 없는 수많은 무의식적 체제에 의해서도 추동된다는 사실을 강조하면서 의식적 통제처리와 무의식적 자동처리의 협력과 조화를 추구한다. 명시적인 판단이 없이는 또는 합리적인 숙고가 없이는 도덕적 현상이 불가능하다는 이전의 콜버그류의 인지발달적 사고 패러다임의 과신을 지양하고[76] 그러한 과신 이전에 인간의 감성적, 직관적, 자동적 처리과정에 대한 진지한 수용은 역기능적인 자동적 사고의 교정을 위해 인지행동치료나 명상에 대한 좀 더 지혜로운 이해나 통찰을 요구하면서도 더 나아간다.

여기에서 그는 행복증진과 성격강점(긍정적 성품 또는 덕) 함양이라는 심리치료의 새로운 성장모델을 지향하는 긍정심리학의 관점을 부가하는 듯하다. 콜버그식 딜레마 토론에서 가정하는바 윤리적 행동을 책임지는 것이 기수라면 도덕적 추론과 도덕적 행동 사이에 커다란 관련성이 나타나야 한다. 하지만 그렇지 않다. <표 3-5> 자동성의 영향 속에서 실천력과 의지, 실천력이 부족한 인간 사례나 <표 3-6> 자신이 남보다 더 낫다고 판단하기와 타자를 악마화하는 사례

---

75) 위의 책, p.54.

76) D. Narvaez & J. L. Vaydich, "Moral development and behaviour under the spotlight of the neurobiological sicences", *Journal of Moral Education*, 37-3(2008), pp.293-294 참조.

는 코끼리가 조금이라도 몸을 트는 순간 기수는 다른 방식으로 추론을 전개해 다른 종류의 증거를 찾아내고, 그리하여 다른 방식으로 결론을 맺지만[77] 실제 행동에는 무력한 인간의 사례를 보여준다. <표 3-5>의 사례에서 보이는바 콜버그식의 도덕적 딜레마에 얼마나 고결한 답을 내놓는가 하는 것은 도덕적 행동에 아무 도움이 되지 않을 수 있다.[78] 대다수의 정직한 사람들도 기회만 주어지면 남을 속이려 들며, 우리는 도덕적 추론을 통해 혹은 전략적 추론을 통해 자신을 정당화하는 것에 명수이기 때문이다.[79]

하지만 인간은 어두운 그늘이 많지만 밝은 빛을 키워서 어두운 그늘을 이겨내는 것이 중요하지 않을까? 인간이 지닌 어둠의 넓이와 깊이를 결코 가볍게 여기는 것이 아니라 어둠의 그늘이 아무리 넓고 깊다 하더라도 그것을 이겨내는 가장 효과적인, 어쩌면 유일한 방법은 밝은 빛을 드리우는 일이기 때문이다.[80] 적극적으로 대안을 모색하는 조너선 하이트는 전두엽보다 대뇌변연계를 공략하는 수업, 이성보다는 미덕을 습관과 감정 속에서 찾아내는 것은 중요하다고 본다. 이것은 사람들의 행동을 더 윤리적으로 만들기 위해 코끼리를 변화시키는 수업으로 나아가야 한다고 본다.[81] 이런 맥락에서 그는 덕윤리의 연결을 좀 더 교육의 실천적인 차원에서 논의하기도 한다.[82] 구체적으로 하이트는 대안으로 고대 동서양의 덕교육적 전통

---

77) 조너선 하이트, 왕수민 옮김, 앞의 책, p.300.

78) 위의 책, p.144.

79) 조너선 하이트, 왕수민 옮김, 앞의 책, pp.146-147.

80) 권석만, 『인간의 긍정적 성품-긍정심리학의 관점』(서울: 학지사, 2011), p.605.

81) 조너선 하이트, 왕수민 옮김, 앞의 책, p.180.

82) 박병기·김민재, 앞의 논문, p.149.

을 잇는 긍정심리학의 성격강점 개발을 제시한다.[83] 버지니아 대학 긍정심리학 수업에서 덕행 혹은 성격강점을 실천하는 수업은 또한 행복에도 기여함을 제시한다.[84] 최근에 들어 심리상담이나 심리치료에서 도덕이나 덕의 문제는 더 이상 부정이나 거부의 대상이 아니지만 대표적으로 긍정심리학은 개인의 덕과 성격 특성의 잠재적 요소 혹은 그 적성을 계발하여 행복한 삶을 영위하는 것을 목적으로 하며, 상담의 방법으로 활용될 수 있다고 주장한다. 이런 차원에서 '덕'(virtue) 혹은 '성격 특성'(character trait)에 근거한 긍정심리학은 도덕교육 및 인성교육과 함께 상담프로그램으로 적용할 수 있는 방향이 모색될 수 있을 것이다. 특별히 긍정심리학의 'VIA 분류 체계'는 덕교육을 통한 통합적 인격교육의 가능성을 보여주고 있으며, 의무와 금지로 상징되는 도덕교육의 부정적 측면을 완화하고 행복과 자기실현 등 도덕교육의 긍정적 측면을 강화할 수 있다. 또한 'VIA 분류 체계'와 관련된 심리학적, 사회과학적 방법과 결과는 도덕교육의 과학성을 제고하는 데 활용될 수 있다. VIA 연구 덕분에 도덕적인 사람은 행복한 사람이라는 사실적 토대가 마련되었으며 행복 교육을 통한 도덕교육도 가능하게 되었다.[85] 지금까지 논의된 조너선 하이트의 통찰들을 고려해서 제시해볼 수 있는 도덕교육적 입장들은 다음과 같은 것들이 있을 수 있다. 물론 윤리상담이나 인성교육과도 연계될 수 있는 관점들인지를 <표 3-8>로 제시해보면 다음과 같다.

---

83) 조너선 하이트, 권오열 옮김, 앞의 책, pp.292-296 참조.

84) 위의 책, pp.296-303 참조.

85) 윤병오, "긍정심리학의 '성격강점과 덕목'의 도덕교육적 함의", 『도덕윤리과교육』, 제33호(도덕윤리과교육학회, 2011), p.155.

도덕교육 내지 심리상담의 이론적 입장		적용점 및 비고
1	엘리스의 합리적 정서 치료, 벡의 인지치료, 인지행동치료적 접근	인지와 정서의 부조화로부터 벗어나기, 도덕적 정서교육이 나 정서적 어려움을 해결하는 방향, 에픽테토스, 세네카 등 고대 윤리 사상에는 감정, 정서나 욕구의 관리를 삶의 주된 지침을 삼은 스토아학파의 통찰은 아론 벡이나 엘버 트 엘리스의 심리기법을 변용한 비판적 사고를 활용한 철 학상담의 모형과도 소통할 수 있음
2	동양의 유교와 불교, 노장의 수양법과 명상, 서양 기독교의 수양법 과 묵상, 명상	MBSR의 도덕교육적 적용과 활용
3	긍정심리학적 관점 및 이것을 발전시킨 성격 격강점 치료 및 인성 교육 프로그램	긍정심리학의 관점을 행복과 덕교육을 지향하는 도덕교육 적 관점일 수 있고, 도덕치료와 인성교육을 통합하는 도덕 교육적 방법일 수 있다. 왜냐하면 긍정심리학은 정신분석 치료, 약물치료, 인지행동치료 등 기존의 질병치료 모델을 넘어서 행복증진과 성격강점(긍정적 성품 또는 덕) 함양이 라는 심리치료의 새로운 성장모델을 지향하면서 치료와 인성교육, 행복, 덕교육을 통합해내고 있기 때문임
4	통합형	각각의 어떤 관점들을 통합한 관점 제시

4. 나가면서

지금까지 사회적 직관주의의 틀에서 도덕성과 도덕교육의 문제를 제시한 조너선 하이트의 이론을 살펴보았다. 하이트가 보기에 인간은 콜버그와 같이 합리적인 인간, 추론 중심의 인간이 아니라 내면의 분열적 마음과 도덕성으로 말미암아 인지치료나 수양 및 명상이 필요한 인간임을 알 수 있었다. 때문에 그는 콜버그류의 인지발달적 사고 패러다임의 과신을 비판하면서 다른 대안을 제시함을 살펴보았다. 인지적 왜곡을 넘어서기 위해서는 인지요법·명상의 방법이 필요하며, 긍정심리학에 기반해서 덕행과 행복을 향한 도덕교육을 제시함을 살펴보았다. 전두엽보다 대뇌변연계를 공략하는 수업, 기수보다는 코끼리를 재훈련하고 길들이는 교육, 이성보다는 미덕을 습관과 감정 속에서 찾아내는 교육, 왜곡된 인지를 새롭게 구성하게 하는 교육은 코끼리를 변화시키는 수업이어야 함을 알 수 있었다.

인간은 내면적인 차원에서 마음과 육체의 분열, 좌뇌와 우뇌의 분열, 이성과 감성의 분열, 통제처리와 자동처리의 분열 등을 가지고 있지만 마음챙김의 명상이나 수양 등을 통해 이런 분열을 최소화해야 할 존재임을 알 수 있었다. 그가 비유로 드는 코끼리와 기수의 비유에서 기수와 코끼리가 협력해야 하고, 조화와 균형을 이루어야 할 필요성을 절감할 수 있었고, 이런 내면적 분열의 행동을 방지하기 위해서는 석가모니가 강조하는 바른 명상과 바른 사유가 포함되는 '팔정도'를 처방으로 제시할 수도 있고, 외부적인 요소에 대한 '부동심'(apatheia)의 태도를 함양할 수 있는 에픽테토스의 사고방법이나 인지요법적 통찰이 권해질 수도 있음[86]을 알 수 있었다. 또는 유가에서의 수양을 포함하는 덕교육적 접근이나 아리스토텔레스나 아퀴나스류의 기독교적 덕교육적 접근이 필요함을 알 수 있었다. 조너선 하이트는 피아제, 콜버그 그리고 투리엘 등의 도덕심리학적 관점이나 플라톤, 칸트, 롤스 등의 윤리적 합리주의 입장에 대해 사회적 직관주의의 입장에서 그러한 합리주의적 입장이 과신하게 될 때, 생겨지는 여러 문제점을 간파하면서 새로운 도덕성에 대한 이해와 함께 도덕교육적 통찰을 제시해주었다고 할 수 있다.

---

86) 조너선 하이트, 권오열 옮김, 앞의 책, p.169.

PART 04
⋮

긍정심리학과
행복·덕윤리교육의
적용-기독교적 관점

1. 들어가면서

1998년 미국심리학회 회장이었던 마틴 셀리그만(M. Seligman)에 의해 창시되어 긍정심리학(positive psychology)으로 알려졌던 행복과학(science of wellbeing)은 철학과 종교 또는 신학에서 다루어졌던 인격(charcter), 덕(virtue)을 다루면서 주제를 웰빙(well-being, 행복)으로, 목표로 플로리시(번성, flourish)를 추구하였다. 또한 매우 엄격한 과학적 접근을 통해 검증하였기에 긍정심리학은 행복과학의 동의어로 간주되었다. 이렇게 웰빙을 주제화하여 과학적으로 접근하는 긍정심리학은 덕윤리학에서 다루는 덕 역시 성격강점(character strength)이라는 사회과학적 접근을 통해 과학적 접근을 하였다. 때문에 웰빙과 덕에 관련한 그간의 논의는 사회과학 내지 긍정심리학이 기반하고 있는 심리학적 접근이 주도권을 형성하면서 담론을 형성해왔다. 미국의 경우 주목할 만한 지지와 관심, 자금 그리고 연구공동체와 출판을 학계나 대중으로부터 받아왔지만 우리나라의 경우 사회과학에서 주도하는 웰빙이라는 테마 자체는 아직 철학적 논의의 주류적 흐름 안에 진입하지 못한 상태이며, 대다수 연구자들에게 다소 생소한 것으로 인식되고 있다.

그런데 유교나 불교 혹은 기독교의 전통은 각각의 문화적 전통 속에서 강력한 행복윤리학, 덕윤리학의 전통을 가지고 있다. 예컨대 유교의 경우 사회 속에서 인·의·예·지·신과 같은 덕을 가지고 실천하면서 의무를 다하는 군자가 조화롭고 행복한 삶을 산다고 보았다. 공자의 경우 인륜이 무너진 악의 상황에 대비해 도덕성을 강조하되 덕의 획득을 좋은 삶, 행복한 삶의 기반으로 보았다. 불교의 경우도 탐진치로부터 정신의 해방을 가진 개인, 영적인 해방으로부터 깨달은 개인, 사성제의 깨달음을 가진 개인은 고통으로부터 해방된 행복한 인간이 될 수 있다고 보았다. 기독교 역시 2000년 동안 계속되어 온 풍성한 덕윤리의 전통 속에 신앙, 도덕교육적 전통을 가지고 있으나 심리학의 강력한 영향으로 말미암아 기존의 신앙, 도덕교육적 권위를 내어 줄만큼 위기에 처해 있다. 불교나 유교 역시 풍성한 덕윤리적 전통을 역시 소유하고 있지만 같은 위기를 가지고 있다고 할 수 있다.

긍정심리학을 비롯한 현대심리학은 새로운 실험적 방법론을 통해 기독교적 전통에서 논의된 적이 없는 인간 본성이나 덕성의 여러 측면들을 발견하면서 놀라운 실험결과물들을 축적하면서 정교한 이론들을 개발하였다. 특별히 긍정심리학은 인간의 행복을 향상시키기 위한 덕성(성격강점)과 긍정정서, 회복탄력성 등과 관련하여 다양한 이론체계와 기술을 계발했는데, 실증적 정교함에 있어서는 기독교 전통의 과학적 작업을 능가하는 것이었다. 종교적 세계관과 연관된 이슬람교, 유교나 불교 또는 기독교의 행복, 덕교육적 전통보다는 과학적인 작업, 현대 심리학적 성과를 기반으로 하는 긍정심리학의 행복·덕교육적 시도는 과학적인 시도라는 강점으로 인해 기존의 행복교육·덕교육·인격교육·인성교육적 접근을 위협하면서도 기존의 접근을 보다 발전시킬 수 있는 가능성을 갖는다. 이런 이중적인 위기와 기회라는 가능성 때문에 긍정심리학에 대해서는 여러 가지 태도가 존재한다. 첫째, 과학과 종교와의 관계이다. 과학은 종교나 믿음의 문제에 대해 지지하거나 반박할 수 없다는 태도이다. 비록 긍정심리학의 대표적 이론가 셀리그만이 가치들에 대한 가능한 근거로서 성경이나 공자의 권위보다 경험적 증거들을 나은 대안으로 여기지만 종교적 권위들을 제대로 인정하지 않는다는 한계를 가질 수 있다는 것이다.[1]

둘째, 긍정심리학이 기독교적 전통을 제대로 구현해낼 수 있는가 하는 점이다. 콜린스(G. R. Collins)는 긍정심리학이 기독교의 영적인 전통보다는 세속적인 변화에 영향에 받고 있다고 비판한다.[2] 하지만 다른 이들은 비록 긍정심리학의 저변에 인본주의나 포스트모던이 흐르고 있지만 많은 부분 기독교 덕윤리적 전통의 사고와 소통될 수 있는 측면이 강하게 존재한다고 말하기도 한다. 때문에 한계를 가지고 있지만 소통을 통해서 좀 더 적극적 활용이 가능하다고 말하는 것이다. 예컨대 심리학과 기독교의 관계성을 연구함에 있어서 긍정심리학자들이 행복이란 성품에 기초한 웰빙과 미덕과 악덕의 언어를 회복한다는 관점은 기독교적으로 수용 가능하다는 것이다. 다만 위대한 도덕 영성 전통들에 존재하는 행복의 요소들 각 특

---

* 본 글은 최용성, "긍정심리학과 행복·덕윤리교육의 적용–기독교적 관점에서", 『철학연구』제140호(2016.11.30.)에서 수정·보완한 것임.

1) L. Sundararajan, "Happiness Donut: A Confucian Critique of Positive Psychology" *In Journal of Theoretical and Philosophical Psychology,* 25-1(2005), p.25 참조.
2) 게리 콜린스, 한국기독교상담 심리치료학회 옮김, 『뉴크리스천 카운슬링』(서울: 두란노, 2008), p.934 참조.

성 자체가 어떤 것인지에 대해서는 깊이 있는 그리고 세심한 탐구가 보완적으로 추구되어야 한다는 것이다.[3]

셋째, 긍정심리학의 덕목과 강점들이 세계의 모든 주요 종교와 윤리들에 공통으로 존재하는 일반적인 행복의 요소라고 주장하지만 각 특성의 유익, 측정가능성 개발방법, 진화론적 기원 등을 논의해 나가는 데 한계를 보인다는 것이다. 특정 세계관에서 도출된 추가적 전제나 문화적 맥락에 대한 감수성이 결여된 가운데 데이터 자체만으로는 해당 주장을 지지하는 증거가 되지 못한다는 것이다.

넷째, 기독교의 덕교육을 심리학적으로 발전시킬 가능성이 있는가이다. 일단 덕과 인격의 언어를 심리학적으로 제대로 구성해줄 수 있는 긍정심리학의 강점은 환영할 수 있다. 이런 점에서 긍정심리학은 많은 기독교인들이 덕 전통을 재발견하는 동시에 인간 행복(번영)을 위한 말하는 방식을 회복할 수 있는 가능성을 준다는 것이다.[4] 이런 맥락에서 기독교학교들은 현대심리학과 기독교 사상의 소통을 도전적으로 받아들일 수 있다. 기독교 덕교육을 통합하는 덕언어의 가능성을 붙잡을 수 있다는 것이다. 덕 전통에 따라 기독교학교는 지적인 기초를 발견하고 기독교 신학에 몇 세기 동안 발전시켰다. 그것은 기독교학교에서 차용하는 기독교 가치들의 공허한 용어들보다 매우 풍부할 수 있다는 것이다.

다섯째, 그러면서도 그것은 긍정심리학을 무비판적으로 방법 혹

---

3) E. Johnson, ed. *Psychology & Christianity, Five Views, Downers Grove*(IL: IVP Academic, 2010), pp.204-205 참조.

4) J. R. Wilson, "Virtue(s)" in *Dictionary of Scripture and Ethics,* ed. Joel B. Green(Grand Rapids: Baker, 2011), pp.811-814; N. C. Tousley & B. J. Kallenberg, "Virtue Ethics", *in Dictionary of Scripture and Ethics*, pp.814-819 참조.

은 용어를 단순하게 채택하는 것이 아니라 창조적으로 받아들여야 한다는 것이다. 우리는 긍정심리학이 제시하는 6가지 덕들에 대해, 24가지 성격강점[5]들에 대해 진지하게 살펴야 하고 긍정심리학의 핵심 명제들에서 주장된 것을 기독교의 맥락에 맞게 교차문화적으로 수용해야 한다는 것이다.

이런 문제점에 의거해서 본 연구에서는 긍정심리학과 기독교의 전통과의 공통성을 중심으로 긍정심리학을 활용한 행복·덕교육의 방향을 모색해보고자 한다. 이를 위해 기독교적 행복을 논의함에 있어서 긍정심리학에서 행복이나 덕에 관한 연구가 어떻게 이루어져 왔는지를 살피고, 기독교적 긍정심리학 행복·덕교육으로 적용할 때, 어떤 한계점이 발생하는지를 살피고자 한다. 마지막으로 긍정심리학을 통한 대안적 기독교 긍정심리학교육의 방향성을 제시하고자 한다.

2. 행복·덕교육에 있어서의 긍정심리학의 가능성

1) 긍정심리학의 발전과정과 기독교 행복·덕교육의 가능성

기독교는 풍성한 덕윤리적 전통을 가지고 있지만, 긍정심리학은

---

5) C. Peterson & M. E. P. Seligman, *Character Strengths and Virtues: A Handbook and Classification,* *Washington*(DC: American Psychological Association, 2004)에서 제시된 6가지 덕목과 24가지 성격강점은 다음과 같다.
① 지식 및 지혜(덕목): 창의성, 호기심, 개방성, 학구열, 통찰(성격강점), ② 인간애(덕목): 사랑, 친절, 사회지능(성격강점), ③ 용기(덕목): 용감함, 인내, 진실성, 활력(성격강점), ④ 절제(덕목): 용서와 자비, 겸손, 신중함, 자기조절(성격강점), ⑤ 정의(덕목): 시민성, 공정, 리더십(성격강점), ⑥ 영성과 초월성(덕목): 심미안, 감사, 희망, 유머, 영성(인성강점).

새로운 실험적 방법론을 통해 기독교적 전통에서 논의된 적이 없는 인간 본성이나 덕성의 여러 측면들을 발견하면서 놀라운 실험결과물들을 축적하면서 정교한 이론들을 개발하였다. 특별히 긍정심리학은 인간의 행복을 향상시키기 위한 덕성(성격강점)과 긍정정서, 회복탄력성 등과 관련하여 다양한 이론체계와 기술을 계발했는데, 실증적 정교함에 있어서는 기독교 전통의 과학적 작업을 훨씬 능가하는 것이었다.

긍정심리학은 1998년 당시 미국심리학회회장을 맡고 있던 마틴 셀리그만이 처음 명명한 아주 짧은 역사에도 동양전통까지 고려하는 오랜 과거를 갖고 있다고 말한다. 다시 말해서 긍정심리학은 서양에서는 아테네 철학자, 토마스 아퀴나스, 동양에서는 공자와 노자, 예수, 부처, 무함마드 등으로 그 유례가 거슬러 올라간다. 좋은 삶, 행복한 삶은 무엇이며, 미덕은 행복에 어떻게 기여하며, 행복하다는 것의 의미는 무엇인가? 다른 사람들과 사회는 내가 좋은 삶을 사는데 어떤 역할을 하는가? 등등의 물음에 대해 다양한 질문을 심도 깊게 던졌던 것이다.[6] 뿐만 아니라 비록 서양과 동양에서 차이점이 있을지라도 기본적으로 공유되는 핵심적인 덕들이 있다고 가정하였다. 긍정심리학을 연구하게 되었을 때, 연구자들은 보편적인 긍정특질들을 구별할 수 있는 길을 필요로 하였다. 또한 기본적인 아이디어들을 적용하는 데 필요한 탐구, 분류기준, 개입의 처방 등을 신중하게 고려하였다.[7] 뿐만 아니라 긍정심리학은 좋은 삶과 그런 삶을 사는

---

6) 크리스토퍼 피터슨, 문용린・김인자・백수현 옮김, 『긍정심리학 프라이머』(서울: 도서출판 물푸레, 2010), pp.26-27 참조.

7) K. Dahlsgaard, C. Peterson & M. E. P. Seligman, "Shared virtue: The convergence of valued human strengths across culture and history," *Review of General Psychology,* 9-3(2005), pp.203-213. 참조.

방법에 대한 질문에 있어서 타인과 인류, 그리고 보다 초월적인 존재를 섬기는 문제를 진지하게 고려하되 특별히 의미 있는 삶의 행복에 있어서 그런 삶은 종교적 목적과 현재적 목적 모두를 성취하는 과정에서 얻을 수 있다는 사실을 강조하였다. 그럼으로써 긍정심리학은 그간 잘 다루지 않았던 종교심리학을 긍정심리학 연구의 중심으로 끌어오기도 하였다.[8] 예컨대 종교와 신학과 철학에서 주요한 주제였던 덕들과 인격강점들이 이제 긍정심리학의 핵심 프레임이 되었던 것이다.[9] VIA 성격강점 분류체계는 문화나 종교 전통에서 편만한 강점들을 찾았는데, 여기에서 종교심리학의 많은 가능성을 보여주었던 것이다.[10]

셀리그만은 그동안 인간행동에서 나쁜 측면들을 연구하고 이것을 바꾸고자 하는 노력만 하고 있었던 질병모델에서 심리학의 새로운 방향인 인간행동의 좋은 점을 더 향상시키는 방향으로 전환되어야 한다고 주장하였다. 심리학은 인간의 약점과 장애에 대한 학문만이 아니라 인간의 강점과 덕성에 대한 학문이기도 하다. 진정한 치료는 손상된 것을 고치는 것만이 아니라 인간 안에 있는 최선의 가능성을 이끌어내는 것이어야 하는 것이다. 그동안 심리학이 기쁨이나 용기와 같은 인간의 강점이나 건강증진에 초점을 맞추기보다 인간의 나

---

8) R. A. Emmons & R. F. Paloutzian, "The psychology of religion", *Annual Review of Psychology,* 54(2003), pp.377-402 참조.

9) K. Dahlsgaard, C. Peterson & M. E. P. Seligman, op. cit., "Shared virtue: The convergence of valued human strengths across culture and history", pp.203-213 참조.

10) C. Peterson & M. E. P. Seligman, *Character Strengths and Virtues: A Handbook and Classification, Washington*(DC: American Psychological Association, 2004); C. Peterson, "Values in Action(VIA): classification of strengths", In Csikszentmihalyi, M., & Csikszentmihalyi, I. S(Eds.) *A life worth living: contributions to positive psychology* (U. S.: Oxford University Press, 2006b) 참조.

약함이나 인간의 불행을 줄이고자 하는 것에만 관심을 두었던 것이다. 그동안 망각했던 두 개의 사명을 상기시키면서 심리학의 새로운 방향과 입장을 긍정심리학이라고 할 수 있는 것이다.[11] 긍정심리학은 광범위한 주제에 걸쳐 관심을 가지지만 인간의 삶을 좀 더 행복하고 풍요롭게 하기 위해 세 가지 큰 기둥을 세웠다. 첫째는 인간이 주관적으로 경험하는 다양한 긍정적 정서에 대한 연구이다. 이러한 긍정적 정서에는 행복감, 안락감, 만족감, 사랑, 친밀감 등을 비롯하여 자신과 미래에 대한 낙관적 생각과 희망, 열정, 활기, 확신 등이 포함된다. 이러한 긍정적 심리상태에 대한 구성요소 유발요인이 삶에 미치는 효과증진 방법 등을 밝히고자 하는 것이다. 둘째는 긍정적인 특성에 대한 연구로서 여기에는 긍정심리학의 핵심인 강점과 미덕이 포함된다. 긍정적인 특성이란 일시적인 심리상태가 아니라 개인이 지속적으로 나타내는 긍정적인 행동양식이나 탁월한 성품과 덕목을 의미한다. 긍정심리학자들이 관심을 지니는 긍정적 특성으로는 창의성, 지혜, 끈기, 진실성, 겸손, 용기, 열정, 리더십, 낙관성, 유머, 영성 등이 있다. 셋째는 긍정적인 제도에 대한 연구이다. 미덕을 연구하고 장려하고 그것이 다시 긍정적 정서의 밑거름이 되게 하는 것은 민주주의 사회, 유대감 깊은 가족, 자유로운 연구이다. 자신감, 희망, 신뢰감 등과 같은 긍정적 정서는 삶이 편안할 때가 아니라 시련이 닥칠 때 큰 힘을 발휘한다. 삶이 힘들 때 민주주의, 유대감 깊은 가족, 자유로운 언론과 같은 긍정적인 제도를 이해하고 구축해나가는 것이 매우 중요하다. 또한 용기, 미래에 대한 기대감, 지조, 공정성, 충실성 등과 같은 강점과 미덕을 이해하고 강화시키는 것은 평

---

11) 권석만, 『긍정심리학-행복의 과학적 탐구』(서울: 학지사, 2008), pp.20-21 참조.

안하게 살 때보다 삶이 어려울 때 그 필요를 더 절감할 것이다.[12] 그러므로 여러 가지 측면에서 긍정심리학의 주안점은 긍정적 인간 기능과 다각적인 수준에서의 플로리시에 대한 과학적 연구이다. 셀리그만은 행복이란 우리가 그 자체가 좋아서 선택하는 세 가지 요소로 분석가능하다고 주장했다. 긍정적 정서, 몰입, 의미가 바로 그것이다. 그런데 10년이 흐른 2011년에 셀리그만은 자신의 기존 이론의 약점을 보완 및 수정한다. 그는 긍정심리학의 주제는 웰빙이며, 웰빙을 측정하는 최선의 기준은 플로리시이고 긍정심리학의 목표는 플로리시의 증가라고 주장한다. 셀리그만의 소위(PERMA 모델)[13] 긍정정서, 참여, 긍정적 관계, 의미 그리고 성취의 차원에서 행복을 측정하는데, 학생들의 웰빙을 측정하기 위한 다차원적인 모델을 적용하기도 하였다.

2) 긍정심리학의 기독교적 덕성 및 덕교육과의 관련성

기독교에는 유구한 덕윤리 및 덕교육의 전통이 있다. 아리스토텔레스와 토마스 아퀴나스 이후에 강조되었던 덕과 인격의 개념은 도덕행위자에 대한 관심이었고 기독교 전통에서 끊임없이 강조되었다. 물론 일부 자유주의 신학·윤리학이나 실존주의 신학·윤리학의 등장은 이러한 관심을 신화화·실존주의적 의미화·주관주의화하기도 했지만 최근의 기독교 윤리학계와 교육학계에서는 긍정심리학에 대한 관심을 통해 덕윤리·교육적 관심을 확장시키고 있는 상황이다.

---

12) M. E. P. Seligman & M. Chikszentmihalyi, "Happiness, excellence, andoptimal human functioning", *American Psychologist,* 55(2000/1), pp.5-14 참조.

13) M. E. P. Seligman, *Flourish*(New York: Free Press, 2011) 참조.

물론 아리스토텔레스가 탁월한 덕윤리학자인 것은 맞지만 아리스토
텔레스의 도덕철학에서 그의 이상적인 인간상이 인격에 있어서 그
리스도를 닮음, 또는 그리스도와 같음인 것은 아니다.[14] 맥킨타이어
가 주목하듯이 기독교적 어거스틴주의는 인간과 하나님의 관계, 그
리스도와의 관계를 성경적 해석을 중심으로 설명하기에 아리스토텔
레스에게는 인간의 사후에 도달할 텔로스(telos, 목적)를 위한 여지가
없었다.[15] 또한 어거스틴이나 아퀴나스와 같은 이들에게 있어서 발
견되듯이 이 땅에서 추구해야 할 텔로스로 그리스도와 닮은 인격에
대한 이상이 없었다. 다만 아리스토텔레스에게 영향을 많이 받았던
토마스 아퀴나스의 경우 기독교 덕이론에 있어서 보다 핵심적인 영
향을 끼쳤다고 할 수 있다.[16] 하지만 덕에 대한 기독교 사상은 로마
가톨릭[17]과 침례교, 루터교, 메도디스트, 형제회, 이집트 꼽트교, 신
복음주의 등 다양한 접근들을 포괄한다.[18]

이러한 유구한 기독교의 덕전통은 긍정심리학과 공통점이 있다.
그것은 일시적이고, 자극에 기반한 즐거움을 초월하는 웰빙은 자신
의 성격강점 또는 덕을 발전시켜야 한다는 긍정심리학의 통찰과 유
사하다는 점이다.[19] 물론 성격강점이나 덕의 실천은 기독교뿐만 아

---

14) J. Casey, *Pagan virtue: An essay in ethics*(Oxford: Clarendon Press, 1990) 참조.

15) A. Macintyre, *Whose Justice, Which Rationality?, Whose Justice, Which Rationality?*(Univ. of Notre Dame Press, 1988), pp.162-163 참조.

16) P. Foot, *Virtues and vices and other essays in moral philosophy*(Berkeley, CA: University of California Press, 1978); A. MacIntyre, *Three rival versions of moral enquiry: Encyclopaedia, genealogy, and tradition*(Notre Dame, IN: University of Notre Dame Press, 1990) 참조.

17) J. Picper, *The four cardinal virtues*(New York: Harcourt, Brace & World, Inc., 1965) 참조.

18) C. F. H. Henry, *Christian personal ethics*(Grand Rapids, MI: William B. Eerdmans Publishing Company, 1957) 참조.

19) J. Haidt, *The happiness hypothesis: Finding modern truth in ancient wisdom*(New York: Basic Books, 2006)와 M. E. P. Seligman, *Authentic happiness: Using the new positive psychology to*

니라 유교나 불교의 실천 등에서도 중시되는 차원이었다.[20)

이렇게 종교 전통은 공통되는 덕의 전통이 많이 있지만 차이점들도 있으며, 긍정심리학의 덕교육적 접근과도 차이가 있을 수 있다. 칸트의 계몽주의적 기획이나 포스트모던 문화를 비판하고 공동체주의와 덕의 윤리를 회복하고자 한 알래스데어 맥킨타이어(A. MacIntyre)와 그와 교감했던 스텐리 하우어와스(S. Hauerwas) 같은 덕윤리학자들은 공동체의 가치를 중요시했는데, 때문에 덕이 세계관적 전제, 메타 내러티브적 전제에 의해 특징 지워지는 공동체의 문화 속에서 실현된다고 주장하기에, 긍정심리학에서 말하는 성격강점과 덕의 과학(science of character strengths and virtues: CSV)도 기독교공동체문화의 의존성을 고려해야 하고, 기독교 공동체의 특수성을 고려해야 한다는 것이다. 맥킨타이어의 방식으로 말한다면 '나는 무엇을 해야 하는가'라는 질문은 '나는 어떤 이야기 혹은 어떤 이야기들의 일부로 존재하는가'라는, 보다 앞선 질문이 해명될 때에 비로소 대답될 수 있다는 것이다. 그러면서도 불교나 유교, 이슬람교 등 공동체와의 공통점과 함께 차이점도 고려해야 한다는 것이다. 이렇게 되면 CSV는 매우 보편적인 차원이 있으면서도 문화 특수적인 차원도 있다는 것이다.[21) 다시 말해서 긍정심리학이 일반인을 대상으로 타고난 대표강점을 계발시켜 행복을 영위하는 것이라면, 기독교적 성품

---

realize your potential for lasting fulfillment(New York: Free Press, 2004) 참조.

20) B. A. Wallace, *Buddhism with an attitude: The Tibetan sevenpoint mind-training*(Ithaca, NY: Snow Lion, 2001a)와 R. M. Ryan & E. L. Deci, "On happiness and human potentials: A review of research on hedonic and eudaimonic well-being", *Annual Review of Psychology*, 52(2001), pp.141-166 참조.

21) H. C. Triandis, "Culture and psychology", In S. Kitayama & D. Cohen(Eds.), *Handbook of cultural psychology*, (New York: Guilford, 2007)참조.

은 기독교 텔로스를 고려하는 가운데 계발, 훈련된다는 점에서 차이가 있다.

이런 차이점에도 불구하고 공통점들이 있다. 첫째, 긍정심리학의 강점과 기독교적 품성을 비교하여 볼 때 모두 인간의 행복을 목표로 한다는 공통점이 있다. 이것은 인간의 번영(flourishing)에 관한 기독교적 관점에 적합한 것으로 성화(sanctification)라는 목적론적(teleological) 개념과 상통하는 것이다.[22]

둘째, 긍정심리학을 기독교 덕교육, 품성교육의 차원에서 긍정적으로 볼 필요가 있다. 왜냐하면 긍정심리학에서 강조하는 덕성과 강점들이 기독교적 교훈과 매우 유사하다는 것이다.[23] 사실 피터슨과 셀리그만이 제시한 24가지 성격강점들은 인종, 종교, 성과 관련 없이 보편적인 것이며, 문화를 넘어서 도덕적으로 가치 있는 덕들이다. 그러면서도 성격강점들은 기독교의 갈라디아서에서 말하는 성령의 열매나 산상수훈의 팔복(八福)과 연결된다는 것이다. 즉, 이러한 열매들 혹은 성격강점들은 웰빙에 이바지하면서 예수와 연합된 삶으로 이끄는 길인 것이다. 긍정심리학에서 가장 강조하고 있는 여섯 가지 덕성과 이십사 강점의 내용은 갈라디아서에 나타나 있는 성령의 아홉 가지 열매와 매우 유사하다는 것은 신앙의 내용을 내면화하는 과정으로 이해하기 쉽기에 내담자에게 심적 안정과 만족감을 줄 수 있다.

셋째, 행복을 물질적 풍요와 성공에서 찾고 있는 현대인들에게 긍

---

22) J. J. Jr. Kotva, *The Christian case for virtue ethics*(Washington, DC: Georgetown University Press, 1996) 참조.

23) M. C. Moschella, "Positive Psychology as a Resource For Pastoral Theology and Care: Preliminary Assessment", *Journal of Pastoral Theology*, 21(2011/1), p.58 참조.

정심리학의 연구결과는 물질적 풍요와 사회적 성공이 개인이 누리는 행복과 상관관계가 없음을 드러내며 이런 점에서 기독교와 일치하는 점과 있으며, 삶의 방향과 가치에 대해 재고할 수 있게 해준다.

이런 공통점들과 관련하여 메리 모쉘라(M. C. Moschella)는 많은 기독교인들이 긍정심리학에 열광하는 것이 기독교적 덕윤리와 덕교육에 시사하는 바가 있다고 주장한다.[24] 긍정심리학의 인기는 더 나은 삶을 살고 싶은 갈망에 대해 기독교가 좀 더 적극적인 대안을 제시하여야 함을 의미한다고 말하면서 기독교 덕교육이 하나님의 선함에 대해 말함으로 사람들에게 행복에 대한 희망을 줄 수 있어야 한다는 것이다. 때문에 긍정심리학은 인간이 가지고 있는 사랑, 자비, 인내 등과 같은 강점을 찾아내고 훈련하도록 강조한다. 메리 모쉘라는 기독교 덕교육이 긍정심리학을 주목하는 이유에 대해 긍정심리학의 주요 내용들이 기독교 친화적임을 강조하는데,[25] 이런 측면에서 넷째, 긍정심리학에서 강조하는 강점의 훈련은 종교적 신앙 훈련들의 효율을 높이는 것과 매우 유사하다는 것이다. 이러한 훈련들이 내담자의 심적안정과 만족감을 높이는 데 효과가 있다는 결과가 나타나 많은 훈련 참여자들에게 권하고 있다.[26]

이런 점들을 고려하면서, 구체적으로 긍정심리학의 성격강점과 기독교의 긍정적 성품, 즉 덕이 유사한지를 살펴볼 수 있다. 긍정심리학은 크게 6가지 덕목, 지혜와 지식의 미덕, 용기, 인간애, 정의, 절제, 초월의 미덕을 말하는데, 우선 잠언에 나타난 여러 가지 실천

---

24) M. C. Moschella, op. cit., p.56 참조.

25) Ibid., pp.5-6 참조.

26) M. E. P. Seligman, *Authentic happiness: Using the new positive psychology to realize your potential for lasting fulfillment* (New York: Free Press, 2004), pp.102-103 참조.

적 지혜는 지성에 해당한다. 신앙적 진리를 수호하는 것은 용기를 필요로 한다. 종교적 확신 때문에 목숨을 내놓은 순교자들, 즉 테레사 수녀같이 그들의 선교 목적을 수행하는 데에 끔찍한 사건을 겪은 사람들이 이에 해당한다.[27] 예수의 사랑은 인간애의 모범이다. 정의는 신의 성품이며 십계명에 잘 나타나 있다. 유대교의 경우 정의에 대한 주요한 관심을 가지면서 사회적 책임과 충성심을 양육할 수 있도록 형성되어 있다. 구약의 여러 금기사항, 중세의 금욕적 삶의 강조는 절제의 표현이다. 구원과 영생은 초월의 상징이다. 초월성 (transcendence)은 사람들이 더욱 광범위한 우주와 연결점을 갖도록 만들어주고, 아름다움과 경이로움, 만족감과 희망, 유머와 영성에 대한 감탄 혹은 감사함을 내포한다. 특히 희망은 낙천주의와 미래에 대한 열린 마음, 그리고 미래지향적 삶과 함께 초월성의 구체적 형태의 한 모습으로 나타난다. 희망의 의식과 그 중요성은 종교를 더욱 독특한 의미의 체계로 만드는 통합적 요인 중의 하나가 된다.[28] 성경에 나오는 바울의 신앙적 덕목인 '믿음'과 '소망'은 초월 덕목에 해당하고, '사랑'은 자애(인간애) 덕목에 해당한다. 많은 기독교인들은 사랑을 가장 중요한 덕행으로 생각하고 있고, 이런 생각은 바울에 의해 제시된 세 가지 신학적 덕목을 기초로 설명된다. 즉, 믿음, 소망, 사랑 가운데 사랑이 그중에 첫째가 되는 것이다. 유대교의 잠언서 역시 은혜로움과 친절함에 대해 강조한다. 크리스트교 사상을 집대성한 아퀴나스는 바울의 3대 덕목과 플라톤의 4주덕을 합하여 '7대 신성덕목'이라고 하였다.[29]

---

27) 김동기, 『종교행동의 심리학적 이해』(서울: 학지사, 2013), p.198 참조.
28) 위의 책, p.201 참조.

지금까지 긍정심리학에서 제시된 덕들과 기독교 전통에서 제시되는 덕들이 직접적인 관련성이 있음을 살펴보았지만 일찍이 알래스데어 맥킨타이어(A. MacIntyre)가 『덕의 상실』에서 적절하게 지적했듯이 덕들은 역사적으로 조건화되어 있으며, 특별한 실천들, 전통들, 사회적 역할에도 묶여 있다는 사실을 진지하게 고려해볼 필요도 있을 것이다.30) 그러므로 서구 내에서도 경쟁적인 덕들의 버전들이 있음을 고려해야 하듯이 긍정심리학을 웰빙 프로그램이나 기독교 덕교육의 교육과정에 통합함에 있어서 문화적 맥락에서 어떤 덕들과 인격강점들(character strengths)이 고려되어야 하는지 고민해보아야 할 것이다. 예컨대 용기라는 덕을 실제로 긍정심리학에서 추구할 때, 기독교 전통에서 말하는 용기와 서구 자유주의적 근대의 전통에서 말하는 용기는 같은 것일까? 어떤 실천과 전통을 고려하면서 웰빙에 이르는 과정에서 학생들에게 실제적인 적용점을 말할 수 있을까? 기독교 정신의 덕들과 이 시대 정신의 다른 덕들을 이야기해야 하는가? 긍정심리학을 통합함에 있어서 셀리그만의 페르마 모델(PERMA model)은 궁극적으로 인간의 번영하는 인간 삶을 선의 목적 혹은 텔로스로 보는데, 이것은 기독교 전통과 맞는 것인지도 살펴볼 필요가 있다. 맥킨타이어가 말하듯 인간 삶의 선을 구성하는 실천의 제한된 선을 초월하는 목적(telos)이 없다면, 어떤 전복하는 임의성이 도덕적 삶에 침입할 것이고 우리는 어떤 덕의 맥락을 적절하게 구체화시킬 수 없을 것이다.31)

---

29) C. Peterson & M. E. P. Seligman, op. cit, pp.47-48 참조.

30) A. MacIntyre, *After Virtue*, 2nd ed. (Notre Dame, IN: University of Notre Dame Press, 1984) 참조.

31) A. MacIntyre, *After Virtue*, 2nd ed. (Notre Dame, IN: University of Notre Dame Press, 1984), p.203 참조.

하지만 기독교학교들은 덕성의 형성(성화, 도덕발달) 과정에서의 인간 삶의 선을 구성하기 위한 예수 중심적 초점을 잘 추구할 수 있다. 맥킨타이어의 지적처럼 삶을 번영하게 하고 선의 목적을 구조하는 명확성이 부재하다면 기독교학교들의 웰빙 접근들은 자의적, 파편화되는 위험성이 있다. 그리고 학생들에게 혼란을 불러일으키며, 웰빙 프로그램이 갈등하면서 정신적 건강의 무질서를 야기할 수도 있다.32) 하지만 반대가 가능할 수도 있다. 결국 기독교학교들은 긍정심리학이 지지하는 과학적 접근들을 온전히 포용할 수 있다. 이것이 성취되면 교육자들은 특별한 필요들과 정신적 건강의 삶에 친숙할 것이다. 그리고 우리는 경험적으로 측정할 수 있는 웰빙 학생들의 양상들을 기대할 수 있다. 학생들은 그들의 행복과정에 접근하고 모니터할 수 있도록 데이터를 분석하고 직업적인 심리학자들에 의해 발전된 방법들을 활용할 수 있을 것이다. 하지만 우리는 과학적 방법들은 기독교학교가 목적으로 추구하는 좋은 삶의 비전을 위해 전문심리학자들이 좋은 삶의 비전을 대신 결정해줄 수 없다는 것을 알아야 한다. 이것은 학교 행정을 넘어 신학적 성찰의 문제일 수 있다. 기독교학교들은 긍정심리학에 투자하되 과연 누구의 덕들이고, 어떤 성격강점들인가를 진지하게 물어야 한다.

---

32) L. Greenfeld, *Mind, Modernity, Madness: The Impact of Culture on Human Experience*(Cambridge, MA: Harvard University Press, 2013) 참조.

3. 기독교적 적용에 있어서의 문제점과 비판적 검토

1) 긍정심리학의 성격강점과 기독교적 덕성 표현

긍정심리학은 학계나 대중들에게 상당한 영향력을 행사할 뿐만 아니라 중등학교에서도 영향력을 주고 있다. 미국의 경우 긍정심리학은 학생들에게 긍정심리학의 관점으로부터 웰빙을 명백하게 가르치는 중요한 영향력을 보여주었다. 이러한 영향력은 세계적으로 확장되어 2012년 오스트레일리아의 경우 오스트레일리아 긍정교육학교연합(Australia of the Positive Education Schools Association: PESA)이 결성되기도 하였다. 또한 이러한 연합 멤버의 학교들 중에서도 기독교 전통에 속한 학교들도 있었는데, 이들은 모두 웰빙과 긍정심리학의 과학을 도모하고, 모든 학생들과 학교들 그리고 공동체들을 플로리시하는 것을 목표로 하였다. 대학에서도 유사한 흐름이 생겼다. 미국뿐만 아니라 오스트레일리아의 세인트 바나바 신학대학(St. Barnabas Theological College)이나 세인트 베드로 대학(St. Peter's College) 등 여러 대학에서 긍정심리학과 연결되는 긍정신학과 교육을 연결시키고 국제적으로도 관련 신학자, 심리학자, 교사들이 신학과 긍정심리학과 관계 및 교육에 대해 세미나를 열고, 토론을 하는 등 오스트레일리아의 기독교학교들에 대한 긍정심리학의 영향력은 매우 확대되었다. 이렇게 긍정심리학의 영향력이 커지자 기독교 심리학자들이나 윤리학자들 그리고 신학자들이 능동적으로 긍정심리학과 신학과의 건설적 대화를 시도하였다.

예컨대 살렘 주립대학의 학제적 연구 교수인 제임스 구빈(J. Gubbins)은 긍정심리학이 종교적 덕교육에 적이 아니라 친구가 될 수 있음을 강조하면서 긍정심리학 연구를 적극적으로 옹호하였다.[33] 또한 그러한 연구가 학제적이고 간문화적(cross-cultural)이어야 하는데, 사려 깊으면서도 건전한 방법론들을 취해야 한다고 주장했다.[34] 게다가 긍정심리학이 은혜와 영성 그리고 웰빙 사이의 관계에 대해 통찰을 준다고 주장한다.[35] 그럼에도 불구하고 구빈은 긍정심리학에 대해 몇 가지 내적·외적인 도전을 시도한다. 예컨대 여섯 가지 덕들과 24가지 강점들 사이에 일관성이 부족하다는 점을 지적한다. 그것은 긍정심리학이 덕들에 작용하는 것을 적절하게 정의하는 것에 실패한 것에 기인한다고 본다. 긍정심리학이 덕들이라고 부르는 것은 추상적인 개념들이고 성격강점을 구성하는 데 있어서 메타이론적 역할만 한다는 것이다. 다시 말해서 구빈은 실천에 있어서 성격강점이 실제적으로 작동하지 않는다고 보는 것이다. 그리고 긍정심리학이 성격강점이라고 부르는 것이 선재하는 현대 심리학의 전문어와 이론들의 절충주의적 혼합으로부터 선택되어진 이종의 집합으로부터 편리하게 정리한 추상적인 개념들이라고 비판한다. 그러므로 종교적 전통에서 강조하는 용서나 감사, 희망 같은 성격강점들은 긍정심리학과 깊은 소통을 할 수 있으나 구빈은 긍정심리학이 말하는 성격강점으로서의 '희망'이 기독교의 희망과 차이점이 있다고 본다.[36] 그런데 이 부분은 애매한 부분이 있다. 긍정심리학이 기독교 신앙에서 핵심적인 주제인 희망(소망)과 낙관성을 강조한다는 측면

---

33) J. Gubbins, "Positive Psychology: Friend or Foe of Religious Virtue Ethics?", *Journal of the Society of Christian Ethics*, 28-2(2008), pp.181-203 참조.

34) Ibid., p.186 참조.

35) Ibid., p.187 참조.

36) Ibid., p.194 참조.

에서는 공통점이 있지만 기독교에서의 희망은 구원의 소망, 부활의 소망 등과 관련되며, 긍정심리학이 기독교의 언어로 말하는 부분에 있어서는 긴장이 발생하는 것이다.

또한 구빈은 긍정심리학 운동이 철학적, 종교적 전통을 깊이 있게 철저하게 살피는 데에서 부족한 점이 있다고 본다. 예컨대 구빈은 토마스 아퀴나스(T. Aquinas), 죄렌 키에르케고르(S. Kierkegaard), 조너선 에드워즈(J. Edwards) 등에 대한 심리학적 탐구가 긍정심리학의 성격강점이 감당할 수 있는 사랑에 대한 설명보다 우수한 설명을 제공한다는 것이다. 이런 점을 고려하면서도 종교적인 덕윤리학과 심리학 사이에 순수한 대화의 수단으로서 개방되어 있는 만큼 종교적 덕윤리학의 친구가 될 수 있다고 본다.37) 이미 불교와의 대화,38) 또는 유교와의 대화39)가 좋은 삶과 이상적 인간에 대한 보다 잘 기술된 비전을 만드는데, 긍정심리학에 유익을 끼칠 수 있다는 연구가 있기에, 개방된 대화가 중요하다. 그것은 긍정심리학이 탈맥락주의적 보편주의를 강조하는 것을 피하고, 대신에 번영(flourishing)에 대한 경쟁적인 개념 사이에 대화를 하는 것이 중요하다는 것이다.40) 어쨌든 행복(well-being)에 대한 기술은 좋은 삶 또는 행복을 형성한 기독교적 세계관 또는 문화적 세계관으로부터 분리될 수 없다는 점을 인정하고 적극적 대화를 시도해야 할 것이다.

---

37) Ibd., p.194.

38) L. Sundararajan, *Beyond hope: The Chinese Buddhist notion of emptiness*(Paper presented at the annual convention of the American Psychological Association, Washington, DC, 2005a) 참조.

39) Ibid., pp.35-60 참조.

40) Y. J. Wong, "The future of positive therapy, Psychotherapy: Theory, Research, Practice", *Training*, 43(2006), pp.151-153 참조.

2) 긍정심리학과 기독교적 목적론의 비교

신아리스토텔레스주의적인 덕윤리학에 있어서 하나의 핵심적인 특징은 최종적인 목적(telos)의 실현 혹은 목적을 향한 인간존재의 발달에 대한 관심이다.[41] 맥킨타이어는 "어떤 적절한 목적론적 설명이 목적에 대한 명확하고도 지지될 만한 설명과 함께 우리에게 제시되어야 한다"고 했는데,[42] 존 하워드 요더(J. H. Yoder)에게도 영향을 받은 낸시 머피(N. Murphy) 역시 그녀의 보편적인 인간 목적(telos)의 기술로서 케노시스(kenosis)의 개념에 대한 논의를 통해 명확하고도 지지될 만한 목적을 제시한다.[43] 덕윤리적 접근을 취하는 스탠리 하우어와스와 핀치스(S. Hauerwas & C. R. Pinches)[44] 코트바(J. J. Kotva),[45] 메일렌더(G .C. Meilaender)[46] 등 여러 기독교 학자들 중에서도 낸시 머피는 맥킨타이어의 신아리스토텔레스적 도덕철학을 긍정심리학과 연관시키면서 심리적인 이론과 실천의 기독교적 프로그램을 구축하는 데 있어서 의미 있는 메타이론적 구조를 제시한 학자라고 할 수 있다.[47] 신학과 긍정심리학을 통합하려는 이러한 노력

---

41) A. MacIntyre, *Dependant rational animals: Why human beings need the virtues*(Chicago: Open Court, 1999) 참조.

42) A. MacIntyre, *op. cit.*, 1984, p.163.

43) N. Murphy, "Theological resources for integration", In A. Dueck & C. Lee(Eds), *Why psychology needs theology: A radical-reformation perspective*(Grand Rapids, MI: William B. Eerdmans Publishing Company, 2005b), pp.28-52 참조.

44) S. Hauerwas & C. R. Pinches, "Courage Exemplified", *Christians Among the Virtues: Theological Conversations with Ancient and Modern Ethics*(Notre Dame, IN: University of Notre Dame Press, 1997) pp.149-165 참조.

45) J. J. Kotva, *The Christian Case for Virtue Ethics, Washington*(D. C.: Georgetown University Press, 1996) 참조.

46) G. C. Meilaender, *The Theory and Practice of Virtue*(Notre Dame: University of Notre Dame Pres, 1984) 참조.

47) N. Murphy, "Constructing a radical-reformation research program in psychology", In A. Dueck & C. Lee(Eds), *Why psychology needs theology: A radical-reformation perspective*(Grand Rapids, MI:

에 대해 구속 대학(Redeemer University College)의 심리학 교수인 찰스 해커네이(C. H. Hackney)는 머피가 인간존재가 그들의 웰빙을 확증하는 명확한 텔로스(목적, telos)를 가진다고 믿는다고 믿음에 반해, 객관적인 목적의 개념은 긍정심리학 문헌에서는 부정되거나 무시되며, 심지어 포기된다는 점을 강조한다.[48] 맥킨타이어는 목적를 향한 운동을 좌절시키는 덕의 부족과 행복을 가능케 하는 덕의 소유로서 그것을 정의하였다.[49] 목적과 유다이모니아, 그리고 덕은 서로 맞물리는 개념들로서 상호간에 정의되면서 지지되는 개념인 것이다. 목적의 기술은 목표를 체화하는 사람의 덕을 언급함으로써 가능하다. 덕들은 유다이모니아적 삶의 관점에서 이해될 수 있다. 유다이모니아는 덕을 수행하고 발달시킴에 의해 덕을 향해 나아간다. 이런 맥락에서 해커네이는 덕에 대한 알래스데어 맥킨타이어의 작업을 통해 긍정심리학과 기독교 철학자 낸시 머피의 중요한 작업들 사이에 연결되는 지점을 제시한다.[50] 일반적으로 아리스토텔레스적인 접근, 특별히 맥킨타이어는 긍정심리학 운동에 강한 영향을 주었다. 플로리시에 대한 연구와 덕의 개발이란 차원에서 그러하다. 물론 긍정심리학은 플로리시 그 자체가 목적이므로 인간 삶에 있어서 고전적인 기독교적인 이상과 차이점이 있다. 맥킨타이어는 우리가 호소하는 목적이 없이 경쟁하는 덕의 리스트 사이에 판결을 내리기가 불가능하다고 말했다. 신을 전제하는 종교적 전통에서도 덕이나 행복 또는

William B. Eerdmans Publishing Company, 2005c), pp.53-76 참조.

48) N. Murphy, *op. cit.*, p.214 참조.

49) A. MacIntyre, *op. cit.*, 1084, p.148 참조.

50) C. Hackney, "Possibilities of a Christian Positive Psychology", *Journal of Psychology and Theology*, 35-3(2007), pp.211-221.

웰빙은 목적, 목표, 의미를 만드는 것과 연결되어 있다. 어떤 의미에서 삶의 목적 내지 의미는 행복 이상의 차원을 가지며 인간 역사에서 종교나 영적인 전통이 유지되어온 한 가지 이유는 그것들이 의미나 목적을 제공한다는 것이다. 하지만 유명한 긍정심리교육가 탈벤샤하르(T. B. Shahar)는 헤르만 헤세(H. Hesse)의 말을 빌려 "인생에 주어진 의미는 다른 아무것도 없다네 / 그저 행복하라는 한 가지 의무뿐 / 우리는 행복하기 위해 세상에 왔지"라고 주장한다.[51] 이 문장은 인간의 사후에 도달할 텔로스(telos, 목적) 그리고 지금 이 땅에서 추구해야 할 텔로스 없이, 우리가 인생에서 추구해야 할 것이 오직 행복뿐이라는 인상을 심어줄 수 있다. 하지만 실제는 소명이란 관점에서 삶의 목적을 동일시하는 개인들, 즉 종교가 목적으로 가는 길을 제시하는 이들은 더 행복하다고 말했다.

때문에 인간 삶은 목표, 목적, 혹은 기능을 가진다는 생각은 긍정심리학 문헌에서는 소홀하다는 것은 문제점을 가진다. 철학자들이 삶의 목적이나 의미에 대해 탐색해왔지만 발견하기가 쉽지 않은 주제이다. 과학 역시 마찬가지일 것이다. 이런 차원에서 웡(Y. J. Wong)은 웰빙의 기술이 좋은 삶을 묻는 공동체의 맥락, 그들을 형성한 문화적 세계관으로부터 분리될 수 없다고 본다. 하지만 긍정심리학은 탈맥락적인 보편주의의 강조로 인해 맥락성이 분리되며, 때문에 경쟁하는 플로리시의 개념들 사이에서의 대화를 필요하다고 본다.[52]

예컨대 마틴 셀리그만은 삶의 의미의 행복을 행복의 중요한 요소

---

51) 탈벤-샤하르, 노혜숙 옮김, 『하버드대 행복학 강의: 해피어』(서울: 위즈덤하우스, 2007), 속표지.
52) Y. J. Wong, "The future of positive therapy, Psychotherapy: Theory, Research, Practice", *Training*, 43(2006), pp.151-153 참조.

로 인정하지만 알기 어려운 문화적 맥락과 접착(attach)으로서 기능에 초점을 둔 접근을 기각하면서 다양한 덕윤리적 전통에 대해 중립적 입장을 취한다. 셀리그만은 자기보다 더 큰 것을 찾는 것이라고 피상적으로 삶의 의미를 규정하면서 좋은 삶의 구성을 선호한다. 또한 당신의 대표강점을 진정한 행복을 위해 당신의 삶의 중요한 영역에서 매일 활용하라고 말한다.[53) 목적을 거부함에 있어서 셀리그만은 인간 플로리시의 목적, 목표로서 개인적인 주관적 만족을 명백한 목적으로 보증함으로써 아쉽고도 피상적인 결론을 맺는 것이다. 또한 긍정심리학의 접근 내에서 덕들은 위계적 구조를 식별하려고 시도하지 않는다. 피터슨과 셀리그만은 용기(courage), 정의(justice), 인간애(humanity), 절제(temperance), 지혜(wisdom), 초월(transcendence)이란 여섯 가지의 다른 핵심적인 덕들을 다룸에 있어서 위계적인 정리를 시도하지 않았다.[54) 머피가 제안한 통합적 프로그램을 취하는 심리학자들은 이런 핵심적인 차이점들을 검토한다. 많은 영향력 있는 긍정심리학자들의 저작들에는 객관적인 보편적 인간 목적에 관한 개념들이 개인적인 선호의 표현으로부터 분리되어 있는데 무시되거나 피항적인 립서비스로 대체되어 있다. 여기에서 특정집단의 역사와 언어, 관행을 반영하지 않는 긍정심리학적 덕윤리가 적절한가가 질문될 수 있다.

반면에 기독교적 관점은 행복에 있어서 목적을 강조하는데, 스탠리 하우어와스와 캐롤 핀치스(C. Pinches)는 인간성장에 있어서 신

---

53) Y. J. Wong, *op. cit.*, p.160 참조.

54) C. Peterson & M. E. P. Seligman, *Character Strengths and Virtues: A Handbook and Classification* 참조

학적 목표는 예수의 인격이라는 것이다.[55] 역시 존 하워드 요더에게 영향을 받은 하우어와스는 교회의 첫 번째 사명은 예수의 생애와 가르침을 뒤따르는 것인데, 예수를 교회가 알고 세상 속에서 대안적 사회의 현실성을 선포해야 하는 것이다.[56] "그러므로 사랑을 입은 자녀같이 너희는 하나님을 본받는 자가 되고 그리스도께서 너희를 사랑하신 것같이 너희도 사랑 가운데서 행하라"(에베소서 5:1). 하지만 낸시 머피는 "오히려 자기를 비워 종의 형체를 가지사 사람들과 같이 되셨고"(빌립보서 2:7) 말씀을 따라 인간의 삶의 목적, 텔로스가 예수의 케노시스적 자기비움에서 이해되어야 한다고 본다. 그리스도를 동일시하되 자기비하의 교리(self-emptiness theory), 성육신의 원리(incarnational theory)인 케노시스에 초점을 맞추는 것이다. 그러므로 긍정심리학의 신아리스토텔레스적인 뿌리들에 보다 충실한 기독교적 긍정심리학은 목적을 추구할 필요가 있고, 이런 접근은 여러 검토를 통해 보다 개념적 일관성을 가져야 할 것이다.

3) 텔로스는 예수의 인격인가? 케노시스인가?

성경은 하나님이 우리의 삶에 대해 가지고 계신 궁극적인 목적은 편안한 삶이 아니라 그리스도와 같은 인격이라고 말한다. 에밀 브루너(E. Brunner)는 "기독교는 예수 그리스도 안에서 주어진 하나님의 계시로 요약된다"[57]고 했고, 이런 계시 또는 성경적 가르침 속에서 예수 그리스도는 좋은 인격의 중심적 패러다임이다.[58] 이것은 어거

55) S. Hauerwas & C. Pinches, *Christians among the virtues: Theological conversations with ancient and modern ethics*(Notre Dame, IN: University of Notre Dame Press, 1997) 참조.

56) Ibid., p.74 참조.

57) E. Brunner, *The Mediator*(Philadelphia: Westminster, 1947), p.212.

스틴의 『고백록』 속에서 나타나듯이 기독교인의 체험적 서사가 예수 그리스도의 서사와 관련되어 있는 것을 통해 알 수 있으며, 토마스 아 캠피스(Thomas à Kempis)의 유명한 고전『그리스도를 본받아』에서도 기독교적 덕윤리학은 그리스도를 본받음으로 이루어짐을 보여준다. 칼빈(J. Calvin) 역시 예수 그리스도를 믿는 믿음 안에 있는 이들은 예수 그리스도와 신비적으로 연합되어 있다고도 하였으며,59) 기독교 덕윤리학자 조너던 에드워즈(J. Edwards) 역시60) 인간 삶의 목적은 예수 그리스도라고 보았으며, 칼 바르트(K. Bart)는 예수 그리스도를 영원한 인간성의 원형으로 간주하였다.61) 그러므로 예수 그리스도를 본받고 연합하고 따라가는 삶은 기독교의 도덕적 성찰 속에서 핵심적인 주제였다고 할 수 있다.

비록 니체가 사실상 유대-기독교적 전통을 데카당스, 곧 부패한 전통으로 보고, 그리스 전통, 특히 그리스 비극 전통과 그 우상인 디오니소스적인 것들을 건강한 대안으로 보았지만 이런 대안은 기독교적 전통과 전혀 대치되는 것이다.62) 또한 일부 과정신학자들(Process Theologians)이 삼위일체 하나님 가운데 제2위가 문자적으로 인간의 육체를 취하여 입었다는 것을 과학 이전적 주장이라 하여

---

58) L. T. Zagzebski, *Divine motivation theory*(New York: Cambridge University Press, 2004), p.232 참조.

59) J. Calvin, *Institutes of the Christian religion*(F. L. Battles, Trans.), (Philadelphia: Westminster, Original work published 1559, 1960), p.737 참조.

60) J. Edwards, *Concerning the end for which God created the world*, In P. Ramsey(Ed.), Ethical writings, Vol. 8, The works of Jonathan Edwards(New Haven, CT: Yale University Press, 1998), pp.403-536 참조.

61) K. Barth, *Church dogmatics:* 3.2(H. Knight, J. K. S. Reid, & R. H. Fuller, Trans.)(Edinburgh: T. & T. Clark, 1960) 참조.

62) 정일권, "르네 지라르의 사상과 개혁주의 문화관과 변증학", 『개혁논총』28집, (개혁신학회, 2013), p.213 참조.

거부하거나63) 로빈손(J. A. T. Robinson)과 같은 신학자는 인간 예수는 "순수 진화 과정의 산물"64)로서 하나님 앞에서 인류를 대표하도록 하나님에 의하여 들어 올려진 존재라고 해석하기도 하나 주된 기독교 전통에서는 예외적인 주장이라고 할 수 있다. 관련하여 듀크대학 신학부의 스탠리 하우어워스는 예수의 인격을 개인적 성장의 신학적 목표로 묘사한다. 하우어워스는 존 하워드 요더의 영향을 받아서 기독교윤리는 예수 그리스도로부터 출발해야 할 뿐만 아니라 예수 그리스도를 기독교윤리의 규범과 내용으로 삼아야 한다고 강조하였다. 그는 이러한 주장을 뒷받침하기 위해 예수의 삶, 즉 탄생부터 죽음과 부활까지의 그의 삶을 그대로 따르며 살아야 한다는 제자도를 일관되게 주장하였다.

또한 그는 성품(character)과 덕(virture)의 윤리를 개발하기 위한 핵심인물로 아리스토텔레스와 아퀴나스에 집중했으며, 기독교 윤리학의 패러다임으로서 예수와 제자도의 대안적 공동체로서의 교회를 강조한 인물이었다.65) 그는 교회를 마르크스주의나 여성해방 운동, 성혁명과 같은 최신의 세속적 해결책들과 동일시함으로써 교회를 갱신하고 예수 사건을 일으키려는 소망은 잘못된 것이라고 말하면서, 해결책은 바로 세상이 알지 못하는 예수를 교회가 알고 교회가 교회다울 때 온다고 주장한다.66) "주의 영이 우리 안에서 역사할수록 우리는 점점 그(예수 그리스도)와 같아지고 그의 영광을 더욱 드

63) William N. Pittenger, *The Lure of Divine Love*(New York: Pilgrim, 1979), p.11 참조.
64) J. A. T. Robinson, *The Human Face of God*(London: SCM, 1973), p.148 참조.
65) 리처드 헤이스, 유승원 옮김, 『신약의 윤리적 비전』(서울: IVP, 2009), pp.394-395 참조.
66) 스탠리 하우어워스·윌리엄 윌리몬, 김철호 옮김, 『하나님의 나그네 된 백성』(서울: 복 있는 사람, 2010), p.37 참조.

러내게 된다"(고린도후서 3:18). "우리가 알거니와 하나님을 사랑하는 자 곧 그 뜻대로 부르심을 입은 자들에게는 모든 것이 협력하여 선을 이루느니라. 하나님이 미리 아신 자들로 또한 그 아들의 형상을 본받게 하기 위해서 미리 정하셨으니 이는 그로 많은 형제 중에서 맏아들이 되게 하려 하심이니라"(로마서 8:28-29). 이 구절에서 성경, 또는 하나님의 목적은 우리가 당신의 아들과 같이 되는 인격이다. 에베소서 4장 13절에서도 "우리가 다 하나님의 아들을 믿는 것과 아는 일에 하나가 되어 온전한 사람을 이루어 그리스도의 장성한 분량이 충만한 데까지 이르리니"라고 하여 예수 그리스도의 인격까지 자라가는 것을 중요시하며, 에베소서 4장 15절은 "오직 사랑 안에서 참된 것을 하여 범사에 그에게까지 자랄지라. 그는 머리니 곧 그리스도라"라고 하여 인격의 발달적 목표를 기술하는데, 여기에서도 최종 목적이 예수 그리스도와 같은 인격이 되는 것이라고 말한다.

하지만 위에서 언급한 낸시 머피는 이상적인 인간의 근원적인 덕의 기술에서 예수 그리스도의 성육신에서 강조된 케노시스적인 자기비움에서(빌립보서 2:7)에서 인간 삶의 목적을 기술한다.[67] 이런 관점은 모두 유사하게 예수 그리스도를 닮아가는 삶에 초점을 맞추지만 약간의 차이들이 있다. 여기서 인간존재의 목적을 언급하는 것은 긍정심리학의 신아리스토텔레스적 뿌리로부터 보다 기독교적 긍정심리학을 충실하게 만든다는 점에서, 개념적 일관성을 제공할 수 있다는 강점이 있지만 좀 더 인간 삶의 목적을 분명히 할 필요를 제공한다. 결국 긍정심리학은 경험적 연구와 실천적 적용의 장치를 제

---

67) N. Murphy, "Theological resources for integration", In A. Dueck & C. Lee(Eds), *Why psychology needs theology: A radical-reformation perspective*(Grand Rapids, MI: William B. Eerdmans Publishing Company, 2005a), pp.28-52 참조.

공했다는 점에서 강점을 가지지만 맥킨타이어가 요구했던 인류학적 텔로스를 구체화하지는 못했다고 할 수 있다.[68) 반면에 낸시 머피는 텔로스를 제시하지만 과연 텔로스가 무엇인가에 대한 물음을 가지게 한다. 영원한 가치를 가지는 삶의 목적은 무엇인가? 기독교인의 삶의 맥락에서 무엇이 인간의 삶의 목적인가? 대상의 기능을 통해 어떤 평가를 위한 목적이 필요함에도 불구하고, 이런 개념의 중심성을 관통하는 삶은 목적은 무엇인가 하는 점이다.

신아리스토텔레스주의자의 덕이론을 넘어 특별히 기독교적 덕이론에서 강조되는 삶의 목적은 무엇인가? 이미 언급한 머피는 존 하워드 요더의 메노나이트 신학의 저작들에서 끌어온 케노시스에 관한 예수 연구의 덕들을 보다 강조한다. 빌립보서에 나타난 예수의 낮아짐, 곧 케노시스를 지금 다시 소환하고 포괄적으로 해석하는 것인데, 머피의 해석은 자기낮춤이라는 이론에서, 모든 사람을 위해 살고 죽는 것에서 기독교의 목적을 이해하는 것이다. 머피는 맥킨타이어의 신아리스토텔레스의 도덕철학을 급진적인 기독교 심리학의 이론과 실천에 있어서 프로그램이자 메타이론으로 제안했다. 머피는 예수의 자기부정의 행위의 검토를 통해 존 하워드 요더의 윤리적 사상으로부터 텔로스를 기술한 것이다.[69) 머피는 자기비움(self-emptying)을 케노시스(kenosis)란 용어로 사용하면서 자기희생의 원칙으로 기술한다. 그리스도교 영성은 그리스도를 보고 그리스도를 모방하고 그리스도를 따라가는 것이다. 바울과 요한에서 시작된 그리스도교

---

68) P. A. Linley & S. Joseph(Eds.), *Positive psychology in practice*(Hoboken, NJ: John Wiley & Sons, 2004) 참조.

69) N. Murphy, *op. cit.*, 2005a 참조.

전통은 우리가 우리 자신을 죽임으로써 예수와 같은 생을 살게 된다고 말하고 있다. 철저한 자기부정이 필요한 것이다. 이러한 자기부정은 그리스도에게서 그 원형을 찾아볼 수 있다. 그리스도의 자기부정은 케노시스이다. 그는 하나님의 모습을 지녔으나, 즉 하나님과 동일한 신적 본성을 가졌으나, 그는 하나님에 속한 영광 안에 머물지 아니하고 대신 자신의 신적 지위를 포기하고서 타자, 즉 인류를 위해서 종의 모습을 취했다. 그렇게 그리스도는 하나님의 모습 안에서 자신을 비웠다. 케노시스는 자기비움이다. 자아의 자기비움의 정신은 머피에 의해 강조되는데, 이것은 이상적인 인간의 근본적 덕성으로 기술된다.

이런 접근은 매우 성숙한 인격의 특성을 보여주는 차원에서 일면적 타당성을 가진다. 이미 몰트만(J. Moltmann)은 그의 논문인 "창조에 있어서의 하나님의 케노시스와 세계의 완성"(God's Kenosis and Consummation of the World)에서 유대교와 기독교 전통에서 하나님의 전능, 편재와 전지의 자기를 내어주심, 자기 제약, 자기 겸비, 자기 제한 등과 같은 케노시스에 대한 다양한 정의를 제공하였다.[70] 유대교 사상은 쉐키나(Shekinah), 즉 포로 상태의 이스라엘과 함께 하는 하나님의 내주에 집중했고, 유대인인 레비나스(E. Levinass)가 강조하는 타자를 위한 존재는 성숙한 윤리적 존재의 모습으로 그리스도의 모습과 비슷하기도 하다. 17세기부터 19세기에 이르는 루터교 신학자들은 빌립보서 2장 1-11절을 성육신에 대한 그들의 사

---

70) J. Moltmann, "God's Kenosis in Creation and Consummation of the World", *in The Work of Love: Creation as Kenosis, ed. John Polkinghorn*(Grand Rapids, MI/Cambridge, U. K: Wm. B. Eerdmans, 2001), pp.145-149 참조.

상에 적용했고, 20세기에 이르러 로마 가톨릭에서는 한스 우르 폰 발타자르(H. U. von Baltasar)와 칼 라너(K. Rahner)가 케노시스를 삼위일체론 안에서 해석했다. 개신교에서는 루터를 계승하여 칼 바르트(K. Barth), 에버하르트 융엘(E. Juengel), 몰트만의 십자가의 신학 등에서 이런 모습이 나타나며, 본훼퍼(D. Bonhöffer) 역시 예수를 일컬어 '타자를 위한 존재'라고 보면서 윤리를 타자와 함께 '더불어 사는 것을 배우는 것'이라고 정의했다. 또한 이를 위해 자기기만(self-deception)을 넘어서 자기를 십자가에 못 박는 자기부인의 사람만이 진정한 인간성의 실재(reality of humanity)를 발견한 사람이라고 본다.[71] 만인을 위한 대속적 죽음으로 무한한 사랑을 드러낸 그리스도의 성숙한 삶과 모습은 신학적으로 빌립보서 2장 6-11절에서 잘 나타나듯이 스스로 낮아짐과 자기비움을 통한 육화(성육신)를 통해 잘 드러나는데, 이를 기독교에서는 자기비움이라고 하는 것이다. 예수에게만 관계된 케노시스(자기비움, 자기낮춤, 비천함, 겸손, kenosis)라는 개념은 전통적 그리스도교에서 성육신, 자기비움, 자기낮춤, 겸손, 자기비움으로 이해되는 개념이고 더 나아가 속죄론, 대속론, 구원론과 연계되어 있는 개념이기도 하다.

이러한 개념은 예수의 성숙한 인격의 핵심적인 사항들을 잘 보여주지만 하우어워스가 포괄적으로 제시하는바 예수의 인격을 개인적 성장의 신학적 목표로 묘사하는 것이 해석학적으로 보다 포괄적인 적절성을 가진 것으로 보인다. 다시 말해서 머피가 제시한 텔로스를 포함하면서, 아퀴나스가 말하는 7주덕을 고려하면서도 보다 포괄적

---

71) D. Bonhoeffer, *Ethics*(New York: Macmillan, 1955), p.75 참조.

인 차원에서 텔로스를 제시하는 것이 적절성을 가진다는 것이다. 다시 말해서 기독교는 인간으로 하여금 참된 인간이신 십자가에 달리신 자의 인간성과 겸손을 닮아가는 참된 인격을 가진 인간이 되라고 한다.

기독교는 신 앞에서 의롭다 함을 받고 난 뒤 성화의 과정을 언급한다. 성화론에서 텔로스는 그리스도의 형상에 이르는 것이기에 성령은 선한 일을 하여 예수와 같이 되게 하기 위해 역사한다. 성화는 단지 좋은 일뿐 아니라 좋은 태도를 포함하면서 선한 행위자를 지향한다. 이것은 개인과 공동체의 웰빙의 개선하기 위한 긍정심리학의 성격강점(덕)의 강조와 소통되는 측면이 있다. 특별히 성경은 예수님의 산상수훈(마태복음 5:1-12), 성령의 열매(갈라디아서 5:22-23), 사랑에 관한 바울의 위대한 장(고전 13장), 그리고 효과적이고 생산적인 삶을 위한 베드로의 인격 리스트(베드로후서 1:5-8)에 묘사되어 있는 인격을 개발하는 것을 강조한다. 그런데 인격을 개발하기 위해 성경은 성경공부와 기도뿐만 아니라 환경 속에서, 즉 사람들과의 관계 속에서 환경 속에서 접촉, 상호작용하면서 성품의 적용(순종) 혹은 성격강점의 실천을 통해 이루어진다고 본다. 행복한 삶의 덕(좋은 성품)의 형성은 유교에서 말하는 사단의 씨앗과 비유되는 성경의 비유로 씨앗, 건물 그리고 자라나는 아이의 비유가 있다. 씨앗은 심어서 가꾸어야 하고, 건물도 사람이 지어야 한다. 아이들은 성장하기 위해 먹고 운동을 해야 한다. 성경은 우리의 노력으로 되는 것이 아니지만 성품의 성장은 우리가 노력해야 얻을 수 있음을 말한다. 성경은 예수님을 닮아 성숙한 인격의 사람이 되는 것에 힘쓰라(누가복음 13:24, 로마서 14:19, 에베소서 4:3, 디모데후서 2:15,

히브리서 4:11, 베드로후서 1:5, 3:14)는 말씀은 8번이나 등장한다. 이런 차원들은 스탠리 하우어워스가 강조한 대로 예수의 인격을 개인적 성장의 목표로 두는 것이 적절함을 보여준다.

4) 긍정심리학의 덕론의 한계와 이점

기독교는 인간 본성에 내재적 결함 또는 인간의 죄성이 존재함을 인정하는데, 긍정심리학이 인간의 삶을 긍정적인 측면만 이분법적으로 고려한다는 비판이 제기될 수 있다. 이런 지적은 긍정심리학이 인간이 하나님의 형상을 따라 지음을 받았으나 죄로 인해 손상되었음을 간과하고 있는 지점을 제대로 고려하는지를 의문시하는 것이다. 그러므로 기독교적 덕윤리나 덕교육에서 웰빙을 추구함에 있어서 고려해야 할 것은 죄의 문제이다. 죄는 이기적인 의도로부터 하나님의 의지에 반하려고 하는 어떤 생각이나 말 또는 행위들이다. 하지만 긍정심리학은 죄나 부적절한 행동을 어떻게 다루어야 하는지에 대해는 침묵한다. 긍정적인 것에만 집중하기 때문이다.

창세기 1장에서 우리는 신의 형상으로 창조되었고, 신은 우리가 보기 좋다고 선언한다. 내재적으로 선한 사람은 긍정심리학을 채택해 껴안을 수 있다. 하지만 긍정심리학은 플로리시를 위한 사람의 능력에 도움이 되지 않고 제한을 가하는 것으로 보이는 인간성에 대해 논의하는 것을 피한다. 반대로 놀라운 축복은 근원적 죄에 대한 이해가 웰빙을 가져오는데, 그것은 칭의를 통해 우리의 삶 안에서 은혜와 하나님의 자리에 대한 절대적인 필요성이다. 이 부분은 긍정심리학이 할 수 없는 부분이다. 신은 우리의 죄를 용서하지만 천국까지 죄의 조건은 유지된다. 바울은 모든 사람이 죄를 범해서 하나님의 영광에 이르지 못한다고 말한다. 또한 예수 그리스도로 말미암은 구속으로 그의 은혜에 의해 의롭게 되었다고 말한다(로마서 3:23-24). 비록 우리의 죄는 용서받았지만 우리의 육체에 여전히 죄로 말미암은 갈등은 남아 있고(갈라디아서 5:16-18) 자기의 죄를 자백하고, 죄사함을 믿고(요한1서 1:9) 그 죄와 싸워야 하는 것이다.

이런 차원에서 프린스턴 신학대학의 신학교수인 엘렌 케리(E. Charry)도 고전적인 서구의 기독교 심리학이 현대 심리학과의 관계에서 죄의 도덕적 병리와 관련해서 질병을 치유하는 것에 근본적 지향을 같이한다고 말한다.72) 기독교의 심리적 설명이 병리적 현상에 대한 개념에서 죄에 대한 개념을 유지하는 것을 중요시하는 것에 비해, 케리는 인간의 웰빙에 고무하는 것에 능동적으로 초점을 맞추는 것을 깊이 성찰할 필요가 있음을 강조한다. 때문에 그녀는 "하나님이 자기성찰적인 도덕적으로 좋은 삶을 향유할 수 있도록 우리에게 자기확신적인 기능들을 제공했음을 확신해야" 한다고 주장한다.73) 또한 "기독교적 정체성은 긍휼히 여김, 공감, 용서, 감사, 사랑, 희망이 세워지는 고전적인 기독교적 덕들뿐만 아니라 긍정심리학의 회복탄력성과 정서적 안정과, 긍정정서 및 보호의 메커니즘에 대한 관심과 함께 제공되어야 한다"고 주장한다.74) 물론 그녀는 신학자들이 긍정심리학의 성격강점으로부터 배우는 것에 대한 기독교적 정체성의 깊은 성찰뿐 아니라 긍정심리학자들 역시 성격강점과 웰빙을 구축하는 데 있어서 치료적 기초들을 기독교적 전통 속에서 살펴보아

---

72) E. Charry, "Positive Theology: An Exploration in Theological Psychology and Positive Psychology", *Journal of Psychology and Christianity*, 30-4(2011), p.288 참조.

73) Ibid., p.288.

74) Ibid., p.291 참조.

야 한다고 주장한다.[75] 그러므로 사람 안의 긍정성을 연구함과 동시에 성경적 기반 위에서 하나님과의 관계의 성숙을 통한 그리스도를 닮은 인격을 추구해나가야 할 것이다.

이와 함께 우리는 긍정심리학이 플로리시의 목표를 지정해둠으로써 자기수양의 어떤 가능성들이 자기중심적인(자기도취적인) 자아 초점으로부터 피할 수 있는 지점을 고려할 필요가 있다. 긍정심리학은 다소간 미국의 개인주의적 사회의 자기중심적 경향성 또는 개인의 행복으로서의 자기실현이라는 콘텍스트에 함몰될 가능성을 갖는다. 기독교적 관점에서 볼 때, 진정한 사랑은 자신의 덕스러운 삶이나 자아실현이 아니라 다른 사람들의 웰빙일 수도 있다. 또한 기독교 윤리는 자아실현보다는 하나님을 사랑하고 영화롭게 하며 그리스도를 닮아가는 데 초점이 있어야 한다[76]는 비판이 있을 수 있다. 하지만 성경은 그리스도인의 삶을 경주에 비유한 부분(고린도전서 9:24-27), 천국에서는 먼저 된 자가 나중된다는 교훈(마가복음 10:31), 영적 은사를 추구하는 것 등을 통해 자아실현, 온전함, 성취, 웰빙을 위한 욕구를 긍정하고 있다.[77] 뿐만 아니라 긍정심리학의 관점에서 보면 하나님을 사랑하고 영화롭게 하는 것, 이웃을 사랑하고 그리스도를 닮아가는 것은 긍정심리학에서 말하는 의미 있는 삶의 행복과 관계의 삶의 행복과 연결되는 차원을 놓친 비판이라고 볼 수 있다.

그러나 긍정심리학은 그 적용에 있어서 공동체주의적 덕윤리학자인 맥킨타이어의 시각에서 볼 때, 자유주의적 이데올로기가 득세하

---

75) Ibid., p.291.
76) Jr, 조셉 코트바, 문시영 옮김, 『덕윤리의 신학적 기초』(서울: 긍휼, 2012), p.220 참조.
77) 위의 책, p.222 참조.

는 현 상황에서 개인적 행복으로서의 자기실현을 강조하는 개인주의적 행복·덕교육, 자유주의적 행복·덕교육으로 변조될 경향성을 간과할 수 없다. 신약성경이 우리에게 말해주는 행복과 덕, 팔복의 행복과 덕, 사랑과 겸손에 관한 예수 그리스도의 교훈과 사도 바울의 덕이 아니라 잘못된 적용에 따라 나르시시적이고 자기중심적인 적용은 가능할 수 있다. 하지만 헤케이가 긍정심리학은 "자유주의적 현대성을 통해 아리스토텔레스를 여과한" 웰빙에 관한 비목적론적인 접근이라고까지 비판한[78] 것은 일부분 과도한 지점이 있다. 긍정심리학이 비목적론적인 것은 맞지만 자유주의적 현대성이 간과하고 있는 용기, 절제, 사랑, 영성(초월성) 등의 덕을 강조함으로써 세속적이고 물질적인 형식적인 권리·정의 중심의 자유주의 윤리학을 초월하는 차원이 있음을 간과하고 있는 것이다.

또한 긍정심리학은 착취와 지배에 반하는 정의의 덕을 강조하고 다른 사람의 희생을 통해 성공하거나 성취하는 웰빙을 반대함으로써 노직(R. Nozick)의 자유지상주의 윤리 등 현대의 정의론이 개인주의에 휩쓸리는 경향을 무마시킴으로써 맥킨타이어가 강조한바 공동선을 추구함에 있어서 공동체의 책무에 대한 기여에 기초한 분배정의의 형태를 지지하는 차원이 있으며,[79] 기독교적 정의관, 가난한 자, 약한 자, 버려진 자, 혹은 억압받는 자의 필요를 채우는 정의관, 정의의 덕과 연결될 수 있는 차원이 있다.[80] 이러한 차원에서 기독교적 긍정심리학은 개인주의적 웰빙, 플로리시를 넘어서는 차원을 보

---

78) C. Hackney, *op. cit.*, 2007, p.215.
79) A. MacIntyre, *op. cit.*, 1984, p.251 참조.
80) Jr, 조셉 코트바, 앞의 책, p.227 참조.

다 주목하고 강조·개발할 필요가 있다. 게다가 덕형성의 사회적·공동체적 차원을 보다 민감하게 고려함으로써 덕들과 성격강점들이 인간의 플로리싱(human flourishing)에 대한 경쟁적인 비전을 제공하는 문화적 세계관에 의존적임을 인정할 것을 긍정심리학에 요구할 필요가 있다.[81] 다시 말해서 긍정심리학의 덕들과 성격강점들은 그들이 추구하는바 보편적이거나 문화교차적(trans-cultural)이지 않을 가능성이 있으며 현대 서구사회의 개인주의적 문화 구속성을 가질 가능성이 있다는 것이다. 뿐만 아니라 행복에 대한 초문화적이고 공통된 행복의 요소들을 추구하는 것도 과연 고전으로부터 현대에 이르기까지 여러 문헌 자료들을 천착해서 행복에 대한 일반화를 시도했는지 지속적으로 질문할 필요가 있다. 개인들이 행복에 대해 서로 다른 견해와 경험들을 가지고 있음에도 불구하고 이러한 차이점들을 간과한 채 실험과 조사를 통해 일반적이고 객관적이며 과학적인 이론이라고 말하는 것도 하나의 행복 관점을 절대화하는 우를 범할 수 있음을 지속적으로 질문해야 한다.

그럼에도 불구하고 해케이가 심리학과 웰빙에 대한 긍정심리학과 기독교 신학, 기독교 덕윤리와의 대화가 주는 잠재적 유익들이 있다고 믿는 것은 지적한 것은 적절성을 가진 방향이라고 할 수 있다. 이미 불교적인 관점 또는 세계관을 통해 긍정심리학의 여러 아이디어와 주제들을 고려하는 연구들이 있었듯이[82] 핵케이는 둘 사이에 서

---

81) Jr, 조셉 코트바, 앞의 책, p.215 참조.

82) K. W. Brown, & R. M. Ryan, "The benefits of being present: Mindfulness and its role in psychological well-being", *Journal of Personality and Social Psychology*, 84(2003), pp.822-848; B. A. Wallace, & S. L. Shapiro, "Mental balance and wellbeing: Building bridges between Buddhism and Western psychology", *American Psychologist*, 61(2006), pp.690-701 참조.

로 소통의 유익점이 있다고 본다. 예컨대 그는 긍정심리학이 엄격한 경험적 연구의 축척된 연구성과들을 가지고 있다고 평가한다.[83] 때문에 기독교의 심리학적 성찰에 필요한 경험적 증거를 제시하는 데 도움이 된다고 본다. 예컨대 낸시 머피의 신아리스토텔레스적 접근도 경험적 연구를 통해 기독교적 심리학에 유용한 자원이 될 수 있다고 본다.[84] 게다가 기독교의 신학적 성찰은 긍정심리학을 보강하는 인간본성의 덕들과 선함에 대한 철학적 성찰을 더욱더 풍부하게 해줄 것이다.[85] 상호유익을 위해 긍정심리학과 기독교 덕윤리 및 덕교육의 상호대화는 더욱 촉진되어야 할 것이다.

4. 구체적 적용의 모색

1) 긍정심리학의 PERMA 및 덕(성격강점 활용) 접근

그렇다면 구체적으로 긍정심리학의 어떤 부분을 적용할 수 있을 것인가? 인간 행위의 궁극적 목적에 대해 아리스토텔레스가 최고의 선을 이루는 것이고, 그것이 행복이라고 했다면, 2000년 전 예수 그리스도는 산상수훈의 덕윤리적 가르침 속에서 행복이 내적 품성인 '팔복'(八福)(마태복음 5장)에 근거한다고 대답했다. 예수의 인성, 덕 혹은 성격강점은 신약성경을 통해 철저하게 드러나고 있지만 행복과 관련해서는 산상수훈의 팔복에 잘 나타나 있다. 이러한 팔복에는

---

83) E. Charry, *op. cit.*, 2011, p.216 참조.

84) Ibid., p.216 참조.

85) Ibid., p.217 참조.

예수 그리스도의 가르침과 삶의 방식이 잘 나타나 있으며, 이러한 팔복을 가장 잘 누린 사람이 예수 그리스도 자신이었고, 예수를 닮고자 한 이들 역시 팔복을 누릴 수 있는 자들이라고 했다. 자기만족과 자기도취에 빠졌던 거부가 아니라 알거지라 하나님의 도우심만 바라볼 수밖에 없었던 가난한 심령이 복이 된 나사로(누가복음 16:19-31), 예수를 배신했지만 죄로 인한 애통한 심령이 복이 된 베드로(마가복음 14:66-72), 이집트 노예로 팔려갔고, 모함당했지만 총리가 된 온유의 복을 누린 요셉(창세기 42-47), 사울의 질투와 권력 남용으로(사무엘상 18:7) 도망 다녔으나 하나님 나라와 그 의에 주리고 목마른 복을 누렸던 다윗, 세리로서 많은 세금을 착복했지만 결국 재산의 절반을 가난한 자에게 나눠주고 강탈한 것은 네 배로 갚겠다고 했던 마음이 청결한 복을 누렸던 삭개오(누가복음 19:5-9), 좁은 땅에서 목자 간에 다툼이 잦아지자 반대 방향으로 떠나 화평의 복을 누렸던 아브라함, 바빌론에 포로로 잡혀갔을 때 왕은 자신을 제외한 어떤 신이나 인간에게도 기도를 해서는 안 된다는 칙령을 내렸지만 거부함으로써 용기 있게 고난받고 핍박받는 복을 받았던 다니엘 등은 모두 팔복을 누린 이들이었다. 이런 팔복은 유학에서 말하는 오래 삶, 부유함, 건강하고 편안함, 덕을 좋아함, 천수를 누리고 죽는 복, 즉 수(壽), 부(富), 강녕(康寧), 유호덕(攸好德), 고종명(考, 宗, 命)의 행복과는 차이가 있다. 유학에서 하늘이 내려다주는 축복은 두 가지 형태로 나타나는데, 그 하나는 말 그대로 창고에 쌀이 가득하게 쌓아둔 쌀, 곧 물질적 축복이라면, 반면에 육안으로 볼 수 없는 청복(淸福)이 있는데,[86] 청복을 많이 강조하는 듯 보이기도 한다. 류의근은 이런 팔복은 사람들이 그토록 누렸으면 하는 외적, 육체적인 웰빙(안녕, 복지, 안락, 행복)과는 다른 차원의 내적·심적·영혼적인 것이며, 참웰빙을 의미한다고 말한다.[87] 어쨌든 이 행복은 고난과 핍박과 모욕까지 수용하는 행복이며 물질적인 가난을 포함해서 더 넓은 의미의 가난을 포괄하는 행복이라고 할 수 있다.

반면 셀리그만은 긍정심리학을 처음 발표한 '진정한 행복' 이론에서는 긍정정서(즐거운 삶), 몰입(몰입하는 삶), 삶의 의미(의미 있는 삶)에 중점을 두었고, 주제는 행복이었고 목표는 삶의 만족이었다. 하지만 마틴 셀리그만은 새로 발전된 이론을 발표하면서 긍정심리학의 주제는 웰빙이고 목표는 플로리시(번성, flourish))로 바꿀 것을 제안했다. 플로리시를 위한 새로운 웰빙 이론은 긍정정서(positive emotion), 몰입(engagement), 관계(relationship), 의미(meaning), 성취(accomplishment)의 5가지 핵심요소에 이 모두의 기반이 되는 성격강점(character strengths)이다. 이를 첫 글자를 따 팔마스(PERMAS)라고도 한다. 성격강점은 '진정한 행복' 이론에서는 몰입에 속해 있었으나 새로운 이론에서는 다섯 가지 요소 전체의 기반이 되었다. 성격강점이 긍정심리학에서 차지하는 비중이 그만큼 커졌다는 것이다.

그런데 PERMA 접근은 학교 교육의 모든 차원, 특별히 윤리교육 차원에서 적용할 수 있다. 이를 학교 공동체와 가족들에게도 적용할 수 있다. 긍정심리학은 개인과 조직, 사회에 일어나는 기쁘고 좋은 일을 더 오랫동안 지속시킬 수 있는 방법과 힘들고 나쁜 일들을 극복하고 해결할 수 있는 과학적인 방법들을 알려준다. 여기에서 PERMAS 접근이라고 명명하여도 된다. 다시 말해서 긍정심리학의

---

86) 김용남, 『공자와 떠나는 행복여행』(서울: 너울북, 2010), p.27 참조.
87) 류의근·윤상진, 『예수의 도를 위한 서신』(서울: CLC, 2005), pp.184-185 참조.

PERMA인 긍정정서, 몰입, 긍정관계, 삶의 의미, 성취와 이들의 기반이 되는 성격강점(S)을 부과한다면 PERMAS 접근이 되는 것이다.

물론 페르마(PERMA)의 비전은 보다 다른 사람의 행복의 중요성을 고려해야 하며, 우리의 웰빙과 성취의 최종적 텔로스로서 예수 그리스도를 잊지 않는 것이어야 한다. 덕윤리에서 자신의 성품을 개선하여 텔로스를 향하여 나아가는 것처럼 페르마의 비전은 이를 돕는다. 이런 부분을 고려한 기독교적 페르마 교육은 다음과 같은 방향성을 가질 수 있다.

<표 4-1> 기독교와 페르마 교육

긍정정서 (P. Positive emotion)	· 기쁨, 사랑, 감사, 용서, 희망, 평화, 만족 등의 긍정정서를 함양 · 향유 · 우리는 긍정정서를 잘 활용하여 이웃과 함께 하며 그리스도처럼 정서를 표현할 수 있도록 성장
몰입(참여) (E. Engagement /flow)	· 자아를 고집하기보다 재능과 강점을 활용해서 깊은 자아실현을 이룩하고 예수 그리스도의 임재와 이웃과 자연과 깊이 함께하기
관계(R. Relationships)	· 예수 그리스도와 이웃과 함께하고 깊은 관계를 가지기
의미(M. Meaning)	· 하나님께 영화를 돌리기 · 그리스도 알고 그리스도처럼 성숙하기 · 예수 그리스도처럼 공동선과 이웃, 자연을 위해 섬기고 봉사하기
성취(A. Achievement)	· 은사와 재능, 강점을 개발하기, 죄를 이기고 선을 위해 활용하기, 생명의 복음을 누리고 전하기, 이웃과 공동체와 함께 깊은 성취를 이루기

이런 부분을 주의한다면 페르마를 기독교 교육 커리큘럼의 모든 부분에 통합시킬 수 있는 것이다. 스포츠나 체육, 목회상담, 음악이나 채플에서도 가능하다. 기독교 윤리교육이나 수학, 영어 교육 수업에도 가능하다. 기독교학교들은 페르마 프로그램들을 포용할 필요가 있다. 페르마의 접근을 발전시킴과 동시에 긍정교육운동과 프로

그램들은 기독교학교의 콘텍스트 안에서 강화될 필요성이 있다.

또한 성격강점과 덕목의 계발을 통해 행복, 웰빙을 향상시키는 것이다. 웰빙의 향상은 신앙 안에서 우리가 행복할 수 있으며 삶의 질을 높일 수 있는 것이다. 6개의 주요덕목과 24개의 성격강점은 하나님께서 주신 덕목과 성격강점이다. 하나님의 피조물인 인간에게 하나님께서 선물로 주신 것들이다. 하나님과의 관계나 자신 그리고 이웃과의 관계에서 우리는 긍정적인 덕목들을 통해 더욱 하나님과 가까워지며 그럼으로써 하나님의 말씀과 뜻대로 행하게 된다. 기독교 덕교육에서 성격강점과 대비되는 정신장애 진단과 통계 편람(Diagnostic and Statistical Manual, 이하 DSM)을 활용할 수도 있다. DSM을 통해 정신장애의 진단을 하며, 이를 통해 긍정치유의 접근방법을 응용할 수 있다. 그리고 다양한 심리평가를 통해 심리검사의 결과를 보고 치료적으로 활용하여 내담자의 자기문제에 대한 인식과 상담에 대한 동기가 향상되고 상담의 목표를 구체화할 수 있다.88)

2) 긍정적 구절들과 비유들의 성격강점모델과의 연결

기독교 행복·덕교육에서 산상수훈의 '팔복'의 행복을 추구함에 있어서 긍정심리학의 성격강점활용은 하나님을 사랑하고 이웃을 사랑하는 데 활용될 수 있다. 긍정적 행동을 채택할 수 있는 성경에서 선포되는 긍정 구절들의 활용은 긍정행동과 강점들을 고무하기 위해 학생들에게 성경 구절들을 제시할 수 있다. 이때 긍정교육접근은 신약과 구약에의 다양한 섹션에서 이러한 구절들을 활용할 수 있다.

---

88) 이상억 외 9인, 『목회상담실천입문』(서울: 학지사, 2009), pp.149-201 참조.

이때 학생들은 그들 자신의 성격강점을 탐색하고 하나님과 이웃(자신을 포함한)을 섬기기 위해 그들의 성격강점들을 어떻게 활용할 수 있는가를 탐색할 수 있다.

기독교 행복·덕교육은 다음과 같은 방식으로 긍정심리학의 웰빙교육과 연결될 수 있다. 첫째, 학생들은 그들의 성격강점을 탐색하되 어떻게 그것이 하나님(예수)과 이웃을 위해 봉사하는 데 활용할 수 있는지를 탐색한다. 둘째, <표 4-2>에 요약된 것처럼 지혜롭게 되기 위해 성경 또는 산상수훈의 가르침을 통해 설교하되 채택할 수 있는 긍정행동들과 함께 학생들에게 긍정 구절들을 연결시켜 활용할 수 있도록 한다. 셋째, 성경강점 모델로 사용할 수 있는 비유들을 분석한다. 넷째, 강점기반의 관점을 통해 이웃과 타자, 다른 사람을 섬기기 위한 예수의 행동을 분석하는 것이다. 특별히 4복음서에 나타난 예수의 행동을 읽되, 예수 그리스도의 이야기에 주의할 필요가 있다. 그 이야기들은 인격과 덕의 패턴들을 드러내기에 단순한 정보를 넘어 지적이고도 영적인 인격의 형성을 이해 요긴하다고 할 수 있다.[89]

또한 학생들의 경우 그들의 성격강점들을 탐색하고 이를 어떻게 사용할 수 있는지를 배우도록 해야 한다. 24개 성격강점들은 신앙과 윤리교육을 위해 유용하기 때문이다. 물론 VIA 성격강점은 그들 자신의 성격강점을 아는 것이지만 기독교 덕교육은 성경을 통해 다음과 같은 탐색을 통해 예수께 연결되도록 해야 한다. 왜 하나님은 이런 강점들을 나에게 주셨는가? 내가 가진 강점들을 가지고 섬길 수 있는 것은 무엇인가? 어떻게 보다 지혜로운 사람이 되기 위해 하위

---

89) K. J. Vanhoozer, *The drama of doctrine: A canonical linguistic approach to Christian theology*(Louisville, KY: Westminster John Knox, 2005), p.251 참조.

강점들을 계발할 수 있는가? "각각 은사를 받은 대로 하나님의 각양 은혜를 맡은 선한 청지기같이 서로 봉사하라"(베드로전서 4:10). 기독교 덕교육 교사들은 학생들의 성격강점들을 통해 하나님과 이웃을 위해 봉사할 수 있는 것을 찾을 수 있도록 도울 필요가 있다.

<표 4-2> 지혜에 대한 예수의 가르침과 피터슨과 셀리그만의
성격강점(덕)에 대한 분류 비교

긍정심리학의 덕(성격강점)	기독교의 관련 구절(성경)
지혜와 지식 선한 것을 위해 정보의 획득이나 사용에 관한 긍정적 특성을 포함하는 지혜와 지식의 강점(p.95)	"그러므로 누구든지 나의 이 말을 듣고 행하는 자는 그 길을 반석 위에 지은 지혜로운 사람 같으리니 비가 내리고 창수가 나고 바람이 불어 그 집에 부딪히되 무너지지 아니하나니 이는 주초를 반석 위에 놓은 연고요"(마태복음 7:24-25)
초월성 큰 우주와 연결되는 것 그리고 그럼으로써 우리의 삶에 의미를 제공하는 것(p.519)	"구하라 그러면 너희에게 주실 것이요. 찾으라 그러면 찾을 것이요. 문을 두드리라. 그러면 너희에게 열릴 것이니"(마태복음 7:7)
절제 과도한 것으로부터 우리를 보호하는 긍정적 특성들(p.431)	"온유한 자는 복이 있나니 저희가 땅을 기업으로 받을 것임이요"(마태복음 5:5)
인간애(Humanity) 다른 사람과의 돌보는 관계를 보여주고 친구 되는 경향의 긍정적 특성을 포함하는 인간애의 강점들(p.291)	"긍휼이 여기는 자는 복이 있나니 저희가 긍휼히 여김을 받을 것임이요"(마태복음 5:7)
용기 내적인 혹은 외적인 반대에 직면해서 목표를 성취하는 것을 포함하는 용기의 강점들(p.119)	"너희에게는 머리털까지 다 세신바 되었나니 두려워하지 말라 너희는 많은 참새보다 귀하니라"(마태복음 10:30-31)
정의(Justice) 개인과 그룹 혹은 공동체 사이의 최상의 상호관계와 관련된 정의의 성격강점(p.355)	"의에 주리고 목마른 자는 복이 있나니 저희가 배부를 것임이요"(마태복음 5:6)

심리학적으로는 반두라(A. Bandura)의 고전적인 모델링 이론이나 조너선 하이트(J. Haidt) 등이 강조한 '고양감'(elevation) 이론이 적절

성을 가지고 신학적으로는 기독교 덕윤리학자 조너던 에드워즈의 아름다우신 하나님, 예수 그리스도 이론이 적절성을 가진다. 조너선 에드워즈는 도덕적 덕인 사랑을 아름다움과 결부시켰다. 그래서 하나님의 본체가 사랑이시고 아름다움이므로 신앙이라는 것은 예수 그리스도를 통해서, 자연을 통해서, 하나님을 초월적으로 말로 표현할 수 없는 그 아름다움을 실제로 경험할 때 우리가 하나님을 아는 것이라고 주장했는데, 이것이 적절성을 가진다고 할 수 있다.[90]

조너선 하이트는 덕 있는 행동을 하는 사람을 관찰할 때 사람이 느끼는, 정신이 고양되는 감정(uplifting emotion)을 강조하였는데, 이런 고양감은 여러 연구에서 이타성과 친화성을 증가하는 것으로 나타났기 때문이다.[91] 그는 또한 고양감을 불러일으키는 이야기들의 활용이 공감적 이해를 확대시키고 막대한 도덕적 영향을 준다고 보았다.[92] "예수를 너희가 보지 못하였으나 사랑하는도다. 이제도 보지 못하나 믿고 말할 수 없는 영광스러운 즐거움으로 기뻐하니"(베드로전서 1:8)란 말씀처럼 기독교인들인 예시화된 인격으로서의 예수의 도덕적 미에 대한 적절한 반응인 고양감을 통해 예배하고 사랑하고 용서·감사하는 도덕적 긍정정서 가운데 실천하며 인격이 자라가는 것이다. 광대한 자연환경과 같은 물리적 미는 '경외'(awe)

---

90) S. B. Algoe & J. Haidt, "Witnessing excellence in action: The 'other-praising' emotions of elevation, gratitude, and admiration", *The Journal of Positive Psychology*, 4-2(2009), pp.105-127 참조.

91) K. Aquino, B. McFerran & M. Laven, "Moral identity and the experience of moral elevation in response to acts of uncommon goodness", *Journal of Personality and Social Psychology*, 100-4(2011), pp. 703-718 참조.

92) J. Haidt, *The happiness hypothesis: Finding modern truth in ancient wisdom*(New York: Basic Books, 2006)와 J. Haidt, *The righteous mind: Why good people are divided by politics and religion*(New York: Penguin, 2012) 참조.

를, 자연·인공 속의 기능적 미가 '감탄'(admiration)을 준다면, 예수의 인격은 고양이라는 초월적 정서를 불러일으키며, 긍정심리학의 성격강점인 '심미안'(appreciation)을 불러일으키며, 닮아가게 하는 것이다.

3) 역경 및 회복탄력성과 기독교적 적용

긍정심리학이 역경을 이기는 회복탄력성(resilience)을 강조하듯 성격 역시 회복탄력성을 강조한다. 산상수훈에서 예수는 아홉 번씩이나 "복이 있나니"(blessed)라고 말씀하셨지만 그 복은 역설적으로 많은 역경을 보여준다. "복이 있나니"란 행복한(happy)이란 뜻의 헬라어 '마카리오스'(μακάριος)에서 파생되었으며 세상의 어떤 긍정적인 환경에 기초한 일반적인 행복이 아니라 영혼이 역경 속에서도 즐거워하는 영적인 복을 의미한다. 예수는 산상수훈을 가르치던 산언덕에서 마지막 축복의 말씀을 하시면서 하나님 나라의 소유자는 정의를 위해 핍박받는 자가 되어야 한다는 말씀을 하는데, 그 행복은 어쩔 수 없이 핍박을 당하고 모욕을 당할 수 있음을 수용한다. 구약시대의 예언자들이 하나같이 무시당하고 박해를 당했듯이 그리스도인의 행복은 고난이 주는 유익과 가치를 잘 아는 행복이며, 인내하면서 그 고난을 축복하고 영광스럽게 만드는 행복이어야 한다.[93] 예수께서 사용하신 행복, 즉 마카리오스는 기복적·물질적 축복이기보다는 세상의 변화에 영향을 받지 않는 인간자신의 내면에서 솟아나는 기쁨을 의미하므로 고통과 역경 중에서도 누리는 행복이며 실존

---

93) 류의근·윤상진, 『예수의 도를 위한 서신』, pp.203-204 참조 및 마태복음 5:10-13 참조.

주의 심리학이나 로고테라피에서 강조하는 죽음의 철저한 수용까지 포괄하는 행복이다. 그러므로 마태복음 5장 1-12절의 산상설교에서의 복도 단순히 기분 좋은 상태가 아니라 가난함, 애통, 의에 주리고 목마름, 긍휼, 의 때문에 박해를 받음을 포함함으로써 고통스런 시련이나 장애물과도 양립 가능한 것이라고 할 수 있다.

성경은 왜 이렇게 고통과 역경을 강조하는가? 성경은 성화의 목표인 그리스도의 형상으로 변화하는 과정에는 훈육학교의 과정이 있어야 하며, 긍정적 변화를 가져오기 위해 수많은 고통과 역경의 상황이 인정될 수 있음을 강조한다. 아브라함은 아들을 약속받았으나 그 아들을 갖기까지 기다려야 했고, 참지 못하여 섣불리 스스로 하나님의 섭리를 시행하려는 실수를 저질렀으며, 이스마엘을 낳았다. 그리고 하나님이 다시 그에게 말씀하시기까지 13년을 기다려야 했다(창세기 16:16-17). 모세는 권력을 휘두르고, 애굽인을 죽이며, 이스라엘 사람들을 위해 그들의 사사로운 문제까지 해결하기를 고집하면서, 주제넘게 나섬으로 자기 백성들을 구원하려 애쓰는 실수를 저질렀다. 그러고는 자부심과 허영심이 사라질 때까지 수십 년 동안 광야의 뒷전에 추방당해 있었다. 요나는 하나님의 부르심을 받고는 도망치는 실수를 저질렀다. 그리고 큰 물고기 뱃속에 들어가게 되었다. 이 사실을 잊을 때마다 우리는 삶에 대해 절망할 것이다. 왜 이런 일이 나에게 일어나는 것인가? 왜 나는 이런 시련과 고난을 겪어야 하는가? 종종 어떤 비그리스도인들은 고통과 역경을 어떤 대가를 치르더라도 피해야만 할 가혹한 현실로 간주하지만 성경은 역경 속에서 회복탄력성을 발휘하고 시련 속에서 좋은 성품을 가진 이로 성장할 수 있도록 하는 의도가 강조되고 있다. 기독교인들은 그리스도의 고난에 참예하는 것으로 즐거워하며(베드로전서 4:12-13), 고통을 즐겁게 맞이하라는 부름을 받았다(히브리서 12:7-11).

하지만 많은 기독교인들조차 예수님의 풍요로운 삶에 대한 약속(요한복음 10:10)을 잘못 해석한다. 종종 완벽한 건강, 편안한 삶의 방식, 끊임없는 행복, 꿈의 실현 그리고 믿음과 기도를 통한 빠른 문제해결을 기대하기도 한다. 한마디로 그들은 기독교인의 삶이 이 땅에서 천국의 삶을 누리는 것이라 기대한다. 반면에 성경에서의 말하는 이 땅에서의 삶은 천국에서의 삶을 위해 우리의 인격을 쌓고 강화하기 위해 주신 것이다. 성경은 힘든 학교에서 반대와 낙심시키는 영향력으로 그들이 회복탄력성(resilience)을 발휘하여 견딜 수 있을 만큼(고린도전서 10:13) 시험하신다. 욥과 몇몇 시편 기자를 단련시킨 것처럼 그리고 히브리서에 나오는 말씀처럼, 하나님은 자기자녀들을 세상과 육신과 사단의 강한 공격에 노출시키시는 것이다. 그리하여 그들의 저항력과 회복탄력성이 강해지며 그분은 장성한 자의 경건함을 이루도록 자기자녀-하나님의 헌신된 자녀-를 연단시키는 것이다. '주의 징계하심'(히브리서 12:5, 욥기 5:17, 잠언 3:11)을 경험하게 하고 하나님은 사랑하는 자녀 하나하나가 그러한 징계를 받도록 하신다. 루이스(C. S. Lewis)가 제대로 이야기한 것처럼 성화의 과정에서 역경과 고통은 대단한 의미를 가진 삶의 과정으로 기독교인에게 있어서 예수님을 닮아가기 위한 선택과정이 아니라 필수과정이다.[94] 성경은 우리 삶을 이러저러한 괴로움들과 당혹스러운 일들로 채우시는 궁극적인 이유가 하나님 안에서 예수 그리스도의 형

---

94) C. S. Lewis, *The Problem of Pain*(New York: Macmillan, 1962), p.72 참조.

상을 닮고 회복탄력성을 배우게 하기 위해서라고 이야기한다.

4) 긍정정서와 기독교적 감사의 활용

피터슨과 셀리그만은 감사가 비인격적 대상(자연, 예술작품 등)이나 인간적인 감정이 없는 근원(신, 동물, 우주 등) 및 자신과 다른 사람까지 포함하여 특정한 대상에 대해 느끼는 은혜에 보답하려는 정서라고 보았다. 사실상 세계의 주요종교들은 감사를 표현하는 것을 인간이 지녀야 할 바람직한 삶의 자세로 인정하는 가운데 감사를 경험하고 표현하는 것을 적극적으로 권장하여 왔는데,[95] 왓킨스(P. C. Watkins)는 감사 성향이 높은 사람은 은총으로 충만해 있는데, 감사하는 사람들은 그들이 받을 것 그 이상으로 호의와 선의를 받았다는 생각으로 가득 차 있으며, 타인에 대한 호의와 선의로 충만해지는 삶을 영위한다고 한다.[96] 긍정심리학에서는 감사를 인간의 대표적인 성격강점 중 하나로 볼 뿐만 아니라 용서나 고양감 등과 같이 긍정적인 도덕적 정서로 보는데, 일반적으로 감사성향이 높은 사람들이 상냥하고 유쾌하며 정서적으로 안정되어있고 자기확신적이며 물질주의적이지 않고 나르시시즘 성향이 매우 낮다고 본다. 또한 감사성향이 높은 사람은 공감, 용서, 타인을 기꺼이 도와주려는 마음과 같은 친사회적 특성이 높으며 종교성과 영성도 더욱 강하다고 본다. 그리고 감사성향이 높은 사람일수록 안녕과 행복을 더 많이 경험한

---

95) P. C. Watkins, M. V. Gelder & A. Frias, "Furthering the science of gratitude" In S. J. Lopez & C. R. Snyder(Eds.), *The Oxford handbook of positive psychology*(Oxford: Oxford University Press, 2009), p.437 참조.

96) P. C. Watkins, *Gratitude and the good life: Toward a psychology of appreciation*(New York: Springer, 2014), p.95 참조.

다.[97] 긍정심리학의 긍정정서와 연관하여 감사를 연구한 바버라 프레드릭슨(B. L. Fredrickson)에 따르면 감사는 여타의 긍정정서들과 마찬가지로 우리의 사고양식을 확장하여 지속적인 개인적·사회적 자원을 구축하게 만들어 주는데, 감사하는 마음을 가진 개인은 감사를 표현하기 위해 친사회적으로 행동하게 되고, 시간이 지나면서 그 행동은 점차 사회적 유대와 우정을 축적하게 된다고 보았다. 감사는 친밀한 우정, 시민공동체, 영적 관행, 사랑을 위한 기술을 축적하는 효과를 갖는 것이다.[98]

'감사'라는 단어는 성경에서 155회 이상 언급되고 있고 "감사하라"라는 명령형의 표현은 33번 등장한다. 신앙적 감사는 신앙생활의 중요한 역할을 담당하는 것으로 기독교의 미덕일 뿐만 아니라 하나님께서 행하신 모든 일에 대한 믿음을 보여드리는 표현이다. 또한 감사는 하나님께서 베풀어주실 구원과 예비하실 것에 대하여 미리 기뻐하면서 근심된 생각을 떨쳐 버리는 것이다.[99]

> "공중의 새를 보라. 심지도 않고 거두지도 않고 창고에 모아들이지도 아니하되 너희 하늘 아버지께서 기르시나니 너희는 이것들보다 귀하지 아니하냐. 너희 중에 누가 염려함으로 그 키를 한 자라도 더할 수 있겠느냐"(마태복음 6:27-27)

사실 긍정심리학이 감사에 관심을 가지기 전까지는 일반상담 및

---

97) R. A. Emmons, "Queen of virtues? Gratitude as a human strength", *Reflective Practice: Formation and Supervision in Ministry*, 32(2012), p.52 참조.

98) B. L. Fredrickson, "Gratitude, like other positive emotions, broadens and builds", in: R. A. Emmons & M. E. McCullough(Eds.), *The psychology of gratitude*(Oxford: Oxfrod University Press, 2004), p.152 참조.

99) 김희선, "감사의 효과와 기독교 상담의 적용", 성결대학교 대학원 석사학위논문, p.22 참조.

심리치료에서 '감사기법'이라는 것을 거의 활용하지 않고 있었다. 하지만 감사가 용서와 함께 높은 품성, 덕성을 가진 그리스도인들에게 가장 많이 나타나는 특성이라고 한 것을 고려할 때,[100] 감사의 적용과 훈련은 매우 중요한 것이라고 할 수 있다. 그러므로 감사의 긍정적 영향을 인식하고 그것에 기초하여 이를 기독교 상담기법으로의 적용가능성을 모색하는 것 역시 좋을 수 있다. 육체적, 정신적, 영적, 그리고 사회적 건강을 얻게 하기위해 기독교 상담자는 감사의 효과를 인식해야 하며 내담자의 부정적 정서를 치료하기 위해 내담자로 하여금 하나님과 사람에게 감사할 수 있도록 할 필요가 있다.[101]

5) 낙관성과 인지치료, 마음챙김, 기독교적 적용

낙관성과 관련하여 셀리그만이 제시하고 있는 학습된 낙관주의 이론은 귀인방식에 근거하여 낙관성을 설명하고 있다. 셀리그만은 학습된 낙관주의 이론에서 귀인방식의 변화를 통해 비관주의를 극복하고 낙관주의를 육성할 수 있다고 주장한다. 그는 인지치료의 ABCDE 기법을 사용하여 일상생활에서 겪는 크고 작은 사건들에 대한 귀인방식을 포착하여 비관주의적인 귀인에 대해 논박하고 귀인방식을 변화시킴으로써 낙관주의가 함양될 수 있다고 주장하고 있다. 불교적 전통에 기반한 마음챙김(mindfulness) 명상이 인지적 불균형을 극복하는 데 도움이 되듯이, 인지치료의 ABCDE 기법에 기반한 인지불균형의 해소는 우울한 정서와 비관적 전망에 따른 부

---

100) A. M. Zigarelli, Cultivating Christiancharacter, 김창범 옮김, 『예수의 품성을 가진 크리스천』(서울: 국제제자훈련원, 2005) 참조.

101) 전요섭, "감사의 긍정적 영향에 기초한 기독교 상담", 『신앙과 학문』14권3호, (기독교학문연구소, 2009), pp.251-282 참조.

적응행동의 감소에 도움이 되는 것이다. 여기서 기독교적 긍정심리학 교육에서 불교와 친화성을 가진 마음챙김 명상을 어느 정도까지 활용하는가 하는 문제가 제기될 수 있다. 단순히 우울한 정서와 인지치료적 차원에서 활용하는가 아니면 구원론적 실존의 차원에서 활용하는가 하는 문제가 제기될 수 있을 것이다. 상담심리와 연관되는 전자의 경우 능히 쉽게 활용할 수 있을 것이지만 후자의 경우도 좀 더 검토가 필요할 수 있다. 왜냐하면 어떤 기독교인들은 마음챙김이 불교와 너무 연결되어 있기에, 기독교 신앙과 양립할 수 있을지를 걱정하기 때문이다. 하지만 기독교 신앙을 위협하지 않는 마음챙김 명상은 불안장애나 정서장애, 강박장애 등 여러 정신건강에 도움을 줄 수 있을 뿐만 아니라 기독교적 영성의 추구에도 도움이 될 수 있다고 보는 것이 적절할 것이다.

한편 셀리그만은 개인이 실패상황에 직면했을 때에 혼잣말을 어떻게 하느냐에 따라서 나타나는 결과의 차이를 '해석상의 스타일'을 통해 설명하면서 불행한 일의 원인에 대한 비관적인 해석 양식을 낙관적인 해석양식으로 전환시킬 수 있는 '효과적 논쟁기술'을 습득하도록 낙관성 향상 프로그램을 구성하였다. 낙관성 향상 프로그램에서 제시한 기본적인 인지기술은 다음 네 가지와 같다. 첫째는 기분 나쁠 때에 머리를 스쳐 지나가는 생각을 인식하는 법으로 '생각 포착'이라고 하는데, 이런 생각들은 자신이 미처 깨닫지 못하더라도 자신의 기분과 행동에 큰 영향을 미친다. 둘째는 무의식적인 생각을 평가하는 것이다. 자기 스스로에게 말하는 내용들이 반드시 정확하지는 않다는 사실을 인식하는 것이다. 셋째는 나쁜 사건이 발생했을 때보다 정확한 해석을 도출하고 그렇게 도출한 정확한 해석을 자신의 무의식적인 생각에 대하여 이의를 제기하도록 사용하는 것이다. 넷째는 실패극복으로 최악의 상황에 대하여 계획하고 연습해봄으로써 시간을 낭비하기보다 파멸의 상황을 실제로 극복하는 것이다. 그러나 낙관주의는 부정적 가능성을 외면하는 비현실적인 낙관주의가 아니라 사실적인 정보들을 충분하게 검토하였음에도 불구하고 미래를 예측하기 어려운 불확실한 상황에서 긍정적인 측면을 더 중요시하는 경향성이라고 할 수 있다. 이러한 낙관성은 수십 년에 걸쳐서 안정적인 개인적 특성으로 인생의 전반에 중요한 영향을 끼치는 것으로 알려져 있다. 긍정심리치료에서는 낙관성을 낙관과 희망이라는 주제로 다룬다.[102]

그런데 긍정심리학의 낙관성과 비교하여 기독교적인 낙관성은 약간의 차이가 있다. 기독교적 낙관성 혹은 성경적 낙관성에 대해 "내가 잘 되는 것이 아니라 하나님의 뜻이 잘 되는 것이고 나를 통하여 하나님의 뜻이 잘 되는 것이 기대되는 것" 또는 "미래에 대한 확실한 소망을 붙잡고 현재의 역경에 대해서 즐거움의 태도를 견지하는 것"[103]이라는 측면에서 차이가 있기도 하다. 그럼에도 불구하고 긍정심리학에서 분석한 부정적인 습관 극복의 차원을 수용할 필요가 있다. 긍정심리학에서는 인간이 지니고 있는 비관적인 습관들, 즉 비관적 사고, 언어행동들은 대부분이 부모의 습관에서부터 유래한다고 본다. 기독교인들도 하나님의 자녀이지만 또한 인간인 부모 밑에서 자라며 알게 모르게 부정적인 영향 속에 노출되어 있으므로 그런

---

102) 김경미, "긍정심리치료에 대한 기독교 상담학적 평가", 고신대학교 기독교 상담대학원 석사 학위논문, 2014, p.24 참조.
103) 김순원, "성경적 낙관성과 그리스도인의 행복연구 로마서 5장 3-5절을 중심으로", 총신대학교 석사학위논문, 2009, p.74 참조.

부정적인 습관들에서 자유롭지 못하기에 긍정심리학의 낙관성에 대한 통찰을 받아들여 부정적 습관들은 해결 및 극복해나가야 하는 것이다.

하지만 성경의 본래적인 차원 역시 주의 깊게 따라야 한다. 김순원은 성경적 낙관성과 긍정심리학의 낙관성에 대해 <표 4-3>과 같이 비교 정리하였는데, 성경적 낙관성의 기초는 성경적 자존감이며 성경적 낙관성의 핵심은 기쁨과 소망이라고 하였다.[104]

<표 4-3> 성경적 낙관성과 긍정적 낙관성 비교

긍정심리학의 낙관성	성경적 낙관성	
미래에 대한 긍정적 기대	소망	하나님의 뜻(삶의 목적과 목표) 연단(인격적 완성)
현재의 역경에 대한 긍정적 태도와 대처능력	기쁨	자아상(그리스도인의 자존감) 인내

긍정심리학에서 말하는 낙관성, 희망은 기독교신앙에서의 진취적인 믿음의 과정으로서의 소망, 희망과 많이 비슷해 보이지만 차이가 있다. 긍정심리학에서는 현실에서 맞닥뜨리게 되는 고난을 헤쳐 나가기 위해서 자신의 성격강점이나 의지와 결단이 중요하게 작용하지만 기독교적 낙관성은 그 주체가 개인의 강점이나 결심에 달려 있는 것이 아니라 온전히 하나님의 말씀에 근거한다. 하나님과 하나님의 약속에 근거하여 소망을 갖고 현재의 상황을 하나님의 관점에서 바라보며 이루실 하나님을 기대하고 이겨나가는 것이 성경적 낙관성이라고 할 수 있다. "나의 영혼아 잠잠히 하나님만 바라라 무릇

---

104) 위의 논문, p.47 참조.

나의 소망이 그로부터 나오는 도다"(시편 66:5). 성경에서 수없이 많은 소망에 대해 찾을 수 있다. 기독교에서 사용하는 소망은 세상에서 말하는 긍정적으로 기대하는 것과는 다르며 이제까지 보지 못했던 미래에 대한 새로운 전망을 갖게 한다. 장차 일어날 일에 대한 막연한 긍정적인 기대가 아니라 이미 보증되어 있는 미래에 대한 확실한 기대이다. 미래의 불확실성, 불투명성을 확실하신 하나님, 인정이 많으신 용서의 하나님, 축복의 통로로 예수님을 보내주신 하나님에게 맡기고 사망의 음침한 골짜기에서도 해를 두려워하지 않는다고 고백하는 소망인 것이다. 결론적으로 그리스도인의 소망은 현실에 부딪히는 모든 문제들에 의미를 부여해주며 그것을 구체화시키기 위해 삶의 목표를 세워 현재에 집중하게 하는 효과를 갖게 한다. 물론 목표에의 집중과 실행능력은 그 목표를 성취했을 때 만족감과 자기효능감을 갖게 함으로 낙관적인 경향을 더욱 강화시키는 부수적 역할을 하게 된다.

6) 긍정심리학과 공동체

사복음서나 산상수훈과 팔복의 덕은 개인뿐만 아니라 공동체를 위한 가르침이자 덕이다. 마태복음이나 산상수훈에서 보여주는 공동체는 친족관계 혹은 공동의 문화 등에 의한 것이 아니라 특정한 덕, 성격강점, 성품에 의한 응집력을 나타내는 공동체의 모습을 보여준다.[105] 물론 사도 바울 역시 덕이 개인적일 뿐 아니라 공동체적인 것이어야 함을 강조하면서 교회를 살아 있는 몸에 비유하면서(고린

---

105) Jr, 조셉 코트바, 앞의 책, p.173 참조.

도전서 12:12-13, 고린도전서 16:5-7, 빌레몬서 1:22), 팔 다리처럼 각각의 구성원들은 하나의 공동체를 구성함을 강조한다. 인간은 혼자서는 살아갈 수 없으며 개개인이 모여 공동체를 이루어 생활한다. 덕윤리에서 인간의 텔로스를 본질적으로 공동체적인 것이라고 인식한 점을 고려한다면 기독교 덕교육이 이루어지는 학교나 기독교학교 혹은 교회 역시 하나의 공동체임을 유념해야 한다. 그렇다면 좋은 공동체, 좋은 집단, 좋은 조직은 무엇인가란 물음을 던질 수 있다.

긍정심리학은 부정적인 공동체보다 긍정의 공동체에 관심을 갖고 있는데,[106] 긍정심리학을 통해 공동체에 주는 시사점을 살펴볼 수 있다. 산상수훈의 경우도 예수 그리스도를 닮아가는 가시적이고 실제적인 기독교 공동체가 가져야 할 덕을 제시하고 있는데, 스탠리 하우어워스는 기독교 윤리의 핵심은 '교회공동체'이어야 하며, 기독교의 윤리적 응답은 교회에서 시작되어야 함을 강조한다. 이제까지의 기독교윤리가 추구해온 사회정책이나 전략의 제시보다 교회됨이라는 윤리적 정체성 확립이 기독교윤리가 추구해야 할 본질이요 핵심이라는 사실이라는 것이다.[107]

사회과학의 차원에서 보면 좋은 공동체가 최소한 갖춰야 할 5가지 덕목을 다음과 같이 제시해 볼 수 있다.[108] 첫째, 좋은 공동체는 구성원들이 공유하는 목표를 지닌다. 도덕적 목표와 더불어 공유하는 비전을 지닌다. 교회공동체의 경우 초월성의 추구하되 그리스도를 머리 삼아 닮아가고 성숙해가는 공동체이다. 둘째, 좋은 공동체

---

106) 권석만, 앞의 책, p.530 참조.
107) 스탠리 하우어워스·윌리엄 윌리몬, 앞의 책, p.123 참조.
108) 권석만, 앞의 책, p.531.

는 안전을 보장한다. 구성원을 위협, 위험, 착취로부터 보호한다. 셋째, 좋은 공동체는 정의로운 절차와 함께 공정성을 지닌다. 구성원의 보상과 처벌에 관한 공평한 규칙을 지닌다. 본훼퍼는 그리스도의 비참과 고통을 수용하면서도 정의를 지향하는 공동체이어야 한다고 본다.[109] 넷째, 좋은 공동체는 나눔과 배려하는 사랑이 넘치는 인간애의 공동체이다. 은과 금은 내게 없지만 내게 있는 나사렛 예수의 이름으로 나누는 공동체이다. 마태복음 25장 31-46절까지는 레비나스의 타자 윤리학에서 강조하는바 타자 중 가장 작은 자에게 배려한 것이 예수께 한 것이라고 한다. 그러므로 구성원들이 서로에 대해서 관심과 보살핌을 나타내는 공동체이다. 마지막으로 좋은 공동체는 구성원의 존엄성을 중시한다. 모든 구성원은 지위나 역할에 상관없이 소중한 존재로 여겨진다. 최소한의 5가지 덕목을 갖춰야 좋은 공동체라 부를 수 있으며, 좋은 공동체 안에서 행복이 생긴다.

이런 차원에서 긍정공동체는 구성원들이 조직 생활에서 성격강점 발휘뿐만 아니라 긍정정서, 의미발견을 경험할 수 있는 여건을 조성함으로써 긍정관여를 이끌어내야만 한다. 개인의 행복추구와 함께 공동체의 발전을 위해서 가족, 학교, 직장, 교회, 지역사회 그리고 국가가 건강하게 긍정적으로 변화되는 노력이 필요하다. 긍정심리학에서는 긍정가족(positive family)과 긍정학교(positive school), 긍정직장(positive work) 그리고 긍정지역사회(positive community)에 깊은 관심을 갖고 지향한다. 학교나 기독교학교 또는 교회공동체가 성장하기 위한 방안으로 긍정관여가 필요하다. 특별히 교회공동체의 경우

---

109) D. Bonhoeffer, *Christ the center*(New York: Harper & Row, 1966), p.60 참조.

교회는 본질적으로 공동체적이며 교회를 통해 산상수훈의 철저한 공동체적 제자도를 구현할 수 있는 것이다. 단적으로, 그리스도의 몸된 교회 안에서 그리스도의 장성한 분량에 이르기 위해서는 상호복종, 상호인정, 상호고백이라는 공동체적 요소들이 필요하다.110) 교회공동체의 경우 그리스도를 머리로 하며 성도들이 각 지체를 이루는 하나의 몸인데(고린도전서 12:12-31), 예수 그리스도의 구원은 구체적인 공동체 속에서 사람들의 삶의 예시화와 분리될 수 없다는 점을 이해해야 한다.111) 예컨대 기독교 덕윤리 · 행복윤리는 산상설교와 같은 성경말씀에 귀를 기울이고 주님이신 예수께 우리 자신을 일치시킴으로써 이루어지는 독특한 공동체에서 생겨난다.112) 이런 점에서 인간을 플로리시하게 하는 사회제도에 대한 논의에서 일반 긍정심리학에서 지역교회에 대한 언급이 소수인 것에 비해 기독교적 긍정심리학에서는 교회를 강조해야 한다.113) 교회공동체는 예수 그리스도를 닮아가는 윤리적 텔로스에 대한 공동체적 이해를 바탕으로 예배, 복음 선포, 친교, 봉사, 이웃 돌봄 그리고 하나님 나라를 이루기 위해 하나님의 뜻이 이뤄지게 하는 등의 다양한 목표를 이루기 위해서는 성도들 간의 유기적인 움직임이 필요하다. 그것을 가능케 하는 것 중 하나가 긍정적인 정서적 분위기와 긍정적 상격강점을 발휘하며 의미를 발견함에 있다고 할 수 있다. 개인에게 있는 성격강

---

110) Stephen J. Duffy, *The Dynamics of Grace: Perspectives in Theological Anthropology*(Collegeville: the Liturgical Press, 1993), pp.281-283 참조.

111) S. Hauerwas, *After Christendom? How the church is to behave if freedom, justice, and a Christian nation are bad ideas*(Nashville, TN: Abingdon, 1991), p.37 참조.

112) 스탠리 하우어워스 · 윌리엄 윌리몬, 앞의 책, p.148 참조.

113) C. R. Snyder & S. J. Lopez(Eds.), *Oxford handbook of positive psychology*(New York: Oxford University Press, 2009) 참조.

점과 정서를 가지고 긍정교회인 삶의 영역에서 긍정상태, 즉 행복을 누릴 수 있다. 이는 결국 구성원의 긍정적 정신건강을 가져오며 공동체도 긍정적인 건강함을 유지함으로써 교회공동체를 플로리시하게 함으로써 모든 구성원들을 예수 그리스도의 장성한 분량의 인격에 이르기까지 자라게 하는 것이다.

> 이는 성도를 온전케 하며 봉사의 일을 하게하며, 그리스도의 몸을 세우려 하심이라. 우리가 다 하나님의 아들을 믿는 것과 아는 일에 하나가 되어 온전한 사람을 이루어 그리스도의 장성한 분량이 충만한 데까지 이르리니. 이는 우리가 이제부터 어린아이가 되지 아니하여 사라의 궤술과 간사한 유혹에 빠져 모든 교훈의 풍조에 밀려 요동치 않게 하려 함이라. 오직 사랑 안에서 참된 것을 하여 범사에 그에게까지 자랄지라. 그는 머리니 곧 그리스도라. 그에게서 온몸이 각 마디를 통하여 도움을 입음으로 연락하고 상합하여 각 지체의 분량대로 역사하여 그 몸을 자라게 하며 사랑 안에서 스스로 세우느니라(에베소서 4:12-16).

그리고 그곳에서 진정한 삶의 의미를 발견하게 된다. 의미를 발견하고 추구함으로 현실과 욕구를 초월할 수 있다. 의미는 인간으로 하여금 극심한 고통을 견디고 이겨내도록 하는 동시에 기쁨과 행복을 느끼게 하는데,[114] 교회공동체는 초월성의 덕과 영성 등 관련 성격강점들을 형성하게 할 뿐만 아니라 삶의 목적과 의미를 형성하는 데 중요한 영향을 미친다. 때문에 교회의 공동체적 돌봄은 긍정적 정서를 느끼게 하고 성격강점을 개발하고 발휘하게 하며, 삶의 의미를 발견하도록 해야 한다. 이것은 현세적, 물질적 행복만을 추구하

---

114) C. R. Snyder & S. J. Lopez(Eds.), *op. cit.*, p.447 참조.

는 기복주의 신앙에서 차원을 넓힌 진정한 행복을 추구할 수 있게 도울 것이다. 의미를 발견하고 추구할 때, 높은 수준의 웰빙을 느낄 수 있게 하며, 이웃과 예수 그리스도와의 관계를 바르게 연결시켜줄 것이다. 이것은 오늘날 교회공동체가 건강하게 성장할 길을 제시하는 데에도 의미가 있다고 할 수 있다.

5. 나가면서

이제까지 긍정심리학에 대한 철학적 성찰을 통해 기독교적 관점을 중심으로 해서 행복·덕윤리교육에로의 적용가능성을 살펴보았다. 긍정심리학의 발전과정은 기독교적 덕성 및 덕교육과 관련성을 가지지만 구체적으로 적용에 있어서의 문제점에 대해 비판적 검토를 시도해보았다. 긍정심리학의 성격강점과 기독교적 덕성표현의 관련성, 텔로스를 상정하지 않는 긍정심리학과 기독교적 텔로스의 문제, 기독교적 텔로스로서 예수의 인격을 살펴보고, 긍정심리학이 개인주의적 행복을 넘어 진정한 공동체적인 행복·덕교육, 정의를 지향하고 문화민감성이 있는 교육이 될 수 있는 가능성을 검토해보았다. 구체적인 적용의 모색에 있어서 긍정심리학의 **PERMA** 및 덕(성격강점 활용) 접근과 회복탄력성 접근이 기독교적 관점에서 어떻게 활용될 수 있는지를 살펴보았다. 또한 긍정정서와 감사의 활용, 낙관성과 인지치료, 마음챙김의 기독교적 적용의 문제와 함께 긍정심리학의 신앙공동체적 적용에 대해서도 살펴보았다.

결론적으로 연구자는 긍정심리학에 대한 이해와 함께 이를 기독교 행복·덕교육에 접목하는 것은 매우 생산적인 접근일 수 있음을 제시하였다. 최근 이십여 년 동안 철학자들과 신학자들이 덕윤리학의 재론에 큰 관심을 가져왔고, 기독교 윤리 역시 덕윤리에 특별히 관심을 가져왔지만 긍정심리학의 활용은 보다 깊은 수준과 실제적이고 구체적인 차원에서 또 과학적인 접근에서 기독교적 덕윤리와 덕교육에 잘 적용될 수 있음을 살펴보았다.

PART 05
⋮

영화를 활용한 웰빙 및
웰다잉 교육의
통합적 접근

1. 들어가면서

미국의 흥행하는 영화들이나 아카데미상의 후보작들, 심지어 디즈니와 같은 어린이를 위한 영화들마저 죽음을 비실재적으로 묘사하며, 죽음에 대한 터부와 은폐, 왜곡된 개념들이 많다는 비판들이 있지만1) 우리는 좋은 죽음 영화, 웰다잉 영화들을 알고 있다. 예컨대 일본의 세계적인 거장 구로사와 아키라의 <생, Ikiru>(1952) 같은 영화가 대표적인 경우이다. 그런데 이 영화는 하이데거(M. Heidegger)류의 실존철학의 시간관과 죽음관을 잘 드러내는 영화로 평가되거나 매우 유명한 죽음 영화로 평가받고 있지만 오히려 웰빙 영화가 아닐까? 압바스 키아로스타미의 다른 걸작품인 <체리향기>나 <바람이 우리를 데려다 주리라>도 그렇지 않을까? 대표적인 할리우드 영화인 롭 라이너 감독의 <버킷리스트-죽기 전에 꼭 하고 싶은 일들>(2007), 토마스 얀 감독의 <노킹 온 헤븐스 도어>(1997), 허진호 감독의 <8월의 크리스마스>(1998), 일본 다큐멘터리 영화 <엔딩노

---

* 최용성, "영화를 활용한 웰빙 및 웰다잉 교육의 통합적 접근", 『윤리교육연구』제39호(2016.01.30.)에서 수정·보완한 것임.
1) N. W. Schultz & L. M. Huet, "Sensational! Violent! Popular! Death in American movies", *Omega: The Journal of Death and Dying*, 42(2001), pp.137-149와 M. A. Sedney, "Children's grief narratives in popular films", *Omega: The Journal of Death and Dying*, 39(1999), pp.315-325 참조.

트>, 필리핀 영화 크리스 마르티네스 감독의 <100>, 진모영 감독의 <님아, 그 강을 건너지 마오>(2014)와 같은 영화들도 웰다잉 영화라고 규정되지만 삶과 죽음의 경계 속에서 죽음에 관한 긍정의 해석학이 오히려 의미 있는 삶의 행복을 촉진하고 어떻게 살 것인가를 결정하기에 웰빙 영화라고도 할 수 있지 않을까?

많은 경우 웰다잉 영화라고 인위적으로 범주화해본 영화들은 오히려 웰빙 영화처럼 느껴지면서 웰다잉 영화인지 웰빙 영화인지 그 경계가 모호한 지점으로 우리를 이끌어가는 측면이 있다. 관람자이기도 한 연구자는 웰다잉 영화와 웰빙 영화의 경계적 구분의 해체와 소통을 경험하면서 영화 속의 좋은 죽음을 껴안고 성찰하는 것은 우리에게 의미 있는 삶, 행복의 삶을 추구하는 것과 깊은 연관을 지닌다는 가설을 제시해보고자 한다. 이런 가설 속에서 즐거운 삶(good life, 쾌락주의적 행복: hedonic happiness), 관여적인 삶(the engaged life, 유다이모니아적 행복: eudaimonic), 의미 있는 삶(meaningful life)의 행복에 관한 과학[2]을 통해 행복을 추구하는 긍정심리학의 웰빙 교육은 죽음 교육(death education)까지 포괄해내면서 웰빙과 웰다잉을 통합적으로 추구하는 교육을 시도해볼 필요성이 있으며, 이런 효과를 극대화하기 위해 영화를 통합해볼 필요가 있음을 제시하고자 한다.

연구자에게 있어서 이런 가설을 심정적으로 더욱 강화시킨 것은 죽음 교육의 대가의 마지막 저서였다. 일찍이 죽음학 혹은 죽음 교

---

2) M. E. P. Seligman, *Authentic happiness: Using the new positive psychology to realize your potential for lasting fulfillment*(New York, NY: Free Press, 2002). 최근에 셀리그만은 PERMA: 긍정적 정서(positive emotion), 관여(engagement), 관계(relationship), 의미(meaning), 성취(accomplishment)라는 5요소 행복요소를 제시하였다. M. E. P. Seligman, *Flourish: A visionary new understanding of happiness and well-being*(New York, NY: Free Press, 2011) 참조.

육의 대가 엘리자베스 퀴블러 로스(E. Kuber-Ross)가 부정(Denial)-
분노(Anger)-타협(Bargaining)-우울(Depression)-수용(Acceptance)이라
는 5단계의 죽음에 대한 심리학적 반응이론을 제시했을 때, 이것은
죽음에 관한 반응과 관련하여 심리적 이해에 큰 영향을 끼쳤다. 물
론 그녀의 단계이론은 다양하게 비판받기도 하였다. 예를 들어, 보
나노(G. A. Bonanno)는 최근에 대부분의 사람들이 퀴블러 로스가
말하는 이전 단계를 거치지 않고도 죽음을 수용한 것을 제시하였
다.3) 하지만 이런 비판이 사별과 관련된 복잡한 감정의 내적 투쟁의
부재를 의미하지는 않으며,4) 죽음회피(death avoidance), 죽음 공포
와 걱정(death fear and anxiety)을 넘어서는 죽음수용(death acceptance)
의 웰다잉 교육적 필요성을 감소시키는 것은 아니다. 죽음에 대한
두려움을 다루는 가장 일반적인 방식은 회피하는 것이지만5) 건강한
길은 죽음을 수용하는 것이라고 웰다잉 교육은 말한다.

  그런데 이런 웰다잉 교육은 죽음 교육의 대가 퀴블러 로스가 말년
에 심혈을 기울여 케슬러(D. Kessler)와 함께 집필한 저서 『인생수업』6)
에서 웰빙 교육과 거의 경계가 해체되어 버린다. 그녀는 적극적인
그리고 긍정적인 죽음의 해석학을 통해 웰다잉이 단순히 죽음불안
을 해소하는 등 죽음 준비와 수용을 잘한다는 의미가 아니라 지금
이 순간의 삶을 잘 살아내는 '웰빙'이야말로 '웰다잉'이라고 보았다.

---

3) G .A. Bonanno, *The Other Side of Sadness: What the New Science of Bereavement Tells Us About Life After Loss*(New York, NY: Basic Books, 2009).

4) P. T. P. Wong, "Meaning-making and death acceptance", *International Journal of Existential Psychology and Psychotherapy*, 3-2(2010), p.76.

5) P. Furer & J. R. Walker, "Death anxiety: A cognitive-behavioral approach", *Journal of Cognitive Psychotherapy*, 22(2008), pp.167-182 참조.

6) E. K. Ross & D. Kessler, *Life Lessons*, 류시화 옮김, 『인생수업』(서울: 이레, 2010).

그녀의 마지막 웰다잉 교육은 주변 사람들과의 관계를 성찰하게 하고, 열정적으로 살아야 할 삶의 의미를 알게 하며, 매일이 작은 죽음의 연속임을 깨닫게 하면서 현재의 삶을 기쁘게 사는 법, 카르프 디엠(Carpe diem)으로 물들이며 웰빙해야 함을 가르쳐주는 것이었다. 이런 차원에서 보면 웰빙 교육과 웰다잉 교육의 경계는 생각보다 멀지 않음을 알 수 있다.

관련하여 좋은 영화가 그들의 삶과 관련되어 죽음, 죽음 교육에 정보와 좋은 경험을 제공한다는 부가적인 선행연구들이 있다.[7] 또한 치료적 목적을 달성하기 위해 성격강점(character strength)을 고양하는 유다이모니아적인 긍정심리학 영화들이 행복뿐만 아니라 건강하지 못한 죽음태도를 관리하고 변화시키는 데 도움이 될 수 있다는 선행연구들도 있다. 죽음 교육 혹은 웰다잉 교육에서 영화를 활용하는 방안은 아직도 희소한 편이지만 <이키루>(1951)나 몇몇 디즈니 애니메이션들은 표집이 제한된 희소한 통계연구에서 죽음 태도변화 및 그들의 삶과 관련하여 유익하다는 연구들도 있다.[8] 이런 선행연구들은 영화가 영화치료(cinematic theraphy)나 영화교육(cinema education) 차원에서 다양한 유익이 있지만 특별히 행복을 향한 긍정심리학 과정에서도 학생들의 강점을 구축하고 건강과 웰빙을 고취하는 것에 도움을 주며 웰다잉 교육 역시 병행할 수 있음을 보여주는 것이다.

물론 이런 가설은 보다 깊은 이론적 기반 속에서 탐구할 필요가

---

7) L. Heuser, "Death education: A model of student-participatory learning", *Death Studies,* 19(1995), pp.583- 590.

8) R. M. Niemiec & D. Wedding, *Positive psychology at the movies: Using films to build virtues and character strengths*(Gottingen, Germany: Hogrefe, 2008), pp.399-400.

있다. 사실 죽음불안의 관리뿐만 아니라 심리학적으로 잘 사는 과제와 잘 죽는 것의 과제, 웰빙과 웰다잉의 과제를 통합시켜 보려는 연구는 심리학자 폴 웡(P. Wong)에 의해 강조되었다.9) 심리학들이 인간의 부정적 측면, 즉 심리적 결함과 장애에만 편향적인 관심을 기울여왔다는 반성 속에서 인간의 긍정적인 측면을 과학적으로 탐구하고, 인간의 웰빙을 지향하는 긍정심리학의 흐름은 이전에도 있었다. 예컨대 인간의 성장가능성과 강점을 신뢰했다는 점에서 로저스(C. Logers)나 매슬로우(A. Maslow)와 같은 제1세대 긍정심리학자라고도 할 수 있는 빅터 프랭클(V. Frankl)의 로고테라피(logotherapy)의 영향 속에서 이론을 발전시켰던 폴 웡은 1998년 당시 미국심리학회 회장이었던 마틴 셀리그만(M. Seligman)에 의해 다시 폭발적 연구를 보여주었던 실증주의적인 긍정심리학(Positive Psychology)의 환원주의적인 의미, 인생의 긍정지향적인 측면에 대한 초점 연구에 칼 슈나이드(K. Schneider) 등과 함께 어느 정도 비판적 태도를 취했지만10) 인간실존의 어두운 면인 죽음과 고통과도 대화하면서 의미이론, 로고테라피나 의미관리이론 등을 통해 긍정심리학이 추구하는 의미 있는 삶의 행복에 대해 통합적으로 연구하고자 하였다. 폴 웡은 프랭클에 의해 고무된 의미연구가 주류 긍정심리학자들이 강조하는 치료와 회복탄력성(resilience), 낙관주의(희망), 그리고 웰빙(행복)과 연결된다는 점을 강조하기도 했지만 죽음불안을 감소하고 죽

---

9) P. T. P. Wong, "Meaning management theory and death acceptance", InA. Tomer, G. T. Eliason & P. T. P. Wong(Eds.), *Existential and spiritual issues in death attitudes*(New York, NY: Lawrence Erlbaum Associates, 2008), pp.65–87.

10) 이에 관해서는 K. Schneider, "Toward a Humanistic Positive Psychology", *Existential Analysis: Journal Of The Society For Existential Analysis*, 22-1(2011), pp.32-38 참조.

음을 수용하게 하는 죽음 교육, 의미를 발견하는 웰다잉 교육이 긍정심리학과 통합될 수 있는 가능성 역시 모색하였다. 이런 가능성을 영화를 통해 통합하려는 시도가 라이언 니미엑(R. M. Niemiec)에 의해 보다 심화·확장되었다.

때문에 본 연구에서는 하이데거(M. Heidegger) 등의 실존주의 철학에 영향받고 있는 인간주의(humanistic) 심리학과 실존주의(existential) 심리학 중 로저스나 매슬로우 등의 인간주의 심리학적 입장은 제외하고자 한다. 인간주의 심리학적 입장은 행동주의나 정신분석학적 입장에 비해 심리적 결함과 장애의 차원을 넘어서는 인간의 긍정적인 측면을 연구했다는 차원에서, 인간의 행복과 성장을 지원하는 심리학의 분야를 개척했다는 측면에서 긍정심리학의 제1세대라는 평가도 있지만 실존주의 심리학의 일반적인 관점에서 보이는바, 삶과 죽음이해의 불가분리성을 심각하게 고려하지 않는다. 예컨대 실존주의 심리학자 이얀 얄롬(I. Yalom)은 무의식적·의식적 죽음 불안은 적절하게 대처되지 않는다면 삶의 의미뿐만 아니라 우리들의 웰빙과 온전한 자아실현적 삶, 그리고 의미를 손상시킨다고 본다.[11] 왜냐하면 "모든 사람은 생의 활기와 죽음에 대한 두려움을 모두 경험하기로 운명 지어 있기에" 생에 대한 사랑과 죽음에 대한 두려움은 공존하는 것으로 보아야 하기 때문이다.[12] 이런 죽음 수용의 긍정심리학 또는 긍정해석학은 실존주의 철학의 의미, 죽음 이해 등에 더욱 방점을 찍고 있는 롤로 메이(R. May)나 얄롬 등의 실존주의 심리

---

11) I. D. Yalom, *Staring at the sun: Overcoming the terror of death*(San Francisco, CA: Jossey-Bass, 2008).

12) 위의 책, p.273.

학, 빅터 프랭클(V. Frankl)의 로고테라피(logotherapy) 이론이나[13] 폴 윙(P. T. P. Wong)의 의미관리이론(meaning-management theory)[14]에 두드러지게 나타난다. 그러므로 이러한 관점들을 긍정심리학의 웰빙 교육 관점, 웰빙을 향한 긍정의 해석학과 연결시키고 이를 통해 웰빙과 웰다잉 교육 및 영화의 통합가능성을 모색해보고자 한다. 또한 웰빙을 추구하는 긍정심리학에서 중요시하는 성격강점활용 교육을 웰다잉 교육에서도 시도하되 이와 관련하여 영화교육적 차원에서 스키너(B. F. Skinner)의 강화이론과 반두라(A. Bandura)의 모델링학습이론을 넘어서는 조너선 하이트(J. Haidt), 대니 웨딩(D. Wedding)의 고양감(Elevation) 이론 및 영화적 고양감 이론, 성격강점과 덕, 행복에 관한 긍정의 해석학(hermeneutics of affirmation) 이론, 죽음에 관한 긍정의 해석학적 관점 등을 부가적으로 제시하면서 통합가능성을 모색하고자 한다. 이런 통합적 모색에는 논리실증주의, 과학주의적 경향이 강한 긍정심리학을 해석학적 차원에서 해석하려는 통합적인 시도 역시 필요하였다.

2. 성격강점활용과 영화를 활용한 웰빙 · 웰다잉의 통합교육

1) 긍정심리학의 성격강점활용과 웰빙영화교육

아리스토텔레스가 강조하듯 행복한 삶을 위한 기술로서의 덕(德, virtue)을 통해, 행복을 위한 습관화(habituation) 과정을 통해 유다이

---

13) V. E. Frankl, *Man's search for meaning*(Boston, MA: Beacon Press, 2006).
14) P. T. P. Wong, *op. cit.*, 2010, pp.73-82.

모이아(eudaimonic)적인 긍정심리학의 웰빙을 고양할 수는 없을까?15)
영화를 활용한 웰빙(wellbeing, 행복) 교육, 영화에서 긍정심리학을
활용해서 웰빙과 덕(성격강점)을 구축하려는 시도는 매우 유의미한
접근일 수 있다는 시각들이 최근 미국의 미디어 심리학계나 긍정심
리학계의 연구자들에게 보이기 시작하였다. 물론 영화교육의 효과성
에 대한 부정적인 연구들이 있기도 하였다. 기존의 부정적 연구로는
1970년대부터 반두라(A. Bandura) 등에 의해 제시된 공격행동의 대
중매체적 효과 등등이 대표적인 사례이다. 예컨대 반두라는 우리가
조폭영화 <친구>(2001)와 같은 영화를 볼 때, 실천적 지혜(phronesis)
와 결합되지 못한 용기(중용에 어긋난 만용)를 가진 캐릭터의 폭력
을 모방(imitation)하는 '모방효과'가 있다고 하였다. 플라톤의 시각
에서 본다면 현실은 이데아의 모방이며, 영화예술은 모방의 모방일
뿐인데, <친구>와 같은 영화는 인습적인 의미에서의 도덕적인 것조
차도 가르치지 못하고 오히려 폭력을 가르치는 것이다. 모방의 그리
스어는 미메시스(mimesis)로 예술은 현실을 모방한다는 미메시스 이
론은, 아리스토텔레스 이후 이루어진 미학의 발전에서 중요한 예술
개념이기도 하지만 복제(copy)로서의 '모방'이 범죄나 폭력적 행동에
도 효과가 있다고 반두라는 말하는 것이다. 물론 반두라는 폭력을
정당화하는 도덕적 이탈기제로서의 자기합리화를 사용하지 않는 사
람이라면 자기조절 과정에서 발생하는 인지적 왜곡의 결과로 도덕
적 기준에 위배되는 행동에 대한 '도덕적 면책 수용'(acceptance of
moral exonerations)을 따르지 않는다고 봄으로써,16) 미디어상의 폭

---

15) K. Kristjansson, *Virtues and Vices in Positive Psychology: A Philosophical Critique*(New York, NY: Cambridge University Press, 2013) 참조.

력 관찰, 모델링이 절대 변수가 될 수 없음 역시 강조하기도 했다.

이런 점에서 보면 영화나 텔레비전은 폭력적인 장면 등을 노출을 통해 부정적인 모델링을 제공할 수도 있고, 사회적 규범(social norm)이나 친사회적 행동(prosocial behavior) 등을 통해 긍정적 모델링을 제공할 수 있다. 하지만 미디어 밖 사회생활이나 관계적 맥락에서 학생들의 경우 이타적이고 친사회적 행동을 모방(copy, imitating)하도록 긍정적 강화(positive reinforcement)를 받기에 전체적으로 영화나 텔레비전은 도덕성이나 덕성의 형성에 보다 긍정적인 영향을 준다고 할 수 있다.[17] 폭력이 아닌 죽음 재현의 경우도 마찬가지이다. 폭력에는 자유롭고 순수하지만 죽음 재현에 있어서 비현실적인 메시지를 던짐으로써 아이들의 죽음 개념 및 죽음 교육에 부정적인 영향을 줄 수 있는 디즈니 영화와 같은 경우도 부모가 죽음에 대해 토론하거나 좋은 강화를 준다면 오히려 죽음 교육, 웰다잉 교육의 좋은 도구가 될 수 있다고 선행연구는 주장한다.[18]

그런데 영화가 학습을 위한 긍정적인 매개역할, 영화 예술의 미메시스적 기능이 긍정심리학의 행복교육을 위한 중요한 역할을 할 수 있다는 관점은 조너선 하이트(J. Haidt)와 사라 알고에(S. Algoe) 등이 강조한 '고양감'(elevation)이란 개념에 의해 더욱 심화되고 확장되었다.[19] 가장 유력한 차세대 긍정심리학자라고도 할 수 있는 조너

16) A. Bandura, C. Barbaranelli, G. V. Caprara & C. Pastorelli, "Mechanisms of Moral Disengagement in the Exerxise of Moral Agency", *Journal of Personality and Social Psychology*, 71-2(1996), p.367.

17) J. E. Grusec, "The socialization of altruism", In M. S. Clark(Ed.), *Prosocial behavior*(pp.9-33)(Beverly Hills, CA: Sage, 1991) 및 M. L. Mares & E. Woodard, "Positive effects of television on children's social interaction: A meta-analysis", *Media Psychology,* 7(2005), pp.301-322.

18) M. Cox, E. Garrett & J. A. Graham, "Death in Disney Films: Implications For Children's Understanding of Death", *OMEGA,* 50-4(2005), p.279.

선 하이트(J. Haidt)는 도덕적 혐오감(disgust)에 관한 몇 년간의 연구 이후에 도덕적으로 행하고자 하는 욕구를 포함하는 즐거운 도덕적 감정인 고양감을 강조하였다. 이런 고양감이란 <행복을 찾아서>의 가드너에게서 보이는바 어려운 역경 속에서도 실천지와 결합된 용기의 성격강점을 보거나 <쉰들러 리스트>의 쉰들러가 다른 사람을 희생적으로 도울 때, 이런 덕 있는 행동을 하는 사람을 관찰할 때 사람이 느끼는, 정신이 고양되는 감정(uplifting emotion)인데, 이런 고양감은 여러 연구에서 이타성과 친화성을 증가하는 것으로 나타났기 때문이다.[20) 그는 또한 고양감을 불러일으키는 이야기들의 활용이 공감적 이해를 확대시키고 막대한 영향을 준다고 보았다.[21)

이러한 관점은 영화가 긍정적 행동과 덕, 그리고 웰빙을 크게 향상시킬 수 있다는 가능성을 열어주었는데, 특별히 긍정심리학영화 활용에 도움을 주게 되었다. 긍정심리학은 즐거운 삶의 행복을 위한 삶의 기술(skill)인 긍정정서의 활용뿐만 아니라 덕윤리학의 사회과학적 표현이라고 할 수 있는 긍정특질(positive trait)인 성격강점과 덕성들에 대한 과학과 활용을 중요시하는 학문이다. 이런 긍정심리학을 영화와 결합시킨 미국 미주리 의대 대니 웨딩 교수와 긍정심리교육가 라이언 니미엑(R. M. Niemiec)의 저서 『Positive Psychology

---

19) S. B. Algoe, & J. Haidt, "Witnessing excellence in action: The 'other-praising' emotions of elevation, gratitude, and admiration", *The Journal of Positive Psychology*, 4-2(2009), pp.105-127 참조.

20) K. Aquino, B. McFerran & M. Laven, "Moral identity and the experience of moral elevation in response to acts of uncommon goodness", *Journal of Personality and Social Psychology*, 100-4(2011), pp.703-718.

21) J. Haidt, *The happiness hypothesis: Finding modern truth in ancient wisdom*(New York: Basic Books, 2006)와 J. Haidt, *The righteous mind: Why good people are divided by politics and religion*(New York: Penguin, 2012) 참조.

at the Movies』(2008)는 영화를 활용해서 긍정심리학의 과학적 배경의 예시와 함께 성격강점(덕) 활용을 통해 덕과 삶을 개선하고 행복을 추구하되 풍성하게 하는 것을 연결시키고 있다.22) 물론 기존의 인격교육(character education)에서도 영화를 활용해서 사회의 핵심적인 도덕적 가치, 인격, 덕을 교육하려는 여러 거친 시도들을 하였다. 하지만 그런 시도들은 내러티브 접근 등 다른 다양한 교육 프로그램의 남발에서도 나타나지만 행복한 삶의 기술로서의 덕보다는 도덕적 실패를 최소화하려는 도덕적 기술에 치우친 사회화 중심의 억지스런 교육이었다. 몇몇 성과들이 발표되기도 했지만 학생들의 필요와 발달, 행복에 초점을 맞추지 못했고, 심리학적 타당성 및 프로그램의 검증에서도 약점과 함께 거친 측면이 많았다.

하지만 웨딩 교수와 라이언 니미엑 교수의 저서에서는 긍정심리학과 그의 선조들인 피터슨(C. Peterson) 그리고 셀리그만(M. Seligman) 등이 제시한 6개의 덕성들과 24개 성격강점들을 제시하고 있다. 심리치료에 있어서 긍정정서의 효능성에 대한 연구로부터 출발한 긍정심리학은 셀리그만과 피터슨 등에 의해 덕과 성격강점에 대한 과학적 접근을 보다 중요시하면서 행복한 삶을 위한 기술로서의 덕(성격강점)을 통해 유다이모니아적 행복에 이를 수 있다고 주장한다. 때문에 이 책에서는 성격강점의 VIA 분류체계를 활용하되, 영화예술의 미메시스적 기능이 잘 발현되어 시청자들에게 영화적 고양감(Cinematic Elevation)과 영화적 감탄(Cinematic admiration)을 불러일으킬 수 있는 영화들을 선정하였다. 맥킨타이어(A. MacIntyre)와

---

22) R. M. Niemiec & D. Wedding, *op. cit.*, 2008.

같은 이 시대의 대표적인 덕윤리학자들은 덕이 특정한 사회맥락적 전통 속에서, 공동체의 사회적 실천양식(social practices) 속에서 해석하는 삶(interpreting life)의 해석학적 과정 속에서 잘 이해될 수 있다고 했지만 긍정심리학에서는 초문화적이고 과학적인 접근을 통해 성격강점들과 덕을 이해하려고 하는 것이다.23) 이런 점은 긍정심리학이 영화들을 선정할 때, 다양한 세계의 문화적 맥락 속에서 해석학적 민감성을 가지고 영화를 선정할 필요함을 보여주면서도 복합적인 문화적 맥락을 고려해야 함을 보여준다.24)

세계의 다양한 문화적 맥락에서 선정된 영화 중에서도 영화적 고양감을 줄 수 있는 캐릭터를 가진 영화가 중요하다. 예컨대 시청자가 인도 영화 <간디>(1982)를 본다면, 주인공 간디를 통해 도덕적으로 선한 행위나 성격강점을 관찰하면서 영화적 고양감을 가질 수 있다. 특정한 영화들, 특별히 긍정심리학에서 좋은 평가를 받는 영화들은 용기, 휴머니즘, 정의 같은 도덕적 아름다움을 깨닫게 하고, 육체적으로 가슴이 열리는 듯한 느낌, 소름이 돋고, 몸이 뜨거워지는 감각, 즉 감동의 체험을 가능케 하는 것이다. 이때 시청자는 또한 영감의 감각으로 뜨겁고도 따스한 경험을 하면서 선을 행하고자 하거나 좀 더 선한 인간이 되고자 하는 동기가 유발된다는 것이다.25)

---

23) 여기에 덕과 성격강점을 이해하는 것에 있어서 해석학적 긴장이 발생할 수 있다. 때문에 경험적, 과학적 접근을 취하는 긍정심리학의 경우 다양한 사회적 콘텍스트에서 이해되는 덕에 대한 해석학적 민감성이 필요하고 이런 엄격한 긍정심리학의 방법에 의해 수용할 필요성도 있다.

24) 예컨대 지혜와 정의 감사, 동정, 용서와 같은 덕들이 보편적이라고 할지라도, 그것은 특수한 문화적 제도와 의례 가운데 파묻혀 있는 형태로 표출될 수 있다. 또한 다양한 문화적 콘텍스트와 공동체 속에서 어느 정도 다른 방식으로 표현되거나 정의될 수도 있다는 것이다. 그러나 맥킨타이어가 생각하듯이 너무 통합적인 공동체를 고려하는 것도 주의해야 한다. 생각 외로 대부분의 사람들은 덜 통합적인 복수와 종교적 전통에 의해 영향을 받고 있기 때문이다. M. Volf, *Exclusion & embrace: A theological exploration of identity, otherness, and reconciliation*(Nashville, TN: Abingdon, 1996) 참조.

반면 영화적 감탄은 시청자가 캐릭터 안에서 다소 도덕과 무관한 캐릭터의 탁월성이나 기술들을 관찰할 때, 자극받는 심리적 감각인데, 자신을 개선하거나 목표를 추구하면서 모델링 대상을 카피(copy)하고자 하는 동기라고 할 수 있다. 예컨대 예의와 도덕도 없이 버릇없고 무례하며 괴팍한 모차르트이지만 음악과 관련된 기술과 탁월성을 통해 감탄하게 되는 음악영화인 <아마데우스>(1984)나 <인생은 아름다워>의 귀도의 탱크게임놀이나 <행복을 찾아서>의 가드너의 공룡놀이게임에서 보이는 창조성의 성격강점을 볼 때, 느껴지는 감탄을 예로 들 수 있다. 이때, 영화적 고양감이나 영화적 감탄은 자신을 개선하거나 다른 사람을 돕기 위해 주인공의 핵심 강점들을 (단순 외재적 모방이 아닌) 심화된 차원에서 미메시스·복제하고자 하며, 영화에서 표현된 캐릭터의 성격강점을 내적 재현의 방식으로 성격강점으로 표현하려고 동기화된다는 것이다. 이렇게 영화가 덕스러운 행동들을 고양시키고 학습하게 한다는 관점은 모델링과 덕의 습관화 과정을 촉진하며, 이는 플라톤이나 아리스토텔레스 이래로 반두라의 사회인지이론에서 학생들은 다른 사람의 행동에 대한 모델링을 통해 배운다고 한[26] 관점에서 강조되었지만 고양감의 예술적 체험과 함께 심화된 차원의 재현이 강조되는 것이다.

그런데 영화예술의 미메시스적 기능이 잘 발현되어 영화적 고양감과 감탄을 고무하는 그런 성격강점들은 문화 속에서 보편적이며

---

25) J. Haidt, "Elevation and the positive psychology of morality", In C. L. M. Keyes & J. Haidt(Eds.), *Flourishing: Positive psychology and the life well-lived* (Washington, D.C.: American Psychological Association, 2003), pp.275-289 참조.

26) A. Bandura, "Self-efficacy: Toward a unifying theory of behavior change", *Psychological Review*, 84(1977), pp.191-215와 A. Bandura, *Social foundations of thought and action: A social cognitive theory*(Englewood Cliffs, NJ: Prentice Hall, 1986) 참조.

상대주의를 넘어서서 세계의 다양한 독립영화, 예술영화, 상업영화들에서 모두 나타난다. 물론 맥킨타이어와 같은 덕윤리학자들은 덕 혹은 성격강점이 문화적 맥락에 깊은 영향을 받고 해석적 삶의 이야기적 세계관과 깊이 연관되어 있다고 보기에[27] 문화적 맥락에 대한 해석학적 깨어 있음이 필요하겠지만 이런 예술작품들이 현시하는 성격강점의 미메시스적 재현은 웰빙 교육적 차원에서 효과적이다. 좋은 영화, 좋은 긍정심리학 영화는 행복과 덕성과 성격강점을 내적으로 깊이 있게 재현하며, 예술의 미메시스적 효과, 교육적 효과를 잘 보여줄 수 있는 영화이다. 예컨대 캐릭터(성격강점을 가진 주인공)에 대한 깊은 차원의 미메시스적 재현은, 좋은 서사와 어우러져 도덕적 정서로서의 고양감을 불러일으키고 이러한 정서적인 반응들은 공감을 불러일으키며 캐릭터의 경험을 살아 있는 것으로 보면서 자신의 성격강점을 구축할 수 계기와 동기를 촉발시킨다. 우리는 좋은 긍정심리학 영화를 통해 덕과 선함과 성격강점들이 드러나는 작품들을 통해 자신과 다른 사람의 행복을 개선하고자 하는 행동을 수행하고자 고무될 수 있다. 한 사람이 캐릭터의 탁월함이나 삶의 감동적인 스킬을 관찰할 때, 결과적으로 자아를 개선하거나 목표를 추구하고 싶은 동기가 야기된다고 할 수 있는 것이다.[28]

그런데 라이언 니미엑은 긍정심리학 영화로 조건을 갖추려면 4가지 요소가 구비되어야 함을 제시한다.[29] 다시 말해서 긍정심리학을

---

27) A. MacIntyre, *After virtue: A study in moral theory*(2nd ed.)(Notre Dame, IN: University of Notre Dame Press, 1984) 참조.

28) S. B. Algoe & J. Haidt, *op. cit.*, 2009, pp.105-127 참조.

29) R. M. Niemiec, "What is a positive psychology film? [Review of the motion picture The pursuit of happyness]", *Psyccritics*, 52-38(2007).

잘 드러내는 영화가 되기 위해서 적어도 4가지 요소를 갖추고 있어야 한다는 것이다. 첫째, 창의성, 활력, 공정성, 겸손, 그리고 희망 등 피터슨과 셀리그만이 제시한 그런 성격강점들을 24가지 중 적어도 한 가지는 보여주는 캐릭터가 있어야 한다. 둘째, 역경 및 장애의 서사와 함께 성격강점(덕)에 도달하거나 극대화하는 캐릭터의 투쟁 혹은 갈등을 보여주어야 한다. 셋째, 유혹과 장애를 이기고 덕(성격강점)을 구축하고 유지하는지에 대한 예증을 잘 보여주는 캐릭터여야 한다. 넷째, 영화 속의 톤 혹은 무드는 고양과 감탄을 주는 것이어야 한다.

그런데 성격강점을 적용해가는 과정은 단지 기계적으로 재현하는 수준이 아니라 구체성 속에서 발현되는 실천적 지혜를 필요로 하며, 텍스트의 분석을 위한 해석학적 수용과 의심,30) 가다머(H. G. Gadamer)가 말하는 지평융합(fusion of horizon)의 과정이나 비평적 거리 둠이 필요할 수도 있다. 영화 속 캐릭터의 성격강점을 현재의 지평에서 온전히 수용하고 만나려는 지평융합의 차원뿐만 아니라 자신이 정말 캐릭터의 성격특성을 제대로 이해했는지에 대한 비판적 거리 둠이 필요한 것이다. 또한 해석학적 적용(hermeneutics of appreciation)의 상황, 적절한 상황에서 성격강점(덕)을 발현하는 실천적 지혜(phronesis)를 필요로 하는 과정이고, 이런 과정은 아리스토텔레스가 말하는 유다이모니아(eudaimonia)의 행복을 위한 중용(中庸, golden mean)적 실천을 모색하는 과정으로 성격강점을 개발하고 행복을 만들어가는 과정과 연결되는 것이다. 유머나 용기 또는

---

30) J. O. Pawelski & D. J. Moores(Eds.), *The eudaimonic turn: Well-being in literary studies*(Madison, NJ: Fairleigh Dickinson University Press, 2013).

사랑이란 성격강점의 활용차원에서 본다면 이런 성격강점은 유덕한 행위와 부덕한 행위를 가려줄 잣대가 되는 중용의 실천, 과도하거나 과소하지 않는 중용적 실천의 성격강점을 잘 보여주어야 하는데, 유머나 용기와 사랑(친밀성)이란 성격강점은 <행복을 찾아서>나 <인생은 아름다워>의 주인공 가드너나 귀도의 경우 어려운 상황에서도 유머와 용기와 사랑이라는 성격강점을 통해 역경과 어려움을 이겨나가면서 행복을 만들어가는 고양된 감동을 준다고 할 수 있다.

보다 구체적으로 살펴보자. 영화 <행복을 찾아서>는 레이건 대통령이 1980년대 신자유주의 정책을 강하게 추진할 때의 아프리칸 미국인의 실제 이야기에 근거해 있는데, 크리스 가드너(윌 스미스 분)는 샌프란시스코에 살고 있다. 경제적인 어려움은 가드너의 아내가 그와 자녀를 내버리고 뉴욕의 보다 좋은 삶을 추구하기 위해 떠나게 한다. 가드너는 작은 의료기 스캐너를 파는 작은 수입으로 갈등하면서 경제적인 압력에서 생활하고 있다. 하지만 가드너는 스트레스와 우울증, 어려움을 이겨나가는 능력인 회복탄력성(resiliency)과 밀접하게 연결된 성격강점들, 예컨대 인내, 희망, 영성, 자기조절, 신중, 지혜, 사회성, 개방성, 창의성, 유머, 활력 등의 성격강점31)을 잘 발휘하면서 실제적인 삶의 장애들을 잘 이겨나가는 희망의 해석학, 회복의 해석학을 전개해나간다. 어떤 측면에서 사회구조적 모순을 간과한 채 개인의 회복탄력성을 너무 강조한다는 측면에서 레이건 시대를 배경으로 한 이 영화에 신자유주의적 이데올로기가 은근하게 스며 있다는 부정적 시각도 존재할 수 있고, 또 바버라 애런 라이크

---

31) C. Peterson & M. E. P. Seligman, *Character strengths and virtues: A handbook and classification* (New York, NY: Oxford University Press, 2004), p.9.

(B. Ehrenreich)의 『긍정의 배신』과 같은 책을 소개하면서 토론하고, 왜곡된 경제구조에 의해 강제적으로 박탈당한 타자들의 타자성을 비판적으로 수용할 수 있을 것이다. 하지만 푸코(M. Foucault)나 데리다(J. Derrida)를 수용하되 해석학적 민감성을 상실한 거친 정치적 이데올로기적 비평이나 해석학자 리쾨르(P. Ricoeur)가 말한 마르크스(K. Marx), 니체(F. Nietzsche), 프로이트(S. Freud)를 수용한 듯한 의심의 해석학(suspicious hermeneutics)적 작업이 행복을 위한 성격강점(덕)과 회복탄력성의 해석에 방해가 될 수 있음을 역시 인정해야 한다. 예컨대 해리포터(Harry Potter) 작가인 조앤 롤링(J. K. Rowing)처럼 강력한 회복탄력성의 역할모델이 될 수 있는 가드너가 집이 없음, 비고용, 도둑의 희생자, 그의 아내와의 이별 등과 같은 장애들을 이기고 그의 강점들을 구축하고 확대 발전시키면서 행복을 만들어 가는 과정을 긍정의 해석학으로 읽을 필요도 있는 것이다. 어쨌든 문화적 차이와 맥락에 대한 감수성을 유지하면서도 우리는 충분히 주인공 가드너가 경제적 상황이 좋지 않는 미국의 문화적 맥락 속에서 용기라는 덕목 아래 있는 인내와 끈기의 성격강점을 어떻게 발현해나가면서 희망찬 행복을 만들어나가고 있는지를 살필 수 있는 것이다. 이런 맥락에서 보면 <행복은 아름다워>는 그의 아들을 향한 사랑의 강점(인간애의 덕목하에 있는), 상상력을 불어넣는 게임에서의 창의성의 강점의 발현, 자기 조절의 강점을 통해 정서적 스트레스를 관리하는 것 그리고 어려운 시절의 꿈을 동기화하고 유지하면서 미래를 위해 희망(낙관성)하는 강점 등을 포함하면서 정신을 고양하고 영감을 주는 영화의 분위기를 창출하기에 웰빙을 촉진하는 탁월한 긍정심리학 영화라고 할 수 있다.

유다이모니아적 행복을 추구함에 있어서 가드너와 같은 창의성과 유머라는 성격강점을 독특하게 드러내는 이탈리아 영화 <인생은 아름다워>(1997) 역시 좋은 긍정심리학 영화라고 할 수 있다. 이 영화의 주인공 귀도는 가드너보다는 보다 밝은 긍정정서를 가지면서 즐거운 삶의 행복을 위한 삶의 기술을 가진 인물인데, 우리를 긍정성으로 이끌어주는 10가지 감정들, 예컨대 사랑, 기쁨, 감사, 평온, 흥미, 희망, 자랑, 재미, 영감, 경외 등의 긍정정서 활용을 드러내면서 어려움조차도 아름답고 행복한 삶으로 물들여 나가는 심리적 회복탄력성을 보여주는 인물이다. 그의 긍정정서는 부정적인 정서를 적절하게 조절하면서 웰빙과 정신건강을 만들어가는데,32) 바버라 프레드릭슨(B. L. Fredrickson)의 확대형성이론(broaden and build theroy)처럼 언제나 창조적인 생각을 확장하고 창의적인 행동과 유머를 촉발시키는데,33) 창의성과 유머라는 성격강점을 아우슈비츠란 극단적인 상황에서도 탁월하게 표출한다. 그는 극단적인 고통 속에서도 다양한 성격강점들(감사, 유머, 영성)을 가지고 아내와 자식의 행복을 향해 나아간다. 다시 말해서 다양한 성격강점들과 회복탄력성을 가지고 그의 아내 도라와 아들 조수아를 구하러 가는 감동적인 장면들을 보여준다. 그는 매순간 극단적인 상황 속에서 죽음에 직면하나 유머나 창의성, 사랑, 낙관성 등의 성격강점을 가지고 어려움을 이겨나가는데, 여기에 활력이란 성격강점은 제2차 세계대전 중 아우슈비츠에 수감된 상황 속에서도 긍정정서와 겹치면서 기쁨의

---

32) B. L. Fredrickson, "Cultivating positive emotions to optimize health and well-being", *Prevention and Treatment*, 3-17(2003) 참조.

33) B. L. Fredrickon, "The role positive emotion in positive psychology: The broaden and build theory of positive emotion", *American psychologist*, 56-3(2001), p.222.

해석학을 펼쳐나간다. <행복을 찾아서>의 가드너처럼 그는 고통 속에서 의미를 발견하되, 수많은 역경과 스트레스들의 효과로부터 긍정정서와 교차하는 성격강점들을 통해 그러한 것들을 감소시키며, 회복탄력성을 보여주면서 행복을 향한 탁월한 성격강점 혹은 미덕을 전시하며 행복한 삶을 만들어가는 것이다.

2) 성격강점활용과 웰다잉 교육과의 통합

<인생은 아름다워>나 빅터 플랭클의 이론은 로저스나 매슬로우와는 다른 차원에서 웰다잉을 위한 이론뿐 아니라 웰빙을 위한 실존주의적 긍정심리학이라고 평가받을 수 있는 점이 있다. 프랭클은 인간실존의 가장 어려운 조건과 고통 그리고 죽음과 상관없이 인간의 강점을 담대하게 긍정하였다. 그는 "인간실존의 모든 비극적 양상에서도 삶에 대해서 예스라고 말하는 것이 가능하다"고 믿었다.[34] "인생은 즐겁거나 비참하거나 어떤 조건하에서도 잠재적으로 의미 있다."[35] 폴 웡은 이런 인생의 의미에 대한 프랭클의 확언과 확신들이 로고테라피의 기초를 보여줄 뿐 아니라 단지 심리치료의 방법을 넘어서서 그가 긍정심리학의 위대한 아버지임을 보여준다고 평가한다.[36] 프랭클이 고통이나 죽음에 대해 다소 피상적인 현대의 주류 긍정심리학자들보다 나은 통찰을 보이는 지점은 아마도 피할 수 없는 인간의 고통과 죽음이 인간의 성취와 의미 있는 삶의 행복에 공헌할 수 있

---

34) V. E. Frankl, *op. cit.*, 2006, p.17.

35) V. E. Frankl, *The doctor and the soul: From psychotherapy to logotherapy*(Revised and expanded)(New York: Vintage Books, 1986), p.301.

36) P. T. P. Wong, "Existential and humanistic theorie", In J. C. Thomas, & D. L. Segal(Eds.), *Comprehensive Handbook of Personality and Psychopathology*(Hoboken, NJ: John Wiley & Sons, Inc, 2005), p.16.

다는 통찰일 것이다. 1998년, 평화와 번성의 시대에 인간 실존의 밝은 면에 초점을 두고 탄생한 현대의 긍정심리학은 고통이나 죽음과 같은 부정성까지 긍정적 가능성으로 껴안으면서 의미의 해석학을 펼치는 프랭클의 긍정의 해석학에서 통계를 넘는 영감과 통찰을 배워야 할 것이다.

그런데 <인생은 아름다워>는 <쉰들러 리스트>(1993)에서 성공을 추구하는 기회주의자 쉰들러가 결국 재산을 포기하면서 마침내 1,100명의 유태인을 구해내며 이야기처럼 의미 있는 삶의 행복을 보여주는 측면을 드러내면서도 이를 넘어서 보다 더 절묘하게 웰다잉을 넘어서는 웰빙을 잘 보여주는 작품이라고 할 수 있다. 하워드 가드너(H. Gadner)의 다중지능(multiful intelligence)의 관점에서 볼 때, 수많은 젊은이들의 강점(strength, 가치와 도덕과 관계없는 강점 또는 지능이나 재능)을 한꺼번에 앗아간 제2차 세계대전과 아우슈비츠란 암울한 콘텍스트를 배경으로 하면서도 다큐멘터리와 리얼리즘을 포기하고 즐거운 삶의 행복기술(긍정정서 활용)을 기쁨의 해석학으로 한껏 품어내는 코미디 영화인 <인생은 아름다워>는 다양한 가치 개입적 성격강점(덕)을 전시한다는 점에서도 유다이모니아적 웰빙을 위한 탁월한 긍정심리학 영화라고 할 수 있다.

그런데 웰빙 교육에서 유다이모니아적 행복의 삶에 기여하는 24개의 성격강점들 중 많은 성격강점들이 죽음 불안과 웰다잉을 돕는데 유용한 삶의 기술들이라는 것이다. 예컨대 자기조절(self-regulation), 활력(zest)의 강점, 호기심(curiosity), 감사(gratitude), 용서 그리고 심미감, 초월성(transcendence)의 덕 아래 있는 영성·의미(spirituality=meaning) 등의 성격강점들은 웰빙뿐만 아니라 죽음불안의 감소와 죽음에 대한 올바른 수용의 태도에도 유용한 강점들이자 웰다잉을 위한 삶의 기술인 것이다.[37] 절제의 덕에 속해 있는 자기조절의 성격강점은 행복에 있어서 웰빙의 증가뿐만 아니라 웰다잉에도 영향을 준다. 예컨대 <포레스트 검프>(1994)의 주인공 포레스트는 아이큐가 75인데다 다리마저 불편하지만 성실한 성품에 배여 있는 자기조절의 성격강점으로 전쟁영웅까지 되는데, 그의 자기조절 성격강점은 웰빙뿐만 아니라 죽음에 처한 어려운 상황에서도 미덕을 발휘한다. 실제로 9번의 실험결과 자기조절 성격강점은 죽음불안을 줄이고 관리하는 데에도 매우 중요한 역할을 한다는 연구결과도 있으며, 죽음에 관한 생각에 예민하게 지속적으로 반응하는 것은 자기조절 성격강점을 약화시킨다는 연구결과들도 있다. 결국 자기조절 능력이 약한 개인들은 자기조절에서 높은 이들에 비해 죽음에 관한 생각들이나 죽음불안이 높았다는 것이다.[38] 활력의 성격강점은 <인생의 아름다워>의 귀도를 에너지 넘치는 행복한 삶으로 인도하지만 죽음의 순간까지 자녀 조수아를 구하기 위해 죽음불안 없이 병정놀이에 몰두하게 만든다. <목숨>(2014)이나 <님아, 그 강을 건너지 마오>(2014)와 같은 웰다잉 영화에 나타나는 성격강점으로서의 감사의 실천 역시 행복에 기여할 뿐만 아니라 죽음불안의 관리에 있어서 도움이 되는 것으로 연구되어왔다. 높은 수준의 감사는 스트레스를 줄이고 행복을 증가시킬 뿐만 아니라 죽음불안을 감소시키는 것이다.[39] 영화 <버킷

---

37) R. M. Niemiec & S. E. Schulenberg, "Understanding death attitudes: the integration of movies, positive psychology, and meaning management", *Death Stud, May-Jun*, 35-5(2011), p.391.

38) Ibid., p.391 및 M. T. Gailliot, B. J. Schmeichel & R. F. Baumeister, "Self-regulatory processes defend against the threat of death: Effects of self-control depletion and trait self-control on thoughts and fears of dying", *Journal of Personality and Social Psychology*, 91(2006), pp.49-62 참조.

39) N. Krause, "Gratitude toward God, stress, and health in late life", *Research on Aging*, 28(2006),

리스트>에서도 잘 나타나듯이 재벌 사업가인 에드워드 콜(잭 니콜슨)은 딸과의 관계에서 남겨온 상처의 잔재들을 서로 용서함으로써 웰빙 교육에서 중요한 성격강점인 용서는 죽음교육에서 죽음불안을 감소시키는 중요한 성격강점의 역할을 수행한다. 초월성의 덕목에 속하는 심미감이란 성격강점은 압바스 키아로스타미 감독의 중요한 영화들에서 행복에도 기여하고 죽음불안의 감소에도 기여하는 성격강점으로 작용한다. 예컨대 압바스 키아로스타미의 <체리향기>(1997)의 경우 웰빙에 기여하는 심미감이란 성격강점이 죽음, 자살의 순간 죽음에 대한 태도를 바꾸면서 웰다잉 및 웰빙에도 기여하는 것으로 나타난다. <체리향기>에서 중년의 사내 바디는 자살을 꿈꾸고 자신의 무덤에 흙을 던져줄 사람을 찾아 나선다. 그러나 체리향기 가득한 삶을 이야기하는 노인의 말에 마음이 흔들린다. 이전에 자살하려고 했던 경험이 있었던 노인은 지혜롭게(긍정심리학에서 말하는 지혜라는 성격강점을 드러내면서) 체리열매의 맛과 향기에 취해 존재 혹은 현재를 심미적 감성(긍정심리학에서 말하는 심미적 강점)으로 온전하게 느끼는 것이 행복이라는 것을 발견했던 이야기를 해준다. 그리고 "누구의 삶이나 문제가 있기 마련이지. 하지만 생각해봐요. 삶의 즐거움을. 갓 떠오른 태양, 맑은 샘물, 그리고 달콤한 체리의 향기를"이라고 말한다. 그 노인은 온전하게 현재를 음미하고 향유하고 느낀다는 의미를 가르쳐줌을 통해 매순간 깨어 살아가는 행복 만들기를 가르쳐줌으로써 <체리향기>를 웰빙 영화로 만들어버린다. 영화 <죽은 시인의 사회>에서 키팅(로빈 윌리암스) 선생님이 강조한

___

pp.163-183 참조.

"현재를 즐겨라"(Carpe diem!)는 말 속에서도 또는 헬렌 켈러의 <사흘만 볼 수 있다면>이란 글에서 우리는 심미적인 성격강점이 돈·권력·명예 등의 외적인 조건을 잊고 존재 자체에 반응하면서 온전히 행복할 수 있는 능력이 됨을 알 수 있지만 <체리향기>에서 보다 두드러진 방식으로 나타나는 것이다.

긍정심리학의 초월성에 속하는 영성이란 성격강점은 실존주의 철학자 키에르케고르(J. Kierkegaard), 파스칼(B. Pascal)의 철학이나 영화 <버킷 리스트>나 <이키루>에서도 잘 나타나는바 실존적 의미(existential meaning)나[40] 우주적 의미 및 그 속에서의 자기의 위치에 대한 핵심적인 신념들을 가지는 것과 관련되는데,[41] 사실 무아(無我)와 공(空)을 깨달았던 스님들 혹은 자기비움(케노시스, kenosis)의 십자가 죽음의 영성을 갖고 있었던 기독교 전통의 성자들 또는 서양의 소크라테스(Socrates)나 스토아학파 등의 현자들은 영성이란 덕(성격강점)을 통해 죽음에 대한 철학과 함께 웰다잉을 위한 삶을 기술을 가지고 있었다고 보아야 할 것이다. 영성이란 성격강점은 영화 <이키루> 등에서 두드러지게 나타나는바 병과 임박한 죽음과 같은 고난 속에서 의미를 발견하며 웰빙에 기여하지만 죽음을 수용하는 웰다잉을 위한 삶의 기술에 기여하면서 영화를 활용한 죽음 교육 또는 웰다잉 교육으로 우리를 인도한다.

---

40) K. Pargament & A. Mahoney, "Spirituality: Discovering and conserving the sacred", In C. R. Snyder & S. J. Lopez(Eds.), *Handbook of positive psychology*(New York, NY: Oxford University Press, 2002), pp. 646-659 참조.

41) C. Peterson & M. E. P. Seligman, *op. cit.*, 2004.

3. 실존주의 심리학·로고테라피·의미관리이론과 웰다잉 교육으로의 통합

1) 실존주의 심리학·로고테라피·의미관리이론에서의 죽음의 의미와 웰다잉·웰빙 교육에서의 의미

영화는 영화 속 캐릭터와 동일시하는 관찰자가 죽음을 마주치는 중재의 길을 제시한다. 동시에 서사는 관찰자가 스크린 속 배우들을 알기에 죽음을 피할 수 있는 방법까지 제시한다.[42] 물론 죽음의 필연성은 기회뿐만 아니라 의미와 실존에 위협이 되지만,[43] 죽음에 관한 영화적 묘사는 사람들에게 공감을 이끌어낸다. 물론 종종 영화는 죽음에 관한 비현실적이면서도 왜곡된 개념을 보여주기도 한다. 폭력적인 비디오 게임이나 영화뿐 아니라 뉴스들은 테러로 환원된 죽음 정보를 실시간으로 전달하기도 하지만 죽음을 긍정하는 해석학은 회피와 터부, 부정을 넘어 깊이 있게 죽음을 만날 수 있는 영화 텍스트를 필요로 한다. 현실적으로는 영화들이 죽음에 관한 잘못된 개념들을 강화시키거나 영속화시키는 경향이 많다고도 할 수 있다. 죽음불안과 관련하여 영화는 불필요한 두려움을 주기도 하고, 건강하지 못한 죽음태도를 지지하기도 한다. 예컨대 미국 영화에서 857편의 죽음관련 장면들을 조사해본 결과 100분짜리 영화의 경우 7-8분 정도 죽음 관련 장면들이 나타나는데, 죽음은 가장 일반적인 요소들 중에 하나이지만 선정적이고 비실제적인 죽음에 대한 묘사가

---

42) M. Gibson, "Death scenes: Ethics of the face and cinematic deaths", *Mortality*, 6(2001), pp.306-320.

43) A. Tomer, C. T. Eliason & P. T. P. Wong, (Eds.), *Existential and spiritual issues in death attitudes*(New York, NY: Lawrence Erlbaum Associates, 2008).

일반적인 규범이 되어가는 것이다.44) 또한 특별하고 비실제적인 죽음에 대한 죽음장면들은 일반적인 죽음에 대한 거부와 함께 진정한 죽음에 대한 정서적인 억압과 관심의 회피를 보여준다는 것이다.45) 하지만 하이데거의 실존론적 해석학이나 가다머의 해석학에서 말하는 해석자의 이해지평 혹은 기대지평에 죽음을 개시하며, 탈은폐하는 그래서 죽음을 수용하게끔 하는 많은 영화가 있는 것도 사실이다. 그런 영화들은 삶을 껴안으면서 행복을 위한 성격강점을 함양하는 데도 유용하지만 죽음불안을 감소시키며 죽음에 잘 대처하게 하는 데에도 유효하다. 뿐만 아니라 죽음의 수용을 긍정심리학·긍정해석학의 맥락에서 의미 있는 삶의 행복을 위한 적극적인 기회로 활용하게끔 한다.

다시 말해서 죽음은 (긍정정서를 많이 경험하는) 즐거운 삶(pleasurable life), (개인의 강점을 발휘하며 일에 몰입하는) 적극적인 삶(engaged life), (자신보다 더 큰 무엇을 위해서 자신의 대표 성격강점과 미덕들을 활용하는) 의미 있는 삶(meaningful life)의 행복을 추구하는 웰빙 교육에서46) 의미 있는 행복한 삶에 특별히 중요한 의미를 가진다고 할 수 있다. 사실 삶의 의미에 대한 연구의 필요성을 강조한 빅터 프랭클과 폴 웡의 관점은 긍정심리학의 행복추구에 있어서 의미 있는 삶의 행복 차원에서 다시금 새로운 관심과 주목을 받

---

44) N. W. Schultz, & L. M. Huet, "Sensational! Violent! Popular! Death in American movies", *Omega: The Journal of Death and Dying*, 42(2000), pp.137–149.

45) Ibid.

46) M. E. P. Seligman, *Authentic happiness: Using the new positive psychology to realize your potential for lasting fulfillment*(New York, NY: Free Press, 2002). 진정한 행복(authentic happiness)을 추구하는 행복의 3요소 모형은 2011년 관계(relationship)와 성취(accomplishment)을 포함하면서 5가지 요소를 포괄하는 PERMA 행복 개념으로 확장된다. M. E. P. Seligman, *Flourish: A visionary new understanding of happiness and well-being.* (New York, NY: Free Press, 2011) 참조.

기도 하였다.[47] 셀리그만은 2002년도 진정한 삶의 행복에서 의미를 자기보다 큰 것에 봉사하는 것으로 정의함으로써, 의미 있는 삶이 자기이익(self-interest)을 초월하면서 보다 큰 것에 봉사하는, 즉 자기보다 큰 종교/영성·공동선·타인을 위한 자기초월성(self-transcendence)의 차원을 의미 있는 삶에서 중요시하였지만 의미는 행복의 다른 4요소인 긍정정서, 적극적인 삶, 관계와 성취와도 부분적으로 관련성을 가지면서 고통이나 죽음에 관한 자아수용(self-acceptance)과도 관련성을 갖는다. 물론 최근에 피터슨은 긍정심리학은 의미 있는 행복에서의 내용과 의미 자체에 대한 깊은 이해를 새롭게 필요로 한다고 시인했지만[48] 프랭클의 고통과 죽음에 대한 수용과 의미에 대한 통찰은 긍정심리학의 의미 있는 삶의 행복에 대한 이론적 깊이를 더해줄 수 있을 것이다.[49]

예컨대 폴 웡은 의미 있는 삶의 행복과 관련된 의미연구는 프랭클의 로고테라피(의미치료)에서 시작되었는데, 프랭클의 로고테라피가 인생이 죽음과 고통의 한계에도 불구하고 인생을 가치 있는 삶으로 만드는 긍정심리에 초점을 맞춘다는 점에서, 그것이 피할 수 없는 인간 실존의 부정성을 만지면서도 더 나은 미래를 창조하게 하는 특징이 있는[50] 긍정심리학 또는 긍정의 해석학임을 강조한다. 이런 차

---

47) R. M. Niemiec & E. L. Deci, "On happiness and human potentials: A review of research on hedonic and eudaemonic well-being", *Annual Review of Psychology*, 52(2001), pp.141-166.

48) C. Peterson, "Meaning and mattering: Perspectives from positive psychology", *Keynote speech presented at the 7th Biennial International Meaning Conference*(Toronto, Canada, 2012) 참조.

49) 일찍이 셀리그만은 긍정심리학이 긍정정서를 함양하는 즐거운 삶의 행복을 넘어 적극적인 삶과 자신보다 더 큰 것에 대한 봉사로서 성격강점을 사용하는 의미 있는 삶을 지향해야 한다고 보았다. 하지만 여러 연구에서 행복한 삶과 의미를 발견하는 삶 사이에 중첩되는 측면도 있지만 차이도 있어서, 더 깊은 연구가 필요한 시점이다. 행복을 증가시키는 것과 의미의 충만과는 꼭 일치하지 않는 차원이 있어서 그 차이점에 대해 고려할 필요가 있다. 예컨대 걱정, 스트레스, 불안 등은 깊은 의미감과 연결될 수 있으나 행복감과는 관련이 없다.

원에서 인생의 고통뿐 아니라 피할 수 없는 죽음의 필연성 역시 제대로 직면하고 껴안는다면 인생의 의미 있는 행복을 위해 기여한다고 할 수 있는데, 이런 통찰은 전통적인 종교들이나 철학에서 대부분 강조하고 있는 부분이기도 하다. 예컨대 약 2500년 전 석가모니는 죽음을 포함한 생로병사의 육체적 고통과 탐진치의 정신적 고통을 가장 확실한 삶의 진실로 내세웠다. 석가모니뿐 아니라 스토아학파도 어려움, 불만족, 절망, 불행, 죽음은 모든 삶의 본질적인 부분이었고, 실존주의나 니체 역시 고통이나 죽음이 삶에 동반되는 것이기에 삶의 의미를 찾고 살아가는 과정에서 이것을 수용하는 것이 중요하다고 보았다. 니체는 인간이 죽는다는 것 때문에 오히려 삶이 보다 향기롭고 소중하며, 귀중한 의미를 가질 수 있다고까지 말했다.51) 프랭클 역시 언제나 병과 죽음과 같은 고난 속에서 의미를 발견할 수 있다면 성장의 시금석과 같은 것으로 간주하였다.52) 그가 자주 인용하였던 "살아야만 아는 이유를 아는 사람은 거의 모든 고통을 견딘다"는 니체의 말처럼 살거나 죽거나 간에 의미의 발견은 피할 수 없는 고통과 함께 오는 역경을 만나는 사람들에게 진정한 삶의 이유가 된다.53)

프랭클은 '삶의 의미가 회복탄력성에 핵심이다'란 니체의 명제를 고통에 대한 반응에서 효과적인 기술로 간주하는데, 고통을 포함하

50) P. T. P. Wong, "Meaning Therapy: An Integrative and Positive Existential Psychology", *Journal of Contemporary Psychotherapy*, 40-2(2010), p.85.

51) F. Nietzsche, *Menschliches, Alzumenschliches II*, Nietzche Werke, Kritische Geasmtausgabe, IV-3, *Der Wanderer und sein Schatten*, 322 참조.

52) D. Guttmann, *Finding meaning in life, at midlife and beyond: Wisdom and spirit from logotherapy*(Westport, CT: Praeger, 2008) 참조.

53) S. Nye, "Tragic optimism and the search for meaning: Enhancing recovery in psychotherapy", *Eating Disorders*, 16(2008), pp.358-361을 참조.

는 죽음에 대한 이런 긍정의 해석학은 현대의 실존주의 심리학에 많은 영향을 준 하이데거에서도 찾아볼 수 있을 것이다. 일반적으로 실존주의 심리학에서 심각하게 고려되는 삶과 죽음의 불가분리성을 일찍이 실존철학자 하이데거는『존재와 시간』에서 강하게 주장함으로써 죽음의 해석학에 관한 실존주의 심리학자들에게 죽음이해의 빛을 제공했다고 할 수 있다. 그는 죽음이란 언제나 나의 것이며, '죽음은 현존재가 존재하자마자 떠맡은 하나의 방식'이라고 보았다. 죽음이란 '넘어설 수 없는 현존재의 가능성'이라고 보면서 '현존재'란 언제나 '죽음을 향한 존재'라고 보았다. 이러한 의미에서의 죽음은 삶에 대하여 멀리 있는 외적인 어떤 무엇이 아니고, 삶 자체를 구성하는 요소이다. 그것은 삶 속에 언제나 배어 있는 것이다. 따라서 죽음으로부터 도피하지 않는다면 죽음은 좋은 삶, 의미 있는 삶을 구성할 수 있는 요소가 된다.[54] 대표적인 실존주의 심리학자 얄롬 역시 모든 인간은 죽지만 죽음에 대한 인식은 케케묵은 삶의 양식을 더 진실되고 참된 생활양식으로 바꿀 수 있도록 하는 요소가 되기 때문에 심리치료에 있어서 중요한 역할을 한다고 긍정의 죽음 해석학을 제시하였다. 그는 또한 죽음과 함께 의미를 강조했는데, 우리는 해석학적 이해에 있어서 자신의 이야기가 더 이상 진전되지 않고, 의미 있는 이야기를 만들어갈 수 없다고 느낄 때, 마음으로부터 병들게 된다고 한다. 실존적 공백은 인간이 인생의 의미를 찾는 데 실패하여 무엇을 위해 살아야 하는지를 잃어버리고 삶의 열정을 잃어버리고, 바라며 기다리는 것을 잃고 인생의 목적과 어떤 방향을

---

54) 김용규,『영화관 옆 철학카페』(서울: 이론과 실천: 2002), p.291.

찾을 수 없을 때 나타난다고 보았다.[55]

　실존 심리학자 롤로 메이 역시 그의 저서『Existential Psychology』에서 죽음을 거절하는 대가는 막연한 불안이요, 자기 소외이며, 자기 자신을 완전하게 이해하고 삶의 의미를 발견하기 위해서는 사람은 반드시 죽음에 직면하여 자기 자신의 죽음을 깨달아야 한다고 밝혔다.[56] 삶에 있어 죽음을 인식하지 못하고 살아가는 것은 진정한 의미의 삶이라고 할 수 없으므로 오히려 죽음을 통하여 삶의 진지성과 결단성을 확보해야 한다고 보았다.

　프랭클 역시『Man's Search for Meaning』에서 죽음에 관한 긍정의 해석학적 입장을 제시했는데, 그는 죽음은 인간존재에 의미를 부여한다고 말하였다. 죽음과 삶은 상호의존적인데, 죽음의 인식은 진부한 삶의 양식을 보다 진실된 생활로 바꿀 수 있기 때문에 죽음을 껴안는 것은 의미 있는 삶의 행복을 위한 중요한 삶의 기술이 된다. 종종 영화 <가타카>에서처럼 유전자 조작을 통해 잘 생긴 아이와 예술적 재능까지 가진 아이, 다중지능의 여러 많은 다양한 강점들을 소유한 아이를 만들 수 있다고 보는 트랜스휴머니즘(transhumanism)이 기대수명을 100살까지 올릴 수 있다고 주장하는 등 생명연장의 꿈을 확산시키면서 보다 개선되고 효과적인 과학기술의 발전을 위해 더 많은 자본의 유입과 투자를 강조하지만,[57] 프랭클은 조작된 인간의 신체나 기계와 융합된 인간이 얻게 되는 죽음에의 유예 내지 무한한 생명의 연장이라는 그들의 주장이 웰빙을 준비하는 훌륭한

---

55) I. D. Yalom, *Existential Psychology*(New Yorl: Basic Books, 1980), p.440.

56) R. May(Ed.), *Existential psychology*(New York: McGraw-Hill, 1961).

57) http://humanityplus.org/learn/philosophy/transhumanist-declaration

삶의 기술이 아닐 수도 있다고 말할 것이다. 프랭클은 어떤 경우 죽음의 공포는 인간에게 생명연장의 소망으로서 생식에 의하여 인간의 영원화를 꾀하게 하지만 그와 같은 방법으로 죽음을 극복하려는 것은 전혀 의미가 없다고 말했다.[58] 삶의 의미는 죽음을 염두에 둘 때 비로소 진정한 삶의 의미로 깊이 있게 조명될 수 있기 때문이다. 세계적인 죽음학자 퀴블러 로스 역시 그녀의 자서전에서 죽음에 대한 연구를 하는 본질적이며 중요한 핵심은 삶의 의미를 밝히는 것이라고 하면서 죽음이 가지는 삶에 대한 의미를 강조하였다. 죽음이 비극이나 파괴적인 결과이기 보다는 삶의 긍정적이고 건설적이며 창조적인 측면이며, 삶의 가장 높은 영적 가치는 죽음에 대한 의식과 준비에서 나온다.[59]

이렇게 프랭클이나 폴 웡, 하이데거, 얄롬, 퀴블러 로스 등의 관점들은 모두 죽음을 깊은 삶의 의미 이해와 연결시키는 긍정의 죽음 해석학을 제시하면서 이것을 또한 웰빙과 웰다잉과 연결시키고 있다. 이런 좋은 죽음에 대한 연구들은 1998년 이후의 현대 긍정심리학 운동의 새로운 지점을 열어갈 수 있다고 폴 웡은 평가한다.[60]

죽음과 삶의 의미, 웰빙과 웰다잉의 통합적 관점을 우리는 구로자와 아키라의 <이키루: 생>(1952)에서 밝혀볼 수 있다. 우리는 죽음을 포함하는 고난과 우리가 바꿀 수 없는 우리의 운명과 싸워나가면서 의미를 찾는데,[61] 때로 우리가 생각하는 최악의 조건이라고 하여

58) 빅터 프랭클, 이시형 옮김, 『삶의 의미를 찾아』(경기: 청아출판사, 2005), p.91.

59) 정미영, "삶의 의미발견과정에 관한 연구: 의미추구, 의미발견, 사생관 및 가치관을 중심으로", 한양대학교 교육학과 박사학위논문, 2010, p.5.

60) P. T. P. Wong & A. Tomer, "Beyond Terror and Denial: The Positive Psychology of Death Acceptance", *Death Studies*, 35-2(2010), p.101.

61) 빅터 프랭클, 김충선 옮김, 『죽음의 수용소에서』(서울: 청아출판사, 2002), pp.164-165.

도 그곳에는 의미가 있을 수 있다. 일본을 대표하는 아니 세계를 대표하는 죽음 영화, 구로사와 아키라의 <이키루: 생>은 이것을 잘 보여준다.

> "나는 불운의 고귀성에 대한 이야기를 깨달았다. 불운은 우리에게 진실을 가르쳐준다. 당신의 암은 당신의 눈을 당신의 삶으로 개방시켜준다. 우리 인간들은 그만큼 부주의하다. 우리는 오직 아름다운 삶이 죽음을 마주칠 때 어떻게 가능한지를 깨닫는 것이다 (이키루: Ikiru, 생, 1952, Japan).

불운한 위암을 통해 죽음에 직면하고 삶의 진실에 직면하고 아름다운 삶을 지향했던 와타나베의 삶과 같이 우리네 삶의 인생에서 때때로 개인들에게 불안을 만들어내는 죽음은 하이데거의 말처럼 피할 수 없는 가능성이자 의미 있는 삶을 발견할 수 있는 가능성의 보고이다. 이런 가능성 속에서 우리는 삶의 의미를 발견할 수 있는데, 이런 주장은 야스퍼스(K. Jaspers), 하이데거, 빈스방거(M. Vinswanger), 프랑클과 같은 유럽의 현상학파와 실존주의자들 역시 모두 강조한 점이었고, 죽음과 함께 삶의 의미 그리고 자유에 관심을 두고 있었는데,[62] 최근에 폴 윙 역시 죽음과 관련해서 실존과 의미에 위협이 될 수 있는 죽음의 필연성이 기회 역시 될 수 있음을 강조하였다.[63]

이런 측면은 1990년대 긍정심리학이 '삶의 의미'를 행복한 삶의 정신적 삶의 도달점으로 설정하면서 보다 연구의 깊이가 더해졌다. 특히 삶의 의미가 즐거운 삶의 행복, 관여적인 삶의 행복보다 행복

---

62) 정미영, 앞의 논문, 2010.

63) P. T. P. Wong, *op. cit.*, 2008, pp.65-87.

에 더 중요한 요소일 수 있으며, 안녕감(웰빙, 행복)의 독립적인 요소임이 입증되면서 삶의 의미에 대한 독자적인 연구의 필요성이 제기되었다.[64] 그런데 긍정심리학이 의미 있는 삶의 웰빙(행복)을 강조한다면 로고테라피나 실존주의 심리학 역시 의미 있는 삶의 행복을 강조한다. 그런데 삶과 죽음은 실존주의 심리학에서 강조하듯 동전의 양면이라고 할 수 있다. 죽음 없는 삶은 없으며, 삶 없는 죽음이 없다는 것이다. 폴 웡의 의미관리이론에서도 삶에 대한 죽음 불안이 부정적 양상뿐 아니라 긍정적 양상을 끼침을 강조한다. 우리는 죽음의 실제로부터 벗어날 수 없을 뿐만 아니라 오히려 죽음 불안을 변형시켜 우리의 능력을 의미 있는 삶의 행복을 위한 이야기로 구성하고 활용할 수 있다. 죽음은 자기실현이나 자기 초월을 위해서도 유용하기에 우리는 죽음을 의미 있고 활기있는 삶을 살기 위해 직면하고 껴안아야 하는 것이다. 하지만 죽음에 짓눌리거나 죽음의 공포에 무서움으로 과도하게 반응하면 인간의 성장에 적절하지 못하다. 죽음을 피하는 가장 일반적인 방식의 하나는 죽음을 두려워하는 것이지만[65] 웰빙과 웰다잉을 위해 건강한 길은 죽음을 수용하는 것이다.

일찍이 프랭클의 로고테라피나 얄롬류의 실존적 철학상담치료는 이러한 수용의 기술을 강조하였다. 우리에게 절망을 가져다주는 요소들, 즉 인간에게 부여된 피할 수 없는 조건들 때문에 우리가 고통을 받고 있다는 데에 기반하며, 인간에게 부여된 이러한 근본적 조건을 죽음, 자유·책임감, 고립(소외), 인생의 무의미라고 보았고 이것을 수용하기를 강조하였는데, 이 네 가지 궁극적 고뇌는 그의 실존

64) 박장호, "도덕적으로 의미 있는 삶", 『윤리교육연구』 제35집(한국윤리학회, 2014.12), p.256.
65) P. Furer & J. R. Walker, *op. cit.*, 2008, pp.167-182 참조.

적 심리치료의 중추적 주제인 것이다.[66] 죽음 이외에 자유·책임감, 고립, 인생의 무의미는 고통 내지 고뇌로서 실존에 다가올 수 있으나 죽음과 함께 수용하는 것이 중요한 것이다. 폴 윙은 여기에 행복의 문제를 부가하였다.[67] 이러한 수용의 심리치료는 환자의 특정 증상을 제거하는 데 그치는 것이 아니라 환자로 하여금 자신의 삶의 의미와 본질적인 인간 조건의 고통을 올바로 깨닫고 자신 안에 있는 힘을 발견하여 의미 있는 삶의 행복을 위한 기술을 발현하도록 돕는다.

예컨대 <이키루>는 아마도 죽음과 삶에 관한 의미에 관한 가장 의미 있는 영화들 중의 하나일 것이다. 와타나베(타카시 시무라)는 그의 인생의 공무원 시절에 위암판정으로 죽을 수 있음을 알게 된다. 그는 많은 시간을 보람 없는 일에 헌신하였기에 그의 삶을 실제로 살지 않았다고 한탄한다. 그는 실존적 불안 가운데서 하이데거가 말하는 본래적 실존으로 살지 못했다는 가책, 존재론적 양심의 가책과 함께 프랭클이 말하는 실존적 의미공백을 심각하게 자각한다. 이렇게 그가 죽음불안과 함께 그 자신의 무의식적인 실존적 의미공백에 직면하였을 때, 와타나베는 변화된다. 그가 죽기 전에 공원을 가난한 이웃들에게 제공하기 위해 관료주의를 변화시키고 이웃에게 도움을 주기 위한 결심을 하게 된다. 이것은 실존적 의미 공백을 메꾸는 것을 넘어서서 불교에서 말하는 무아(無我), 기독교에서 말하는 자기 십자가를 지는 삶을 보여주며 로고테라피에서 말하는 창조적이고 드라마틱한 자기초월(self-transcendence)의 행동을 보여준다.[68] 그것은 마치 피상적인 웰빙을 주장하던 베드로가 예수의 타자

---

66) I. Yalom, *op. cit.*, 1980.

67) P. T. P. Wong, *op. cit.*, 2008. pp.65–87.

를 위한 십자가 지심, 웰다잉을 거부하다가 결국 자신도 십자가를 지는 웰다잉의 삶을 따라간 것처럼 극적인 자기초월의 행동을 보여주는 것이다. 또는 <쉰들러 리스트>의 유태인을 구하는 쉰들러의 희생적 노력처럼 다른 사람의 복지(아이들을 위해, 의미 있는 일을 위해, 깊은 공동선을 위해)를 지향하는 의미 있는 삶의 행복을 위한 노력이자 자기 자신의 이해관심(interests)을 초월하는 케노시스(kenosis, 비움)의 행동을 보여준다. 또한 영화의 후반부로 갈수록 와타나베는 <쉰들러 리스트>의 쉰들러처럼 피상적인 웰빙을 넘어서는 웰다잉, 자기초월 속에서 진실성과 이타성이 가득한 성격강점을 드러내면서 그의 마지막 날에 그의 인생에 있어서 의미 있는 결단과 행동을 하기를 원한다. 비록 그는 암과 임박한 죽음이란 고난에 직면하지만 그는 초심자의 생각과 실천을 통해 삶의 실존적 삶의 의미, 의미있는 삶의 행복을 발견한다. 그리고 노래 부른다. 인생은 짧다는 노래를 부른다. 마지막 장면은 우리에게 건강한 죽음의 수용과 함께하는 웰다잉과 함께 의미 있는 삶의 행복, 웰빙이 회복된 회복의 해석학을 보여준다.

앙리 베리히만(I. Bergman) 감독의 <제7인의 봉인>(1957)과 <산딸기>(1957) 역시 죽음 앞에서의 의미를 다룬 좋은 웰다잉 영화인

---

68) 인간만이 자기중심적인 관심이나 주의에서 탈피할 수 있다는 뜻에서 인간은 자기 자신으로부터 물러서는 존재이며, 이때야 비로소 진정한 존재양식을 획득하게 된다. 자아실현은 자아초월의 부수적인 결과로서만 얻어진다. 매슬로우의 시각과 프랭클의 시각은 이 부분에서 일치하는데 '자아실현이라는 과업'은 '중요한 일에 헌신함으로써' 가장 잘 실행되기 때문이다. 의미치료에서 자기표현이나 자아실현은 동기이론의 충분한 바탕이 되지 못한다. 쾌락이나 권력에 대한 의지처럼 자아실현은 다만 하나의 부차적인 효과로 얻어지는 것이지, 그 자체가 하나의 목적이 되거나 일차적으로 지향하는 목표가 될 때 자아실현은 달성될 수가 없다. 프랭클은 자아실현에 지나치게 관심을 쏟는 원인은 의미를 찾으려는 의지의 좌절에 있다고 보았다. 자아실현을 의도적인 목표로 삼는 것은 자기 파괴적이고 자멸적인 것이다. V. E. Frankl, *op. cit.*, 2006.

데, 이런 영화들의 마지막 장면에서 주는 통찰은 <이키루>와 유사하며 하이데거가『존재와 시간』에서 소개했던 톨스토이(L. Tolstoy)의 '이반 일리치의 죽음'에서의 통찰과도 유사하다. <이키루>에서처럼 60대의 늙은 노인이 살날이 며칠 남았음을 깨닫자 자신의 삶을 낭비했음을 또한 의미가 없었음을 깨닫는다. 그는 죽음에 직면해서야 그 자신을 넘어 성장한다. 마침내 그는 그의 인생에 대한 무한한 의미가 흘러넘침을 보게 된다.[69] 그러므로 죽음은 개인으로 하여금 이전에 깨닫지 못했던 의미를 추구하고, 의미를 만들며, 의미를 재구축함을 통하여 의미의 충만한 가능성들에 대해 깨어 있게 하는 데 봉사한다. 물론 <이키루> 등을 포함한 주인공들은 의미를 발견할 뿐만 아니라 공원의 창조 등을 통해 창조적 행동으로 나아갔다는 측면에서 웰빙 교육 차원의 조망이 가능하면서도 아름다운 웰다잉 교육의 감동을 보여준다.

2) 웰빙 교육의 버킷리스트와 웰다잉 교육의 버킷리스트 그리고 통합영화교육을 향해

종종 죽기 전에 꼭 해야 할 일이나 하고 싶은 일에 대한 리스트를 말하는 버킷리스트(bucket list)는 긍정정서를 함양(즐거운 삶의 행복을 함양)하고 적극적인 삶의 행복과 의미 있는 삶의 행복을 추구하는 데 있어서 긍정심리학의 행복을 위한 중요한 과학적 도구이자 기법이지만 삶의 기술로도 이해될 수 있다. 하지만 버킷리스트는 웰다잉 교육을 위한 중요한 삶의 기술일 것이다. 물론 영화를 활용한다

---

69) 위의 책, p.129.

면 웰빙 교육이나 웰다잉 교육 모두에 사용할 수 있는 기법 내지 도구가 될 것이다. 영화 <버킷리스트>(2007)는 롭 라이너 감독(R. Reiner)의 작품으로 로고테라피에서 강조하는 의미의 중요성과 자기초월 그리고 죽음에 직면한 가치를 잘 보여주면서 웰다잉뿐 아니라 의미 있는 삶의 행복, 즉 웰빙 교육 모두에 활용될 수 있는 영화이다. 다시 말해서 프랭클은 인간존재의 본질이 자아초월에 있음을 강조하면서, '매슬로우의 욕구 5단계 이론'의 마지막 단계인 자아실현보다 더 위에 자아초월 단계가 있는 것을 말했는데, 정말 이 영화에서 두 캐릭터는 자아실현에 치우친 관심을 태도를 내려놓고, 무의식적·의식적 실존적 의미공백의 시점을 지나 여행을 하면서 새로운 눈으로 세상을 보고 행복을 발견해 가는데, 자기에게 집착하기보다는 자기 자신을 초월해가거나 누군가를 사랑해가며, 감사와 용서의 해석학을 펼치며 더 인간다워지는 면을 보여준다.

두 주요 캐릭터인 에드워드(잭 니콜슨)과 카터(모르건 프리먼)은 병원에서 만난다. 두 사람 다 암환자이다. 가족들은 "절대 포기 못해", "좀 더 나은 대학병원에 갑시다"라고 말하지만 두 사람은 이미 작성한 버킷리스트를 가지고 자신이 정말 하고 싶었던 좋아하는 일에 몰입하면서 적극적인 삶의 행복 여행을 떠나게 된다. 긍정심리학에서 적극적인 삶의 행복과 관련하여 중요한 몰입 개념을 만들어낸 미하일 칙센트하이(M. Csikszentmihaly)에 의하면 '분명한 목표와 규칙'이 있는 활동을 할 때, 몰입이 경험되기 쉽다고 하는데, 이들의 버킷리스트에 따른 여행은 암환자로서 받게 되는 의료적인 돌봄 혹은 수동적인 여가(예를 들면 TV 시청, 그냥 쉬기, 낮잠 자기) 혹은 무의미한 생명연장과 연결되는 삶의 질의 저하와는 차원이 다른 몰입경험을 제공하면서 자신과 시간을 잊고 그 순간에 몰입(flow)하는 다양한 경험을 통해 행복을 고양하고 죽음을 수용하게 해준다.

무의미한 생명연장의 연명치료적 과학기술을 비웃는 듯한 그들의 파격적인 행동은 삶과 치료를 포기하는 것이라고 걱정했던 가족들의 염려와는 달리 새로운 삶의 경험과 의미를 확대하면서 삶을 반추하며, 죽음을 수용하되, 자기를 초월해가게 해준다. 그들의 버킷리스트와 병행되는 적극적인 삶의 행복한 순간들, 의미 있는 삶의 행복한 순간들은 하지만 고난, 즉 두 암환자의 임박한 죽음이란 상황설정과 끝없이 교차한다. 하지만 영화는 유머라는 성격강점이 두드러지게 나타나게 함으로써, 웰빙과 웰다잉이 교차하는 지점에서 행복한 긍정정서, 즐거운 행복의 삶의 기술을 표출시키면서 의미 있고 기쁜 죽음 수용을 가능케 한다. 최고가의 커피가 결국 고양이 똥으로 만들어졌다는 유머 등을 통해 최후의 병상에서도 "눈물이 날 때까지 웃기"라는 버킷리스트를 달성하는 이 영화는 로고테라피뿐 아니라 긍정심리학의 성격강점에서 긍정적인 정서와 그 힘의 균형을 위해 매우 중요시되는 유머라는 성격강점을 다양하게 표출하는데,70) 영화 전반에서 죽음 수용의 아름다운 정서적 표현, 긍정정서의 표현들을 보여준다.

이런 점에서 인간의 피할 수 없는 가능성인 죽음을 보다 체험적으로 지각하고 수용하게 하면서 본래적 자아나 자신의 전체성을 보게 하는데 기여하는 버킷리스트는 웰빙 교육에서도 많이 활용되지만

---

70) W. L. Dobson & P. T. P. Wong, "Women living with HIV: The role of meaning and spirituality", In A. Tomer, G. T. Eliason, & P. T. P. Wong(Eds.), *Existential and spiritual issues in death attitudes*(New York, NY: Lawrence Erlbaum Associates, 2008); D. Guttmann, *Logotherapy for the helping professional: Meaningful social work*(New York, NY: Springer, 1996); pp.173-207. C. Peterson & M. E. P. Seligman, *op. cit.*, 2004.

웰다잉 교육을 위해서도 활용할 필요가 있다. 웰빙 교육이나 웰다잉 교육 모두 버킷리스트를 통해 '메멘토 모리'(Memento mori), 죽음을 기억하라를 말하면서도 긍정정서(즐거운 삶의 행복)를 함양하는 현재에의 충실함과 기쁘게 사는 카르페 디엠을 이야기하기 때문이다. 일본 다큐멘터리영화 <엔딩노트> 역시 유사한 것을 이야기하고 있다. 정년퇴직 후 인생 2막을 준비하던 중년 남성이 말기암 판정을 받은 뒤 가족과 버킷리스트를 실천해가는 과정을 담았다. <나우 이즈 굿>(2012) 역시 이런 버킷리스트의 실천을 보여주면서 현재 삶의 소중함에 방점을 찍는다. <나우 이즈 굿>에는 이런 감동적인 대사가 있다. "기억해……. 가장 소중한 건 바로 지금이라는 사실을." 즐거운 삶의 행복, 긍정정서를 함양하는 '나우 이즈 굿(Now is Good)'이라는 깨달음은 웰다잉이나 웰빙 교육이나 모두 망각하지 말아야 할 교훈이라고 할 수 있다. 이 영화는 시한부 영화이지만 눈물을 쥐어짜는 신파극이 아니라 현재의 소중함을 극적으로 보여주는 영화인 것이다.

그런데 이런 영화들을 보면서 우리가 아쉽게 생각하는 것은 꼭 죽음에 직면해서야 하고 싶었던 일, 자신을 행복하게 할 수 있는 일이 무엇인지를 생각하고 실행한다는 점이다. 좀 더 건강할 때, 아직 시간이 많이 남아 있을 때 자신이 정말 하고 싶은 일, 가고 싶은 곳, 보고 싶은 것이 무엇인지를 찾아서 성취해나간다면 더 행복한 삶을 살 수 있지 않았을까? 이런 점에서 웰다잉와 웰빙이나 또는 관련 교육이든지 간에 현재의 삶을 소중히 하고 현재의 즐거운 삶을 향한 긍정정서를 함양하며, 기쁨의 해석학을 구현해나가는 삶의 기술을 배우는 것이 중요하다. 또한 버킷리스트 작성도 웰빙이나 웰다잉의 차원에서 현재의 깨어 있는 삶을 위한 기술이라는 차원에서 접근할 필요가 있다. 우리가 현재의 내 삶을 소홀하게 대하지 않고, 하찮고 우습게 여기지 않기, 따사로운 햇볕을 쬐면서도 감사하지 못했고, 자연 속에 있으면서도 감사하지 못한 점을 반성하고 무심한 삶이 아니고 음미하고 누리며 느끼는 삶의 기술을 가져야 하는 것이다.

이런 점에서 버킷리스트를 작성하다 보면 우리는 <체리향기>에서 말하는 행복, 웰다잉 교육이나 웰빙 교육의 모든 차원에서 말하는 즐거운 삶의 행복과 관련된 긍정정서를 배양해 더 행복해지는 경험을 하기도 한다. 버킷리스트를 통해 과거, 현재, 미래의 긍정정서를 배양하고 확장하고 구축할 수 있다. 리스트를 작성하면서부터 기쁨과 즐거움, 기대와 희망의 긍정정서를 느낄 수 있는 것이다. 실제 버킷리스트를 이루어가면서 이룬 후에 다시 이룬 일들을 떠올리면서 열정, 몰입, 성취감, 자부심, 만족 등의 긍정정서를 배양하고 확장할 수도 있다. 이런 점에서 버킷리스트의 묘미는 즐거운 행복의 삶, 즉 긍정정서의 실천에 있다고도 할 수 있다. 이렇게 실천하면서 나를 사랑하는 마음으로, 내가 좋아하는 일과 원하는 일을 하면서 긍정정서를 배양하고 확장해서 내 행복을 만든다면 죽음을 의식하면서, 가장 진정한 행복을 찾아가는 하나의 길이 될 수 있을 것이다. 이런 측면에서 좋은 웰다잉 영화들은 버킷리스트와 같은 특성을 가지면서 긍정심리학의 범주와 만나며, 로고테라피와도 만나는 지점들이 있다. 버킷리스트는 긍정심리학이나 로코테라피나 의미관리 이론 모두에 적용할 수 있는 행복한 삶과 죽음을 위한 도구일 뿐만 아니라 용서와 감사, 기쁨과 희망, 행복과 의미의 해석학을 펼치는 긍정해석학의 날개일 수도 있는 것이다.

4. 나가면서

지금까지 웰빙·웰다잉 교육을 통합하되 영화까지 통합하여 영화적 통합교육의 방향을 모색해 보았다. 죽음까지 의미 있는 삶의 행복을 위해 껴안은 실존주의 심리학·로고테라피·의미관리이론을 긍정심리학으로 해석하되 작금의 과학적인 긍정심리학으로 통합하되 긍정해석학의 차원에서 웰빙·웰다잉 교육을 소통시키면서 영화를 활용하는 방안을 모색해보았다. 영화가 단순히 재미를 추구하는 것이 아니라 좋은 삶과 죽음에 기여하는 것이라면 가장 웰빙이나 웰다잉을 잘 드러낸 영화의 주인공처럼 살고 싶은, 원본의 삶처럼 살고픈 재현의 꿈을 추구해보았다.

비록 긍정심리학 다소 새로운 영역이고 긍정심리학 영화의 활용은 더욱 새로운 시도라고 할 수 있지만 해석학적 차원에서 성찰해본다면 그 창조적 적용가능성은 의미 있다고 할 수 있다. 특별히 웰빙교육을 추구하는 긍정심리학 프로그램은 학생들의 호기심과 학습애 그리고 창의성을 증진시키는 경향성이 있는데, 영화교육 프로그램은 더욱 학생들의 즐거움과 참여도를 향상시키면서도 웰빙 교육과 웰다잉 교육을 심화시켜줄 것이다.

또한 삶의 부정성에 함몰된 심리학, 여성주의 비평, 정신분석학적 비평, 탈식민주의적 비평, 이데올로기적 비평 등 의심의 해석학에 함몰된 비평이 아니라 보다 삶의 긍정성을 만지는 긍정심리학과 긍정해석학은 학생들을 회복하고 행복하게 하는 회복과 행복의 해석학을 지향하면서, 죽음까지 의미 있는 삶의 행복을 확대시키는 방편으로 활용하면서 영화를 통해 학생들에게 창조적 기쁨을 주는 기쁨의 해석학으로 기여할 수 있을 것이다.

PART 06
⋮

긍정심리학과 도덕교육에서의
우울증 상담·교육

1. 들어가면서

본 연구는 도덕교육에서 우울증(depression) 상담·교육의 적용에 대해 살펴보되, 주로 인지치료와 긍정심리치료에 기반하여 우울증을 예방하고 치료·상담할 수 있는 방향을 제시하고자 한다. 특별히 학교에서의 긍정교육과 긍정예방교육은 우울증예방과 치료·교육에 효과가 있을 것이라는 전제하에 보다 구체적인 방향과 제언을 추구하고자 한다. 인지치료에 이어 최근에 발전한 긍정심리학 분야의 눈부신 발전은 우울하고 불행했던 마음을 치료하는 심리학에서 그 불편한 마음에서 벗어나 자유롭게 자아를 찾고 더 나아가 건강하고 행복한 생활을 할 수 있는 길을 제시하고 있다.

사실 우리 학생들은 지금 유래가 없을 정도로 심각한 슬픔과 비관주의, 수동적인 상태에 빠져 있다. 원래 우울증은 중년 여성들에게 주로 나타나는 그리 흔치 않은 증상이었다. 그러나 지금은 감기처럼 흔한 질환이고 그전과는 달리 중학생, 고등학생, 대학생 사이에서도 많이 발생한다. 우리나라의 경우 임상적인 우울을 가진 청소년의 비율이 점점 증가하고 있는데, 우울증은 다른 어떤 질환이 있는 환자보다도 신체·직업·사회적 기능이 떨어뜨리며, 최악의 경우 자살을 통한 비극적 사망을 초래하기도 한다. 따라서 우울증의 원인을 규명하여 효과적인 상담·교육을 도덕교과에서도 적용할 필요성이 있다. 우울증의 치료는 지금까지 우울증의 병인학적 지식이나 신경생물학적 이해가 부족함에도 불구하고 정신의학과에서 항우울제의 사용 등을 통해 도덕과 교육과정 외에서 시도되었고, 적절한 약물치료를 받으면 유의한 증상 개선을 보였다. 하지만 본 연구에서는 우울증치료에서 효과적인 치료효과를 보이고 있는 인지치료와 이를 더욱 발전시킨 긍정심리학적 치료 및 교육을 통해 도덕상담에서 수용하는 방식을 제시하고자 한다.

이를 위해 본 연구에서는 먼저 우울장애의 진단기준과 원인 그리고 동반장애의 문제를 살피고자 한다. 그다음 도덕교과 외에서 추구되었던 우울증의 생물학적 치료에서 주로 활용되었던 약물학적 치료 및 운동과 신체활동의 문제를 살피고자 한다. 또한 우울증의 회복을 위해서 활용되는 주요한 선행 이론들을 우선 살피고자 한다. 우울증은 불충분한 뇌의 화학작용 때문에 생긴다는 생체의학적 이론, 자기 자신에 대한 분노로 인해 생긴다는 정신분석학적 이론, 그리고 비판적이고 의식적인 생각에서 비롯된다는 인지치료이론 등을 살피고자 한다. 특별히 항우울제 등을 활용하는 정신의학의 전문가적 접근들이 가지고 있는 한계들, 극단적 우울증에는 항우울제가 믿을 만한 효과를 보이지만 중도 또는 경미한 우울증에는 효과가 약하다는 차원을 고려하면서 도덕교육에서 추구할 수 있는 우울증 예방과 상담·교육의 방향과 전략을 제시해보고자 하였다. 프로이트를 추종하는 정신분석학적 접근 역시 우울증 상담과 관련된 정신분석을 오직 정신의학과 의사들만 하도록 하는 자기방어적인 전문가주의의 성격이 있지만 인지치료를 발전시켜 나가는 긍정심리학적 접근을 통해 전문가주의를 넘어 학교에서 웰빙을 가르치면서 또한 우울증을 예방하고 상담·교육할 수 있는 길을 제시한 선행연구[1])에 의존하면서 도덕교육에서의 우울증 상담·교육 방안을 제시하고자 한다.

2. 우울장애의 진단기준과 원인 그리고 동반장애

정서장애 혹은 기분장애에 속해 있다고 할 수 있는 우울증은 정신장애의 진단 및 통계편람 4판(Diagnostic and Statistical Manual of Mental Disorders, fourth edition: DSM-IV)에 의하면 주요 우울증, 기분저하증, 달리 구분되지 않는 우울증으로 구분된다. 또한 우울증으로 진단되기 위해서는 <표 6-1>에서 제시하는바 최소한 2주간 지속되는 핵심 증상, 즉 우울감이나 흥미 저하 중에서 한 가지는 있어야 한다.

<표 6-1> 주요 우울증삽화의 DSM-IV 진단기준[2])

A. 다음 증상 중 다섯 가지 이상이 2주간 지속되어야 하며 과거 기능의 변화를 반영해야 한다. 최소한 한 가지 증상은 (1) 우울한 기분 또는 (2) 흥미나 쾌락의 상실이어야 한다.
(1) 거의 매일, 하루의 대부분 동안 우울한 기분(또는 소아 및 청소년에게서는 자극 과민성이 주관적으로 표현되거나 또는 타인에 의해 관찰됨)
(2) 거의 모든 활동에서 흥미나 쾌감이 현저히 저하(거의 대부분의 시간 동안 주관적으로 호소하거나 객관적으로 무감동증이 관찰됨)
(3) 식이조절을 하지 않는 상태에서의 현저히 저하(거의 대부분의 시간 동안 주관적으로 호소하거나 객관적으로 무감동증이 관찰됨)

---

* 본 글은 최용성, "도덕교육에서의 우울증 상담·교육", 『윤리연구』제112호(2017.03.30.)에서 수정·보완한 것임.
1) 마틴 셀리그만, 윤상욱·우문식 옮김, 『마틴 셀리그만의 플로리시』(서울: 물푸레, 2011), p.127.

(4) 거의 매일 지속되는 불면 또는 수면 과다

(5) 거의 매일 지속되는 정신운동초조 또는 지연(단순히 안절부절하거나 느려진 듯한 주관적 느낌만이 아니라 객관적으로 관찰될 수 있어야 함)

(6) 거의 매일 지속되는 피로 또는 에너지의 상실

(7) 거의 매일 지속되는 무가치감 또는 과도하거나 부적절한 죄책감(단순한 자책이나 병이 난데 대한 죄책감이 아니며, 망상적일 수 있음)

(8) 거의 매일 지속되는 사고능력 또는 집중력의 저하 또는 우유부단(주관적으로 호소하거나 객관적으로 관찰될 수 있어야 함)

(9) (죽음에 대한 공포뿐 아니라) 반복적인 죽음에 대한 관념, 구체적인 계획은 없으나 반복되는 자살사고 또는 자살기도 또는 자살기도에 관한 구체적인 계획

B. 증상이 혼재성 삽화의 기준을 충족시키지 않아야 함

C. 증상이 사회적·직업적 또는 다른 중요한 기능 영역에서 임상적으로 심각한 고통이나 장해를 일으킴

D. 증상이 물질(예: 약물남용, 투약)이나 일반적 의학 상태(예: 갑상선기능항진증)의 직접적인 생리적 효과에 의한 것이 아님

E. 증상이 차별에 의해 더 잘 설명되지 않는다. 즉, 사랑하는 사람의 상실 후에 증상이 2개월 이상 지속되거나, 현저한 기능장해, 무가치감에 대한 병적 집착, 자살사고, 정신병적 증상 혹은 정신운동지연 등이 특징적으로 나타남

또한 핵심 증상을 포함하는 9개의 우울 증상 항목 중에서 동시에 5가지 이상의 증상들이 2주 이상 존재해야 한다. 정신의학과 의사가 아니라도 도덕교사는 우울증의 진단기준을 통해 우울증 진단을 할 수 있다. 다만 예외적으로 우울증과는 달리 양극성 장애에서도 주요 우울장애의 삽화가 있을 수 있다. 양극성 우울증과 우울증은 서로 다른 질병 경과를 보이는 원인적으로 다른 질환이며, 치료방법도 다름을 알아야 하고, 처음에 우울증으로 진단된 경우에도 양극성장애로 발전할 가능성이 있는 애매함이 있음을 고려하여야 한다. 양극성 장애는 조울증으로 흔히 더 알려져 있는데, 양극성 장애 때는 기분이 '고조되는' 조증기와 극심한 우울증 기간의 주기가 반복되는 기분변화가 나타난다. 다시 말해서 조울증과 일반 우울증을 구분하기

---

2) 박원명·민경준, 『우울증』(서울: 시그마프레스, 2012), p.85 참조.

가 정신의학과 의사도 실수하기 쉽다는 점, 이런 부분에서는 작금의 도덕교사들이 전문상담능력뿐 아니라 진단을 제대로 할 수 없는 부분이 있기에 도덕교사는 리코나(T. Lickona)의 통합적 인격교육론에서 강조하는바 지역사회의 정신의학과 의사와 협조 및 연계체제를 가지고 도움을 구해야 하며, 가정과도 연계하면서 정신건강을 고려하는 상담·교육을 해야 할 것이다.

우울증의 원인과 관련해서 크게 유전학적(후생유전학적) 원인, 신경생물학적 원인, 심리사회적 모델이 있다. 우선 유전학적 원인과 관련해서 우울증의 후보 유전자 연구에서 우울증을 유발하는 보편적인 단일 유전자는 아직 발견되지 않았으며, 세로토닌운반체 유전자나 뇌유래신경영양인자, 트립토판히르록실라아제 등의 유전자가 연구되었으나 유전자와 우울증과의 연관성에 대해 모두 강한 유전적 상관성을 찾지는 못했다는 점에 유의할 필요가 있다. 하지만 많은 다른 질병들처럼 우울증은 한 집안에서 많이 생길 수 있다. 심장병, 고혈압, 그리고 우울증은 어떤 가계에 특히 흔한 질환 가운데 하나라는 점을 유의해야 한다.

최근에는 '후생유전'(epigenesis)학에서 우울증과 항우울 작용의 병태생리에 미치는 영향에 대한 연구들이 이루어졌는데,[3] 이는 일란성 쌍둥이에서 우울증의 발생률이 일치하지 않는 것, 근친 교배한 설치류의 우울증 동물 모델에서도 서로 다른 증상들이 나타나는 것, 만성적으로 재발하는 것과 여성에게서 유병률이 높은 것이 후생 변화로 설명이 가능하게 되었다. 후생변화는 DNA 염기서열의 변화가

---

3) N. Tsankovawa, W. Bental, A. Kumar & E. J. Nestler, "Epigenetic regulation in psychiatric disorders", *Nature Rev Neurosci,* 8(2007), pp.355-367.

일어나지 않고도 환경적 영향이 유전자 기능의 변화를 일으킬 수 있음을 의미하는데, 우울증 연구에서는 크로마틴 단백질 변형 과정에 초점을 맞춘다. 하지만 전체적으로 유전학적 원인은 아직 기대만큼의 결과가 나오지 않고 있다.

우울증의 요인과 관련해서 신경생물학적 요인 또는 신경생화학적 요인이 있다. 이 요인은 신경전달물질의 변화와 관련된다. 세로토닌과 노르에피네프린, 도파민과 같은 신경전달물질[4]은 대뇌 전반에 작용하여 인간의 감정, 사고, 행동에 지대한 영향을 미친다. 신경전달물질이 적정한 수준에 있을 때 두뇌 기능은 균형을 맞춘다. 신경전달물질의 결핍과 관련하여 우울증의 '단가아민가설'(monoamine theory)은 뇌의 단가아민 결핍이 우울증을 발생시킨다는 이론으로서, 항우울제 작용 기전에서 유래하였다.[5] 또한 노르에피네프린 효현제나 도파민, 코카인 중독에 의한 수면시간 감소나 유쾌한 기분 상태 등의 증상과 금단 시 우울 증상이 발견되었으며 이 모두가 단가아민 가설을 뒷받침하는 근거로 받아들여졌다. 어쨌든 전체적으로 신경전달물질을 항우울제 약물을 이용하여 자연적인 상태로 되돌리는 것이 두뇌의 조화로운 기능으로 회복하고 안정감으로 되돌아가게 해서 우울증치료가 가능하게 된다고 본다. 물론 우울증은 신경해부적인 요인, 뇌의 기능 또는 구조적인 장애 때문에 발생하기도 한다. 뇌 스캔 연구를 통해 우울증이나 불안 장애를 가진 환자들의 뇌가 건강한 사람의 뇌와 특정 부분이 다르다는 것이 밝혀지기도 했다.

한편 우울증의 심리사회적 모델, 우울증의 심리학적 원인론은 심

---

4) 여기서 신경이라는 것은 두뇌세포를 의미하고 전달물질이라는 것은 정보를 보내고 받는다는 것을 의미한다.

5) 박원명·민경준, 앞의 책, p.53.

리치료의 전통에서 정신분석이론 등을 기반으로 하는 접근도 있었지만 인지치료를 기반으로 한 것이 보다 효과적으로 활용되는 측면이 있으며, 인지치료의 연장선상에서 긍정심리학이 발전되었다고 볼 수 있다. 고전적 정신분석이론에서는 리비도가 부여된 대상에 대한 공격욕동을 자아가 위험한 것으로 받아들임으로써 오는 내적 갈등에서 우울증이 비롯된다고 보았고, 이후의 학자들에 의해 많은 이론이 덧붙여졌다. 인지치료에서는 개인의 취약성과 외부의 자극, 외부 자극에 대한 개인의 인지반응과 행동반응이 상호작용을 거쳐 우울증이 발생한다고 보았고, 이중 어떤 부분에 강조를 두느냐에 따라 여러 모델과 이론이 제시되었다. 우울증의 심리학적 원인론은 이렇게 다양하게 전개되어왔으나 우울증이 한 가지 원인이 아닌 다양한 원인적 요소가 상호작용하여 일어난다는 것은 아무도 부인하지 못하는 사실이기 때문에 앞으로 심리사회적 원인론에 대한 탐구는 더 필요할 것이다.

<표 6-2> 역동정신·정신분석 이론과 인지치료의 이론적 배경[6]

이론	역동정신치료	인지행동치료
주요이론가	Freud, Kohut	Beck, Rush, Seligmann
병리와 원인	자아(ego)의 퇴행 자존심의 손상 초기 아동기 때 대상 상실과 좌절로 인한 해결되지 않은 갈등	왜곡된 사고 자기 자신, 세상, 미래에 대한 학습된 부정적 견해로 인한 우울감
치료목표와 변화기전	과거 갈등의 이해를 통하여 인격변화를 촉진: 방어기제 자아왜곡 초자아 결함에 대한 통찰을 가짐 역할모델의 제공 공격성의 정화적 해소	왜곡된 사고의 변화를 통하여 증상 완화: 자기 파괴적인 인지의 명료화 오류적 가정의 수정 자기통제의 증진
치료기법	표현적·공감적 기법: 전이와 저항의 해석 방어기제의 직면 왜곡된 자아와 초자아 기능의 명료화	행동적·인지적 기법 합리적인 사고와 실험을 통한 왜곡된 인지의 수정 대안적 사고의 제공, 숙제

우울장애의 심리학적 이론 중에서 현재 가장 많이 연구된 것은 아론 벡(A. Beck)이 처음 제시하고 많은 학자에 의해 제시된 인지이론이라고 할 수 있다. 아론 벡은 우울장애의 인지모델로 세 가지 핵심 요소를 설정했는데 '인지삼제'(cognitive triad), 정보처리의 오류, 부정적 '자기 스키마'(self-schema)가 그것이다.[7] 인지삼제란 첫째, 자신에 대해, 둘째, 세상에 대해, 셋째, 미래에 대해 지닌 부정적인 인식과 해석, 기대, 기억을 말한다. 인지삼제의 첫 번째 구성요소는 자신에 대한 부정적 관점으로 우울한 사람들은 자기를 열등하게 보는 경향이 있다. 두 번째 요소로 우울한 사람들은 세상 또는 타인들과의 관계를 부정적으로 본다. 마지막 구성요소는 미래에 대한 비관적 관점으로 우울한 사람들은 미래에도 고난이 계속되고 성공 가능성이 거의 없을 것으로 예상한다. 이런 부정적인 생각이 우울장애의 기분, 행동, 신체 증상에 영향을 미친다는 것이 기본 개념이다.

이런 부정적인 생각 혹은 인지도식 또는 자기 스키마는 피아제나 (J. Piaget)나 콜버그(L. Kohlberg)가 말하는 사색적이고 느린 인지적 스키마가 아니라 사회적 직관주의자이자 긍정심리학자인 조너선 하이트(J. Haidt)가 말하는 무의식적인 자동적·직관적 사고와 가깝다. 직접적으로는 인지할 수 없지만 우리의 믿음체계와 자동적으로 떠오르는 생각들은 인지도식의 영향을 끊임없이 받는다. 우울증에 취약한 사람은 부정적 자기 스키마가 있다고 할 수 있는데, 이런 스키마는 어린 시절에 부모로부터 거부당하거나 비난받거나 인정받지 못한 결과로 형성되었을 수 있다. 스키마는 개인의 경험과 상황에서

---

6) 위의 책, p.227 참조 및 재구성.

7) A. T. Beck, *Cognitive therapy and emotional disorders*(New York: Meridian, 1976).

오는 정보 중에서 부정적인 정보만 선택적으로 채택하기 때문에 개인이 긍정적 경험을 계속하여도 부정적 믿음이 깨지지 않고 지속된다. 우울장애의 발생은 환자가 스트레스 상황에 놓였을 때 긍정적 정보는 무시하고 버리는 것이다. 우울장애의 발생은 환자가 스트레스 상황에 놓였을 때 잠재해 있던 부정적 자기 스키마가 활성화되어 지속적으로 왜곡된 정보 처리를 유도하고 이에 따라 부정적 인지가 쌓여 우울장애의 여러 증상을 유발한다고 볼 수 있다.[8]

이러한 인지치료의 관점을 발전시킨 긍정심리학자 마틴 셀리그만(M. Seligmann)은 1967년 유명한 동물실험 등을 통하여 우울증의 '학습된 무력감'(learned helplessness) 모델을 최초로 제시하였다. 상자에 개를 집어넣고 바닥에 전기 충격을 가한다. 아무리 발버둥 쳐도 그 전기 충격을 피할 수 없음을 경험한 개는 이후 안전한 곳으로 피할 수 있는 상황이 되어도 그런 시도를 하지 않았다. '아무리 해도 안 된다'는 무력감을 무의식적 · 직관적으로 학습한 것이다. 셀리그만은 이 가설을 사람의 우울증에 적용하여, 개인이 여러 번 원하는 결과를 얻지 못하고 힘든 일을 계속 피하지 못하면, 조절이 불가능하다는 무의식적 설명양식 · 생각을 하게 되고 이는 아무 행동도 못하고 우울 증상을 경험하게 되는 결과를 초래한다고 하였다. 이 가설은 이후에 조절 불가능한 결과를 초래하는 원인에 대한 개인의 인지를 포함시켜 1978년 아브람슨(Abramson) 등과 함께한 연구에서 귀인 이론을 수용하여 '우울증의 귀인 이론'(attributional theory of depression)으로 발전하였다.

---

8) 앞의 책, p.75 참조.

한편 우울증은 '감별진단'(differential diagnosis)과 '동반이환' (comorbidity)의 문제를 가진다. 우울증은 주요 우울장애나 기분부전 장애 외에도 다른 정신과 질환 및 여러 신체질환에서 흔히 일어나 며, 각종 약물에 의해서도 나타날 수 있다. 우울증이란 정신장애의 진단은 DSM-IV 또는 DSM-V를 통해 우울 증상의 진단할 수 있는 데, 감별진단이 제대로 이루어지지 않을 경우 정확한 진단의 실패 때문에 효과적이지 못한 치료를 받기도 하고, 적절한 치료 시기가 지연될 수 있으며, 증상을 악화시킬 수 있다. 주요 우울장애와 감별 진단이 필요한 다른 정신과적 상태는 정상적 사별 반응, 양극성장애, 우울 기분을 동반하는 적응장애, 불안장애, 신체화장애, 인격장애, 조현병, 조현정동장애 등이 있다. 또한 갑상성기능저하증, 쿠싱증후 군, 파킨슨병, 알츠하이머병, 뇌혈관질환, 뇌종양 등 신체적 질환에 의한 우울장애와 알코올, 마약, 환각제, 호르몬제 등 물질 오·남용 에 의한 우울장애와의 감별이 필요하다.

동반이환이란 한정된 기간에 한 가지 이상의 질환이 존재하는 것 이다.[9] 우울증에서의 동반이환은 아주 흔한데, 개인적, 사회적 부담 을 증가시키기 때문에 주의를 가지고 다루어져야 한다. 주요 우울장 애가 있는 개개인은 한 가지나 그 이상의 동반된 장애가 있을 위험 도가 증가한다. 예컨대 '불안'(anxiety)과 우울은 상당 부분 공존하고 있는 것이 사실이다. 실제로 우울증이나 불안증상을 호소하는 환자 의 30-50%에서 두 가지 증상이 동반되는 것으로 보고되고 있다. 몇 몇 연구자들은 이 두 가지 질환이 실제로는 하나의 질환이며 단지

---

9) H. U. Wittchen, "Critical issues in the evaluation of comorbidity of psychiatric disorders", *Br. J Psychiatry* 168-30(1996), pp.9-16.

증상의 연속적인 성격 때문에 다르게 보이는 것으로 이해하기도 한다. 만성적인 불안을 가진 환자들이 우울장애에 이환되는 경우가 높기 때문에 불안은 경우에 따라 우울장애의 전구증상으로 가정되기도 한다. 불안과 우울증의 시간적 선행관계에 있어서는 논란의 여지가 있지만 많은 경우에서 불안이 우울증에 선행하는 양상을 보인다. 실제로 아동기 불안장애에 대한 적절한 치료적 개입이 늦어지게 되면 과민함, 짜증스러움, 분노 표출, 주의 산만, 집중력 저하와 같은 이차적인 문제가 나타날 수 있으며, 이는 청소년기를 거쳐 성인기까지 지속되면서 우울증과 물질 남용, 알코올 중독, 성격 장애와 같은 공존 문제가 발생할 위험이 커지게 된다.[10] 한 예로 불안장애의 한 종류인 외상 후 스트레스 장애를 가진 아동은 외상 경험으로 인한 우울장애와 수면장애를 함께 경험할 가능성이 많기 때문에 학생들의 정신건강을 도모하는 도덕교사는 우울장애와 불안장애의 동반이환 문제를 연관시켜 통합적으로 이해할 필요가 있다.

또한 도덕교사는 청소년의 경우 우울증이 품행장애와 많이 연관된다는 것을 고려해야 한다.[11] 어떤 연구에서는 청소년 우울증 환자의 공존율이 12-41%로, 또는 1/3에서 품행장애가 동반된다고 하였

---

10) P. C. Kendall & B. C. Chu, "Retrospective self-report of therapist Flexibility in a manual-based treatment for youth with anxiety disorder", *Journal of Clinical Child Psychology,* 29-2(2000), pp.209-220.

11) 한 개인 내에서 대표적인 외현화 장애인 품행장애와 대표적인 내현화 장애인 우울이 공존한다는 것은 매우 흥미로운 일이다. 우울증상을 동반한 품행장애는 현행 진단체계들에서조차 그 진단명이 일치하지 않는 상태이기에, 이 문제는 지속적으로 논쟁의 대상이 되어 왔다. 현재 ICD-10(WHO, 2007)에서는 품행장애(F91)와 구분하여 우울과 품행장애가 공존하는 경우를 '우울-품행장애(depressive conduct disorder)(F92)'라는 하나의 진단을 내린다. 반면에 DSM-V (APA, 2013)에서는 우울증과 품행장애로 두 개의 진단을 내리고 있다. 이처럼 우울증과 품행장애의 공존현상에 대하여 우울-품행장애를 품행장애의 또 다른 유형으로 보아야 할지, 아니면 우울증과 품행장애 각각의 두 가지 장애를 가진 것으로 보아야 할지 불분명한 상황에서 품행장애와 구분되는 우울-품행장애의 특성을 연구할 필요성이 있다.

다.12) 다른 연구에서는 소아의 우울증 중 '가면성 우울증'(Masked Depression)에서, 우울증상보다는 공격적이고 탈선적인 행동이 주된 임상 양상이라고 하였으며,13) 소아·청소년기에서는 우울의 증상이 품행장애의 형태로 표현된다고 하였다.14) 결국 학교 폭력문제와 연관된 품행장애의 경우 단순히 규범적 차원이나 반두라(B. F. Bandura)의 도덕적 이탈기제 차원뿐 아니라 우울증과의 공존 문제를 잘 고려해야 한다. 젤러(B. Geller) 등은 전사춘기 우울증의 11%, 후사춘기 우울증의 35%에서 품행장애를 보였다고 하였고,15) 앤더슨(J. C. Anderson) 등은 11세 주요 우울증 환아 가운데 79%가 품행장애 또는 반항장애의 진단기준을 만족시켰으며, 4~16세의 환아에서는 45%가 이에 해당하였다고 하였다.16) 그러므로 청소년의 우울증은 학업부진·게임중독·비행 등 위장된 형태로 나타난다고 할 수 있으며, 품행장애의 형태를 많이 취하기도 하는데, 이 경우 청소년 우울증은 성인과 달리 우울한 감정이 겉으로 드러나지 않는 가면성 우울증의 양상을 띠는 특징을 지닌다고 하겠다. 즉, 분노하고 화내고 폭력과 문제를 일으키는 10대가 단순히 품행장애라기 보다는 그 원인이 우울증에 있다는 사실을 주의할 필요가 있는 것이다. 근

---

12) J. Puig-Antich, "Major depression and conduct disorder in prepuberty", *J Am Acad Child Psychiatry*, 21-2(1982), pp.118-128.

13) H. M. Leon, "Proposed Classification of Childhood Depression", *Am J Psychiatry*, 129-2(1972), pp.149-155.

14) R. A. King & J. D. Noshpitz, "Pathways of Growth: Essential of Child Psychiatry", *Vol 2: Psychopathology.1*st ed,(New York: A Wiley-Interscince Publication, 1991), pp.400-487.

15) B. Geller, E. C. Chestnut & D. Miller et al, "Preliminary data on DSM-III associated feature of major depressive disorder in child and adolescents", *Am J Psychiatry* 142-5(1985), pp.643-644.

16) J. C. Anderson, S. Williams & R. McGee et al, "DSM-III Disorders in preadolescent children", *Arch Gen Psychiatry*, 44-1(1987), pp.69-76.

본 원인인 우울증은 미처 생각하지 못하고 겉으로 드러나는 품행만 고치려고 드는 부모와 교사는 자녀와 학생과 불화만 심해지고 치료도 되지 않는다는 점을 주의해야 할 것이다.

물론 도덕교사들은 우울증과 연관되지 않는 품행장애 청소년들이 형식적 조작적 사고 및 도덕적 판단을 잘하지 못하고, 공감 능력이나 타인의 관점에서 사고하는 능력이 부족하며, 반두라의 도덕적 이탈기제를 많이 쓰고, 충동적이고 즉각적인 쾌락을 만족시키려는 경향이 있음을 알고[17) 제대로 인성교육이나 도덕교육을 하려고 할 수 있다. 하지만 우울증과 연관될수록 품행장애의 경우 많은 부분 우울증 차원에서도 접근해야 함을 지혜롭게 분별해야 한다. 다시 말해서 도덕교육의 학교 현장에서 우울로 인한 품행문제를 보이는 청소년과 학교 폭력 등 품행장애만을 보이는 청소년은 같은 비행행동을 하더라도 도덕·상담심리적 마음상태는 다른 것이다. 이를 테면 우울 없이 품행장애를 보이는 청소년들은 레스트(J. R. Rest)의 4구성요소 모형으로 보면 4구성요소 모두 낮은 경우가 많다. 제1요소인 도덕적 민감성과 공감능력이 떨어지며 제2요소인 도덕적 판단력이 낮은 경우가 많으며, 제3요소 도덕적 동기화에서 반두라의 도덕적 이탈기제를 잘 쓰는 경우가 많다. 즉, 다른 사람을 조종하기 위해서 또는 자신의 이익을 위해서 합리화하면서 비행행동을 한다면, 우울-품행장애 청소년은 레스트 4구성요소에서 높은 점수를 받는 경우가 있더라도 우울로 인한 행동문제를 보이는 것이며 이후 우울 감정이 해소된다면 더 이상 반사회적 행동을 보이지 않을 것으로 예상해볼 수

---

17) 이선주, "청소년기 품행장애와 주의력 결핍/과잉행동장애를 동반한 품행장애의 비교 연구: 인지·정서 및 성격 행동적 특성을 중심으로," 중앙대학교 대학원 석사학위논문, 1999.

있다. 이것을 통상 청소년 문제에서 말하는 내현화장애와 외현화장애의 문제로 구분해서 살펴볼 수도 있다. '내현화장애'(internalizing disorder)는 우울, 불안, 공포증 같은 정서문제를 나타내는 장애이고, '외현화장애'(externalizing disorder)는 비행, 폭력, 무단결석 등의 행동 문제를 나타내는 장애이다. 이 두 가지 유형은 청소년기 이전의 아동들에게는 뚜렷하게 구분되어 나타나지만 청소년들에게는 내현화장애와 외현화장애가 뒤섞여 나타나는 경우가 많다는 것이다. 청소년기의 대표적인 외현화장애인 품행장애와 내현화장애인 우울이 높은 공병률을 가진 것으로 밝혀지면서, 남녀 중학생의 비행 행동을 가장 잘 설명하는 변인으로 우울을 간주하는 연구들도 있기에,[18] 도덕교사들은 품행장애의 예후에 영향을 미치는 요인으로서 우울을 민감하게 살펴야 한다.[19] 또한 우울에 대한 치료적 개입은 품행장애 역시 감소시켰다는 사실을[20] 고려해서 전통적인 도덕교육의 접근, 콜버그나 레스트의 접근, 리코나의 인격교육론적 접근 등이 아니라 우울증을 해소함으로써 품행장애와 도덕적 문제를 고려하는 상담·교육의 방향에 보다 주의를 기울일 필요가 있다. 결국 우울증이 있는 환자에게서 동반이환은 아주 흔하다는 점을 주의할 필요가 있고, 학교폭력과 관련하여 인성교육에서 해결하고자 하는 품행장애도 오히려 우울장애와 연결될 수 있다는 점을 깨닫고 우울증이 있는 학생에게는 공존질환의 여부를 파악하여 상담·도덕교육을 하는 것이

---

18) 곽금주·문은영, "청소년의 심리적 특징 및 우울과 비행 간의 관계", 『발달』제6권 2호(한국심리학회, 1993), pp.29-43.

19) 방양원·채정호·진태원·이정균, "청소년 품행장애의 6개월 단기 예후에 영향을 미치는 변인 Ⅱ-우울 및 불안척도와 주의력결핍 과잉활동 척도를 중심으로", 『소아청소년정신의학』제7권 2호(소아청소년정신의학회, 1996), pp.161-166.

20) J. Puig-Antich op. cit., (1982), pp.118-128.

중요하다고 할 수 있다.[21]

3. 우울증의 생물학적 치료

1) 비약물학적 치료와 약물학적 치료

오늘날 우울증의 비약물학적인 치료는 신경조절법, 기타 비생물학적 치료, 영양요법으로 나눌 수 있다. 신경조절법에는 일부러 경련을 일으키는 전기경련요법, 두개경유자기자극술, 심부뇌자극술, 미주신경자극술 등이 있으며, 기타 비생물학적 치료에는 광선치료, 수면 박탈 등이 있다. 그런데 우울증의 비약물학적 치료 전략은 전기경련요법을 제외하고 1차전략으로 추진되기보다 초기 치료에 반응이 부적절한 경우 약물의 최적화, 약물 교체 또는 병합요법 후에 고려하는 치료전략이기에 약물학적 치료를 주로 살펴보고자 한다.

현대의학의 연구는 우울증에서 두뇌 내에 생화학적인 불균형이 있다는 것을 밝혀내게 되었다. 두뇌에서의 생화학적인 불균형 해소를 위한 약물학적 접근과 관련하여 우울증을 치료하기 위해서는 항우울제가 많이 쓰인다. 현재 선택할 수 있는 항우울제는 약 10여 가지가 있다. 이들은 대개 일반적으로 처방한 대로만 복용한다면 안전한 약물이다. 비록 여러 형태의 항우울제가 각기 다른 방식으로 작용을 하지만 그 전반적인 효과는 같다. 즉, 신경전달물질의 결핍과 관련하여 두뇌의 신경전달물질의 균형을 맞추어서 뇌 기능의 조화를 찾아주는 것이다. 항우울제는 당장 효과가 나타나지 않지만 효과

---

21) 박원명·민경준, 앞의 책, p.137.

가 차츰차츰 나타난다. 어떤 사람들은 며칠 내에 좋아지고 있다는 것을 알 수 있지만, 어떤 이들은 8주일 이상 지나야 최고의 효능을 나타내기도 한다. 이 기간 동안 인내를 가지고 진득하게 버텨내야 한다. 약의 모든 영향(특히 문제점)에 대해서 의사와 상담해야 하는데, 만일 문제가 특히 심각한 경우에는 즉시 전화연락을 취해야 한다. 의사가 문제에 대해서 잘 들어주고 나서 정 맞지 않는다고 생각이 들면 다른 계통의 항우울제를 처방해줄 것이다. 그러나 만일 의사가 처방한 대로 약을 며칠 더 계속 복용해보자고 한다면 그렇게 해보아야 한다. 대부분의 부작용은 2-3주일 뒤에는 없어지거나, 그 약물의 긍정적인 결과에 비한다면 아주 사소한 것이 되는 경우가 많다.

그런데 약물치료는 도덕교육에서 활용할 수 없는 접근이지만 강점과 함께 약점이 있다. 약물치료는 신경전달물질의 결핍에 대응하기 위한 치료법이지만 신경전달물질의 결핍이 원인이 아니라 결과일 수 있다. 신경전달물질의 결핍은 부정적인 생각과 행동에 영향을 미치지만 거꾸로 부정적인 생각과 행동이 신경전달물질의 감소에 기여할 수 있다. 항우울약물이 두뇌에서 신경전달물질이 적당한 균형을 회복하도록 도와주는 기능이 기능을 하지만 결과적으로 신경전달물질이 결핍되는데, 자꾸 이것을 보충하는 것은 일종의 결과치료로서 약물치료의 기간을 상당히 늘릴 수 있다. 실질적으로 우울증을 가진 사람들은 심리치료보다는 보다 빠른 효과를 볼 수 있는 약물치료를 선호하는 실정이지만 극단적으로 이것은 마치 비타민처럼 장기적으로 또는 평생 약물치료를 해야 하는 부정적 결과까지 가져올 수 있다. 의학적인 두뇌접근, 즉 약물치료보다 인지치료 등 마음에 초점을 두는 정신치료적 접근이 필요한데도 약물치료만 편향적으로 선호한다면 이를 지양하고 두 가지 방식을 다 고려하는 것이 적절하며, 이런 점에서 도덕교육에서는 인지치료를 도덕교과 내에서 활용할 필요가 있다.

우울증을 위한 항우울제로는 삼환계 항우울제, 세로토닌 선택적 재흡수 억제제, 단가아민 산화효소억제제제 등 이 밖에도 많은 종류의 약물들이 개발되어 있다. 이러한 약물들은 2주가 넘으면 서서히 효과가 나타나, 3주 이상 복용하게 되면 생활하는 데 지장받지 않을 정도로 대부분 효과를 보게 된다. 비록 약물을 중단하게 되면 재발의 위험성이 높을지라도, 우울증을 치료받고 싶어 하는 환자들의 입장에서는 우울증의 증상을 편하게 억제시킬 수 있는 간단한 방법으로 약물요법을 선호하고 있다. 하지만 우울장애에 대한 적절한 약물 치료는 증상을 완화시키는 데 효과가 있으나 원인치료가 아닐 경우 그 효과는 상당히 제한적일 수 있다. 예를 들어 주요우울장애 환자에서 단계적으로 항우울약물 치료의 효과를 평가한 연구에서 4단계를 통하여 증상이 관해된 환자의 비율은 단계별 치료 약물에 차이가 있어 53%에서 81%로 나타났다.[22] 그러나 재발률이 상당히 높아 증상이 관해된 환자에서 재발률은 34-50%였으며 증상이 완전히 관해되지 않았던 군에서 재발률은 59-83%로 더 높았다. 그리고 주요 우울장애에서 증상 재발이 높을 뿐 아니라 증상이 관해된 환자들에서 삶의 질은 현저하게 저하되었다고 보고되었다. 특별히 항우울제에 관한 최신 연구들은 극단적 우울증에는 항우울제가 믿을 만한 효과를 보였지만 그러나 중도 또는 경미한 우울증에는 효과가 없었다는

---

22) A. J. Rush, D. Warden, S. R., Wisniewski, M. Fava, M. H. Trivedi & B. N. Gaynes et al., "revising conventional wisdom", *CNS Drugs*, 23(2009), pp.627-647.

것이다.[23) 또한 정신장애의 치료에서 증상을 완화시키는 것뿐 아니라 삶의 질을 회복시키는 것이 중요하지만 삶의 질을 향상시키는 치료는 충분히 개발되지 않은 상태이다. 그러므로 약물치료는 우울의 표면적인 증상의 경감에만 초점을 맞추어 치료에 접근함으로써 활기차고 건강한 삶보다는 병의 삶을 지속시키는 경향성이 있다고 볼 수 있다. 우울증의 경우 인지치료가 증상을 완화시키는 점에 있어 약물치료에 상응하는 효과를 보일 뿐 아니라 재발을 예방하는 효과가 약물치료보다 우수하다고 보고되었지만[24) 한계가 있다. 우울증으로 고통받고 있는 환자들은 약물이나 인지치료를 통해 우울증의 고통에서는 해방될 수 있을지 모르지만, 몸과 마음, 관계와 학업·진로·일 등에서의 진정한 기쁨과 행복감은 그러한 치료의 목표가 아니기 때문에, 그에 대한 도움이 절실하다. 이런 도움은 도덕교육을 통해, 특별히 긍정심리학적 접근을 통해 제시되어야 할 것이다.

2) 운동과 신체활동

규칙적인 운동은 행복의 기본 수준을 높이는 확실한 방법이지만 우울증치료에도 확실한 방법이라고 할 수 있다. 사실 운동을 하지 않으면 우리의 뇌와 정신건강에 재앙을 불러일으킨다는 여러 주장들이 있지만[25) 운동은 알츠하이머, 치매, 불안장애, 우울증 등에 매

23) 마틴 셀리그만, 앞의 책, p.83.

24) N. Casacalenda, J. C. Perry & K. Looper, "Remission in major depressive disorder: a comparison of pharmacotherapy, psychotherapy, and con-trol conditions", *Am J Psychiatry*, 159-8(2002), pp.1354-1360.

25) S. Vaynman & F. Gomez-Pinilla, "Revenge of the 'sit': How lifestyle impacts neuronal and cognitive health through molecular systems that interface energy metabolism with neuronal plasticity", *Journal of Neuroscience Research*, 84-4(2006), pp.699-715.

우 효과적인 방안이라고 할 수 있다. 긍정심리학의 긍정치료에서도 강조하는 바이지만 운동은 체중조절효과라는 차원을 넘어 신체건강과 정신건강을 위해 필수요소인 것이다. 우울증과 운동과의 상호작용을 위한 연구의 상당수는 단가아민 가설과 연결된다. 운동이 세로토닌과 노르에피네프린의 가용성을 증가시킨다는 것인데, 이러한 관찰은 우울증 약물치료 이후에 나타나는 변화와 일치하는 것이다. 항우울제가 합성된 신경전달물질을 부가하는 것이 아니라 자연적으로 생성되는 신경전달물질의 공급을 균형 맞추듯 운동은 신경전달물질을 자연적인 수준으로 회복시키는 데 유용한 것이다.

그러므로 <표 6-3>과 같이 도덕·윤리교과 수업시간에 신체활동과 운동시간표를 활용하여 신체활동과 운동실시를 점검하고 지속적으로 피드백하는 것은 우울증치료에 도움이 되지만 굳이 도덕교과 내에서 가르치지 않더라도 누구나 활용할 수 있는 우울증 상담·교육 전략이라고는 할 수 있다. 물론 평소 담임 등이 생활지도를 하는 경우에 우울증의 경향성이 있는 친구라면 운동을 권하고 운동상태를 점검하면서 배려의 돌봄을 보여줄 필요도 있으며, 도덕교과 내에서 통합수업형태로 또는 일종의 손쉬운 상담기법 차원에서 활용해 볼 수 있을 것이다.

<표 6-3> 신체활동 및 운동시간표

시간	월요일	화요일	수요일	목요일	금요일	토요일	일요일
오전 6-8시	기상 아침식사	아침운동 자전거	기상 아침식사	아침운동 자전거	기상 아침식사	아침운동 자전거	기상 아침식사
오후 6-8시	집 청소	강아지 산보	쇼핑	체육관에 감	식료품 가게 감	친구와 저녁식사	저녁 식사
오후 8-10시	TV 시청 독서	친구 만남	거품목욕	독서	서점에서 친구 만남	TV 시청	독서

우울증은 자전거 타기, 수영 또는 단지 단시간 빠르게 걷는 것만으로도 놀라운 효과를 거둘 수 있다. 최근에 발표된 메타분석 결과들을 보면 우울증에 대한 운동치료적 개입은 성인기뿐만 아니라 노인과 청소년 우울증치료에 효과적이며 인지치료 및 약물치료적인 개입과 대등한 효과를 주는 것으로 보고되었다. 운동은 대뇌 엔돌핀과 단가아민(도파민, 노르에피네프린, 세로토닌) 그리고 뇌신경 영양인자를 증가시키고, 시상하부-뇌하수체-부신에 이르는 스트레스 호르몬과 비정상적인 뇌 신경회로를 정상화한다고 한다.

항우울제 치료와 운동을 함께 시행하면 항우울 효과가 단독치료에 비해서 더 크게 나타나며, 항우울 효과를 더 빠르게 나타나도록 도와줄 수도 있다. 행동적 항우울제로서 운동은 약물이나 정신치료에 비해 부작용이 적고, 비용 효과적이며 환자 스스로 손쉽게 활용할 수 있다는 장점이 있다. 또한 전통적인 우울증치료로는 어려운 이들, 즉 심혈관대사질환을 예방하고 치료하는 것에도 운동치료적 개입이 도움을 줄 수 있다. 우울증의 몇몇 증상, 특히 피로감이나 인지기능 저하 등의 증상은 항우울제 치료에도 계속 유지되는 경우가 있는데, 이러한 증상 또는 운동을 통해 개선될 수 있다. 따라서 운동과 신체적 활동 증진은 우울증치료에 있어서 정신적인 요인뿐 아니라 신체질환과 삶의 다양한 영역에서 긍정적인 영향을 주는 다기능 치료라고 할 수 있으며,[26] 도덕교과뿐 아니라 모든 교과의 교사들이 학생들의 정신건강 차원에서 관심을 가지고 살펴볼 사안이라고 할 수 있다.

---

26) 박원명·민경준, 앞의 책, p.439.

4. 도덕·윤리 교과에서의 인지치료·긍정심리학적 접근

이제 도덕교과에서 본격적으로 우울증 예방 및 상담·교육을 위해 활용할 수 있는 효과적인 접근으로 인지치료 및 긍정심리학적 접근을 제시하고자 한다. 심리학은 우울증치료에서 생물학적 접근을 취하는 정신건강의학에 대해 최근에 정신장애의 치료에서 환자의 장애와 취약성에 초점을 맞추어 접근하는 것에 대하여 한계를 인정하고 환자의 능력과 강점에 관심을 갖는 긍정심리학적 접근을 발전시키고 있다. 긍정심리학은 정신장애의 증상 치료에 관한 인지치료 등 지금까지의 업적은 인정하지만 이를 보완하여 개인의 강점과 능력을 증진하여 정신장애를 치료하고 예방하고 나아가서 정신건강과 주관적·심리적 안녕을 증진하는 것을 강조한다. 셀리그만은 강점 계발을 통해 우울과 불안 등을 효과적으로 예방하는 노력을 '긍정예방'(positive prevention)이라고 명명한 바 있으며, 개인의 강점을 발견하고 확충하여 발휘하게 함으로써 정신장애를 예방할 수 있다는 점을 강조하였다.27) 때문에 인지치료와 함께 이를 계승하고 보다 발전시킨 긍정심리치료가 도덕교과에서 어떻게 활용되고 적용될 수 있는지를 살펴보고자 한다.

1) 인지치료와 우울증치료

사실 우울증을 치료하기 위해 지난 반세기 동안 정신건강의학 쪽은 약물치료를 주로 해왔으며, 심리학은 우울 증상에 초점을 맞추고 이를 경감시키기 위한 방법을 사용해왔다. 우울증의 치료 중 과학적

---

27) 권석만, 『긍정심리학-행복의 과학적 탐구』(서울: 학지사, 2008), p.498.

으로 그 효과가 증명된 인지치료의 경우, 내담자들에게 부정적인 자동적 사고를 확인하고, 그것을 바꾸는 것을 강조해왔다. 사실 이러한 치료법은 1980년대에 우울증에 대한 돌파구로 사용되던 방법이었다. 일반적으로 우울증의 증상은 네 가지로 구분된다. 가라앉은 감정, 무기력한 행동, 신체적인 문제, 비극적인 사고가 그것이다. 물론 여기에 일상 상황들의 취약성이 문제를 더 악화시킬 수도 있지만 아론 벡(A. Beck)은 자동적인 사고라고도 할 수 있는 비극적인 사고가 우울증의 표면적인 증상이라기보다는 다른 증상들을 일으키는 근본적인 원인으로 보아야 한다고 보았다.[28] 즉, 부정적인 생각이 우울장애의 감정, 행동, 신체 증상에 영향을 미친다고 보는 것이다.

우울증의 첫 번째 증상이 '생각'(thought)이 바뀌는 것이라면 두 번째 증상은 '감정'(emotion)이 부정적으로 바뀌는 것이다. 우울증에 빠지면 학생들은 두려움을 느끼고 슬퍼하고 용기를 잃고, 절망의 구렁텅이에 빠진다. 우울증에 빠지면 학생들은 두려움을 느끼고, 슬퍼하고, 용기를 잃고, 절망의 구렁텅이에 빠진다. 우울증에 빠진 아이는 슬픔만 느끼는 것이 아니라 불안해지기도 하고, 지나치게 과민해져서 성질을 마구 부리기도 한다. 그리고 그런 마음상태는 나쁜 행동으로 꽤 자주 나타난다. 학생들의 우울증에서 보이는 세 번째 증상은 수동성, 우유부단성, 자살 등의 세 가지 '행동'(action)과 연관이 있다. 우울증을 겪는 아이는 늘 하던 일만 하려고 하고 뭔가가 잘 안 될 때는 금방 포기하고 만다. 우울증의 네 번째 증상은 '신체'(body)적인 것이다. 우울증에 빠지면 대개 식욕이 바뀐다. 많은 아이들이 잘 먹지 못한다. 물론 그 반대의 경우도 있다. 배가 고프지 않는데,

---

28) 마틴 셀리그만, 김세영 옮김, 『낙관적인 아이』(서울: 물푸레, 2010), p.43.

지나치게 많이 먹지 않는 아이들이 있다. 수면장애는 매우 흔한 증상이다. 우울증에 빠지면 평소 때보다 훨씬 많이 자는 아이들이 있다.[29] 인지행동치료는 첫 번째 증상인 생각의 바꿈을 매우 강조하면서도 네 가지 요소를 모두 고려하는 입장이다. 관련하여 인지치료에서 보는 우울장애의 인지모델간편도를 제시하면 다음과 같다.

<표 6-4> 우울장애의 인지모델간편도[30]

A. 상황 →	B. 자동적 사고(Thoughts) →	C. 반응
· 친구가 소개해준 이성을 처음 만남	· 난 마음에 드는데, 내 능력이 변변치 않으니 퇴자를 맞을 것 같아. · 중간믿음: 난 능력이 뛰어나야만 사랑받을 수 있어. · 핵심믿음: 난 사랑받을 수 없어.	· 감정(Emotion): 우울해짐 · 신체(Body): 소화가 안 됨 · 행동(Action): 고개를 숙임
Thought: 생각들을 인지삼제모델로 분류, 우울증을 지속시키는 사고유형 찾기, 다양한 인지왜곡의 이해, 인지적 오류를 공략하는 기법들 익히기	Emotion: ABC 모델의 결과 편향된 믿음들의 결과인 고통스런 감정 가짐. 자기비판적 연민에 빠짐	Body: 속이 거북해서 식사를 못 할 수 있음. 수면장애는 우우울증의 주요 증상. 기력의 약화와 성욕의 감소 등을 야기	Action: 활동이 줄기에 계속 활동하며 활동시간표 활용. 내일로 미루지 않고 오늘 활동하기. 활동수준의 회복

---

29) 대2병이 지속되는 경우 실제로 만성적인 우울증, 대인기피증, 불안장애 등의 정신과적 질병으로 발전할 수 있다. 또한 점차 현실생활에 대한 도피로 이어지게 되어 장기간 은둔적인 생활을 하게 될 수도 있다. 그렇다면 대2병을 극복하기 위해서 어떠한 노력들을 해야 할까? 첫째, 인지적인 융통성을 키우고자 노력한다. 즉, 미래의 직업을 구체적으로 준비하면서 각종 스펙을 쌓다 보면, '정말 될까?' 내지는 '되고 나서는?'이라는 회의감과 불안이 엄습한다. 이는 내가 꼭 그것을 이루어야만 한다는 경직된 사고를 갖고 있기 때문이다. 따라서 반대로 '이것 하다가 안 되면 다른 것을 하지 뭐! 그것도 안 되고 다른 것도 생각해보자'라는 식의 생각을 갖는 것이 더 마음이 편해진다. 둘째, 낙관주의를 유지하도록 한다. 즉, 아무리 세상이 어렵고 살기가 힘들어진다고 할지라도 '그래도 어떻게든 살게 되겠지'라는 막연하지만 궁극적인 낙관주의적 태도가 도움이 된다. 비교를 하더라도 나보다 더 나은 훌륭한 사람들을 보는 것이 아니라 나보다 더 못한 사람들을 보면서 그나마 다행이라는 생각을 하자. 셋째, 연대감을 강화한다. 나와 같은 대2병 또는 더 나아가 비슷한 처지의 선배 대학생들이나 취업 준비생들과 대화를 많이 나누자. 서로 경쟁관계가 아니라 동병상련의 위치에 있다고 여기면, 유대감이 커지면서 묘한 결속력도 생겨난다. 기성세대나 현재의 사회구조에 대해서 비판을 함께하고 불평도 늘어놓다 보면, 일종의 정화(카타르시스) 효과를 느끼게 되어 다시 앞으로 나아갈 힘을 얻게 된다. 이와 같이 젊은이들이 대2병을 극복해야 대한민국의 미래가 밝아질 것이다.

30) 박원명·민경준, 앞의 책, p.76. 참조 및 마크 길슨·아서 프리먼, 최병휘·이종선 옮김, 『우울

우울증을 치유하는 방법인 마음을 치유하는 방법에는 많은 연구 끝에 제시된 단기 치료법인 인지치료는 매우 효과적인 방법이라는 것이 밝혀졌는데, 인지라는 것은 우리가 어떻게 지각을 하고 생각을 하는 것과 연관되어 있다. 인지치료는 어떤 사람의 비틀어지고 잘못된 인지(지각과 평가)를 알아내어 그것을 보다 정확하고 실질적인 견지에서 재조정하는 것을 말한다. 인지치료가 곧 긍정적인 사고를 의미하는 것은 아니다. 단지 그 사람의 인생에 있어서 단순히 어떤 것이 진실이고 어떤 것이 진정한 것인가를 찾아보고자 하는 것뿐이다. 아론 벡은 처음 인지모델을 제시한 이후, 시간이 지남에 따라 자신의 견해를 여러 번 보완하고 발전시켰다. 이후 벡이 제시한 인지모델은 여러 학자에 의해 보완되었고, 우울증에 대한 여러 다른 인지모델도 제기되었으며, 이들은 행동주의 전통의 여러 이론과도 통합, 발전하여 현대의 인지행동이론 및 치료의 기반을 이루게 되었다.

이러한 인지치료의 인지적 전략은 멀리 아론 벡과 앨버트 엘리스(A. Ellis)의 ABC 모형에 근거해서 학생들에게 인지양식과 문제해결 기능을 가르쳤는데, 최근에 긍정심리학의 행복교육과 연계되면서 긍정심리치료에서 더욱 강화되었다고 할 수 있다. 아론 벡은 그가 정신과 의사로 훈련받을 때, 자기가 배운 정신분석 모델에 따라 환자의 방어층을 한 겹씩 벗겨내면서 불안과 우울증을 일으킨다는 고착된 에너지를 무의식에서 풀어내려고 노력했지만 성공하지 못했다. 대신에 벡은 환자의 생각, 즉 인지(cognition)가 감정을 유발하고, 감정은 개인의 회복력 수준을 결정하는 데 중요하다고 판단했다. 벡은 인지

증의 인지치료』(서울: 시그마프레스, 2009), pp.37-130 참조 및 재구성.

치료라고 부르는 심리치료체계를 개발했다. 인지치료는 인지적 접근에 있어 내담자의 심리적 문제가 대부분의 경우 자동적 사고의 내용이 비현실적으로 왜곡되거나 과장된 것이라고 본다. 이러한 주변의 사건이 상황을 체계적으로 왜곡해서 그 의미를 해석하는 정보처리과정에서 범하는 체계적인 잘못을 인지적 또는 인지적 오류라고 보았다.

<표 6-5> 자동적 사고 기록지의 예[31]

날짜/시간	상황(사건이나 상황을 기술)	감정(당신의 감정들을 쓰고 0-100%로 평가)	자동적 사고(자동적 사고를 쓰고 그에 대한 믿음을 0-100%로 평가)	적응적 사고(적응적 사고를 그에 대한 믿음을 0-100%로 평가)	결과(실행의 결과로 일어난 변화를 쓴다)
11월 10일 오후 5시 15분	퇴근길에 직장에서 잊어버리고 하지 않은 일이 생각났음	불안(90%) 두려움(95%)	그 일을 끝내지 못하면 상사가 나를 죽일지도 몰라!(95%)	늘 일을 신속하게 처리한다고 상사는 나를 좋게 평가하고 있어(90%)	불안 40%로 감소 두려움은 50% 새로운 감정: 편안함-60%, 자신감-55%
11월 11일 오후 3시 45분	30일 후에 해고당한다는 통보를 받았음	우울(80%) 무기력(90%)	이 직장에서 잘린다면 가족들을 먹여 살릴 수 없을 거야(99%)	여기가 내 평생직장이 아니라는 건 처음부터 알고 있었어(70%) 저축으로 모아둔 돈도 있고, 부모님도 우리를 도와주실 거야(70%)	우울감 60%로 감소 좌절감(40%)

관련하여 도덕교육에서 사용할 수 있는바 자동사고의 인지왜곡을 찾는 자동적 사고 기록지를 제시하면 <표 6-5>와 같은데, 사고유형을

---

31) 마크 길슨·아서 프리먼, 앞의 책, 2009, p.132, 참조 및 재구성.

변화시키고 정서적 고통을 완화시키는 치료에서 가장 널리 사용되지만 이것은 도덕교육 중에서 그대로 사용할 수 있는 방법이다. 예컨대 현행 초등 5·6학년 도덕과 교육과정 내용 체계표에서 '도덕적 주체로서의 나' 영역에서 감정의 조절과 표현 교육에서 사용할 수 있을 것이다. 이 방법은 당신이 정서적 고통을 느낄 때 경험하는 것들을 그 상황을 중립적으로 기술한다. 또한 기술한 상황에서 당신이 경험한 감정들을 적는다. 그다음 자동적 사고는 감정과 연관되어 마음속에 떠오르는 생각들을 적는 것이다. 적응적 사고는 자동적 사고에 대응하는 생각들인데, 인지치료 기법의 원리들을 반영하는 생각들이다. 결과는 실행의 결과를 쓰고 감정과 사고들을 다시 평가하는 것이다.

2) 낙관주의 교육과 우울증치료

인지치료에서 정확한 사고를 통해 우울증치료를 추구하는 것과는 달리 긍정심리학에서는 비관적인 생각을 낙관적으로 바꾸는 기술을 통해 우울증치료를 추구한다. 물론 긍정치료 프로그램 또는 펜실베이니아 예방 프로그램에서도 인지치료에서 활용하는 ABC 모델을 활용한다. 예컨대 '역경'(A)과 '생각'(B), '결과'(C)를 파악하여 자신의 생각과 그에 따른 결과를 파악하게 하는 방식을 통해 우울증 예방을 위한 프로그램을 활용하기도 한다. 아이들이 나이가 어린 경우 'ABC 만화', 즉 만화로 생각과 감정의 관계를 명확하게 보여주는 활동을 통해 우울증을 치료하는 프로그램을 제시하기도 한다.[32] 이 프로그램은 <표 6-5> 자동적 사고 기록지의 활용보다 어린이 수준, 초

---

[32] 마틴 셀리그만, 우문식·최호영 옮김, 『학습된 낙관주의』(안양: 도서출판 물푸레, 2012), pp.206-220 참조.

등 저학년 도덕교육에서 평이하게 적용하여 사용할 수 있다.

중등 및 대학수준에서는 연구자가 개발한 'ABC 영화'를 활용하는 ABC 모델 또는 긍정적 '이야기하기'(story telling) 연습 모델을 사용하면서도 낙관적 설명양식을 교육시킴으로써 우울증 예방을 위한 도덕교육적 시도를 할 수 있다. 종종 이야기학습모형은 7차 교육과정기의 배려수업모형이나 맥킨타이어(A. MacIntyre) 등의 행복·덕교육적 모형에서 많이 사용되나 긍정심리학적 성격강점(character strength)활용 행복·덕교육 차원이나 이야기치료상담 차원에서도 효과적이라고 할 수 있다.

<표 6-6> 영화 <행복을 찾아서>와 ABC 모델 그리고 낙관적 설명양식 교육[33]

· 영화 <행복을 찾아서>는 낙관성, 인내, 자기조절, 영성, 신중, 지혜, 사회지능, 창의성, 유머, 활력 등 주인공 가드너의 대표강점이 잘 드러난 긍정심리학 영화이면서도 낙관성이 결여된 아내의 우울증을 성찰하게 하는 ABC 모델 및 낙관적 설명양식 교육에 적용할 수 있는 영화	
① 인지치료의 ABC 모델의 A:(Adversity, 역경)-의료기기가 안 팔리고 열심히 해도 경제적 어려움이 가중됨	
② C: (Consequence, 결론): 모든 게 우울하고 삶이 힘들고 짜증이 난다. 남편 가드너와 대화하는 것도 힘들고 떠나고 싶음	
B: (Belief, 신념): · 이제 너무 힘들다. 이런 힘든 상황은 계속 될거야(미래고통 지속에 대한 속단, 터널시야의 오류) · 경제뿐만 아니라 내 삶 전체가 정말 힘들어(확대·축소의 오류, 과잉일반화의 오류) · 고졸 출신, 무능한 남편, 가드너를 만난 내가 잘못이지(개인화의 오류) · 남편이 너무 쓸데없는 사업을 했는지(외현화의 오류) · 이젠 답답한 남편과 소통하기도 힘들어(감정적 추론, 마음읽기 오류)→왜곡된 신념을 살피고 적응적 사고로 바꾸는 교육을 실시	
· 낙관적 설명양식을 비관적 설명양식에서 대체하고 교육하기	
비관적 설명양식(우울증 유발): 아내	낙관적 설명양식(우울증 예방): 가드너
영구적(비관적) "이런 상황을 계속되고 나는 힘들 거야"	일시적(낙관적) "의료기 세일즈는 잘 안되었지만 다른 길을 모색하면 경제적 상황이 나아질 수 있어"

포괄적(비관적)	부분적(낙관적)
"경제적 어려움뿐만 아니라 결혼, 사랑, 사회생활 등 모든 영역에 영향을 끼칠 거야"	"경제적 영역에 어려움이 크지만 다른 영역의 행복을 지켜나가야 해"
책임주체(내 탓, 남 탓) 전면적인 자기비난(비관적, 영구적, 포괄적이며 또한 내적) "무능한 남편 만난 내가 잘못이야. 떠나자"	책임주체(네 탓) (낙관적, 부분적, 구체적, 외적, 내적) "소비시장의 불철저한 파악, 아내 및 관련 전문가들과 지혜를 모으지 못하고 좀 신중하지도 못했어. 다른 길을 모색해야지"

위의 <표 6-6>에서 영화 <행복을 찾아서>(2006)는 대표적인 긍정심리영화로서 영화 자체를 통해서 성격강점을 발견하고 덕을 형성하기를 돕는 이야기학습의 좋은 스토리텔링 매체라고 할 수 있지만 스토리텔링을 통해 우울증을 극복하는 교육 역시 도덕교육에 제공한다. 영화에서 주인공 가드너는 낙관성과 인내와 같은 대표적인 성격강점을 통해 웰빙과 회복탄력성(resilience)을 탁월하게 현시하는 캐릭터임에 비해 그의 아내는 우울증 증상을 보여주는데, 'ABC 연결고리'(accident-belief-consequences)에서 부정적인 신념체계(belief)에 의해 해석되고 매개된 부정적 이야기하기 방식을 가지고 있다. 그러므로 우리를 우울하게 하는 신념체계를 바꾸고 가드너와 같이 긍정적인 이야기하기의 스토리텔링을 통해 우울증을 극복하는 교육을 도덕교육에서 실시할 수 있다. 그리고 긍정심리치료에서는 인지치료의 ABC 모델뿐 아니라 낙관적 생각을 교육의 형태로 제시함으로써 학생의 무기력감을 성취감으로 바꾸고 낙관주의를 익힐 수 있도록 가르쳐야 한다고 본다.

---

33) 위의 책, pp. 83-100.

・설명양식에서의 지속성, 확산도, 개인화의 세 가지 중요 영역에서 설명양식 전환 비관적 설명양식(영구적, 포괄적, 내인화) → 낙관적 설명양식(일시적, 부분적, 외부화)	
・나쁜 일이 일어났을 때, 원인의 지속성	
영구적(비관적) "새로 전학 간 학교에는 나랑 친구가 되고 싶은 아이가 한 명도 없을 거야"	일시적(낙관적) "새로 전학 간 학교에서 친구를 사귀려면 원래 시간이 좀 걸려"
・나쁜 일이 일어났을 때, 영향을 미치는 확산도	
포괄적(비관적) "선생님들은 다 공평하지 못해"	부분적(낙관적) "홍길동 선생님은 공평하지 않아"
・나쁜 일이 일어났을 때, 개인화	
내적인 탓(내 탓) 전면적인 자기비난(비관적, 영구적, 포괄적이며 또한 내적) "난 정말 명청해. 시험에서 C를 받았어"	외적인 탓(네 탓) 또한 행동에 대한 자기비난 (낙관적, 일시적, 구체적, 내적) "이번에 열심히 안 했더니 시험에서 C를 받았어"

　　셀리그만은 인지치료에서 우리가 생각과 감정의 관계를 익힘을 통해 우울증치료가 이루어짐을 인정하지만 인지 또는 사고에 있어서 중요한 측면인 '설명양식'(explanatory style)을 강조함으로써 또한 학습된 낙관주의를 함양함으로써 우울증의 발병률이 감소했음을 입증하였을 뿐만 아니라 동료들과 함께 아동과 성인들에게 학습된 낙관주의의 교육 프로그램을 실시하였다.[35] 이 프로그램은 결함을 교정하는 것이 아니라 낙관주의라는 새로운 삶의 기술을 습득시키는 것이다. 예를 들면, 생활 속에서 일어나는 사건들의 의미를 긍정적인 방향으로 귀인하도록 변화시키면, 이러한 교육을 받은 아동과 성인 집단은 모두 비교집단에 비해서 우울증의 발병률이 약 50% 정도

---

34) 위의 책, pp.83-100.

35) 위의 책, p.221 참조.

감소했다.36) 방법은 생활 속에서 일어나는 사건들의 의미를 긍정적인 방향으로 귀인하도록 변화시켰고 우울증의 발병을 억제할 수 있었다. 관련하여 낙관적 설명양식을 비관적 설명양식에서 대체하고 교육하는 것 역시 중등 및 대학 도덕교육에서 실시할 수 있다. 마틴 셀리그만37)은 우울증이란 비관성이 심각하게 드러난 형태라고 설명하였다. 셀리그만은 사람들의 낙관성을 결정짓는 것은 학습된 무기력(자신이 무엇을 해도 변화에 성공할 수 없다는 믿음으로 새로운 도전을 하지 않는 상태)과 발생한 상황과 사건에 대해서 스스로에게 설명하는 낙관적 설명양식이라고 말한다. 그러므로 우울증을 이해하기 위한 연구로서, 학습된 무기력 이론을 바탕으로 우울증에 걸리기 쉬운 개인의 심리적 변인으로서 귀인양식 또는 설명양식을 낙관적 설명양식으로 교육할 필요가 있다.

셀리그만은 낙관성을 성격 특질이 아닌 설명양식의 측면에서 정의하는데, 이것은 학습된 무기력 이론을 재구성한 귀인이론으로 설명한다. 이 귀인이론에서 설명양식이란 사람들이 부정적인 사건의 원인을 설명하는 방식을 말한다. 낙관적 설명양식은 부정적인 사건을 외부적, 불안정적, 특수적인 것으로 귀인하는 것을 의미한다. 즉, 낙관적 설명양식의 스토리텔링 방식을 가진 사람은 실패 경험을 일시적이고, 불안정적이고, 외부적인 특수적 원인으로 귀인한다. 반면에, 비관적 설명양식의 스토리텔링을 지닌 사람들은 부정적인 사건을 내부적, 안정적, 전반적인 것으로 귀인한다. 긍정적인 사건들에 대해서는 반대의 패턴을 보인다. 좋은 일에 대해서 낙관적인 사람의

---

36) 권석만, 앞의 책, pp.476-480 참조 및 재구성.
37) 마틴 셀리그만, 앞의 책, 2012, p.121.

스토리텔링은 내부 탓에, 항상, 늘, 어디서나 일어나는 것으로 설명을 한다. 반면, 비관적인 사람은 외부 탓, 가끔, 특별히 일어나는 방식으로 스토리텔링을 한다. 물론 개인화의 경우 불행한 일이 생겼을 때 남 탓을 하는 성향이 정확한 낙관주의의 차원에서 좋다고만 볼 수는 없지만 우울증이 있는 사람은 나쁜 일에 대해서 실제보다 훨씬 더 자책하는 경향이 있음을 고려해야 한다. 셀리그먼은 비관적인 설명양식을 가진 사람은 쉽게 우울해지고 자신이 가지고 있는 능력보다 못 미치는 성과를 보여주며, 건강에도 나쁜 영향을 미치고, 삶이 행복하지 않기 때문에 우울증에 시달린다고 보았다. 그러므로 도덕교육에서 부정적인 사건이든 긍정적인 사건이든 비관적인 양식으로 설명을 하는 것보다 발생한 사건과 일에 대한 설명양식을 정리하고 비관적인 설명양식에 대해 반박을 하고 활력을 일으키는 낙관적 설명양식으로 바꾸는 연습을 하는 것은 좋은 도덕교육의 교수법이자 수업모형이 될 수 있다.

다만 이런 교수법의 적용은 중등 수준에서 우울증을 유발할 수 있는 생활세계적 경험에 초점을 맞추고 제재를 선정하고 진행되어야 한다. 예컨대 중학교 수준에서 우리·타인과의 관계 영역에서 우리는 효도·예절·협동과 같은 덕목을 덕교육적 차원에서 내면화시키려고 하지만 이런 접근이 나이브한 접근일 수 있다. 전학 문제, 선생님과의 갈등, 학업성적, 대인관계적 불안, 인간관계의 어려움, 왕따, 가족 내 갈등이나 학교 폭력 등과 관련된 내용은 인지치료적 관점에 보면 역기능적 사고를 가진 친구들에게는 심각한 스트레스를 유발하고 우울증을 유발시킬 수도 있는 문제이다. 그러므로 중학교에서의 전체 수업시간에는 이러한 실제적인 내용들을 비중 있게 일괄적으로 다루는 도덕교육을 해야 할 것이다. 하지만 이런 비관적인 설명양식으로 심리적으로 우울하고, 고통받는 학생이 있다면 개인적으로 학생과 상담하여 <표 6-7>과 같은 방식으로 비관적 설명양식을 낙관적 설명양식의 스토리텔링으로 바꾸어주어야 할 것이다.

예컨대 개인적인 상담 과정에서 우울증에 빠질 위험이 큰 학생들은 전학과 관련하여 전학이라는 원인이 친구 사귐에 있어서 영구적이라고 믿고, 강하게 전학을 거부할 수 있다. 전학이라는 원인이 영원히 사라지지 않을 것이기 때문에 친구를 잘 사귀지 못하는 나쁜 일도 계속해서 이어질 것이라고 생각한다. 이런 경우 선생님은 학생의 이런 인지 오류에 반해서 나쁜 일의 원인, 즉 전학을 일시적이라고 믿게 상담해주어야 한다. 이런 방식으로 낙관주의를 개인적 상담으로 가르치는 것도 현실적 문제에 과잉 반응하는 친구들의 우울증 예방에 도움이 된다. 비관적인 학생은 우울증에 빠지거나 성취감이 낮아질 위험이 있다. 그러나 우울증은 피할 수 없는 일이 아니며 부모와 교사의 관심과 적절한 개인 상담으로 충분히 예방할 수 있다고 본다.[38] 우울증에 빠진 아이들에게서 볼 수 있는 전형적인 사고유형으로 비관적인 설명양식은 나쁜 일의 원인을 영구적이고 포괄적인 영향을 미치며, 자기잘못 때문이라고 생각하는 반면, 좋은 일의 원인은 그 반대로 생각하기 때문에 상담교사는 상담 이후에도 낙관적인 설명양식이 단순히 개념이 아니라 암묵지로 습관화될 수 있도록 관심을 가지고 지도해나가야 할 것이다. <표 6-7>에서 소개된 우울증 설명양식을 고려하면서 학생들이 직접 겪은 일을 분석해보게 함으로써 우울증에 걸린 학생의 설명양식을 바꾸려는 지도방법은 도

---

38) 마틴 셀리그만, 앞의 책, 2010, p.100.

덕교과 내의 교수법일 뿐 아니라 지속적인 개인 상담에서 숙지하고 지도해나가야 하는 것이어야 할 것이다.

3) 긍정예방교육과 우울증치료: 긍정정서, 성격강점, 의미의 함양

마틴 셀리그만이 긍정심리학을 창시한 주된 동기는 기존 정신건강의 질병모델을 극복하기 위한 것이었다. 긍정심리학자들은 기존의 정신치료들이 질병이데올로기를 기반으로 하여 인간의 경험에 대한 병리적 범주화와 인간의 약점에 초점을 맞추는 것에 반대하는데,[39] 증상제거를 목표로 하는 치료활동은 잦은 재발을 초래하는 불완전한 치료라는 점을 지적하였다. 예를 들어, 우울증은 약물치료나 인지치료를 통해서 비교적 쉽게 증상이 완화될 수 있는 장애이지만, 자주 재발한다는 문제점을 지니고 있다. 처음 우울증이 발병하여 치료를 받은 환자들의 약 50-60%가 재발한다. 그리고 이들 중 약 70%가 다시 우울증을 겪게 되며, 그들의 90% 정도가 또다시 재발 경험을 하게 된다.

따라서 도덕교육에서는 정신장애의 치료에서 주된 목표를 증상제거를 넘어서 학생들의 행복(웰빙)과 예방에 초점을 맞추어야 한다. 우울증치료를 받고 나서 재발한 사람들과 그렇지 않은 사람들의 차이는 일상생활 속에서 행복감을 느끼느냐 느끼지 못하느냐 하는 것임을 주목해야 한다는 것이다. 긍정심리학이 강조하는 웰빙의 삶을 살면서 전체적인 정신건강이 좋아야 새로운 좌절이나 실패를 경험

---

39) J. E. Maddux, C. R. Snyder & S. J. Lopez, *Toward a positive clinical psychology: deconstructing the illness ideology and constructing an ideology of human strengths and potential. Positive psychology in practice*(Hoboken, NJ: John Wiley & Sons Inc, 2004), pp.320-334.

해도 다시 우울 증상으로 쉽게 함몰되어 가지 않는다. 웰빙을 경험한 사람들은 재발하는 경향이 적은데, 이들은 즐겁고 행복한 삶을 살며, 설혹 좌절과 실패를 경험하더라도 이를 잘 극복할 수 있다. 다시 말해서 우울증 예방을 위해서는 아리스토텔레스가 말하는 유다이모니아(eudaimonia)의 삶, 행복한 삶의 기술을 길러주어야 하는 것이 중요한데, 이것이 정신건강의 새로운 모델인 것이다.

<표 6-8> 긍정심리치료(positive psychotherapy, PPT)의 주요 내용과 회기별 내용[40]

<주요 내용>
· 즐거운 삶의 행복: 과거의 감사, 용서 현재의 향유하기, 미래: 낙관주의와 희망 개입을 통해 긍정정서 강화하기와 우울증의 감소 → <인생은 아름다워>의 귀도
· 적극적인 삶의 행복: 적극성이 결핍된 것이 우울증의 원인일 수 있다고 지적하며, 긍정심리치료에 강점 또는 대표감정을 활용하는 연습을 이용하였음 → 강점의 활용과 우울증의 감소 → < 행복을 찾아서>의 가드너
· 의미 있는 삶의 행복: 사랑·친밀감, 인생의 의미와 목적 발견하기와 우울증의 감소, 의미 있는 삶은 자신보다 큰 목표를 위해서 살아갈 때 찾아오는 행복을 의미한다. 셀리그만(2006)은 의미의 결핍은 그저 우울의 증상이 아니라 우울증의 원인이라고 제안하고 있다. 따라서 긍정심리치료에서는 우울증을 완화시켜 주는 의미를 만드는 개입을 이용 → <이키루>(1952)의 와타나베 간지
∴ 긍정심리치료에서 각 회기의 활동들은 이 세 가지 구성요소들을 반영한다. 셀리그만 (2006)에 의하면, 우울증에는 종종 긍정정서가 부족하며, 적극성이 결여되어 있고, 삶에 대한 의미를 찾지 못하는 증상들이 포함되어 있으며, 이런 특성들이 우울 증상의 발달 및 유지에 영향을 줌
1회기: 우울증을 이해하고 공유하면서 집단원간 유대를 강화, 프로그램 소개 및 집단 규칙정하기, 긍정심리치료에 대한 소개, 긍정적 자기 소개서 작성
2회기: 스트레스 및 대처에 대한 이해, 낙관적인 사고(설명)의 3가지 규칙을 알고, 이를 실제 생활에서 적용해보도록 함
3회기: 자신의 강점을 인식하고, 이를 일상생활에서 더욱 활용하도록 함. 자신의 성격강점을 활용하는 방식으로 일상의 과제에 임하도록 제안, 성격강점을 인식한 상태에서 일상의 과제에 임하게 되면 보다 능숙하게 업무를 진행하여 자기효능감과 자존감이 커지게 함
4회기: 집중하고 향유하는 개입을 통하여 긍정정서를 증가시키기 때문에 잘못된 일만을 되새겨서 반추하는 우울증적인 편향을 상쇄시킬 수 있다. 생활 속의 즐거움과 감사할 거리들을 찾아서 목록을 작성하기, 감사 편지 쓰기를 통해 소중한 사람들이 내담자에게 베풀어준 호의에 대해서 기억하도록 함

5회기:	긍정 대화법을 배우고 여러 가지 예를 통해 적용해보기, 다양한 사회적 기술(친절한 행동하기, 대화기법)을 교육함으로써 인간관계의 질을 향상시키고, 사회적 지지체계를 구축하기, 소중한 사람에게 건설적이고 적극적인 피드백을 제공하기, 친절행위를 통해 긍정적 피드백을 받는 것, 미래의 긍정적인 자기 모습을 떠올리기
6회기:	· 행복감을 증진시킬 수 있는 구체적인 활동에 대해 알아보기. 외부적이고 행동적인 기법들을 중점적으로 활용하여 무기력하고 수동적인 반응 패턴에서 벗어나 인생을 적극적이고 활기차게 살도록 도와주기. 예를 들어, 내담자에게 즐거운 활동 계획을 세우고, 그 계획대로 실천해보는 개입을 통해 인생의 주인공이 되어 즐거운 일들을 즐길 수 있도록 도와주기 · 행복감 증진을 위해 앞으로 연습할 것 정하기
7회기:	용서의 순기능을 이해 및 체험하기, 용서활동 3가지. 호흡훈련, 자비심 연습, 이완 훈련을 소개하고 이를 실습하기

이러한 셀리그만의 새로운 정신건강 모델은 결함과 손상의 부재가 아니라 개인의 강점과 능력이 최대한 발현되는 상태, 유다이모니아의 상태임을 주의해야 한다. 즉, 긍정적 정신건강이라는 좀 더 적극적인 개념으로 이해되어야 한다. 따라서 긍정심리학은 정신건강에 대해서 심리적 웰빙을 지향하는 성장모델을 질병모델의 대안으로 제시하되, 인간의 강점이 행복의 증진뿐 아니라 정신장애의 발병을 억제한다는 것을 강조하는데, 때문에 우울증을 치료하는 기존 방법을 활용할 수 있으나 강점을 강조하는 긍정심리치료 프로그램이 우울을 감소시킬 뿐만 아니라 우울예방과 재발방지에 효과가 있다는 점을 강조하면서 우울증에 관한 긍정상담·교육 프로그램을 <표 6-8>과 같이 제시하고 있다.[41]

긍정상담·교육 프로그램은 긍정심리학의 강점이론을 심리치료에

---

40) 이진주, "우울증상 감소 및 행복증진을 위한 수용적 긍정심리치료 프로그램 개발 및 효과 검증", 아주대학교 심리학과 석사학위논문, 2012, p.5 참조 및 이정애, "우울한 노인들을 대상으로 한 집단 긍정심리치료 프로그램의 효과", 고려대학교 심리학과 박사학위논문, 2011, p.36 참조 및 재구성.

41) M. E. P. Seligman, T. Rashid, A. C. Parks, "Positive psychotherapy", *American Psychol.* 61-8(2006), pp.774-788.

적용한 여러 개입 중의 하나로서, 셀리그만의 진정한 행복 이론에 토대를 두고 있다. 이는 과학적으로 측정 가능한 세 가지의 구성요소 인 즐거운 삶(긍정정 정서), 적극적인 삶(몰입), 의미 있는 삶(의미)의 행복으로 구성된다. 즐거운 삶은 영화 <인생은 아름다워>(1997)의 귀도에 의해 두드러지게 나타나는 삶으로 우리의 과거, 현재, 미래 에 대해서 '긍정적인 정서'(positive emotion)를 느끼며 사는 삶이다. 미래에 대한 긍정적 정서는 낙관주의, 희망, 신념, 신뢰를 포함한다. 현재에 대한 긍정적 정서는 기쁨, 황홀경, 평온함, 열정, 정열, 즐거 움, 몰입을 포함한다. 그리고 과거에 대한 긍정적 정서는 감사와 용 서, 만족감, 안도감, 성취감, 자부심, 평정을 포함한다.[42] 적극적인 삶은 영화 <행복을 찾아서>의 가드너에게서 잘 드러나는바 자신의 삶의 주요 영역에서 풍부한 만족이나 몰입(flow)을 얻기 위해 자신 의 대표적 성격강점(미덕)을 활용하는 삶이다. 의미 있는 삶이란 영 화 <이키루, 生>(1952)의 와타나베 간지의 죽음 앞에서의 생 또는 스토리텔링을 통해 잘 나타나는 것으로 자신보다 더 큰 무엇을 위해 서 자신의 대표 성격강점과 미덕들을 활용하는 삶이다.[43] 셀리그만 과 그의 동료들은 이 이론을 토대로 하여 우울증을 경감하는 데 긍정 심리학을 사용하면서, 긍정상담·교육 프로그램을 본격적으로 적용 시켰다.[44] 긍정상담·교육 프로그램과 관련된 주요 내용과 회기별 내용을 연구자는 <표 6-8>과 같이 9주차로 재구성하여 제시해보았다.

---

42) M. E. P. Seligman *op. cit.*, 2002, p.62.
43) 최근에는 이를 더 확장하여 다섯 가지 구성요소, 즉 즐거운 삶, 몰입하는 삶, 의미 있는 삶, 성 취하는 삶, 함께하는 삶으로 제안하기도 한다. 최근에 긍정심리학은 개인의 긍정적 정서, 몰입 (강점과 미덕), 삶의 의미, 긍정적 인간관계, 성취를 끌어내어 플로리시로 확장되었고, 교육, 건 강을 거쳐 이제 사회, 국가까지 포함한 인간의 삶 전체를 다루고 있다.
44) M. E. P. Seligman op. cit., 2006, pp.774-788.

위의 자료와 관련하여 인지치료 등 전통적인 심리치료와 긍정상담·교육 프로그램은 다음의 두 가지 측면에서 차이가 있다.[45] 첫째, 치료목표이다. 전통적인 심리치료에서는 내담자들이 부적응 또는 정신장애를 나타내는 상태에서 평균 수준의 적응을 나타내는 상태로 호전될 수 있도록 돕는 것을 목표로 한다. 반면에 긍정상담·교육 프로그램에서는 귀도나 가드너, 와타나베 간지처럼 정신적으로 건강하고 즐거운 삶, 적극적인 삶, 의미 있는 삶을 포괄하는 행복한 자기실현 상태를 달성할 수 있도록 돕는 것을 목표로 한다. 그러므로 긍정상담·교육 프로그램은 긍정적 정서, 참여, 의미를 증가시킴으로써 기존의 표준 중재와 대조를 이룬다.[46]

둘째, 치료과정에서의 초점이다. 전통적인 심리치료 과정에서는 내담자 또는 환자들이 경험하는 우울증, 불안장애 등 문제 증상들을 경감시키는 방안들에 초점을 둔다. 반면에 긍정상담·교육 프로그램에서는 환자들이 정신장애와 무관하게 갖고 있는 '성격강점'(character strength)들, 예컨대 영화 <행복을 찾아서>의 귀도의 창의성과 유머의 성격강점이나 긍정정서와 같은 정신장애에 의해 손상받지 않는 기능들을 보다 더 강화시킬 수 있는 방안들에 주안점을 둔다. 우울증에 대한 심리치료 과정에서 긍정상담·교육 프로그램은 우울 증상을 직접적인 표적으로 삼기보다는 환자가 가지고 있는 성격강점들 및 긍정적 정서를 강화할 수 있는 방안들을 적극적으로 활용한다는 점에서 증상에 초점을 맞추는 전통적인 심리치료와 구분된다.[47]

---

45) Ibid., p.222.
46) M. E. P. Seligman, T. Rashid, A. C. Parks, op. cit., 2006, pp.774-788.
47) Ibid., pp.774-788.

이렇게 긍정상담·교육 프로그램은 기존의 심리치료적 접근들과는 달리 내담자의 문제를 분석하고 해석하는 데에 큰 관심을 갖지 않는데, 이 점이 도덕교과에서 좀 더 효과적으로 우울증 예방교육을 할 수 있는 지점이 된다. 그러므로 실제 도덕교육에서의 우울증 예방교육은 내담자 개개인에게 초점을 두는 것이 아니라 전체 학생의 웰빙을 위한 성격강점(덕성)과 긍정정서와 같은 심리적 강점을 함양함으로써 내담자의 행복과 자기실현을 촉진하는 데 맞추어야 하는 것이다. 다시 말해서 긍정상담·교육 프로그램에서 내담자 또는 학생은 고통받는 수동적인 존재가 아니라 '자조능력이 있는 대상'으로 보고 일종의 덕교육(성격강점) 함양을 받는 학생이 된다. 실제 도덕교육에서는 내담자의 부적응 상태를 평균적인 적응상태 또는 증상의 부재상태로 개선할 뿐만 아니라 최상의 행복상태와 기능상태로 향상시키는 것을 목표로 하기에 구체적 프로그램이 정교화되는 차이가 있을 뿐 기존의 행복·덕교육과 갈등 없이 무난하게 수용할 수 있다. 즉, 부적응 상태의 극복을 넘어서 행복한 삶, 덕(성격강점)있는 삶을 살아가도록 돕는데, 긍정심리학적 프로그램을 적절하게 활용하면 되는 것이다.

이런 성장지향적 예방 모델의 특성으로 인해 긍정상담·교육 프로그램의 중재는 비장애인에게 시행하여 심리적 안녕과 행복을 증진하는 것을 목표로 개발된 단기치료 기법들이지만 정신장애인에게도 적용하면 심리적 안녕과 행복뿐만 아니라 우울증치료에 효과가 있기에 비장애인이나 장애인이나 모든 도덕교육에서 별 어려움 없이 활용할 수 있다. 구체적 적용을 위해서는 행복을 증진시키는 여러 가지 활동들을 간략하게 검토하고 이들 여러 가지 활동을 체계적으로 시행하는 셀리그만 등48)이 개발한 '긍정정신치료'(positive psycho-therapy: PPT) 등을 고려하되 확대할 수도 있고 축소할 수도 있다. 처음의 긍정상담·교육 프로그램은 구조화된 6회기의 치료 개입 프로그램으로 한 회기당 2시간 정도가 소요되었다.49) 각 회기는 강점 활용하기, 긍정 경험 주목하기, 인생의 의미와 목적 발견하기, 감사하기, 건설적인 행동하기, 음미하고 향유하기 등의 다양하고 실천적인 활동을 하는데 사람들의 강점을 사용하고자 하는 내적 욕구와 또 그렇게 하려는 필연적인 느낌을 강화한다. 이를 통해 사람들은 자신에 대한 주인 의식과 진실된 느낌을 얻게 된다고 보았다.50) 이후 우울증 환자를 위한 이상적인 14회기의 긍정심리치료 매뉴얼로도 확대 발전하였다.51) 도덕교육에서 적용할 때는 회기는 통상 16주를 고려하되 6회기나 12회기 정도까지 융통성 있게 적용할 수 있다. 물론 이런 적용에는 단순히 우울장애뿐 아니라 불안장애 및 회복탄력성의 강화 등 여러 효과성을 고려하는 통합적 접근을 취하면서 정신건강이 전체적으로 증진되고 행복한 삶이 증진되는 차원을 지향해야 할 것이다. 내용은 삶에서 긍정적 자원이 부족해 발생하거나 지속된다는 설명에서 시작하여, 긍정적인 소개서 쓰기, 자신의 최대 강점과 긍정적 정서 찾기, 감사일기 쓰기, 하루 일어난 좋은 일 세 가지 기록하기, 용서하기, 감사하기, 작은 성과에 만족하기와 최

---

48) Ibid., p.774.

49) N. Park, "Character Strengths and Positive Youth Development", *The Annals of the American Academy of Political and Social Science,* 59-1(2004), pp.186-201.

50) C. Peterson & M. E. P. Seligman, *Character strengths and virtues: A handbook and classification*(New York: Oxford University Press/Washington, DC.: American Psychological Association, 2004).

51) T. Rashid & A. Anjum, "Positive psychotherapy for young adults and children" (*Handbook of depression in children and adolescents,* 2008), pp.250-287.

대화하기, 열린 문 닫힌 문 실습하기, 타인과의 관계와 연결 확인하기, 향유하기, 충만한 인생 등으로 구성할 수 있을 것이다. 각 회기는 다양한 심리적 기법들을 활용하여 내담자의 긍정적인 강점을 찾아 활용하고, 지속할 수 있는 일련의 훈련이며, 동시에 긍정정서를 강화하기 위한 실천 사항을 제시할 수 있을 것이다.

셀리그만 등[52]은 이런 방식의 프로그램이 경도 내지 중등도 우울장애 환자에서 14주간 긍정상담·교육 프로그램을 시행하여 인지(행동)치료나 약물치료보다 증상 완화 효과가 우수함을 제시하였다. 긍정상담·교육 프로그램이 사용된 다른 선행 연구에서도 초등학생, 청소년, 청년, 대학생, 노인, 정신과 입원환자 등 다양한 대상과 우울증 환자, 사회공포증 환자, 일반 성인 등 다양한 정신장애 분류군까지 효과성이 검증되어 확대 적용되어 그 활용 범위를 넓혀 가고 있다. 최초의 긍정심리치료의 효과를 검증한 연구는 우울증을 호소하는 성인들과 대학생을 대상으로 이루어졌다.[53] 치료의 효과검증 연구결과, 주요 우울증을 앓는 내담자들에게 8-12주 동안 개별로 시행했을 때, 전통적 심리치료집단 및 약물치료를 받은 집단(TAUMED)에 비해 우울증상의 호전 정도가 유의하게 컸다. 그리고 중등도 이하의 우울증을 겪고 있는 대학생들에게 5-7주 동안 집단으로 긍정심리치료를 시행한 후 웹 기반으로 치료 효과를 측정하였을 때, 우울증상이 현저하게 호전되었을 뿐만 아니라 삶의 만족도 역시 증가되었으며 이러한 효과는 치료가 끝난 뒤에도 1년간 지속되었다.[54] 청

---

52) M. E. P. Seligman, T. A. Steen, N. Park & C. Peterson, "Positive psychology progress: empirical validation of interventions", *American Psychology*, 60-5(2005), pp.410-421.

53) M. E. P. Seligman, T. Rashid, A. C. Parks op. cit., 2006, pp.774-788.

54) Ibid., p.774.

소년들에게 실시한 집단 긍정심리치료에서도 개별 만족도를 증가시켰다.[55) 또한 임영진이 국내 우울증상을 호소하는 대학생을 대상으로 긍정심리치료를 실시하여 인지행동치료를 받은 통제집단에 비해 우울증이 현저하게 호전되었을 뿐만 아니라 삶의 만족도와 긍정정서도 증가된 결과를 얻었다. 이는 치료가 끝난 뒤 5주 동안 효과가 지속되었다.[56)

<표 6-9> 각 구성요소에 대해 기존 프로그램에서 구현한 개입방법 비교[57)

연구	즐거운 삶	적극적인 삶	의미 있는 삶
Seligman(2006) 주목하기	감사하기, 향유하기, 긍정경험	대표강점	인생의 의미와 목적 발견하기
Seligman(2006)	감사하기, 낙관성, 희망, 향유하기, 긍정감정 함양하기, 긍정적 기억과 부정적 기억, 용서하기, 만족감 키우기	대표강점	사랑과 친밀감 증진하기 시간이라는 선물 선사하기 충만한 삶 살아가기
김진영·고영건 (2009)	감사하기, 낙관성, 희망, 즐거운 경험 일기쓰기, 긍정정서 함양, 용서	강점의 왕과 여왕, 몰입	행복에 이르는 길 행복한 삶
임영진(2010)	감사하기, 낙관성, 희망, 용서	대표강점	친절, 사랑

그러므로 긍정심리학이 주목받기 전 대부분의 심리치료는 인지치료에 국한되어 있었고 인지치료 또는 인지행동치료의 여러 변형인 '수용전념치료'(ACT), '마음 챙김에 근거한 인지치료'(MBCT) 등의 다양한 방법으로 응용되어졌으며, 그 효과성은 지금까지도 계속 증

---

55) T. Rashid & A. Anjum, "Positive psychotherapy for young adults and children" (*Handbook of depression in children and adolescents*, 2008), pp.250-287.

56) 임영진, "성격강점과 긍정심리치료가 행복에 미치는 영향", 서울대학교 대학원 박사학위논문, 2010와 임영진, "주요우울장애 대학생을 대상으로 한 긍정심리치료의 효과", 『한국심리학회지 임상』제31권 3호(서울: 한국심리학회, 2012), pp.679-692 참조.

57) 이진주, 앞의 논문, p.12 참조 및 재구성.

명되고 있지만 도덕교육에서 우울증치료 및 예방과 관련해서 효과적으로 사용할 수 있는 방안은 인지치료와 이를 보다 발전시킨 긍정심리학적 입장이 적절한 것으로 보인다. 물론 학습자가 인지치료의 여러 변형된 발전적 형태들을 활용할 수 있는 능력이 있다면 적용이 가능하겠지만 능력이 제한되어 있다면 인지치료를 활용하고 그 연장선상에서 긍정심리학적 접근을 하는 것은 쉬우면서도 효과적인 도덕상담 및 교육이라고도 할 수 있다. 그러므로 셀리그만이 우울증상을 완화시키기 위해 기본 가정으로 우울증은 부정적 증상들을 감소시키는 방법(인지치료)으로 치료할 수도 있지만 긍정적 정서, 강점 그리고 삶의 의미를 주로 다루고, 직접적으로 증진시킴으로써 치료할 수 있다고 보았던 통찰을 적극 수용할 필요가 있다. 이 통찰을 도덕교육에서 잘 수용한다면 도덕교육은 학생들의 행복·웰빙뿐만 아니라 우울증을 비롯한 정신건강까지 섬세하게 배려하고 도와줄 수 있는 있는 교과교육으로 발전할 수 있을 것이다.

5. 나가면서

지금까지 우울증치료에는 약물치료와 정신치료 모두 널리 사용됨을 알 수 있었다. 도덕교육 외 정신의학과에서의 약물치료가 정신치료에 비해 치료효과가 빠르고 치료비용이 저렴하여 중등도 이상의 우울증 환자에게서 더 선호되는 치료방법일 수 있음을 알 수 있었다. 하지만 인지치료를 포함하는 정신치료는 약물에 대한 반응을 보이지 않거나 약물을 사용할 수 없는 환자에게도 시도할 수 있으며,

증산이 호전된 뒤 중단하여도 그 치료적 효과가 지속된다는 이점이 있음을 알 수 있었다. 관련하여 운동치료도 효율성이 있으며 특별히 인지치료 역시 효과적인 접근임을 알 수 있었다.

그러나 예방이나 재발방지 등에서 질병모델이 아닌 성장지향모델인 긍정심리학적 접근은 인지치료의 장점을 계승하면서도 새로운 차원에서 우울증치료의 길을 제시하고 있음을 알 수 있었다. 약물치료보다 재발률이 낮아 훨씬 효과적인 예방치료법임을 알 수 있었으며, 학생의 행복·웰빙·덕을 고양시키면서도 우울증을 비롯한 정신건강에 기여할 수 있는 방법이 바로 긍정심리학에 기반한 우울증치료임을 알 수 있었다.

약물치료를 할 수 없는 도덕교육에 있어서 인지치료는 교수법의 적용이나 상담적 실천에 실제적인 도움이 될 수 있음을 알 수 있었으며 긍정심리학적 관점 역시 성격강점이나 긍정정서를 통해 보다 우울증을 예방할 수 있는 방안을 제시함을 알 수 있었다. 그러므로 인지치료와 긍정심리학의 긍정상담·교육 프로그램의 장점을 잘 수용하여 도덕교육에 적용한다면 기존 도덕교육에서 간과하고 있는 학생들의 심리적 고통을 배려하고, 학생들의 우울증치료를 포괄하는 정신건강 교육을 잘 수행할 수 있을 것이다.

PART 07
⋮

긍정심리학과 회복탄력성을
위한 윤리상담

1. 들어가면서

    우리는 청소년의 정신건강과 행복에 관심을 기울여야 한다. 하지만 우리 사회는 청소년들이 건강하고 행복하게 자랄 수 있도록 놔두질 않는다. 가장 밝고 즐겁게 살아야 할 나이에 가장 어둡고 고통스런 삶을 살아간다. 부모와 학교와 학원과 입시제도가 일치단결하여 아이들을 깨지기 쉬운 유리공으로 만들어가고 있는 것이다. 때문에 청소년들의 행복감뿐만 아니라 우울증과 같은 정서장애, 불안장애 등에 시달리고 있으며, 청소년의 스트레스 인지비율이 전체 응답자 중 43.2%로 나타났고, 우울증 경험 비율은 응답자 중 37.5%로 나타났으며,[1] 회복탄력성(resilience)도 약하다. 오늘날 많은 국가에서는 아동과 청소년의 우울증을 예방하고, 스트레스 관리 능력을 증진시키며, 행복과 안녕 수준을 높이기 위한 다양한 교육활동을 전개하고 있는데, 이러한 교육 활동의 기저에 놓인 핵심개념이 바로 회복탄력성(resilience)이다.[2] 회복탄력성과 관련하여 대표적인 우리나라의 학

---

1) 최인재, "청소년 건강실태 및 대응방안", 『NYPI 청소년 정책 리포트 30』(서울: 한국청소년정책연구원, 2012), pp.4-5 참조 및 추병완, "청소년의 회복탄력성 증진을 위한 도덕과 지도방법", 『윤리교육연구』, 34집(한국윤리교육학회, 2014), p.85 참조.
2) 위의 논문, p.85 참조.

자 김주환은 회복탄력성은 '마음의 근력'과 같다고 말한다. "몸이 힘을 발휘하려면 강한 근육이 필요한 것처럼, 마음이 강한 힘을 발휘하기 위해서는 튼튼한 마음의 근육이 필요하다. 심리학자들에 의하면 마음의 힘은 일종의 '근육'과도 같아서 사람마다 제한된 능력을 갖고 있으며, 견뎌낼 수 있는 무게도 정해져 있다. 그러나 마음의 근육이 견뎌낼 수 있는 무게는 훈련에 의해 얼마든지 키울 수 있다"고 말한다.[3]

<표 7-1> 회복탄력성의 정의에 대한 선행연구[4]

학자	정의
Luthar(1991)	스트레스가 급격히 상승하는 상황에서도 스트레스를 거의 받지 않거나 효능감을 발휘하여 스트레스를 잘 대처하여 스트레스 지수를 낮출 수 있는 능력
Garmezy(1993)	고난과 역경 속에서 어려움을 헤쳐 나가기 위한 능력을 다시 회복한다는 의미로 역경을 겪으면서 자신의 의지력이 소실됐지만 이전의 상태로 되돌아올 수 있는 회복력
Fraser Richman와 Grlinsky(1999)	생활의 부정적인 사건들, 외상, 스트레스 등 여러 다양한 위험요소들에 대해 예측할 수 없거나 훌륭하게 적응하여 소화해내는 것
California Healthy Kids Survey(2000)	역경을 이겨내고 건강한 자아 형성을 이룰 수 있게 만들어주는 개인적 특성이나 능력
Gu와 Day(2007)	역동적 과정으로 부정적인 환경에 대처하는 방식으로 계속적인 변화하는 개인의 능력
김주환(2009)	어려움이나 스트레스 상황에서 적응적 상황으로 다시 되돌아오는 회복과 정신적 저항력의 향상, 즉 성장을 나타내는 탄력성의 합성어

이렇게 회복탄력성은 "중대한 역경이나 어려움에 처할 때 긍정적으로 적응하는 것"이라고 정의할 수 있는데,[5] 아동발달에 대한 위대

---

3) 김주환, 『회복탄력성: 시련을 행운으로 바꾸게 하는 유쾌한 비밀』(서울: 위즈덤하우스, 2011), p.19.
4) 김희정, "콜센터 상담사의 회복탄력성과 감정노동에 관한 연구", 광주여자대학교사회개발대학원 석사학위 논문 2012, p.12.

한 종단 연구들 중 하나인 카우아이 섬 연구 이래로 회복탄력성은 지속적으로 연구되어 왔다. 열악한 환경적 조건 때문에 사회적 부적응을 보일 것이 거의 확실시되는 아이들 201명 중에서 무려 72명이 마치 유복한 가정에서 태어나기라도 한 것처럼 훌륭한 청년으로 성장한 것을 계기로, 에미 워너(E. E. Werner) 교수는 72명이 역경을 이겨낼 수 있는 어떤 공통된 속성을 지니고 있으며, 삶의 어떠한 역경에도 굴하지 않는 강인한 힘의 원동력이 되는 이 속성을 에미 워너는 회복탄력성이라고 불렀다.[6] 이 이후 회복탄력성에 대해 선행 연구들은 <표 7-1>과 같은 정의들을 내놓고 있다.

미국 심리학회의 경우 회복탄력성의 특성을 다음 네 가지로 요약했다. 첫째, 현실적인 계획을 세워 한 걸음씩 수행해나가는 힘(목적성과 인내심), 둘째, 자신의 강점과 능력에 대한 긍정적이고 낙관적인 태도와 확신(경험 중시), 셋째, 의사소통과 문제해결의 기술(관계의 기술), 넷째, 감정에 대한 이해와 조절 능력(평정심)[7]이 그것이다. 회복탄력성에 대한 연구는 네 차례의 연구물결을 거치면서 발전해 왔는데, 제1의 연구물결에서는 기본 개념 및 방법론과 더불어 회복탄력성 현상을 기술했으며, 제2의 연구물결에서는 긍정적 적응에 관한 이론과 연구에 대한 발달 체제적 접근을 채택하면서 회복탄력성에 대한 보다 역동적인 설명을 하였다. 제3의 연구물결에서는 발달 경로의 변화를 지향하는 예방 개입을 통하여 회복탄력성을 조성하

---

5) A. S. Masten & M. G. J. Reed, "Resilience development", In C. R. Snyder & S. J. Lopez (Eds.), *Handbook of Positive Psychology*(New York: Oxford University Press, 2002), pp.74-88.

6) E. E. Werner & R. S. Smith, *Vulnerable but invincible: A Longitudinal study of resilient children and youth*(New York: MacGraw Hill, 1982).

7) 최성애, 『나와 우리 아이를 살리는 회복탄력성: 최성애 박사의 행복 에너지 충전법』(서울: 해냄, 2014), p.15.

는 데 초점을 맞추었다. 그리고 제4의 연구물결에서는 후성적 과정과 신경생물학적 과정, 두뇌 발달, 발달의 조형을 위한 체제들의 상호작용 방식에 대한 관심의 증대와 더불어 다양한 수준의 분석을 통해 회복탄력성을 이해하고 통찰하는 데 초점을 맞추었다.[8]

웰빙이 회복탄력성에 그 뿌리를 두고 있다고 보는 긍정심리학에서도 회복탄력성을 정신건강 개념으로 이해하면서 회복탄력성을 계발을 중요시한다. 그런데 회복탄력성에 대한 구성 요소는 아직까지 일치된 의견이 없다는 문제점이 있으며 회복탄력성 측정 척도에 따라 다양하게 정의되고 있다. 또한 다양한 요소 간의 역동적인 상호작용으로 나타나는 다변인 구성개념인바, 학자들마다 다양하게 회복탄력성의 구성요소를 설명하고 있다. 레이비치(K. Reivich)와 샤테(A. Shattée)는 회복탄력성 지수검사(Resilience Quotient Test: RQT)에서 정서조절력, 충동통제력, 낙관성, 원인분석력, 공감능력, 자기효능감, 적극적 도전성으로 회복탄력성의 하위요인을 제시하며, 이러한 능력은 일상적인 스트레스를 관리하기 위해서도 필수적인 능력으로 모든 사람에게 필요하다고 하였다.[9] 김주환(2011)은 Reivich와 Shattée(2003)가 제시한 하위요인을 한국인의 특성에 맞게 수정하여 원인분석력, 감정조절력, 충동통제력, 감사하기, 생활만족도, 낙관성, 커뮤니케이션능력, 공감능력과 같은 개인의 특성과 함께 관계성이라는 외적 자원의 특성을 회복탄력성의 하위요인으로 포함시켰다. 이러한 조주환의 회복탄력성 개념은 의사소통기술의 관계성과 긍정성을 보다 강조하는 경향이 있다고 할 수 있다.

---

8) 추병완, 앞의 논문, pp.87-88 참조.
9) K. Reivich & A. Shatté, *The resilience factor*(New York: BroadwayBooks, 2003).

이렇듯 회복탄력성의 구성요인은 학자들에 따라 다르게 정의되고 있으나 공통적으로 자기조절능력, 대인관계능력, 긍정성, 자기효능감, 문제해결력, 목적지향성 등의 개념을 핵심개념으로 포함하고 있다는 것을 알 수 있다. 본 연구에서는 이러한 핵심요인들을 비교적 많이 포괄하고 있는 레이비치와 샤테의 관점을 참고하여 회복탄력성의 구성요소를 정서조절력, 충동통제력, 낙관성, 원인분석력, 공감능력, 자기효능감, 적극적 도전성으로 설정하고자 하나 다른 관점을 고려하면서 회복탄력성을 살피고자 한다. 또한 회복탄력성의 회복을 위해서 회복탄력성을 성격유형으로 보면서 자아방어기제의 성숙을 통한 자아회복탄력성을 강조하는 정신분석학적 접근과 사회적 지지를 강조하는 인간주의 심리학과 배려의 도덕교육적 입장 역시 고려하고자 한다. 그다음 장에서는 인지행동상담의 인지적 전략과 이를 보다 발전시킨 긍정심리학적 접근을 역시 살펴보고자 한다. 자아방어기제의 성숙을 통한 자아회복탄력성을 높이는 방안은 정신분석학적 접근을 중심으로 해서 살펴보고자 한다. 사회적 지지 전략은 인간주의심리학과 배려의 도덕교육적 접근을 통해 살펴보고자 한다. 또한 인지적 전략은 인지행동치료적 접근을 통해 살펴보고자 하였으며, 긍정심리학적 전략은 긍정심리학적 접근을 중심으로 하되, 긍정정서, 성격강점의 함양 전략과 마음챙김 전략, 그리고 운동 및 기타 전략을 통해서 윤리상담에서 활용할 수 있는 회복탄력성 방안을 제시하고자 한다.

2. 정신분석학적 접근과 인간주의 및 배려적 접근

1) 방어기제의 성숙과 자아회복탄력성의 강화

하버드 의대 교수 조지 베일런트(G. E. Vaillant)는 『행복의 조건 (Aging Well)』(2002)에서 다음과 같이 말한다.

> "회복탄력성을 지닌 사람은 신선하고 푸른 고갱이를 지닌 나뭇
> 가지에 비유할 수 있다. 그런 나뭇가지는 휘어져 모양이 변형되더
> 라도, 힘없이 부러지는 일 없이 금세 다시 제 모습을 찾아 계속
> 성장한다. 유전자와 환경은 모두 회복탄력성에 중대한 영향을 끼
> 친다. 우리는 사랑하는 친구들과 교제하면서 유머감각이나 이타주
> 의와 같은 적응적 방어기제를 발전시킨다."[10]

에릭슨(E. Erikson) 제자였던 조지 베일런트는 행복에 있어서도 중요한 조건[11]인 성숙한 방어기제(defense mechanism)라고 볼 수 있는 적응적 방어기제가 우리를 회복시키는 힘을 갖고 있다는 것을 강조하였다. 우리는 방어기제를 적절히 사용하면서, 우리 자신을 보호한다. 건강 염려증, 투사 같은 미성숙한 방어기제부터, 남을 돕는 이타주의 같은 성숙한 방어기제도 있는데, 우리를 구렁에서 꺼내는 회복탄력성이 무의식적으로 사용하는 방어기제와 깊은 연관이 있다는 것이다. 정신분석학에서는 자아회복탄력성(ego-resilience)과 방어기제란 개념을 중시하는데, 자아회복탄력성은 프로이트(S. Freud)나 에릭슨의 정신분석학적 관점 혹은 심리사회적 발달이론에서 회복탄력

---

10) 조지 베일런트, 이덕남 옮김, 『행복의 조건』(서울: 프런티어, 2002/2010), pp.384-385.
11) 조지 베일런트는 『행복의 조건』에서 행복한 노년의 조건으로 1. 성숙한 방어기제, 2. 교육, 3. 안정적 결혼, 4. 금연, 5. 적당한 음주, 6. 운동, 7. 적당한 체중 이렇게 7가지를 제시하였는데, 이중 처음이 성숙한 방어기제이다.

성을 보는 입장으로 회복탄력성을 개인의 내적 특성·인격의 한 유형으로 간주한다. 방어기제의 개념은 프로이트의 수많은 개념들과 달리 오랜 세월에 걸쳐 충분히 검증받은 개념이었는데, 여기에서 방어기제란 단순히 병리학적인 성격을 의미하는 것이 아니다. 비록 부적응적 양상으로 나타나기는 하나, 궁극적으로는 적응을 위한 적극적인 노력의 초석이 되는 개념이며, 일상생활에서 소소하게 불쾌한 상황에 부딪히더라도 심각한 상황으로 몰아가는 일 없이 긍정적으로 전환할 수 있는 능력으로 회복탄력성과 관련되는 개념인 것이다.

이런 관점은 인지행동치료처럼 스트레스 관리와 회복탄력성을 위해 인지적 대처전략을 강조하는 것과는 다른 양상에서 회복탄력성을 본다. 자아회복탄력성은 스트레스 상황하에서 유연하게 반응하는 경향성으로써 환경적인 제약이나 스트레스 상황에서도 기존의 자아통제수준으로 회복할 수 있는 대처능력을 강조한다. 이 경우 자기도 모르게 하는 무의식적 전략, 즉 자아의 방어기제를 포함하면서 성숙하게 자아가 상황을 통제하는 것을 말한다. 조지 베일런트는 방어기제의 사용은 많은 부분 자기도 모르게 내적 현실과 외적 현실 둘 다의 지각을 변경시키는데, 현실을 왜곡함으로써 흔히 불안과 우울이 경감되고, 결과적으로 스트레스로 인한 생리적이고 정신적인 마모가 덜 일어난다고 한다.12) 이런 점에서 우리가 방어를 잘 한다면 우리는 정신적으로 건강하고 양심적이며 재미있고, 창의적이며 이타적인 사람으로 보일 것이나 방어기제를 제대로 사용하지 못한다면 정신과 의사는 우리가 병들었다고 진단하고, 사회는 우리가 비도덕적이

---

12) 조지 베일런트, 앞의 책, p.28.

라고 낙인찍는다는 것이다.13)

조지 베일런트는 50여 년 이상을 성인발달연구를 통해 방어기제의 대처과정이 성숙해지면 정신적으로 아픈 사람이 정신적으로 잘 지내는 사람으로 진화해감을 제시한다. 그는 방어기제의 방어가 인간의 면역계만큼 우리의 행복과 회복탄력성에 중요하다고 본다. 인간 신체가 아동기에 성숙하듯이 인간의 자아도 성숙해가며, 방어기제의 성숙은 유아기를 거쳐 청소년기, 성인기에 이르기까지 자아통제와 회복탄력성의 수준이 일관성 있게 높은 상관을 보인다고 하였다.14) 에릭슨을 따라 베일런트는 노인기에서 지혜의 덕성을 가진 이는 '성숙한 방어기제'를 사용함으로 인해 우리가 일상적으로 사용하는 '지혜'의 덕성을 가진 이와 상당한 연관성을 지닌다고 본다. 물론 노년의 방어기제는 쇠퇴할 수 있지만 일반적으로 많은 노인이 나이가 들수록 '성숙한 방어기제'를 지닌다고 본다.

조지 베일런트는 방어기제란 갈등과 스트레스를 최소화하려는 심리적인 기제라고 설명한다. 프로이트에 의해 도입된 방어기제는 정신구조 내면적 갈등이나 외부환경의 요구와 자아 사이에서 빚어지는 외부적 갈등 때문에 불안해질 때 이러한 불안을 완화하기 위하여 자아가 사용하는 방책인데,15) 개인이 초자아와의 관계 속에서 원하지 않는 충동(id)의 방출을 억제 변형하고 조정하는 사고정서행동이며 내적인 욕구와 이를 조정하려는 무의식적인 정신 내적과정뿐만 아니라 그러한 목적을 지닌 의식적 무의식적 행동까지도 포함된다.

---

13) 위의 책, p.30.

14) 위의 책, p.51.

15) G. E. Vaillant, "Egomechanismsofdefenseandpersonalitypsychology", *Journal of Abnormal Psychology*, 103-1(1994), pp.44-50.

베일런트는 방어기제와 관련하여 여러 연구를 수행했는데, 특히 방어기제와 자아의 성숙도 간의 관계에 집중하여 어떤 방어기제를 사용하느냐에 따라 자아의 성숙도를 알 수 있다고 주장했고, 이를 바탕으로 방어기제들을 유형화하기도 했다.16) 베일런트는 방어기제를 크게 네 가지 유형으로 분류했는데, 여기에는 자기애적 방어기제(투사, 부정 등), 미성숙 방어기제(퇴행 등), 신경증적 방어기제(억압, 전위, 반동 형성 등), 성숙한 방어기제(승화 등) 등이 포함된다.17) 한편으로는 방어기제의 성숙 위계에 따라 병리적 단계(망상적 투사, 부정 등), 미성숙 단계(수동-공격, 투사, 신체화, 투사적 동일시 등), 신경증적 단계(전위, 반동 형성, 억압, 합리화, 퇴행 등), 성숙 단계(승화 등) 등으로 구분한다.18)

베일런트는 프로이트와 달리 방어기제를 대처 혹은 적응기제로 부르는 입장을 취하는데, 이는 방어가 병리적인 것이라기보다는 오히려 건강한 것이라는 사실을 강조하기 위한 것이다. 다시 말해 자아의 방어기제는 역동적인 회복의 과정을 나타내는 것인데, 방어기제라는 용어는 은연중에 인간의 어두운 본성을 부각시키는 경향이 있기 때문에 '적응기제'(adaptive mechanism) 또는 '자아의 연금술'이라는 표현을 사용하자고 주장한다. 프로이트의 딸인 안나 프로이트(A. Freud)도 자아의 발달, 즉 자아가 성숙함에 따라 방어기제가 발달한다고 보았지만 본격적으로 방어의 성숙도 위계에 대한 연구를

---

16) 위의 논문.

17) G. E. Vaillant, "Natural history of male psychological health, III: Empirical dimensions of mental health", *Archives of General Psychiatry*, 32(1975), pp.420-426.

18) G. E. Vaillant, "Adaptive mental mechanisms: Their role in a positive psychology", *American Psychologist*, 55-1(2000), pp.89-98.

시작한 연구자는 베일런트였다. 베일런트는 방어기제의 성숙도가 정신건강의 지표가 될 수 있다고 보고하였으며 특히 방어기제를 개인의 성숙단계에 따라 미성숙한 방식에서 성숙한 방식으로 발달되어 가는 것으로 제안하였다. 이 방어의 성숙도는 콜버그의 도덕판단발달, IQ, 심리사회적 성숙, 사회적 상승 등과 정적 상관이 있고 성숙한 방어는 주관적으로 지각한 심리증상의 정도와도 부적상관이 있었다. 특히 적응적인 방어기제로서 성숙한 방어기제는 적응적 대처 양식으로써 현실대인관계 그리고 개인의 감정 및 양심을 통합시키는 기제로 사용되며 정신건강의 증진을 가져오게 되고 부적응적인 방어기제들은 정신적인 병리를 제공하는 것으로 심리적 문제를 진단하는 데 유용하게 사용된다고 하였다. 예컨대 프로이트가 지적했듯이, 방어기제를 지나치게 사용하는 것은 정신 병리와 관련이 있을 수 있다. 예를 들어 베일런트는 심각한 스트레스 경험과 우울증의 상관관계에 대해 조사했는데, 그중에서도 적응적인 방어기제를 사용한 사람들에게는 우울증 발생 가능성이 낮아진다고 보고했다. 다만 정상적인 일반인도 방어기제를 매일 사용하고 있으며, 방어기제의 적절한 사용은 일상에 적응하는 데 도움을 준다.[19]

방어기제는 정신병적 방어기제에서부터 성숙한 방어기제까지 다양한 계층으로 구분돼 있는데, 성숙한 방어기제는 이타주의·유머·승화·억제 등이 있다. 방어기제가 성숙할수록 행복한 인생을 살 수 있고 지혜로워진다. 관련해서 자아회복탄력성은 스트레스나 역경의 극복과 관련하여 방어기제의 지혜롭지 못한 사용을 성숙한 방어기

---

19) Ibid.

제의 사용으로 고양하며, 스트레스 상황에서도 잘 적응(adaption)하게 할 것이다. 행복한 인생을 살기 위해서는 '방어기제'가 성숙해야 한다. 방어기제가 성숙할수록 자아회복탄력성이 좋아진다. 그러므로 자아회복탄력성이 높다는 것은 역경에도 견뎌내는 지혜로운 심리사회적 능력이라고 할 수 있다. 성숙한 방어기제는 정신적인 회복탄력성이자 고난에 대응하는 긍정적인 정서이다. 성숙한 방어기제는 이타주의, 유머, 승화, 억제 등의 형태로 나타난다. 이타주의는 다른 사람이 바라는 것을 베푸는 미덕으로 즐거움을 느끼는 과정이고, 유머는 지나치게 심각하지 않은 태도로서 고통을 웃음으로 변화시키는 과정이며, 승화는 갈등과 역경을 예술적 창조로 해소하는 과정이다. 그리고 억제는 밝은 면을 봄으로써 인내하는 과정을 뜻한다. 이러한 성숙한 방어기제를 적용하면 불행했던 과거와 절망적인 중년기를 보냈더라도 회복탄력성의 과정을 거쳐 노년에 이르러 풍요로운 인간관계와 지혜를 소유하면서 행복하게 살 수 있다. 또한 심리사회적 능력인 자아회복탄력성은 자아불안을 포괄하는 심리적인 혼란, 외적인 위협에 효과적으로 대처하여 효과적인 기능을 회복하고 유지하도록 함으로써 성공적인 적응을 가져오는 것이다. 자아회복탄력성을 한 개인이 일상적인 스트레스뿐만 아니라 과도한 스트레스에 직면하면서도 이를 잘 이겨내고 평정을 유지할 수 있도록 해주는 긍정적인 인격특성이라고 할 수 있다.

이렇게 정신분석학에서는 자아회복탄력성은 미성숙한 방어기제를 넘어 성숙한 방어기제를 사용하며 적절한 자아통제를 이룰 때 탄력적일 수 있다고 할 수 있다. 물론 프로이트는 원초아의 비합리적인 충동과 초자아의 금지명령 속에서 자아의 불안을 조절하는 자아방어의 역할을 이야기했지만 대인관계를 조절하는 자아방어의 역할을 간과했다.[20] 반면에 클라인(M. Klein)과 설리반(H. S. Sullivan) 등은 프로이트가 방어기제에 부가했던 제한적인 역할을 확장시키기 위해 노력을 기울였다. 그들은 방어가 충동과 감정, 초자아의 감시의 문제뿐만 아니라 사람들의 외적인 관계와 내재화된 표상을 왜곡한다는 것을 임상가들이 인식하도록 이끌었다. 인간주의 심리학자인 칼 로저스(C. Rogers)는 부모와의 관계뿐 아니라 사회적 관계 속에서 인정받기 위해 진정한 자기를 숨기면서 진정한 자기와 가짜의 자기라는 이중적인 자기를 경험하게 된다고 보았다.

<표 7-2> DSM-Ⅳ에 분류되어 있는 방어수준과 방어기제(APA, 1994)[21]

방어수준	방어기제
높은 적응 수준	예견, 친화, 이타성, 유머, 자기주장, 자기 관찰, 승화, 억제
정신 억제 수준	전위, 해리, 주지화, 감정 격리, 반동 형성, 억압, 취소
가벼운 이미지 왜곡 수준	평가 절하, 이상화, 전지전능감
부정적 수준	부정, 투사, 합리화
주요 이미지 왜곡 수준	자폐성 공상, 투사적 동일시, 자신과 타인 이미지 분리
행동 수준	행동화, 무감동적 철퇴, 도움-거절 불평, 수동-공격성
방어적 와해 수준	망상적 투사, 정신병적 부정, 정신병적 왜곡

그러므로 높은 적응수준의 성숙한 방어기제의 연습을 통해 자아 회복탄력성을 높일 필요성이 있다. <표 7-2>에서 보듯이 자아탄력성을 위한 성숙한 방어기제의 연습에는 유머, 승화 등을 연습할 수 있다. 유머 연습에는 코미디언 흉내 내기도 있다. 코미디언은 자신들

---

20) 조지 베이런트, 앞의 책, p.165.

21) G. E. Vaillant, "American Psychiatric Association," *Diagnostic and Statistical Manual of Mental Disorders*(4th ed.)(Washington, DC: Author, 1994).

을 조롱거리로 만든다. 자신의 문제를 비웃는다. 그리고 자신의 주변 일상들에 대해 농담을 한다. 그들은 유희적으로 되는 것을 우리에게 상기시킨다. 그리고 인생이 아주 심각하게 받아들여야 할 것 같은 때조차도 자신에게 너무 심각하지 않을 것을 상기시킨다. 코미디언들은 유머와 연계된 애매함, 비일관성을 이해한다. 그리고 그들은 거만, 오만, 그리고 건방짐을 꼭 집어낼 수 있다. 당신의 곤경을 가장 좋아하는 심야 토크쇼 진행자에게 설명하는 것을 상상해보라. 그가 어떤 조언을 주겠는가? 사소하고 시시한 일들이 당신의 일상의 일부가 되도록 하라. 당신 자신이 바보스럽고 명랑하도록 허락하는 것은 당신의 삶을 덜 심각하게 만든다. 유희성과 놀이의 규칙적인 실천은 당신을 머리로부터 심장과 몸으로 이동하도록 도울 것이다.

이러한 성숙한 방어기제의 연습 혹은 자아의 연금술 전략은 프로이트가 말한 방어기제의 어두운 부분 대신에 베일런트가 강조한 적응기제 또는 자아의 연금술이란 관점을 강조하는 관점이다. 자아의 연금술전략은 크게 미성숙한 기제, 신경증적 기제, 성숙한 기제를 나누고 성숙한 기제를 사용할 수 있도록 촉진한다. 성숙한 자아의 연금술은 문제 상황에서 내면의 갈등을 숨기거나 타인을 희생양으로 삼기보다 문제 상황을 창조적으로 변형시켜 자신뿐만 아니라 주변사람들에게도 도움이 되는 전략을 사용하기 때문이다.

<표 7-3> 자아의 연금술 전략과 회복탄력성을 위한 윤리상담

자아의 연금술	방어기제와 특징 ⇒ 방어기제 활용전략
성숙한 자아의 연금술	유머, 이타주의, 예상, 억제, 승화: 성숙한 자아의 연금술은 문제 상황에서 내면의 갈등을 숨기거나 자기 또는 타인을 희생양으로 삼지 않음 ⇒ 유머 등을 상용하여 문제 상황 자체를 창조적으로 변형시켜, 결과적으로 자신뿐만 아니라 주변 사람들에게도 도움이 되는 도덕적 책략의 방어기제를 사용하도록 촉진. 더욱 성숙한 이타주의나 예상, 억제, 승화가 빛을 발하게 하고 고통에 대응하는 성숙한 방어기제로 회복탄력성과 행복을 향유하도록 촉진
신경증적인 자아의 연금술	전위, 해리, 반동형성, 이지화, 억압: 문제 상황에서 자기를 희생시킴으로써 내면의 갈등 또는 현실적인 문제와 타협함 ⇒ 유머감각을 지니도록 하고, 놀이를 통해 삶을 즐길 줄 아는 방법을 가르치기. 자신을 희생양 삼지 않고 친밀함과 사회지능을 가르쳐서 성숙한 자아의 연금술을 구사할 수 있도록 함. 유머, 이타주의, 예상, 억제, 승화 등 방어기제를 예시하고 활용할 수 있게 촉진
미성숙한 자아의 연금술	신체화, 공상, 행동화, 소극적-공격성, 투사: 자기 내면의 심리적인 갈등을 해결하기 위해 다른 사람들을 희생양으로 삼으며, 도덕성이 결여되어 있음 ⇒ 도덕적이지 못한 방어기제의 사용에 대해 예시와 설명을 통해 성숙한 자아의 연금술을 사용할 수 있도록 조장함

결국 자아의 연금술은 크게 미성숙한 기제, 신경증적인 기제, 성숙한 기제의 세 가지 수준으로 구분할 수 있는데, 성숙한 자아의 연금술이 하는 일은 조개가 우아한 진주를 만들어내는 과정과 유사하다. 조개는 모래가 외부에서 들어올 경우, 조직에 상처가 나는 것을 막기 위해 조개껍질의 안쪽 부분을 만들어주는 물질로 모래를 뒤덮어 아름다운 진주로 변화시킨다. 마찬가지로 성숙한 자아의 연금술도 고통스럽고 눈물 나는 순간들에서 자아의 회복탄력성을 촉진시켜 삶을 덕스럽고 행복한 순간들로 변화시켜주는 것이다. 윤리상담에서는 다양한 방어기제의 특징을 예시와 함께 설명해줌으로써 학생들에게 좀 더 높은 단계의 방어기제를 연습할 수 있도록 돕고 촉진할 필요가 있다.

2) 인간주의 심리학·배려의 도덕교육적 접근 등을 통한 사회지 지적 접근

회복탄력성을 위해서는 대인관계능력과 사회적 지지가 중요하다. 견고한 사회적 관계는 역경을 극복해나가는 데 든든한 지원군이 된다. 카우아이 섬 연구를 통해 회복탄력성이라는 개념을 확립한 에미 워너(E. Werner) 교수는 40년에 걸친 연구를 정리하면서 발견한 회복탄력성의 핵심적인 요인은 결국 인간관계이고 사회적 지지였다.[22] 그것은 어려운 환경 속에서도 꿋꿋이 성장해나가는 힘을 발휘한 아이들은 예외 없이 그 아이의 입장을 이해해주고 사랑해주는 어른이 적어도 그 아이의 인생 중에 한 명은 있었다는 것이다. 에미 워너는 여러 연구에 걸쳐 나타난 탄력적인 아이들의 전형적인 특징이라고 믿은 것들을 첫째, 역할 모델을 해줄 수 있는 적어도 한 명의 선생님과 가까운 관계, 둘째, 뛰어난 사회적 기술과 의사소통 기술, 셋째, 삶이 힘들 때 창의적인 감정의 배출구, 넷째, 삶이 어떻게든 잘될 것이라고 낙관성 그리고 다섯째, 그들이 겪는 어려움의 의미를 제공할 수 있는 종교적인 믿음을 제시하였다.[23]

여기에서 첫 번째, 두 번째 그리고 셋째 요소를 주목해본다면 결국 아이들은 의미 있는 타자와의 관계와 사랑과 배려 그리고 정서적 건강함을 먹고 자람을 알 수 있다. 이런 점에서 초기 양육에서 안전한 애착 유형을 형성하는 유대감과 배려가 있는 가족공동체, 유대감과 배려가 있는 교실공동체에서 부모·교사와 자녀·학생 사이의

---

22) E. E. Werner, *The children of Kauai: a longitudinal study from the prenatal period to age ten*(Honolulu: University of Hawaii Press, 1971).

23) E. E. Werner & R. S. Smith, *Overcoming the Odds: High risk children from birth to adulthood*(Cornell University Press, 1992).

관계의 질과 자녀·학생들 사이에 존재하는 관계의 질이 탄력성에 기여하고, 배려적이고 지지적인 학습환경 역시 탄력성에 기여할 수 있음을 알 수 있다. 무력감과 같은 부정적인 정서나 우울증을 겪거나 자살 충동을 이겨내지 못하는 사람들 대다수는 혼자 해결하려는 함정을 가진다. 낮은 자기통제감, 낮은 자존감, 열등감, 부정적인 자기효능감, 우울증 등으로 끊임없이 힘들어하는 사람이 어떻게 우울증을 이길 수 있겠는가? 그러나 누군가 공감해주는 사람이 곁에 있어 준다면 도움이 될 수 있다. 많은 경우 역경에 처한 사람은 그 고통을 너무 크게 생각하거나 객관화시키기가 힘들고, 비합리적 신념 가운데 매몰되는 경우가 많다. 그럴 때 누군가 있다면 그 커다랗게 보이는 산을 실제 높이에서 바라볼 수 있게 된다. 무엇보다 당신을 위로해주고 소중하게 생각하는 사람이 있다면 그보다 큰 힘은 없다. 주변에 힘들어하는 사람이 있다면 길리건(C. Gilligan)이나 나딩스(N. Noddings)가 말하는 배려의 윤리에 기반한 사소한 말 한마디가 약해져 있는 누군가에게는 힘이 될 수 있다. 긍정심리학의 긍정관계에서 중요시하는 장점 찾기, 호감, 존중, 감사, 배려 역시 누군가에 힘이 될 수 있다. 그렇게 될 때, 그는 역경을 냉정한 시선에서 볼 뿐만 아니라 의미 있는 자신의 삶의 내러티브로 이야기할 수 있다. 트라우마나 역경에 대해 그냥 짜증내는 것이 아니라 본인만의 의미 있는 이야기로 의미를 부여하며 만들어낼 수 있을 것이다. 개인이 타인의 긍정적인 경험에 적극적이며 건설적으로 반응할 때, 회복탄력성은 증가하는 것이다. 가족이나 학교에서 긍정적이고 지지적인 관계, 배려적이고 사랑이 있는 관계는 중요한 것이다. 긍정심리학에서 강조하는 것처럼 적극적이고 건설적인 반응, 칭찬, 격려도 중요하다.

"잘했군!" 또는 "대단해!"라고 말하는 대신 구체적으로 칭찬하는 기술을 활용할 필요가 있으며, 나딩스(N. Noddings)가 말하는 확언이나 지지, 확신에 찬 의사소통방식을[24] 통한 사회적 지지가 중요한 것이다. 콜버그(L. Kohlberg) 류의 인지발달심리학에서도 공감과 역할채택(role-taking) 또는 역지사지의 대화도 간접적으로 도움이 될 수 있으나 추상적인 딜레마 토론 등에서의 역할 채택보다 얼굴·몸·관계지향적인 배려적 대화, 관계적 대화가 회복탄력성에 도움이 되는 것이다.

관련하여 하비(V. S. Harvey)는 회복탄력성 증진을 위한 교사의 지도방안으로 배려적이고 지지적인 학습환경을 제공할 것, 긍정적 태도를 촉진할 것, 긍정정서를 함양하게 할 것, 학업에 있어서 자기결정 및 유능감을 조장할 것, 건강한 습관을 형성하게 할 것 등을 제시하였다.[25] 사회적 지지란 개인 스스로가 사랑과 보살핌을 받고 있으며 자신이 가치 있는 존재로 존중받고, 다른 사람들과 공동의 의사소통망 속에 속해 있음을 믿도록 해주는 정보로서 위기 시에 적응을 촉진시키고 변화에 적응할 수 있는 완충변수, 완충보호장치라고 할 수 있다.

인간주의 심리학적 관점에서 보자면 매슬로우(A. Maslow)가 말하는 안정감과 소속감의 욕구가 채워져야 한다. 매슬로우(A. Maslow)는 대부분의 인간은 그의 욕구발달단계 3, 4단계에 잘 나타나듯이 심리적으로 안정되고 자기 자신이 좋은 평가를 받고 또한 자기 자신을 존중하고 타인으로부터 존경받기를 원한다고 하였다. 그는 자아

---

24) 마틴 셀리그만 지음, 우문식·윤상운 옮김, 『플로리시』(서울: 도서출판 물푸레, 2011), p.256.
25) V. S. Harvey, "Schoolwide methods for forstering resiliency", *Student Services*, 10(2007), p.11.

존중감(self-esteem)이란 인간의 욕구 중 사랑과 소속감의 욕구와 밀접한 관계가 있는 욕구 중 하나로 자신을 관심 인정 존경받을 존재라고 스스로 느끼는 감정이라고 정의하였다. 인간주의 심리학의 관점에서 보면 회복탄력성은 긍정적 자아개념, 또는 자존감을 높여 자신이 처한 문제를 스스로 해결하려고 하고, 역경으로 인하여 발견하지 못하고 있는 잠재가능성을 발견하고 실현한다는 의미를 가지고 있다. 그러므로 보살피는 어른과 교사의 지지와 안내야말로 아이가 역경을 극복하고 회복탄력성을 가지는 데 중요하다. 다른 사람들과 맺는 유대는 학생들에게 소속감을 준다. 다른 사람들이 자신을 보살피고 자신을 지지해줄 것이라는 사실을 하는 학생들은 안정감을 가지고 강한 회복탄력성을 가진다. 칼 로저스(C. Rogers)는 인간의 타고난 본성에는 자아실현적 경향성이 있지만 자신의 잠재적 능력을 대한 불신이나 사회적 환경의 압력에 의해 이런 경향성이 퇴보되지 않기 위해서 사회적인 인간관계의 상황에서 개인이 자신의 자아개념에 일치하는 방향, 즉 사적·주관적 세계, 현상학적 세계가 지향하는 자아실현으로 성장하기 위해서 타인으로부터 무조건적인 긍정적 관심(unconditinal positive regard), 진실성(congruence), 공감적 이해(empathic understanding)가 필요하다고 하였다.26) 관계를 망치는 비난과 경멸보다는 공감적 대화가 중요하다. 공감적 이해를 가진, 부모나 교사는 학생들에 대한 공감적 이해를 해야 하며, 교사의 접근 방법은 현상학적이어야 하며, 학생의 세계 안으로 들어가 그 속에 머물면서 그의 내적 세계를 감지하도록 노력해야 자아회복탄력

---

26) C. R. Rogers, *Client-Centered Theraphy*(Boston: Houghton Mifflin, 1951).

성에 기여하게 되는 것이다. 물론 타자, 학생의 현상학적 세계에 들어가는 것은 쉽지 않다.

하지만 공감과 경청을 통해 참만남을 이루어준다면 자아는 자아탄력성을 가지고 자아실현에 도움이 될 수 있을 것이다. 이런 차원에서 자아탄력성은 자아존중감과 밀접한 관련성을 가지면서도 사회적 지지의 함수라고 할 수 있다. 사회적 지지 속에는 부모의 헌신적인 사랑과 신뢰, 따뜻한 가정, 이해해주는 배우자와의 결혼, 그리고 안정적인 애정 어린 관계 등을 포함할 수 있다. 이런 사회적 지지 속에서 가드너(H. Gardner)가 말하는 대인지능(interpersonal intelligence)이나 다니엘 골먼(D. Goleman)이 말하는 감성지능(EQ: emotional intelligence), 사회성 지능(social Intelligence) 등이 성숙해가며 전체적으로 대인관계 능력도 성장한다. 로저스의 관점에서 보자면 사람은 자존심을 지키고 외부의 공격이나 비난으로부터 자아를 지키기 위해 진정한 자아를 적당히 숨기고 심리적인 방어를 하는 방어기제를 작동시키는데, 이것은 일시적으로 불안이나 긴장을 해소하게 하는 무의식적이고 습관화된 심리적 작용이지만, 적절한 사회적 지지가 없거나 부정적인 피드백이 많을 때, 공감이나 경청, 무조적건 지지가 없을 때 더욱 미성숙한 방어기제를 유지할 개연성이 커진다. 반면에 좋은 대인관계능력의 모델링과 사회적 지지 관계가 있을 때 자아를 방어하는 방어기제에 심각하게 매달리거나 하지 않을 가능성이 있으며, 또 보다 성숙한 방어기제를 사용할 개연성이 커진다. 집안 환경이나 사회복지 모든 면에서 열악했지만 의미 있는 인간관계를 통해 어려운 환경 속에서도 꿋꿋이 제대로 성장해나가는 힘을 발휘한 아이들에게 무조건적으로 이해해주고 받아주는 어른이 적어도 그 아이의 인생 중에 한 명은 있었던 것이 회복탄력성의 관건이었다는 사실을 주의해야 한다. <표 7-4>와 같이 회복탄력성은 자신의 부모나 교사와의 관계에서 자식이나 학생으로서 체험할 수 있는 무조건적인 긍정적 존중을 받고 자신 역시 소통과 공감, 자아확장력을 가지면서 대인관계능력을 가지면서 길러진다고 할 수 있다. 때문에 교사나 부모는 학생들과 자녀와의 관계에 있어서 일치성 혹은 진실성(방어적인 자세를 취함이 없이 진실 되고 한결같은 통합된 관계)을 보여야 하며, 교사가 느끼는 것과 학생에게 전달되는 것 사이에 일치성이 있어야 한다. 교사는 학생들이 심리적 위협을 느끼지 않는 가운데 자신의 머리와 가슴속에 떠오르는 모든 것을 있는 그대로 표출할 수 있는 진실 된 분위기를 조성해줌으로써 자녀나 학생의 대인관계능력이 커질 수 있도록 노력해야 한다.

<표 7-4> 대인관계능력의 요소와 회복탄력성

대인관계능력의 요소	개념
소통능력	인간관계를 진지하게 맺고 오랫동안 유지하는 능력
공감능력	다른 사람의 심리나 감정상태를 잘 읽어내는 능력
자아확장력	자기 자신이 다른 사람과 연결되어 있고, 타인과의 관계 속에서 자신을 이해하는 능력

또한 공감과 경청, 수용과 같은 사회적 지지는 자아회복탄력성의 약함이나 방어기제의 사용에 대해 비판이나 직면을 해서는 안 됨을 보여준다. 사실 정신분석 입장이나 인간주의 심리학적 입장이나 내담자가 방어를 가지고 있기 때문에 누군가의 방어를 전면에서 공격한다면 성공할 확률이 적다고 본다. 방어를 깨뜨릴 때 지켜야 할 규

칙이 있다.27) 우선 방어의 성가시거나 자기패배적이거나 위험하거나 혹은 일구이언하는 모습이 무의식적이라는 사실을 기억해야 한다. 우리는 허락 없이 다른 사람의 옷을 벗기지 않는다. 게다가 은유적으로 말해서 옷을 입고 있지 않은 상태라면 따뜻함과 공감 그리고 황금률이 중요하다. 방어를 공격할 때는 전면공격이 아니라 요령과 놀이 그리고 메타포를 가지고 우회적 공격을 해야 한다. 우리 모두는 우리의 노출된 가슴에 따뜻한 청진기를 대는 의사를 선호한다. 더구나 우리가 그 결과물에 대한 책임을 함께할 마음과 시간과 인내심이 없다면 직면시키지 말아야 한다. 상담에서 직면(confrontation)은 내담자가 가지고 있는 불일치, 모순, 생략 등을 상담자가 기수하여 주는 상담적 개입이다. 직면은 도전이나 맞닥뜨림이라고도 한다. 여기서 직면이란 공격적인 것이 아니라 불일치, 모순, 생략 등을 상담자가 기술해 주는 것이라는 점을 유의해야 한다. 직면은 상담자의 욕구나 필요에 의하거나 내담자를 처벌하기 위해 내담자와 반대의 입장에서 내담자에 대항하여(against)하는 것이 아니라 내담자의 편에서 내담자를 위해 하는 것이다. 또한 직면은 내담자가 매우 받아들기 힘들기 때문에 신뢰관계가 형성된 후 아껴서 사용해야 하며, 교사가 학생에 대해 화가 나 있거나 마음이 불편할 때 사용해서는 안 된다. 왜냐하면 그것은 곧 내담자에 대한 처벌로 인식될 수 있기 때문이다. 전체적으로 인간주의 심리학이나 배려의 도덕교육적 접근에서 볼 때, 교사는 학생들에 대한 긍정적인 기대와 공감, 피드백과 칭찬을 활용하면서 학생들의 회복탄력성을 향상시키는 데 도움을 줄 수 탁월한 대인관계능력을 가지고 있어야 한다. 중등의 윤리상담

---

27) 조지 베이런트, 앞의 책, p.165.

에서 입시에 힘들어하거나 대학의 윤리상담에서 임용 등 진로 때문에 우울하고 불안한 학생들에게는 시간을 투자해 공감 및 대화하고 이를 통해 그들이 대인관계능력을 통한 회복탄력성을 갖도록 도와야 할 것이다.

3. 인지행동치료적 접근과 긍정심리학적 접근

1) 인지행동치료의 인지적 전략과 회복탄력성

회복탄력성을 보다 단기적인 기간에 사고기술을 통해 이끌어내는 인지적 전략이 있다. 실제로 학령기 아동과 청소년에게 주는 긍정적 가치와 개입의 필요성이 인식되면서, 최근 회복탄력성을 증진시키기 위한 상담 프로그램들이 다수 개발되었는데, 많은 경우 인지적 전략을 취하고 있다. 국외에서는 펜실베이니아 대학의 회복탄력성 프로그램(The Penn Resiliency Program: PRP)이 대표적이며, 미 육군에서 근무하는 군인들에게도 회복탄력성을 가르치는 것이 핵심교육내용이었는데, 이 교육은 역사상 최대로 많은 심리학적 개입이라고 할 수 있을 것이다. PRP 프로그램은 회복탄력성을 증가시키는 것으로 보이는 개인 내적 요인이나 능력을 발달시키는 데 초점을 맞추었다. 이에 따라 이 프로그램에서는 정서 조절, 충동 통제, 인과분석, 현실적 낙관주의, 자기효능감, 공감, 관계형성 및 추구의 일곱 가지 능력을 발달시켜 학생들의 우울증을 예방하는 동시에 회복탄력성을 증진시키고자 하였다.[28]

이러한 회복탄력성 개념은 원래 에픽테토스 등 고대 그리스철학에서 유래까지 갈 수 있다. 다시 말해서 인간성이 지닌 회복탄력성, 내면적 힘, 최악의 상황에 품위 있게 직면하고 저항하는 능력을 강조한 스토아철학자들까지 연결되는 이 전통은 상담심리학의 역사에서는 주로 인지행동치료에서 채택한 아이디어에 기초한다. 인지행동치료의 경우 회복탄력성을 가로막는 가장 큰 장애물이 유전도, 아동기의 경험, 기회 부족도, 경제적 문제도 아니라 개인의 내면에 존재하는 인지양식(cognitive style)이라고 본다. 그래서 환자가 특정한 상황과 환경에서 각성을 유발시키는 내적인 상황과 비합리적 사고를 확인하고 이해할 수 있도록 돕는다. 이런 접근법은 자신이 가진 부정적 믿음의 근거를 찾도록 유도하고, 치료자는 치료과정에서 드러나는 근거에 기초하여 그들의 신념을 재구성하도록 돕는 것이다. 한번 신념이 변하기 시작하면, 환자는 세상을 보다 균형 잡힌 시각으로 감지하게 되고, 이는 미래의 정서나 행동에 영향을 주며, 회복탄력성을 고양하고, 정신건강에 도움이 된다.[29] 심리치료 중에서도 인지치료는 우리의 생각을 변화시킴으로써 힘든 감정을 다스리는 것으로 현재 대부분의 정신건강의학과 질환에서 가장 효과적인 비약물적 치료로 인정받고 있다. 현재까지 연구된 국내외의 회복탄력성 증진 프로그램의 대부분은 인지행동적 접근에 기반을 두고 있는데, 인지적 접근으로서 역기능적 사고의 점검 및 합리적인 사고방식의 연습이 이루어지며, 이를 역할놀이나 자기표현 등의 행동적 접근으로 적용하여 연습하는 인지행동치료적 형태를 취하기도 한다.

이러한 인지행동치료의 인지적 전략은 멀리 아론 벡(A. Beck)과

---

28) 추병완, 앞의 논문, p.95 참조.
29) 위의 논문, p.506.

앨버트 엘리스(A. Ellis)의 ABC 모형에 근거해서 학생들에게 인지양식과 문제해결 기능을 가르쳤는데, 최근에 긍정심리학의 행복교육과 연계되면서 회복탄력성 교육이 더욱 강화되었다고 할 수 있다. 사람이 그들의 성공과 실패에 대해 설명하는 방식은 그들이 역경에 처했을 때 이를 견뎌낼 것인지 혹은 포기할 것인지에 영향을 미친다. 이러한 설명과 귀인방식은 역경·도전적인 상황 또는 성공적인 상황에 처했을 때, 생각하는 습관적인 방향이 되며, 나아가 세상을 바라보는 하나의 방식으로 발전된다. 여기서 성공이나 장애물에 대해 습관적인 부정적 신념이 고정된 사람들은 스트레스를 받기 쉽고 행복감이 낮으며, 근심이 많고 우울 성향까지 나타낼 수 있다.[30] 이렇게 성공과 실패에 대한 우리의 설명방식은 피해갈 수 없는 장애물을 만났을 때, 회복탄력성적으로 반응하는 것을 도울 수도 방해할 수도 있다. 이와 같은 논의를 통해 볼 때, 회복탄력성에 영향을 주는 가장 큰 요소는 개인의 사고방식이라는 것을 알 수 있다. 이러한 회복탄력성의 특징에 근거하여 셀리그만 등은 10대 아동 및 청소년과 성인의 우울증을 예방하고 회복탄력성을 증진시키기 위하여 회복탄력성 프로그램인 PRP를 개발하였다. PRP는 인지행동기법에 기반을 두고 내담자들의 사고과정에 초점을 두며, 실시 결과 회복탄력성의 증진과 더불어 우울과 불안의 예방에도 장기적인 효과를 나타내었다.[31]

PRP의 이론적 바탕이 되고 있는 인지행동상담은 세상을 구조화하는 개인의 방식에 인간의 행동을 결정한다는 인지모형에 기반을

---

30) A. T. Beck, *Depression: Clinical, experimental and theoreticalaspects*(New York: Hoeber Medical Division, 1967).

31) J. Gillham, S. M. Brunwasser & D. R. Freres, "Preventing depression in early adolescence", *Handbook of depression in children and adolescents*(2008), pp.309-322.

두며 인지치료와 행동치료의 기법이 복합된 특징을 가진다. 현재 당면한 문제해결을 지향하고, 역기능적 사고의 수정을 목표로 하는 점은 인지치료가 지닌 대표적인 특징이다. 한편 방법론적인 면에 있어 인간의 행동을 체계적으로 변화시키기 위해 주로 학습이론에 근거한 심리학적 방법을 사용하는 측면은 행동치료의 특징이라고 할 수 있다.32) 이렇게 핵심개념으로서의 인지방략과 방법론적인 행동수정 기법을 함께 사용하는 통합적인 학습방법으로서 인지행동치료는 인지의 변화가 행동의 변화를 가져오고, 변화된 행동이 강화를 받음으로써 인지구조가 또한 바뀌게 된다는 메커니즘을 기본전제로 한다. 인지행동상담의 이러한 과정은 왜곡된 사고와 학습된 자신, 타인, 세계에 대한 부정적인 견해를 변화시킴으로써 증상을 완화하고 자기파괴적 인지를 파악하여 특정한 추정방식의 오류를 수정하며 사고양식에 대한 자기조절을 촉진한다. 이러한 인지행동상담은 회복탄력성 증진과 관련하여 첫째, 인지용어로 내담자의 문제를 공식화하는 장점이 있다. 즉, 내담자의 현재 문제를 명확하게 하고, 이러한 문제를 설명할 수 있는 기전을 가설화하며 문제와 기전들이 어떻게 생겨나고 유지되어 왔는지에 대한 발달적 조망을 얻는 장점이 있다. 특별히 회복탄력성의 구성요인 중 하나인 원인분석력의 향상을 촉진할 수 있는 장점이 있다. 둘째, 인지행동상담은 역경에 처했을 때, 자동적으로 발휘되는 자신의 역기능믿음을 식별하고 그것에 대한 타당성과 효용성을 평가하는 과정을 통해 역기능적인 사고를 제거 또는 감소시키고 보다 기능적인 사고로 대체하도록 돕는다. 이러한

---

32) D. M. E. Clark & C. G. Fairburn, *Science and practice ofcognitive behaviour therapy*(Oxford University Press, 1997).

인지행동상담의 특징을 통해 회복탄력성의 구성요요인인 감정조절력과 낙관성의 증진을 기대할 수 있다. 또한 상황을 바라보는 사고의 변화는 적극적 도전성을 촉진할 수 있다.

셋째, 인지행동상담은 단기적이고 한시적인 치료를 목표로 하기에 개인의 성격이 재구성되거나 문제가 완전히 치료될 때까지 장기적 치료를 계속하지 않는다는 점에서 장점이 있다. 넷째, 인지행동적 접근에서는 교육적 방법을 적극 활용한다. 상담과정에는 인지행동상담의 이론과 개념에 대한 구체적인 설명과 교육을 포함한다. 그러므로 상담자에게는 적극적인 교사의 역할이 요구되며, 상담자는 내담자에게 그가 지닌 문제의 본질과 과정에 대해서 교육한다. 특히 내담자 자신이 사고와 신념을 찾고 규정, 평가하며 행동변화를 계획하도록 가르친다. 회복탄력성의 구성요소에 해당하는 심리적 능력들은 본질적으로 사고의 과정의 변호를 전제하고 있으며, 내담자는 상담자를 통해 긍정적인 사고의 방법에 대해 학습하게 되는 것이다.

회복탄력성을 위한 이러한 인지적 전략에서 중요한 것은 긍정적 사고가 아니라 유연하고 정확한 사고이다. 지나친 긍정과 낙관은 문제의 본질을 정확하게 판단하지 못하는 우를 범할 수 있기 때문이다. 긍정은 무조건 예스가 아니다. 또한 이러한 인지중심적 전략에서는 회복력 기술을 통해 감정조절, 충동통제, 낙관성, 원인분석, 공감, 자기효능감, 적극적 도전과 같은 7가지 능력을 키우고자 한다. 이 구체적인 7가지 능력은 측정할 수 있고, 학습할 수 있으며, 개선할 수도 있다. 앤드류 샤테(A. Shatta)는 오랜 연구 끝에 회복력이 높은 사람은 역경을 해쳐나가는 기술이 있는데, 이를 회복탄력성의 하위 일곱 가지 구성요소의 의미와 함께 구체적으로 살펴보면 <표 7-5>와 같다.

명칭	종류 및 증상
자기조절과 회복력	감정조절은 스트레스 받는 동안 평온을 유지하는 능력
충동통제와 회복력	감정조절능력과 관련이 있으며 충동을 통제하는 능력
낙관성과 회복력	미래에 대한 희망을 품고 본인이 인생의 방향을 통제한다고 확신하는 능력
원인분석과 회복력	문제의 원인을 정확하게 파악하는 능력이다. 여기에는 개인적 차원(내 탓/남 탓), 지속성 차원(항상/가끔), 만연성 차원(전부/일부)이란 설명양식이 있다. 설명양식은 회복력에서 매우 중요함
공감과 회복력	공감은 타인의 심리상태와 정서상태에 대한 신호를 포착하는 능력
자기효능감과 회복력	자기효능감은 이 세상에서 본인이 효과적으로 기능한다는 느낌을 말한다. 자기에게 일어날 문제를 해결할 수 있다는 믿음과 성공할 능력에 대한 확신을 나타냄
적극적 도전과 회복력	회복력은 더 멀리 도전해가는 능력의 원천이다. 이 능력을 갖지 못한 사람이 놀라우리만치 많다. 도전하는 것을 두려워하는 사람들도 있다. 적극 도전하기, 능력을 키우려는 사람에게는 회복력 기술이 확실히 유용함

또 인지적 전략에 따른 7가지 회복력 기술에는 ABC 확인하기, 사고의 함정 피하기, 빙산 찾아내기, 믿음에 반박하기, 진상 파악하기, 진정하기 및 집중하기, 실시간 회복력이 있다. 이 7가지 회복력 기술을 간단히 살펴보면 다음과 같다.[34]

① ABC 확인하기: 문제나 시련이 닥쳤을 때 본인의 대응방식에 의아해하거나 다르게 대응할 수 있기를 바란 적이 있는가? 역경에 처하는 순간에 떠오르는 생각들이 부정확하다면 그 역경에 효과적으로 대응하는 능력 또한 크게 훼손될 수밖에 없다. 따라서 문제에

---

33) 다니엘 프리맨, 이종훈 옮김, 『그러니까 심리학』(서울: 북돋움, 2012), pp.269-278.

34) 캐런 레이비치·앤드류 샤테, 우문식·윤상운 옮김, 『회복력의 7가지 기술』(서울: 도서출판 물푸레, 2014), pp.32-34.

직면할 때 떠오르는 생각들에 귀를 기울이고 속으로 어떤 말을 하는지 확인하고 그 말이 감정과 행동에 어떤 영향을 미치는지 알아차리는 방법을 배워야 한다. 우선 회복탄력성 기술에서 중요한 앨버트 엘리스의 ABC 모델이 있다. 즉, 역경 그 자체가 아닌 역경(adversity, A)에 대한 자신의 믿음(belief, B)이 그 결과로서(consequence, C) 감정을 일으킨다는 것이다. 이 간단한 사실은 역경이 직접 감정을 유발한다는 통념을 떨쳐낼 수 있다. 역경(A)을 울화가 치밀 때 드는 생각(B)과 그 생각이 일으킨 감정 또는 행동(C)과 구별할 수 있다는 목표를 세울 필요가 있다.

<표 7-6> ABC 확인하기와 워크시트(WORKSHEET)의 예[35]

ABC 확인하기와 워크시트	
1. 역경을 객관적으로 (누가, 언제, 어디서, 무엇을) 묘사하라. "우리 회사의 자료를 퍼뜨려서 저작권을 위반하고 있다고 의심되는 한 고객에게 대응하는 방식을 놓고 나와 사장은 서로 다른 의견을 보였다. 나는 그 고객에게 직접 전화를 하고 싶었지만 사장은 내가 편지부터 보내야 한다고 생각한다."	
2. 결과(역경을 겪는 동안 일어난 감정과 행동)를 확인하고 C란에 적어라.	
3. 역경을 겪는 동안 떠오른 실시간 믿음을 확인하고 B란에 적어라(절대로 검열하지 말라).	
4. 대조검토: 각 결과를 초래한 믿음을 한 가지 확인하고, 그 믿음이 한 가지 결과와 직결되는지 확인하라.	
B. 실시간 믿음	C. 결과(감정과 행동)
사장은 내가 너무 공격적인 말투로 전화해서 문제를 악화시킬 것이라고 생각한다. 사장은 내가 전문가답게 충분히 자제할 수 있다는 것을 결코 믿지 않으며 언제나 내 권위를 깎아내린다.	무척 짜증이 난다. 무례한 말을 내뱉는다.
만약 우리가 오해한 거라면? 그 고객은 매우 화가 나서 우리에게 항의할지도 모른다.	조금 불안하다. 편지 쓰는 일을 미룬다.

35) 위의 책, p.148 참조 및 재구성.

ABC 확인하기의 마지막 단계는 대조 검토이다. 당신이 찾아낸 실시간 믿음은 각각 한 가지 감정과 행동과 연결되어야 하며, 감정과 행동은 각각 한 가지 믿음과 연결되어야 한다.

② 사고의 함정 피하기: 문제가 일어날 때 당신은 자동으로 자신을 비난하는가? 아니면 타인을 비난하는가? 속단하는가? 상대방이 무슨 생각을 하는지 알고 있다고 확신하는가? 역경에 처할 때 사람들은 회복력을 약화시키는 8가지 실수를 자주 저지른다. 따라서 자기가 습관적으로 범하는 실수를 확인하고 그것을 바로잡는 법을 배울 필요가 있다. 인지치료의 아버지 아론 벡은 7가지 사고의 함정을 제시했지만 아래와 같이 8가지 함정을 제시할 필요가 있다.

<표 7-7> 사고의 함정 8가지[36)

사고의 함정 1: 속단-관련 정보 없이 가정하는 사고의 함정
사고의 함정 2: 터널 시야-상황의 부정적인 측면을 바라보고 편향적으로 선별해서 취하기
사고의 함정 3: 확대와 축소-인생의 부정적인 측면을 확대하고 긍정적인 측면을 축소하는 것
사고의 함정 4: 개인화-문제를 자기책임으로 돌리는 것이 언제나 더 바람직한 것은 아님
사고의 함정 5: 외현화-본인 행동과 통제요소의 진짜 요인일 때 포착하지 못하는 것
사고의 함정 6: 과잉일반화-과잉일반화가 개인화와 결합되면 자기성격을 비난하고, 외현화와 결합 하면 타인의 성격을 비난함
사고의 함정 7: 마음읽기-자신이 상대방의 마음을 읽을 수 있다고 착각하는 것
사고의 함정 8: 감정적 추론-객관적인 증거 없이 본인 감정을 토대로 결론을 내리는 것

---

③ 빙산 찾아내기: 각자 세상이 어떻게 움직여야 하는지, 본인이 어떤 사람이며 또 어떤 사람이 되고 싶은지에 대한 확고한 믿음을 갖고 있다. 그런 뿌리 깊은 믿음을 빙산이라고 한다. 빙산은 의식의

---

36) 위의 책, pp.155-184 참조 및 재구성.

표면 저 밑에서 떠다니므로 그 존재를 미처 깨닫지 못한다. 이 빙산 믿음은 핵심가치와 일치하게 행동하도록 이끌어준다. 하지만 때로는 원하는 삶을 살지 못하게 간섭하기도 한다. 따라서 본인이 가진 뿌리 깊은 빙산믿음을 들춰내고 그것이 언제 유익하며 언제 해로운지 방법을 배울 필요가 있다. 일단 빙산을 확인하면 그들은 일련의 질문을 자문하여 다음을 알아낸다. 첫째, 그 빙산이 그들에게 지속적인 의미가 있는지의 여부, 둘째, 그 빙산이 주어진 상황에 정확히 들어맞는지의 여부, 셋째, 그 빙산이 지나치게 엄격한지의 여부, 넷째, 그 빙산이 유용한지의 여부이다. 이 빙산을 없애려면 우리들은 아주 많이 노력해야 한다.

<표 7-8> 빙산 찾아내기 워크시트[37]

1단계: 역경(A), 실시간 믿음(B), 결과(C)를 묘사하라.
역경(A): 컵 받침이 바로 앞에 있는데도 가이는 그것을 깔지 않고 머그잔을 탁자에 올려 놓았다.
실시간 믿음(B): 나는 사람들이 컵받침을 쓰길 원해. 그걸 홍길녀도 알고 있어. 그런데 길녀는 컵받침을 보고도 쓰지 않아. 그것은 분명히 잘못이야.
결과(C): 극도로 화가 치밀었다. 분노 지수 10점 만점에 11점. 10분 정도 고함치며 따진 후 밖으로 나가서 주변을 걸으며 마음을 가라앉혔다.

    <표 7-8>에서 주인공이 극도로 화가 치민 것은 홍길녀가 컵받침을 쓰지 않아서 화가 난 것이 아니다. 자신이 있는 그대로 사랑받지 못한다는 것을 의미한다고 해석해서 격분한 것이다. 주인공의 빙산믿음 "나는 있는 그대로 정말로 있는 그대로 사랑받아야 해"가 홍길

---

37) 위의 책, p.219 참조 및 재구성.

녀의 사소한 거부에 활성화된 것이다. 그렇게 한 번 활성화되자 그 믿음의 예의의 문제라기보다는 배신과 훨씬 더 밀접한 관계가 잇는 감정을 불러일으킨다. 근저 믿음을 알고 나면 주인공의 반응이 이해될 수 있다.

④ 믿음에 반박하기: 회복력의 핵심요소는 문제해결이다. 당신은 일상적인 문제를 얼마나 효과적으로 해결하는가? 효과가 없는 해결책을 시도하느라 시간을 허비하는가? 상황을 바꿀 능력이 없다고 믿는가? 원하는 결과를 얻지 못하리라는 것이 확연할 때도 한 가지 해결책을 고수하는가? 개인의 사고양식은 문제의 원인을 자주 오판하게 하고, 이러한 오판 때문에 틀린 해결책을 고수한다. 따라서 문제의 원인에 대한 믿음의 정확성을 검증하는 방법과 효과적인 해결책을 찾아내는 방법을 배울 필요가 있다.

⑤ 진상 파악하기: '만약에'라는 생각에 사로잡혀서 문제나 곤경을 악화시키는가? 일어나지도 않은 시건에 불안해하고 걱정하느라 소중한 시간과 에너지를 낭비하는가? 그렇다면 닥친 문제 또는 실제로 일어날 확률이 가장 높은 문제를 잘 다루기 위해 '만약에' 사고를 중단하는 법을 배워야 한다.

진상 파악하기의 5가지 단계를 소개하면 다음과 같다. 다음의 박스는 그 과정을 보여준다. 당신도 똑같은 박사를 그린 후, 맨 위에 겪은 역경을 적어라. 그 밑 칸에는 다음과 같이 제목을 적는다. 1단계: 최악의 시나리오, 2단계: 실현 확률, 3단계: 최상의 시나리오, 4단계: 실현 확률이 가장 높은 사건, 5단계: 해결책, 이 박스를 이용해서 각 단계를 밟아가며 파국적 믿음에 굴복한 순간을 분석한다.

<표 7-9> 진상 파악하기 워크시트[38]

역경-잠재고객에게 제품 팸플릿을 보내는 것을 잊었다				
1단계 최악의 시나리오	2단계 실현 확률	3단계 최상의 시나리오	4단계 실현 확률이 가장 높은 사건	5단계 해결책
판촉 전화할 시간이 부족할 것이다. 그래서▼ 주도권을 놓친다. 그래서▼ 제품을 팔지 못한다. 그래서▼ 판매 수수료를 받지 못한다. 그래서▼ 직장에서 해고된다. 그래서▼ 여러 가지 직업을 전전하고 생활비가 모자라서 언제나 부업을 하다가 다른 직장에서도 해고될 것이다. 그래서▼ 아내와 이혼한다. 그래서▼ 노숙자가 되어 거리에서 지낼 것이다				

위의 <표 7-9>에서 잠재 고객에게 제품 팸플릿을 보내는 것을 잊은 것은 물건을 못 파는 영업사원과 연결되고 결국 회사에서 쫓겨나며 여러 직업을 진전할 수 있다는 믿음으로 전개된다. 각 사건은 겉으로 보기에 아주 사소하고 합리적이고 논리적으로 보인다. 하지만 파국적 사고를 중단하는 비결은 당연히 미래 위협 믿음의 연쇄 고리를 끊는 것이다. 사실 팸플릿 발송을 잊었다는 이유로 직업을 전전할 확률은 거의 없다. 그러므로 최상의 시나리오 구상하는 것이 이점이 있다. 첫째, 최악의 경우를 예상하는 파국적 사고를 일단 중지시킨다. 터무니없는 환상적인 미래를 잠깐 상상해봄으로써 실제로 일어날 사건을 좀 더 명확하게 사고할 수 있다. 암울한 사건에 골몰

---

38) 위의 책, p.271 참조 및 재구성.

하는 뇌의 영역을 잠재웠기 때문이다. 둘째, 당신을 웃게 만든다. 불안 수준을 낮추고 당면한 진짜 문제를 좀 더 잘 다루게 하는 데는 유머가 가장 최고이다. 최상의 경우를 예상한 시나리오에 웃음이 나지 않으면 아직 환상적인 시나리오가 아니다. 회복력은 실현 확률이 가장 높은 사건을 집어내서 문제를 해결하는 일에 달려 있다. 진상 파악하기의 마지막 단계가 그 일을 가능케 해준다. 그리고 진짜 문제를 해결하는 것이다. 진상 파악하기는 비현실적인 낙관주의자에게도 유용한 기술이다. 파국적 사고가 우리를 곤경에 빠뜨리듯이, 낙관성도 못지않게 재앙을 초래할 수 있다. 회복력 기술이 언제나 그렇듯 유연성과 정확성이 비결이다. 유연한 사고를 통해서 지나친 낙관성에서 벗어나야 한다. 그럼으로써 잠재 위험을 확인하고 그것에 필요한 계획을 세울 수 있다.[39]

파국적 사고는 아동과 청소년이 가장 자주 빠지는 함정 중 하나다. 그들은 미래에 관해 합리적인 관점을 유지하기가 어렵다. 따라서 진상 파악하기 기술은 상당히 중요하다. 이 기술의 활용법은 어른이나 다를 게 없다. 우선 최악의 경우를 예상하는 시나리오를 작성한다. 그다음에 일어날 가능성이 희박한 최상의 시나리오를 작성한다고 그리고 그 두 가지 시나리오를 양극단으로 삼아서 실제로 일어날 확률이 가장 높은 사건을 확인하고, 그것의 해결방안을 계획한다.

⑥ 진정하기 및 집중하기: 당신은 스트레스에 압도되는가? 순식간에 강렬한 감정에 휩싸여서 논리적으로 사고할 수 없는가? 쓸데없는

---

39) 위의 책, p.286.

생각들 때문에 집중하기가 어려운가? 감정이나 스트레스에 휘둘릴 때 진정하고 집중하는 법을 배우면 당면한 문제에 초점을 맞출 수 있다. 여기에서 진정하기 기술로 스트레스를 줄일 수 있다. 스트레스와 불안감이 커질 때 심호흡을 할 필요가 있다. 심호흡과 함께 사용할 수 있는 또 다른 기법은 점진적인 근육 이완법을 실시한다. 진정하기 기술의 세 번째 기법은 긍정적 이미지 상상하기이다. 진정하기 기술은 분로를 통제하게 해준다.

⑦ 실시간 회복력: 비합리적인 생각들 때문에 이 순간에 몰두하기 어려울 때가 있는가? 한 가지 부정적인 생각이 자꾸만 떠오르는가? 그 비생산적인 생각을 보다 생산적인 생각으로 재빨리 바꿔서 즉시 성과를 거둘 수 있는 아우 유용한 기술을 배울 것이다. 실시간 회복력 기술을 배울 때는 3가지 핵심구절을 이용해서 믿음을 바꿀 수 있다. 이 기술을 마스터하면 그 경구는 더 이상 필요 없을 것이다.

· 대안 믿음: 이 일을 좀 더 현실적으로 바라보자.
· 증거: 그렇지 않아, 왜냐하면
· 결과: 일어날 가능성이 더 높은 일은.

문제를 해결하기 위해 내가 할 수 있는 것은 실시간 회복력 기술을 활용함으로써 우리는 분노, 슬픔, 불안, 당혹감에 휩쓸리지 않고 건설적으로 대화할 수 있다. 물론 회복력을 키우기 위해 이 7가지 기술을 모두 매일 적용할 필요는 없다. 겨우 두세 가지 기술을 익히고 활용하고도 회복력 수준을 크게 높이는 사람이 많다.

2) 긍정심리학의 강점 찾기: 긍정정서, 성격강점의 함양과 회복 탄력성

긍정심리학은 이전에 질병에만 치중하던 학문의 불균형을 바로잡기 위해서 인간의 긍정적인 측면, 즉 성격강점, 주관적 안녕감, 삶의 질, 행복에 대한 계발과 연구의 필요성을 강조하면서 등장하였다.[40] 이전까지 정신건강 측면에서의 건강한 사람이란 단순히 '정신질환이 없는 상태'라고 보는 것이 보편적인 견해였다. 즉, 우울증, 불안장애, 알코올 남용 등 정신장애(mental illness)를 경험하면 정신적으로 건강하지 않은 사람이며, 정신장애를 경험하지 않으면 정신적으로 건강한 사람이라는 것이 일반적이었다. 하지만 질병 중심 접근의 일원론적인 관점에 대한 여러 가지 문제점이 드러나면서 단지 정신 병리의 부재만으로 정신건강을 설명하는데 한계가 있다는 것이 밝혀졌다. 이를테면 긍정적 특성이 신체 및 정신 병리의 호전이나 감소, 예방에 영향을 미치며, 개인이 정신병리를 가지고 있더라도 긍정적 특성에 따라 삶의 질이 달라질 수 있다는 점, 병리가 없는 사람들의 삶을 향상시키기 위한 노력들이 부재하다는 점을 들 수 있다.

특히나 긍정심리학이 가장 효과적으로 응용될 수 있는 분야는 정신건강 분야로서 긍정심리학은 행복과 성장 증진을 통해 정신건강에 대한 질병모델의 한계를 극복 할 수 있는 새로운 대안으로 모색되고 있다. 긍정심리학에서 이야기하는 진정한 정신건강은 부적응 증상의 부재 상태를 넘어서 행복하고 자기실현적인 삶을 사는 것이라고 판단했다. 이에 따라 긍정심리학은 정신건강에 대해서 심리적

---

40) M. E. P. Seligman & M. Chikszentmihalyi, "Happiness, excellence, andoptimal human functioning," *American Psychologist*, 55(2000).

웰빙을 지향하는 새로운 정신건강 모델을 질병 모델의 대안으로 제시하고 있다. 이는 정신건강의 완전한 모델(complete state modelo for mental health)로 지칭되고 있다. 긍정적 정신건강의 관점에서는 최고의 정신건강 상태라 할 수 있는 '번영' 상태에 도달하지 못하는 사람의 비율이 정신장애로 고통받는 사람의 비율보다 훨씬 많다는 사실에 특히 주목하고 있다. 이 관점에서는 정신질환이 없는 것이 곧 정신적으로 건강한 것은 아니라는 것을 의미한다. 긍정심리 상담 및 치료에서는 인간의 긍정적 특성을 강화시키고 강점을 개발하여 긍정적 변화를 하도록 돕는 것을 가치로 삼는다. 또한 긍정 임상심리학의 역할은 약점과 정실질환을 완충할 수 있는 인간의 강점을 확인하고 정신건강을 증진시키는 데 있다.

앞서 살펴본 바와 같이 인지행동치료의 인지적 접근은 우울증 등 정서장애를 극복하고, 우리가 우리의 사고기술을 바꿈으로써 회복탄력성을 가질 수 있음을 보여주었다. 그런데 인지행동치료의 목표는 상당히 제한적이다. 더 잘살게, 더 행복하게 만든다는 긍정적인 목표보다는 질병의 증상을 제거하는 부정적 목표에 제한되어 있었다. 하지만 펜실베이니아 주립학교에서 아론 벡 교수의 제자였던 셀리그만은 병을 없애는 부정적 목표를 위해서만이 아니라 더욱 행복하게 만들자는 긍정적 목표를 위해서도 인지행동치료 기법을 모든 사람들에게 가르칠 수 있는지를 궁금하게 생각하였다.

1998년 셀리그만이 긍정심리학을 출범시키면서 인간을 더 행복하게 만들자는 목표, 강점에 초점을 두기 시작하였다. 때문에 셀리그만은 아론 벡과 엘버트 엘리스의 인지행동치료뿐 아니라 긍정정서나 성격강점과 같은 강점을 강조하기 시작하였다. 인지행동치료는 사람을 음수에서 영으로 돌려놓을 수 있으나 보다 아리스토텔레스가 말하는 유다이모니아의 삶, 행복한 삶이란 양수로 옮기는 데에는 부족하다는 인식이 셀리그만에게 있었다. 셀리그만은 손상과 결함에 초점을 맞추는 질병모델보다는 강점을 강조하면서 효과적인 예방이 중요하다고 보았다. 따라서 긍정심리학은 정신건강에 대해서 심리적 웰빙을 지향하는 성장모델을 질병모델의 대안으로 제시하였다. 정신건강의 성장모델은 긍정적 정신건강을 지향하며 정신장애의 예방에 초점을 맞추는 '성장지향적 예방 모델'이라고 할 수 있다.41) 예방의 주된 초점은 개인의 약점과 결함을 교정하는 것이 아니라 그들의 강점과 능력을 함양하는 데에 모아져야 한다. 이렇게 하여 긍정심리학자들은 회복탄력성과 행복을 함께 강조하였는데, 인간의 강점이 회복탄력성을 강화한다는 사실을 또한 밝혀내게 되었다. 성격강점이나 긍정정서와 같은 강점들이 인간의 회복탄력성을 가져온다는 사실 때문에, 셀리그만은 육군이나 학교 등에서 인지행동치료를 확대적용하면서도 강점에 근거한 회복탄력성을 강조하였다. 긍정심리학에서는 행복의 다섯 가지 요소가 있다. 각 단어를 머리글을 따라 PERMA라고 부르는데, P는 긍정적인 감정(positive emotion), 또는 에피쿠로스 철학적 의미로 기분이 좋은 상태를 가리키며, E는 참여(Engagement) 또는 몰입, R은 관계(Relationship), M은 의미(Meaning), A는 성취(Achievement)를 가리킨다. 이 다섯 가지는 다양한 형태의 이어지는 플로리시(Flourish)의 행복요소를 보여주는데, 이런 행복의 기반이

---

41) 실제로 심리학은 정신건강의학보다 일찍이 정신장애의 치료에서 환자의 장애와 취약성에 초점을 맞추어 접근하는 것에 대하여 한계를 인정하고 환자의 능력과 강점에 관심을 갖는 긍정심리학을 발전시켜 왔다. 긍정심리학은 정신장애의 지금까지 업적은 인정하지만 이를 보완하여 증상 치료에 관한 개인의 강점과 능력을 증진하여 정신장애를 치료하고 예방하고 나아가서 정신건강과 주관적 안녕을 증진하는 것을 강조한다.

되는 것이 성격강점(Character strength)이라고 한다. 그런데 성격강점은 하나의 강점으로서 회복탄력성에도 기여하는 것이다. 물론 긍정긍서 역시 하나의 행복 요소이면서도 회복탄력성에 기여하는 강점이라고 할 수 있다. 이를 <표 7-10>에서 소개하면 다음과 같다.

<표 7-10> 행복과 회복탄력성의 기반으로서의 성격강점과 긍정정서

긍정정서 ⇒ 행복의 요소이자 회복 탄력성에 기여 (Positive emotion)	긍정관여(몰입) (Postive engagement)	의미(목적) (Postive purpose)	긍정관계 (Positive relations)	긍정성취 (Positive accomplishment)
character strength(성격강점)이 기반이 되어 ⇒ 행복의 만개인 플로리시(Flourish)와 회복탄력성(resilience)에 기여				

우선 회복탄력성에 기여하는 긍정정서를 살펴보자. 20세기의 심리학자들은 당시에 절박했던 사회적 문제들, 즉 범죄행동, 마약남용, 우울증과 같은 정신장애의 치료에 집중해야 했기에 긍정정서에 대한 관심이 상대적으로 적었다. 하지만 최근에는 부정정서나 내면적 갈등보다 긍정정서와 적응적 대처행동에 초점을 맞추고 있으며 상당한 치료효과를 거두게 되었다. 긍정정서를 많이 경험할수록 행복도가 높을 뿐만 아니라 자기조절능력과 대인관계능력을 동시에 높이면서 회복탄력성을 높일 수 있고 더 생산적인 직업활동을 영위하고 질병에 대한 저항력도 높았다. 디너(E. Diener) 등에 의하면, 긍정정서를 더 자주 경험할수록 전반적 삶과 대인관계의 만족도가 높을 뿐만 아니라 직업만족도 역시 높았으며 인생에서 원하는 목표를 성취하는 비율도 높았다.[42] 또한 이러한 사람들은 신체적으로도 더 건

---

42) 긍정적 감정은 인지의 폭을 넓히고, 집중력을 높이며, 창조적 생각을 증진시키며, 신체적 활동

강하고 질병에 대한 저항력도 강하며 수명도 더 길었다. 이러한 연구결과들은 긍정정서 경험의 증진을 통해서 잠재능력의 발휘를 도울 뿐만 아니라 심리적, 신체적 장애를 치료하고 예방할 수 있다는 것을 보여주고 있으며,[43] 특별히 긍정정서가 회복탄력성에 중요함을 보여준다. 물론 부정정서가 적절한 수준에서는 적응적인 기능을 하기 때문에 부정정서를 완전히 제거하기는 바람직하지 않다고 할 수 있다. 다만 인간이 행복하고 만족스러운 삶을 살기 위해서는 용서나 감사와 같은 긍정정서가 매우 중요하다는 것이다. 교사는 최상의 가능한 자아(best possible selves) 기록하기를 통해 긍정정서를 활용하거나 감사연습(gratitude)과 같은 것을 적극적으로 활용하면서 감사성향을 높여줄 뿐만 아니라 회복탄력성을 발달시켜나가야 하는 것이다.

긍정정서는 상당 부분 유전적으로 결정되는 것이지만, 사후적인 노력을 통해서도 얼마든지 향상시킬 수 있다. 투가드(M. M. Tugade)와 바브라 프레드릭슨(B. L. Fredrickson)은 탄력성의 과정에 포함될 수 있는 기제로서 긍정정서를 제시하였다.[44] 그들이 검증한 바에 따르면 긍정정서는 탄력성이 스트레스 상황에서의 부정적인 정서경험에 정상적인 기능으로 되돌아올 수 있도록 하는 과정에 도움을 줄 수 있다. 이러한 긍정정서의 적응적 역할에 관해서 프레드릭슨은 긍

의 폭을 넓히고, 대인관계를 활성화시킨다. 긍정적 감정은 부정적 감정을 중화시키고 부정적 감정에 동반한 신체적 각성을 완화시키어 신체 건강을 증진시킨다. 긍정적 감정은 생각보다 활동을 통하여 경험하며 특히 사람들 과 어울리는 것이나 강한 신체 운동이 긍정적 감정을 일으킨다. 긍정적 감정을 깊이 경험하는 사람은 사회적으로 정신적으로 신체적으로 활발하게 활동한다.

43) 권석만, 앞의 책, p.480.

44) M. M. Tugade & B. L. Fredrickson, "Resilient individuals use positive emotions to bounce back from negative emotional experiences", *Journal of personality and social psychology*, 86-2(2004), p.320.

정정서가 사고-행동의 레퍼토리를 확장시킨다는 가설을 실험을 통하여 증명하면서 긍정정서의 확장 및 구축이론(Broaden and buil theory)을 주장하였다.[45] 뇌과학적으로 이것을 설명하자면 긍정적이고 회복탄력적인 뇌를 만드는 것과 관련된다. 반복적인 연습과 훈련을 통해 뇌를 재-회로화(rewiring)시킴에 있어서 긍정정서는 뇌의 도파민 레벨을 일시적으로 향상시킴으로써, 뇌의 다양한 영역을 활성화시키며 이에 따라 인지능력과 회복탄력성이 향상되는 것이다. 이와 같이 긍정정서에서 비롯되는 사고와 행동의 확장은 중요한 삶의 문제를 해결하기 위한 개인·사회적 자원을 구축하는 데 도움을 준다.[46] 또한 투가드와 프레드릭슨은 긍정정서가 스트레스 상황에서 탄력적인 사람들이 사용하는 대처라는 것을 밝혔다. 긍정정서와 탄력성의 관계에 관한 연구들은 긍정정서가 주의와 인지를 확장하고 유연하고 창의적인 사고를 강화하기에 스트레스와 역경에 탄력성의 영향 역시 촉진한다고 주장한다. 긍정정서와 탄력성간의 관계를 살펴보면 탄력적인 사람들은 그렇지 않은 사람들에 비해 부정적인 사건을 빨리 극복해낼 뿐만 아니라 신체적·정신적으로 건강한 모습을 보일 가능성이 높다. 또한 스트레스를 유발하는 사건이 발생했을 때 탄력성이 높을수록 스트레스 사건이 야기한 심혈관계의 각성으로부터 빠르게 회복하였다. 그러므로 긍정정서가 탄력성과 높은 정적 상관이 있고, 소진과 높은 부적 상관이 있음이 밝혀졌다.[47]

---

45) B. L. Fredrickon, "The role positive emotion in positive psychology: The broaden and build theory of positive emotion", *American psychologist*, 56-3(2001).

46) 우문식, 『행복 4.0』(서울: 도서출판 물푸레, 2013), pp.114-115 참조.

47) C. T. Gloria, K. E. Faulk & M. A. Steinhardt. "Positive of fectivity predicts successful and unsuccessful adaptation to stress", *Motivation and Emotion,* 37-1(2013), pp.185-193.

그러므로 인생에서 긍정정서를 많이 경험하는 사람들은 심리적으로 더 성장한다. 훨씬 낙관적이 되고 회복력이 강해지는 것이다. 회복력은 역경을 극복하는 힘이고 내적 심리를 단련시키는 도구이다. 그리고 어려움에 처했을 대 좌절하지 않고 다시 일어나는 힘을 말하는데, 긍정정서를 경험할수록 역경이 닥쳤을 때, 대처 능력이 훨씬 높아진다. 그러면 더 자신감을 갖게 되면서 뭔가를 이뤄내고 싶다는 목적도 뚜렷해질 수밖에 없다.48) 이런 차원에서 회복탄력성이 강한 사람들은 스트레스를 주는 상황에서 효과적으로 회복하는 능력을 가지고 상황의 요구를 잘 변화시킬 수 있는 사람들이다. 이런 과정에서 긍정정서를 효과적으로 잘 활용하는 사람들이다.49) 이런 차원에서 회복탄력성이 강한 사람들에게 긍정정서를 개발하는 것은 자동화된 행동으로 따라오는 것이라고도 할 수 있다.50) 자동화된 기술의 취득은 외적인 사건들에 대한 내적인 반응들의 빈번하고도 일관성 있는 태도에 달려 있다.51) 회복탄력성이 강한 사람들은 고난의 상황에서 전략적인 방식으로 대응하고 긍정정서를 잘 개발하면서 또한 활용하는 사람들이다. 그리고 어느 정도 이러한 전략들이 시간을 통해 정해지면서 의식적인 전략들이 자동화되는 것이다.52) 일반

---

48) 우문식, 앞의 책, pp.122-125 참조 및 재구성.

49) M. M. Tugade & B. L. Fredrickson: 2002, *"Positive emotions and emotional intelligence"*, *in L. Feldman Barrett and P. Salovey(eds.), The Wisdom of Feelings*, (New York: Guilford Press, 2002) pp.319-340.

50) J. A. Bargh & T. L. Chartrand, "The unbearable automaticity of being", *American Psychologist*, 54(1999), pp.462-479.

51) R. M. Shiffrin & W. Schneider, "Controlled and automatic human information processing: II. Perceptual learning, automatic attending, and a general theory", *Psychological Review*, Vol. 84(1977), pp.127-190.

52) J. A. Bargh & T. L. Chartrand, *op.cit.,* 앞의 논문, pp.462-479.

적으로 회복탄력성이 높은 사람들은 순식간에 긍정정서가 부정정서를 상쇄한다. 긍정정서는 사람들로 하여금 역경을 이겨내고 이전보다 더 강해지도록 하는 유효성분이다. 이렇게 긍정정서를 경험할수록 역경이 닥쳤을 때, 대처능력이 훨씬 높아지고 더 자신감을 갖게되고, 뭔가를 이루어내고 싶다는 목적도 뚜렷해질 수밖에 없다.

<표 7-11> 긍정정서와 성격강점을 통한 회복탄력성 윤리교육 및 상담기법

	정의	행복 플로리시를 위한 방법 및 과학적 도구활용방식
1. 긍정정서	우리가 느끼는 것, 즉 기쁨, 희열, 따뜻함, 자신감, 낙관성 등을 말함. 지속해서 이러한 정서들을 이끌어내는 삶을 '즐거운 삶'이라고 부름	긍정정서의 확장 및 구축이론(바버라 프레드릭슨) 긍정정서 키우기 과거의 긍정정서 키우기-감사하기, 감사방문, 용서하기 현재의 긍정정서 키우기-봄, 맛 등을 음미, 음미하기, 마음챙김, 미래의 긍정정서 키우기-낙관성, 자신감 강화하기, 버킷리스트 작성, 뒤셴(Duchenne) 미소 연습
2. 성격강점	긍정정서, 몰입, 관계, 의미, 성취 다섯 가지 요소 전체의 기반	24가지 성격강점 분류 및 특성 이해하기 나의 강점 찾기, 나의 대표강점 찾기, 대표강점 활용하기, 중간강점, 하위강점 등도 활용하여 강점기반 구축하기

<표 7-11>과 같이 과거의 긍정정서를 키우기, 예컨대 감사하기, 감사방문, 용서하기 등과 현대의 긍정정서 키우기, 예컨대 음미하기, 향유하기, 마음챙김, 미래의 긍정정서 키우기, 예컨대 낙관성, 자신감 강화하기, 버킷리스트 작성 등은 행복뿐만 아니라 회복탄력성을 증강시킨다. 뿐만 아니라 <표 7-11>에 나타나듯 회복탄력성을 위한 또 다른 강점 접근이 성격강점 활용 전략이다. 회복탄력성은 성경강

점과 깊이 연결되어 있으며, 회복탄력성을 위해서는 성격강점이 중요하다. 이러한 성격강점들은 상당수가 도덕교과에서 중시되는 핵심 가치·덕목들이라는 사실을 고려할 때, 회복탄력성을 가르치는 일은 곧 도덕교과에서 중시하는 핵심 가치·덕목들을 간접적으로 가르치는 방안이 될 수 있다.53) 긍정심리학자들은 전통적 접근의 심리학과 정신의학에서 만든 '정신병리 매뉴얼'(DSM)에 벗어나 '정신건강 매뉴얼'에 접근한 '성격강점과 덕목의 분류체계'(Values In Action Classification)를 개발했다. 인류가 기록을 남기기 시작한 이래로 기원전 수백 년 전부터 오늘날까지 동서양의 다양한 문화권에서 공통적으로 전해 내려온 주요 덕목을 여섯 가지(지혜·지식, 용기, 인간애, 정의, 절제, 초월성)를 상정하고, 각 덕목 아래 그것을 구현하는 성격강점들을 배치하여 '좋은 성격특질'에 관한 분류체계를 마련했다. 이를 통해 이제 누구나 자신의 대표강점을 확인할 수 있게 됐고, 자신의 대표강점을 일상 속에서 자주 활용함으로써 '좋은 삶'과 '행복'에 이를 수 있도록 돕는 것이 가능해졌다. <표 7-9>에서 보듯 긍정정서, 몰입, 관계, 의미, 성취 다섯 가지 요소 전체의 기반이 되면서 행복에 기여하는 것이 성격강점이지만 회복탄력성을 위해서도 성격강점의 개발인 것이다.

특별히 성격강점을 통하여 회복탄력성을 높이려는 노력은 긍정심리학의 분야에서 그 가치를 인정받고 있다. 성격강점은 인간의 충만한 삶에 기여하는 개인의 사고, 감정, 행동에 반영된 긍정적 성격 특질을 의미한다. '탁월하고 출중한 것을 연구하는 것은 가장 부진하

---

53) 추병완, 앞의 논문, p.99 참조.

고 취약한 것을 이해하는 것만큼 중요하다'는 성격강점 연구의 기본 가정은 개인의 결함보다는 상황에 알맞은 유연한 대처방식과 자원을 강조한 회복탄력성과 깊은 관련성을 가지고 있다. 성격강점과 회복탄력성 간의 관계를 다룬 연구를 살펴보면, 스미스(E. J. Smith)는 강점 기반 모델(strength-based model)을 제시하여 강점 발달의 과정 자체가 회복탄력성의 실체임을 밝힌 바 있다.[54] 회복탄력성을 증진시키는 데 지혜, 사랑, 사회성, 용감성, 끈기, 리더십, 감사, 낙관성 등과 같은 긍정적 내적 특성이 중요하다는 연구결과는 회복탄력성 향상에 있어, 성격강점이 역경을 극복하는 내적 자원으로서 기능함을 의미한다.[55] 또한 성격강점 중 대표강점은 난제를 해결하는 것도 유용하다. 피터슨과 셀리그먼은 개인의 독특성을 가장 잘 보여줄 수 있는 두드러진 성격강점들을 일컬어 '대표강점'(signature strengths)이라 하였다. 대표강점은 실제 자신의 모습을 반영하며, 인간은 자신의 강점 발현에 대한 내적 동기를 가지고 있으므로, 강점을 사용할 때 더욱 고무되고, 강점에 초점이 맞춰진 일을 이루어낸다.

다시 말해서 자신이 가지고 있는 자원 중 강점이 명확하게 보이는 것을 통해 이를 강화시키는 것이 중재의 효과를 높일 수 있다고 할 수 있다. 즉, 회복탄력성을 향상시키기 위한 개입은 역경을 극복하는 데 적합한 자원들을 개발하거나 촉진할 때 가장 효과적이다. 이러한 관점은 성격강점 중에서도 개인을 대표하는 성격강점을 활용한 개입이 회복탄력성 증진에 효과적임을 시사한다.

---

54) E. J. Smith, "The strength-based counseling model. The Counseling", *Psychologist,* 34-1(2006), pp.13-79.
55) 김택호 · 김재환, "청소년의 탄력성 발달 과정에서 희망과 삶의 의미의 효과", 『한국상담』16집 3호(심리치료학회, 2004), pp.465-490.

특별히 성격강점을 통한 회복탄력성 교육에는 모범사례를 활용하는 것이 적절하다. 일찍이 알버트 밴두라(A. Bandur)는 이것을 모델링(modeling)이라고 불렀는데, 인간은 대다수 행동을 관찰을 통해 배운다는 사실을 우리는 고려해야 한다는 것이다. 예컨대 긍정심리 영화에서 좋은 성격강점을 가진 사람이 어떻게 여러 역경에도 불구하고 행복한 삶을 살아가고 회복탄력성을 발현해나가는지를 보여줄 수 있다. 예컨대 라이언 니미엑(R. M. Niemiec) 같이 긍정심리학을 영화를 통해 교육하는 이들은 회복탄력성을 보여주는 모방할 모델을 영화에서 찾되 조너선 하이트(J. Haidt)가 강조하는바 도덕적 고양감을 불러일으킬 수 있는 모델을 통해 회복탄력성과 성격강점을 동시에 교육하기를 강조하는데, 윤리교육이나 윤리상담차원에서 시도해볼 수 있다. 라이언 니미엑은 긍정심리 영화의 네 가지 기준을 다음과 같은 특징과 연관 지어 제시한다.56)

① 피터슨과 셀리그만(2004)의 스물네 가지 강점들 중 한 가지를 인물이 잘 드러낸 것
② 인물이 강점의 최대점에 도달하기 위한 장애물, 고군분투, 갈등의 과정을 묘사한 것
③ 어떻게 장애물을 극복하고 강점을 구축하고 유지할 수 있는지를 드러내고 있는 인물 묘사
④ 영감을 불어넣고 의기를 드높이는 분위기

예를 들어 영화 <인생은 아름다워>를 보면 주인공 귀도는 그의 행복한 삶을 창의성과 친밀성, 사회지능, 유머 강점 등을 통해 만들어가지만 아우슈비츠라는 역경 속에서도 창의성과 친밀성, 사회지

---

56) 라이언 니미엑·데니 웨딩, 백승화 외 옮김, 『영화 속의 긍정심리』(서울: 학지사, 2011), p.29.

능, 유머 강점과 같은 대표강점을 통해 문제를 해결하고 회복탄력성을 보여준다. 피터슨이나 셀리그만 역시 영화와 관련된 여러 사례를 통해 대표강점이 회복탄력성에 유효한 방식으로 작동함을 보여준다.[57] 모든 성격강점이 각기 고유한 방식으로 인간의 긍정적 성장에 기여하므로, 자신의 대표강점을 중심으로 회복탄력성을 기르는 것은 소설이나 영화를 활용한 서사적 접근의 윤리교육 또는 스토리텔링 윤리교육의 프로그램 개입으로 더욱 효과를 높일 수 있을 것이다.

3) 마음챙김 전략과 회복탄력성

종종 인지적 전략에 따른 7가지 회복력 기술에는 ABC 확인하기, 사고의 함정 피하기, 빙산 찾아내기, 믿음에 반박하기, 진상 파악하기 등이 있는데, 회복력탄력성 기술로 잘 작동되지 않을 때가 있다. 강렬한 감정에 휩싸여서 아무 생각도 할 수 없을 때, 사건을 천천히 분석할 시간적 여유가 없을 때, 혼란의 와중에 마음을 가라앉힐 보다 간단하게 효과적인 방법이 필요하다. 위기의 순간에 부정정서를 일으키는 신념체계를 반박하는 것은 그 의도와 달리 부정적 반추와 부정성에 대한 경험적 회피를 일으킬 수 있다. 부정성에 대한 회피는 회복탄력성 증진에 있어 필수적인 역경 직면하기 과정에 악영향을 미치므로, 부정성을 적응적으로 다루는 직접적인 개입법을 보완할 필요가 있다.

이러한 상황, 즉 정서적으로 휘둘리거나 스트레스에 시달리거나 힘들 때에는 심호흡전략[58]이나 마음챙김(Mindfulness)을 활용할 수

---

57) 마틴 셀리그만, 앞의 책, pp.252-253.
58) 심호흡전략과 같은 호흡통제는 거의 모든 이완기술의 핵심이다. 느린 심호흡은 스트레스 받은

있다. 마음챙김은 불교 명상의 핵심적인 가르침인 빨리(Pali)어 'sati'에서 유래된 것으로, 지금(Now) 이곳(Here)에 마음을 모으는(Mindful) 것을 핵심으로 한다. 현대 심리학 분야에서는 마음챙김을 순간순간 '주의의 장'에서 일어나는 감각, 감정이나 생각 등을 있는 그대로 수용하면서, 비사변적이고 비판단적인 자세로 현재를 또렷하게 알아차리는 것,[59] 수용적 태도로 현재의 경험을 알아차리는 것 등으로 개념화하고 있다.

마음챙김에 관한 연구자들의 정의를 종합하여 보면 마음챙김은 지금 이 순간에 비판단적인 방식으로 의도적 주의를 기울이는 것으로 정의될 수 있는데, 다음과 같은 장점이 있다. 마음챙김은 열린 마음으로 어떠한 판단도 내리지 않고 현재의 순간에 존재하는 것을 말한다. 스트레스와 고통의 많은 부분은 현재의 순간에서 분리되었기 때문에 생긴다. 우리는 많은 시간을 바로 지금 이곳에 존재하지 않은 채 '자동조종장치' 모드로 삶의 흔들림에 휩쓸려가며 보낸다. 몸은 이곳에 있지만 마음은 다른 어딘가에 있다. 우리의 마음은 과거에 대한 후회, 미래에 대한 걱정, 현재에 대한 평가에 사로잡혀 있을지도 모른다. 생각이 많은 혹은 '아무 생각이 없는'(mindless) 이러한 상태에서는 대응능력이 떨어진다. 부정적인 기분이나 반사적인 행동에 사로잡혀서 상황을 더 악화시킬 수도 있다. 마음챙김은 우리를

몸을 속이는 매우 효과적인 방법이다. 게다가 아무 때나(누워서, 앉아서, 서서, 걸으면서, 다른 활동을 하면서) 할 수 있다. 단순한 방식으로 시작해볼 수 있다. 등을 곧게 펴고 편안히 앉는다. 의자에 앉아 있다면 발을 바닥에 반듯하게 하고, 바닥에 앉아 있다면 책상다리를 하고 앉는다. 손은 무릎과 엉덩이 사이 중간쯤에 편안히 두고 가만히 두 눈을 감는다. 천천히 숨을 들이마시면서 숨이 복부 안으로 깊이 들어가는 것에 집중해보는 것이다.

59) J. Kabat-Zinn, *Full Catastrophe Living: Using the wisdom of your body and mind to face stress, pain, and illness*(New York: Delta, 1990).

현재로 돌아오게 만들어 평정을 찾고 상황에 회복탄력성을 강화하고 문제를 해결하도록 해주는 것이다.[60] 마음챙김 명상을 하면 스트레스 호르몬인 코르티솔을 감소시키고 평안함과 웰빙의 느낌을 증가시킨다. 이런 명상은 걱정스런 마음을 다스리고 평안한 느낌을 가지게 함으로써 자기조절력과 정신건강에도 기여한다.[61]

<표 7-12> 회복탄력성·자기조절력·정신건강을 위한
인지행동치료와 마음챙김 명상의 적용

실시	수업 시 10-20분 필요한 맥락에서 프로그램으로 활용하여 실시
인지행동치료	회복탄력성, 낙관성, 불안장애, 우울증 등을 극복하고 정신건강을 위한 방안으로 적용
마음챙김 명상	회복탄력성, 자기조절력, 불안장애, 우울증 등을 극복하고 정신건강을 위한 방안으로 적용

이렇게 마음챙김 명상은 만성통증과 공황 장애를 비롯한 불안장애와 우울증, 자기조절력과 정신건강과 같은 심리적 장애의 치료에 효과가 있다. 마음챙김 명상에 대한 개관에서 쇼나 샤피로(S. Sapiro)와 그녀의 동료들은 마음챙김 명상이 자존감, 행복감, 일상의 긍정적 감정, 우호성과 경험에의 개방성, 정서적 안정감, 공감과 신뢰와 같은 대인관계 행동, 영적 관심과 경험에 대한 수용성, 스트레스에 대한 저항 능력, 자기조절을 증진시키고 성장시킨다는 사실을 보여주는 연구들을 언급하면서 마음챙김 명상이 사람들로 하여금 자신

---

60) 케네스 R. 긴스버그·마샤 M. 재블로우, 안진희 옮김, 『넘어져도 다시 일어서는 아이』(서울: 양철북, 2015), p.266.

61) 물론 운동도 도움이 된다. 운동은 신체뿐만 아니라 정신도 긍정적으로 유지시키는 데 도움이 된다. 연구에 따르면 적당한 강도의 운동은 우울증 증상을 감소시키며 예방에도 도움이 된다. 운동을 하는 사람과 운동을 잘 하지 않는 사람을 비교했을 때도 운동을 꾸준히 자주 하는 사람은 우울증에 걸릴 위험이 30% 낮아지는 것으로 나타났다.

의 잠재력을 확인하고 실현하도록 도와줄 수 있다고 결론을 내렸다. 그 외에도 마음챙김 명상에 관한 연구들은 보다 나은 정서조절, 부정적 사고의 감소, 작업기억의 향상, 자기인식의 증가, 우울증과 불안의 감소, 신체적 질병의 감소, 정서적 반작용의 감소, 유연한 사고의 증진, 긍정적 정서의 증가, 부정적 정서의 감소 등 개인적으로나 대인관계 면에서나 많은 이점이 있다는 것을 제시하고 있다.62) 도덕심리학과 관련해서 나바에즈(D. Narvaez)나 시젤(D. J. Siegel)은 마음챙김 자각은 인간 복지를 지향하게끔 두뇌 기능, 정신 활동, 그리고 대인관계를 변화시킬 수 있다고 보았다. 그것은 통합의 토대적 과정들을 촉진하는 '내적 조율'을 통해서 자기성찰과 함께 긍정적 변화를 야기한다. 체계의 분화된 요소들을 연결시키는 통합은 두뇌, 정신, 대인관계들에서 에너지와 정보의 유연하고, 적응적이며, 정합된 몰입(flow)을 가져온다고 말한다. 개인을 기억의 하향적 연합으로부터 자유롭게 함으로써 마음챙김은 활력적이며 회복탄력성을 갖는 자아의 새로운 감각을 향상시킨다고 주장한다.63) 그러므로 윤리상담뿐 아니라 실제 윤리교육의 수업 시 필요한 경우 호흡명상 등 마음챙김 명상을 10-20분 정도의 시간을 투자해서 프로그램으로 활용하여 실시할 수 있다.

4) 운동 등 기타 방법들

운동하기, 적극적인 휴식 취하기, 잘 먹기, 잘 자기 등도 회복탄

---

62) 정종진, 『행복수업』(서울: 도서출판 그루, 2014), p.364.

63) D. J. Siegel, "Mindful Awareness, Mindsight, and Neural Integration", *The Humanist Psychologist*, 37(2009), pp.5-6.

력성에 기여한다. 운동의 경우 몸을 건강하게 하고 온갖 역경을 견뎌낼 수 있게 한다. 운동은 짧은 시간 안에 초조, 좌절, 분노와 같은 감정을 변화시키고 불안, 주의력결핍과잉행동장애(ADHD), 우울증에 지속적인 영향을 미친다. 적절한 운동은 민첩성, 주의력, 집중력을 향상시키고 스트레스 조절에 도움이 되는 숙면에 기여한다. 몸을 잘 움직이려 하지 않는 현대인의 생활 습관은 결국 우리의 뇌와 정신건강에 재앙을 불러오기에 몸을 움직여 뇌를 건강하게 해야 한다. 운동은 우울증, 불안장애 등을 불러일으키는 병든 뇌를 치료할 수 있는 특효약이다. 운동은 뇌 안의 혈액순환을 향상시킴으로써 스트레스를 감소시키고 능력을 증진시키며 중독의 가능성을 크게 줄인다. 운동은 몸의 건강뿐만 아니라 정신건강을 유지하는 데 결정적인 역할을 하는데, 실제 우울증의 치료에는 인지행동치료나 항우울제 대신 운동을 처방하는 것이 도움이 되기도 한다. 결국 운동은 몸의 건강보다는 마음의 건강을 위해서 필수적이며, 회복탄력성을 위해서 필요한 것이다. 그 밖에 아이들에게 유제품, 물, 신선한 과일과 채소, 건강한 간식을 주어야 하며, 적절한 수면계획 및 적용이 있어야 한다.

놀이도 필요하다. 불안과 과잉 스트레스 징후를 보이는 아이들도 있는데, 일과가 빡빡하게 짜여 있는 아이들은 건강한 발달에 가장 중요한 것, 즉 자신이 주도하는 창의적 놀이를 할 수 있는 시간이 부족할 수도 있다. 놀이는 아이의 창의력과 상상력, 손이나 머리를 쓰는 재주, 육체적 힘과 정서적 힘을 발달시켜준다. 놀이는 아이가 새로운 능력을 발달시킬 수 있도록 돕는데, 이 새로운 능력은 자신감과 회복탄력성을 강화시켜주는 것이다.[64] 놀이에 있어서 자연과의 유대는 회복탄력성을 강화시킨다. 아이들은 자신이 인간 공동체의 일부일 뿐만 아니라 자연 세계의 일부라는 사실을 이해함으로써 아이들의 소속감을 키워줄 수 있다. 예를 들어 솔방울 종자는 어린 나무가 새로운 자라도록 산불을 이겨낸다. 순환하는 계절에 의해 새로운 생명이 탄생하고 자라고 죽고 다시 태어난다. 대자연은 회복탄력성을 가르쳐주는 위대한 스승이다.[65] 뿐만 아니라 아이들은 자원봉사 활동을 통해 새로운 능력을 키우고, 회복탄력성을 배운다. 돈이나 재활용품 모으기, 양로원 거주자들이 보내는 웃음과 박수갈채, 노숙자 캠프를 위해 만든 샌드위치 20개, 오염된 계곡이나 공원에서 수거한 쓰레기 10봉지 등, 공헌을 통해 다른 사람의 삶이나 세상에 차이를 만들어낼 때, 아이들은 자신의 노력에 대해 긍정적인 피드백을 받게 되고 이는 아이들의 자아효능감과 회복탄력성을 높여준다.[66] 아이들은 자신에게 주어진 집안일을 통해 공헌할 수 있다. 아이들은 집안일을 하면서 자신이 가족의 일원이고 가족에 기여해야 한다는 사실을 배운다. 집안일은 기술력과 책임감을 키워주고 그 기술력과 책임감은 새로운 능력으로 확장되면서 회복탄력성을 키우게 된다. 그러므로 이런 부분들을 부수적으로 고려해서 학생들의 회복탄력성이 증진될 수 있도록 윤리상담을 해야 할 것이다.

---

64) 케네스 R. 긴스버그·마샤 M. 재블로우, 앞의 책, p.66.

65) 위의 책, p.204.

66) 위의 책, p.222.

4. 나가면서

지금까지 이 논문에서는 회복탄력성의 개념 정의와 윤리상담적 중요성에 대해 살펴보고 학생들의 회복탄력성을 증진하기 위한 교육적, 상담적 개입 사례들을 살펴보았다. 먼저 정신분석학적 접근과 인간주의 및 배려적 접근을 통한 회복탄력성의 문제를 살펴보았다. 또한 인지행동 치료적 접근의 인지적 전략을 통한 회복탄력성 접근과 긍정심리학의 접근 외 마음챙김 전략과 운동 및 기타방법들을 통한 회복탄력성 함양방안을 살펴보았다. 보다 구체적으로 살펴보자면 회복탄력성의 회복을 위해서 회복탄력성을 성격유형으로 보면서 자아방어기제의 성숙을 통한 자아회복탄력성을 강조하는 정신분석학적 접근과 공감과 경청 및 관계의 사회적 지지를 강조하는 인간주의 및 배려적 접근의 입장에서 살펴보고자 하였다. 또한 인지행동 치료적 접근의 인지적 전략을 통한 회복탄력성 접근과 긍정심리학의 긍정정서와 성격강점 함양을 통한 회복탄력성 전략을 살펴보았다. 인지적 전략은 인지행동 치료적 접근을 통해 살펴보고자 하였으며, 긍정심리학적 전략은 긍정심리학적 접근을 중심으로 하되, 강점찾기로서의 긍정정서, 성격강점의 함양 전략과 마음챙김 전략 그리고 운동기타 전략을 통해서 회복탄력성 방안을 찾고자 하였다. 결국 학교공동체가 회복탄력성을 보다 증진할 때, 건강한 공동체가 되며, 학생들의 정신건강과 함께 유다이모니아의 행복한 삶, 웰빙의 삶에도 기여하게 될 것이다.

부 록

부록 1: 인격강점 활용일지의 제작과 상당활동으로의 적용

인격(성격)강점에 대한 설문을 실시하되, 필요에 따라 인격강점 활용 실험집단과 무처치 비교집단을 구분하고 사전 및 사후 검사를 진행하였다. 실험집단을 대상으로 인격강점 활용은 수업 시작부터 학 한기 내내 시도하였다. 그 전에 개인의 인격강점에 대한 측정과 설명을 제시하고 기간 내 인격강점 수첩활용 내지 일지작성을 제시하게 하였다. 연구에 참여한 개인은 매일 일상생활에서 인격강점을 활용한 뒤 수첩에 일기형식으로·활용내용을 기입하였다. 인격(성격)강점 활용수첩은 각 개인의 대표강점과 강점에 대한 개념적 정의, 대표인물, 활용방법 등을 포함시켰다. 매일 일기 형식으로 자신의 개인적 대표강점을 활용할 뿐만 아니라 주관적 안녕감에 관련이 높은 인격 강점을 일상생활에서 매일 활용하도록 격려할 필요가 있었다.

〈일지의 예시〉

강점-정직
오늘 오후 사무실 근처 커피전문점에서 나는 동료와 대화하면서 했던 거짓말(귀찮아서 했던)에 대해 사소한 것이지만 사과하면서 커피 한잔을 샀다.

강점-감사

내가 이곳에 있기까지 나의 힘이 되어주신 부모님을 생각하면서 쑥스럽지만 감사의 문자 한통을 보냈다. 나도 철이 드나 보다.

강점-유머

주말에 텔레비전 '개그 콘서트'에서 개그를 이용해 동료들에게 웃음을 주었다.

강점-창의성

저녁에 2시간 동안 시나리오를 쓴다.

강점-감상력

하루에 30분씩 산책하며, 아름다운 경치를 감상한다.

부록 2: 성격(인격)적 강점검사지(ICS)

다음에 제시된 질문들은 개인적 성향을 알아보기 위한 것입니다. 아래 문항들을 하나씩 읽고, 귀하에게 해당되는 정도에 따라 적절한 숫자에 ○표 해주시기 바랍니다. 옳고 그른 답은 없으므로 귀하의 생각과 경험에 따라 자유롭게 응답하시면 됩니다.

질 문	① ↔ ④ 전혀 그렇지 않다 매우 그렇다		
1. 나는 새롭고 독창적인 것을 받아들일 준비가 되어 있다.	①	② ③	④
2. 재미있는 것을 하느라 지루할 틈이 없다.			
3. 중요한 결정을 내릴 때는 항상 충분한 근거를 찾는다.			
4. 무언가를 새롭게 배울 때, 나는 그것에 관한 서적을 구입해 읽는다.			
5. 나는 항상 내 인생에서 가장 중요한 것을 염두에 두고 있다.			
6. 내 부족한 점도 수용해주는 사람들이 있다.			
7. 나는 다른 사람들에게 기쁨을 주는 것을 좋아한다.			
8. 친구들은 나에 대해 사교술이 뛰어나다고 평한다.			
9. 나는 위험을 모면하기 위해 비겁한 행동을 하지 않는다.			
10. 하나의 목표를 향해서 매진할 때, 난 행복을 느낀다.			
11. 나는 나의 모습을 있는 그대로 다른 사람에게 보여준다.			

질문	
12. 나는 매일 아침을 활력 넘치게 시작한다.	
13. 누가 나에게 불쾌한 일을 하더라도 쉽게 잊어버리는 편이다.	
14. 겸손한 태도는 나의 장점 중 하나이다.	
15. 나는 깊이 생각한 후에 말하는 편이다.	
16. 나는 규율을 잘 지키는 편이다.	
17. 내가 속한 집단의 결정을 존중하는 것이 내게 중요하다.	
18. 나는 모든 사람을 동등하게 대하려고 노력한다.	
19. 나는 어떤 모임에서든지 리더가 되는 경향이 있다.	
20. 다른 사람들이 무심코 지나치는 대상에서 아름다움을 발견한다.	
21. 나는 인생에서 많은 축복을 받았다.	
22. 현재 어려움을 겪고 있더라도, 나는 미래에 대해서 희망적이다.	
23. 나는 무슨 말을 하든지 유머를 곁들이려고 노력한다.	
24. 나는 현재 종교적 수행(명상이나 기도 등)을 한 가지 이상 하고 있다.	

중략

질 문	① ↔ ④ 전혀 그렇지 않다 매우 그렇다			
	①	②	③	④
238. 목표를 세우고 노력한다면 원하는 결과를 얻을 수 있다.				
239. 어려운 상황에 닥치더라도 웃음을 잃지 않는다.				
240. 최선의 노력을 다한 뒤에는 신에게 결과를 의탁한다.				

부록 3: 한국판 긍정심리치료 척도(K-PPTI)

○ 각 진술문들의 묶음을 주의 깊게 읽어보십시오. 그리고 나서 당신을 가장 잘 묘사하고 있는 진술문을 각 묶음에서 하나씩만 고르세요. 선택하기 전에 각 묶음에 있는 모든 진술문들을 반드시 다 읽으세요.

어떤 질문들은 성격적 강점들에 관련됩니다.

1. 기쁨
0. 나는 좀처럼 기쁘다고 느끼지 않는다.
1. 나는 경우에 따라 기쁘다고 느낀다.
2. 나는 기쁘지 않기보다는 좀 더 기쁘다고 느낀다.
3. 나는 보통 기쁘다고 느낀다.

2. 강점 알기
0. 나는 나의 강점들을 모른다.
1. 나는 나의 강점들에 대해 좀 아는 게 있다.
2. 나는 나의 강점들을 안다.
3. 나는 나의 강점들을 매우 잘 알아차리고 있다.

3. 사회에 영향
0. 내가 하는 것은 보통 사회에 중요하지 않다.
1. 내가 하는 것은 경우에 따라 사회에 중요하다.
2. 내가 하는 것은 종종 사회에 중요하다.

3. 내가 하는 것은 보통 사회에 중요하다.

4. 타인에 의해 관찰되는 긍정적 기분

0. 다른 사람들은 내가 보통 행복해 보이지 않는다고 말한다.
1. 다른 사람들은 내가 경우에 따라 행복해 보인다고 말한다.
2. 다른 사람들은 내가 보통 행복해 보인다고 말한다.
3. 다른 사람들은 내가 대부분의 시간에 행복해 보인다고 말한다.

5. 강점 활동 추구하기

0. 나는 보통 나의 강점들을 사용하는 활동들을 추구하지 않는다.
1. 나는 경우에 따라 나의 강점들을 사용하는 활동들을 추구한다.
2. 나는 종종 나의 강점들을 사용하는 활동들을 추구한다.
3. 나는 보통 나의 강점들을 사용하는 활동들을 추구한다.

6. 연결된 느낌

0. 나는 내가 정기적으로 상호작용하는 사람들에게 연결되어 있다
   고 느끼지 않는다.
1. 나는 경우에 따라서 내가 정기적으로 상호작용하는 사람들에게
   연결되어 있다고 느낀다.
2. 나는 종종 내가 정기적으로 상호작용하는 사람들에게 연결되어
   있다고 느낀다.
3. 나는 보통 내가 정기적으로 상호작용하는 사람들에게 연결되어
   있다고 느낀다.

7. 감사하는 마음

0. 나는 보통 내 인생에 있는 좋은 것들에 대해 생각하는 시간을
   갖지 않는다.

1. 나는 경우에 따라 내 인생에 있는 좋은 것들에 알아차리고 감사하다고 느낀다.
2. 나는 종종 내 인생에 있는 좋은 것들을 알아차리고 감사하다고 느낀다.
3. 나는 거의 매일 내 인생에 있는 많은 좋은 것들에 대해 감사하는 마음을 느낀다.

8. 강점을 사용하여 문제를 해결하기

0. 나는 문제를 해결하기 위해 나의 강점들을 거의 사용하지 않는다.
1. 나는 문제를 해결하기 위해 경우에 따라 나의 강점들을 사용한다.
2. 나는 문제를 해결하기 위해 종종 나의 강점들을 사용한다.
3.나는 문제를 해결하기 위해 보통 나의 강점들을 사용한다.

9. 의미감

0. 나는 나의 삶의 목적을 가지고 있는 것 같다고 거의 느끼지 않는다.
1. 나는 나의 삶이 목적을 가지고 있는 것 같다고 경우에 따라서 느낀다.
2. 나는 나의 삶이 목적을 가지고 있는 것 같다고 종종 느낀다.
3. 나는 나의 삶이 목적을 가지고 있는 것 같다고 보통 느낀다.

10. 이완

0. 나는 긴장을 풀고 이완되었다고 거의 느끼지 않는다.
1. 나는 경우에 따라 긴장을 풀고 이완되었다고 느낀다.
2. 나는 종종 긴장을 풀고 이완되었다고 느낀다.
3. 나는 보통 긴장을 풀고 이완되었다고 느낀다.

11. 감정-활용-활동 동안 집중

0. 나의 강점들을 사용하는 활동 동안에 나의 집중은 안 좋다.
1. 나의 강점들을 사용하는 활동 동안에 나의 집중은 어떤 때는 좋고 어떤 때는 안 좋다.
2. 나의 강점들을 사용하는 활동 동안에 나의 집중은 보통 좋다.
3. 나의 강점들을 사용하는 활동 동안에 나의 집중은 뛰어나다.

12. 종교적 혹은 영적 활동

0. 나는 보통 종교적 혹은 영적 활동에 관여하지 않는다.
1. 나는 경우에 따라 종교적 혹은 영적 활동에서 얼마간의 시간을 보낸다.
2. 나는 종종 종교적 혹은 영적 활동에서 얼마간의 시간을 보낸다.
3. 나는 보통 종교적 혹은 영적 활동에서 매일 얼마간의 시간을 보낸다.

13. 강점-활용-활동 동안의 시간

0. 나의 강점들을 사용하는 활동에 내가 종사할 때 시간이 천천히 지나간다.
1. 나의 강점들을 사용하는 활동에 내가 종사할 때 시간이 보통으로 지나간다.
2. 나의 강점들을 사용하는 활동에 내가 종사할 때 시간이 빨리 지나간다.
3. 나의 강점들을 사용하는 활동에 내가 종사할 때 나는 시간 감각을 잃는다.

14. 사랑하는 사람들과의 친밀감

0. 나는 보통 내가 사랑하는 사람들에게 가깝다고 느끼지 않는다.

1. 나는 경우에 따라 내가 사랑하는 사람들에게 가깝다고 느낀다.
2. 나는 종종 내가 사랑하는 사람들에게 가깝다고 느낀다.
3. 나는 보통 내가 사랑하는 사람들에게 가깝다고 느낀다.

15. 소리 내어 웃기/미소 짓기
0. 나는 보통 많이 웃지 않는다.
1. 나는 경우에 따라 마음껏 웃는다.
2. 나는 종종 마음껏 웃는다.
3. 나는 보통 매일 여러 번씩 마음껏 웃는다.

16. 강점-활용-활동 관리하기
0. 나의 강점들을 사용하는 활동들을 관리해 나가기가 나로서는 보통 힘들다.
1. 나는 나의 강점을 사용하는 활동들을 경우에 따라 관리해 나갈 수 있다.
2. 나는 나의 강점을 사용하는 활동들을 종종 잘 관리해 나갈 수 있다.
3. 나의 강점들을 사용하는 활동들을 관리해 나가는 것이 나에게 는 거의 자연스럽게 다가온다.

17. 좀 더 큰 것에 기여하기
0. 나는 좀 더 큰 대의에 기여하는 일들을 거의 하지 않는다.
1. 나는 경우에 따라 좀 더 큰 대의에 기여하는 일들을 한다.
2. 나는 종종 좀 더 큰 대의에 기여하는 일들을 한다.
3. 나는 보통 좀 더 큰 대의에 기여하는 일들을 한다.

18. 강점-활용-활동 속에서의 성취
0. 나는 나의 강점들을 사용하는 활동들에 시간을 보낼 때 성취감

을 느끼지 않는다.
1. 나는 나의 강점을 사용하는 활동들에 시간을 보낼 때 경우에 따라 성취감을 느낀다.
2. 나는 나의 강점들을 사용하는 활동들에 시간을 보낼 때 종종 성취감을 느낀다.
3. 나는 나의 강점들을 사용하는 활동들에 시간을 보낼 때 보통 성취감을 느낀다.

19. 타인을 돕기 위해 강점을 사용하기
0. 나는 남들을 돕기 위해 나의 강점들을 거의 사용하지 않는다.
1. 나는 남들을 돕기 위해 나의 강점들을 경우에 따라서 사용하는 데, 대부분 그들이 부탁할 때이다.
2. 나는 남들을 돕기 위해 나의 강점들을 종종 사용한다.
3. 나는 남들을 돕기 위해 나의 강점들을 정기적으로 사용한다.

* 계산하기 위해 점수를 더하십시오.

즐거운 삶
1. 기쁨   (   )
4. 타인에 의해 관찰되는 긍정적 기분   (   )
6. 연결된 느낌(유대감)   (   )
7. 감사하는 마음   (   )
10. 이완   (   )
14. 사랑하는 사람들과의 친밀감   (   )
15. 소리 내어 웃기/미소짓기   (   )
　　　　　　　　　　　　　　합계   (   )

적극적인 삶

2. 강점 알기　　　　　　　　　(　　)

5. 강점 활동 추구하기　　　　　(　　)

11. 강점-활용-활동 동안 집중　　(　　)

13. 강점-활용-활동 동안의 시간　(　　)

16. 강점-활용-활동 관리하기　　(　　)

18. 강점-활용-활동들 속에서의 성취　(　　)

　　　　　　　　　　　　합계　(　　)

의미 있는 삶

3. 사회에 영향　　　　　　　　(　　)

9. 의미감　　　　　　　　　　(　　)

12. 종교적 혹은 영적 활동　　　(　　)

17. 좀 더 큰 것에 기여하기　　　(　　)

19. 타인을 돕기 위해 강점들 사용하기　(　　)

　　　　　　　　　　　　합계　(　　)

전체 행복 점수 * _____

부록 4: 삶의 만족도 척도(SWLS)

○ 아래에는 귀하가 동의할 수도 있고 그렇지 않을 수도 있는 다섯 문항이 제시되어 있습니다. 각 문항에 동의 또는 반대하는 정도에 따라서 1-7 사이의 숫자에 ○표 해 주시기 바랍니다. 자유롭고 솔직하게 응답해 주시기 바랍니다. 자유롭고 솔직하게 응답해 주시기 바랍니다.

질 문	① ↔ ⑦ 전혀 그렇지 않다 매우 그렇다
1. 나는 대체로 내 이상에 가까운 생활을 하고 있다.	① ② ③ ④ ⑤ ⑥ ⑦
2. 현재 나는 아주 좋은 생활 조건들을 가지고 있다.	
3. 나는 나의 삶에 대해 만족한다.	
4. 나는 지금까지 내 삶에서 내가 원하는 중요한 것들을 가져왔다.	
5. 만약 내 삶을 다시 산다 하더라도, 나는 지금까지의 삶처럼 살겠다.	

부록 5: 자아탄력성 척도

문 항	전혀 그렇지 않다 / 매우 그렇다 1- 2- 3- 4 - 5
1. 감정에 휩쓸리지 않고 일이나 공부에 집중할 수 있다.	
2. 실패나 고난을 통해서도 배울 것이 있다고 생각한다.	
3. 누군가가 마음 아파하면 나도 아픔을 느낀다.	
4. 내가 지금 겪은 어려움들이 결국엔 내게 도움이 될 것이라고 믿는다.	
5. 다른 사람들이 겪는 일들은 잘 들어주려고 노력한다.	
6. 나는 한 인간으로서 가치 있는 존재이다.	
7. 나는 노력하면 대부분의 일들을 잘할 수 있다.	
8. 다른 사람들의 생각과 느낌을 이해하려고 한다.	
9. 신이 나를 사랑하고 돌보신다고 믿는다.	
10. 내가 잘할 수 있는 일들이 많다.	
11. 어떤 일에 실패했을 때에도 크게 실망하지 않는다.	
12. 신앙 덕분에 어려운 일들을 이겨낼 수 있다.	
13. 문제가 생기면 해결하려고 하기 전에 왜 그런 일들 이 일어났는지 천천히 생각해 본다.	
14. 내가 원하는 대로 일이 이루어지지 않을 것이다.	
15. 종교생활은 내 삶을 의미 있고 풍요롭게 만들어 준다.	
16. 문제가 발생하면 먼저 여러 가지 가능한 해결방법들 을 생각해 본다.	
17. 목표를 이루는 데 실패하더라도 기운을 내어 새로 시작할 수 있다.	
18. 내가 해결할 수 있는 일과 해결할 수 없는 일을 구 별할 수 있다.	
19. 나는 내 꿈을 위해서 열심히 노력한다.	
20. 슬프거나 힘들 때에도 낙담하지 않는다.	
21. 어려움이 많더라도 언젠가는 반드시 내 꿈을 이룰 것이다.	
22. 화가 나거나 기분이 상할 때에도 참을 수 있다.	
23. 세운 목표나 계획들은 실천하는 편이다.	
24. 나는 어려운 상황을 극복할 수 있는 능력이 있다.	

총점을 구하고 이것을 24로 나누어 주세요. 총점( ) 및 5점 만점 기준 점수( )

부록 6: (자기주도적) 학습능력 질문지

아래에 적혀 있는 문항을 잘 읽으신 후, 당신이 느끼고 행동한 것을 가장 잘 나타낸다고 생각되는 숫자에 ○표 또는 V표 해 주시기 바랍니다.

문 항	전혀 그렇지 않다 1- 2- 3- 4- 5 매우 그렇다
1. 나는 공부할 때, 중요한 것을 외우려고 애쓴다.	
2. 나는 될 수 있는 한 많은 것을 외운다.	
3. 나는 공부할 때, 새로운 것이 나오면 외운다.	
4. 나는 공부할 때, 다른 과목에서 이미 배운 것들과 새로운 것을 연결시키려고 애쓴다.	
5. 나는 공부할 때, 배운 것이 실제로 얼마나 유용할지를 이해하려고 애쓴다.	
6. 나는 공부할 때 내가 이미 아는 것들과 연결시켜 보려고 애쓴다.	
7. 나는 공부할 때, 내가 이미 아는 것들과 새로운 것이 어떤 연관성이 있는지 파악한다.	
8. 나는 내용이 재미있을 때 공부한다.	
9. 나는 복잡한 문제를 완전히 이해했을 때, 가장 성공한 느낌이 든다.	
10. 내가 똑똑하다는 것을 증명해 보일 때 가장 성공한 느낌이 든다.	
11. 다른 사람보다 좋은 성적을 얻었을 때 가장 성공한 느낌이 든다.	
12. 내가 정답을 아는 유일한 사람일 때, 가장 성공한 느낌이 든다.	
13. 나는 다른 사람보다 더 많은 것을 알고 있을 때 가장 성공한 느낌이 든다.	
14. 나쁜 성적을 받지 않겠다고 마음먹으며 나는 그렇게 할 수 있다.	

15. 문제를 틀리지 않겠다고 마음먹으면 나는 틀리지 않을 수 있다.	
16. 뭔가를 정말 잘 하려고 마음먹으면 나는 그렇게 할 수 있다.	
17. 읽기에 나와 있는 가장 어려운 것도 이해할 수 있다고 확신한다.	
18. 선생님이 가르쳐 주시는 매우 복잡한 문제도 나는 이해할 수 있다고 확신한다.	
19. 나는 숙제와 시험에서 잘할 자신이 있다.	
20. 나는 배운 지식과 기술을 완전히 익힐 수 있다고 확신한다.	
21. 나는 대부분의 과목에서 배우는 속도가 빠른 편이다.	
22. 나는 대부분의 과목 시험을 잘 보는 편이다.	
23. 나는 대부분의 과목을 잘하는 편이다.	

총점을 구하고 이것을 23으로 나누어 주세요. 총점(   ) 및 5점 만점 기준 점수(   )

부록 7: 우울척도(한 구간 GES-D)

아래에 적혀 있는 문항을 잘 읽으신 후, 오늘을 포함하여 지난 1주일 동안 당신이 느끼고 행동한 것을 가장 잘 나타낸다고 생각되는 숫자에 ○표 또는 V표 해 주시기 바랍니다.

문 항	극히 드물다 (1일 이하) 0-	가끔 (1-2일) 1-	자주 (3-4일) 2-	거의 대부분 (5-7일) 3
1. 평소에는 아무렇지도 않던 일들이 귀찮게 느껴졌다.				
2. 먹고 싶지 않았다. 입맛이 없었다.				
3. 가족이나 친구가 도와주더라도 울적한 기분을 떨쳐버릴 수 없었다.				
4. 다른 사람들만큼 능력이 있다고 느꼈다.				
5. 무슨 일을 하든지 정신을 집중하기가 어려웠다.				
6. 우울했다.				
7. 하는 일마다 힘들게 느껴졌다.				
8. 미래에 대하여 희망적으로 느꼈다.				
9. 내 인생은 실패작이라는 생각이 들었다.				
10. 두려움을 느꼈다.				
11. 잠을 설쳤다. 잠을 잘 이루지 못했다.				
12. 행복했다.				
13. 평소보다 말을 적게 했다. 말수가 줄었다.				
14. 세상에 홀로 있는 듯한 외로움을 느꼈다.				
15. 사람들이 나에게 차갑게 대하는 것 같았다.				
16. 생활이 즐거웠다.				
17. 갑자기 울음이 나왔다.				
18. 슬픔을 느꼈다.				
19. 사람들이 나를 싫어하는 것 같았다.				
20. 도무지 무엇을 시작할 기운이 나지 않았다.				

참고문헌

제1장

권석만, 『긍정심리학 행복의 과학적 탐구』(서울: 학지사, 2008).
김광수, "긍정심리학에 기반한 초등학교 상담의 방향과 과제", 『초등상담연구』, 제11집 2호, (한국초등상담교육학회, 2012).
김진영·고영건, "긍정 임상심리학: 멘탈 휘트니스(mental fitness)와 긍정 심리치료(positive psychotherapy)", 『한국심리학회지』, 제15집 1호(한국심리학회, 2009).
안신호 외, 『긍정심리학』(서울: 시그마프레스, 2009).
윤병오, "긍정심리학의 '성격강점과 덕목'의 도덕교육적 함의", 『도덕윤리과교육』, 제33집(한국도덕윤리과교육학회, 2011).
윤성민·신희천, "한국판 긍정심리치료척도의 타당화 연구", 『한국심리학회지 상담 및 심리치료』, 제22집 3호(한국심리학회, 2010).
추병완, "긍정심리학의 덕 가설에 대한 비판적 평가", 『도덕윤리과교육』, 제39집(한국도덕윤리과교육학회, 2013).
크리스토퍼 피터슨, 문용린·김인자·백수현 옮김, 『긍정심리학 프라이머』(서울: 물푸레, 2010).
크리스토퍼 피터슨, 문용린 옮김, 『성격강점과 덕목의 분류』(서울: 한국심리상담연구소, 2009).

Duckett. L. J. & Reden, M. B., "Education for ethical nursing practice", In J. R. Rest & Narvaez(Eds.), *Moral development in the professions: Psychology and applied ethics* (pp.51-70)(Hillsdale, N. J. Lawrence Erlbaum Associates, 1994).
Martin Seligman, 김인자 옮김, 『긍정심리학: 진정한 행복 만들기』(서울: 물푸레, 2006).
Peterson, C., *A primer in positive psychology*, (Oxford: Oxford University Press, 2006).
Rest, J. R., "Why does college promote development in moral judgment?",

Journal of Moral Education, 17-3(1988).

Resnick, S., Warmoth, A. & Selin, I. A., "The humanistic psychology and positive psychology connection: Implications for psychotherapy", *Journal of Humanistic Psychology*, 41(2001).

Ryff, C. D., "Happiness is everything, or is it? Explorations on the meaning of psychological well-being", *Journal of Personality and Social Psychology*, 57(1989).

Shane J. Lopez · C. R. Snyder, 이희경 · 이영호 · 조성호 · 남종호 공역, 『긍정심리평가: 모델과 측정』(서울: 학지사, 2008).

Stephen Joseph · P. Alex Linley 공저, 이훈진 · 김환 · 박세란 공역, 『긍정심리치료』(서울: 학지사, 2009).

Steve R. Baumgardner, Marie K. Crothers 지음, 안신호 · 이진환 · 신현정 · 홍창희 · 이재식 · 서수균 · 김비아 옮김, 『긍정심리학』(서울: 시그마프레스, 2009).

Seligman, M. E. P. & Csikszentmihalyi, M., "Positive psychology: An introduction", *American Psychologist*, 55(2000).

Seligman, M. E. P., "Positive psychology, positive prevention, and positive therapy", In C. R. Snyder & S. J. Lopez(Eds.), *Handbook of positive psychology*(New York: Oxford University Press, 2002a).

Seligman, M. E. P., *Authentic happiness,* (New York: Free Press, 2002b).

Seligman, M. E. P., *Flourish: A visionary new understanding of happiness and well-being*, (New YorK: Free Press, 2011).

Seligman, M. E. P., Ernst, R. M., Gillham, J., Reivich, K. & Linkins, M., "Positive education: Positive psychology and classroom interventions", *Oxford Review of Education*, 35-3(2009).

Seligman, M. E. P., Steen, T. A., Park, N. & Peteson, C.(2005), "Positive psychology progress: Empirical validation of interventions", *American Psychologist*, 60-5(2005).

제2장

교육부(2014.04), 『2014년도 인성교육 강화 기본계획』.

마틴 셀리그만, 우문식 · 윤상운 옮김, 『플로리시』(서울: 도서출판 물푸레, 2011).

박형빈, "의학적 관점에서 본 도덕성의 정신건강 측면과 마음치유로서의 도덕교육", 『윤리교육연구』, 제39집(한국윤리교육학회, 2016).

손경원, "인성교육의 연구 동향과 과제", 『윤리교육연구』, 제39집(한국윤리교육학회, 2016).

유병열, 『도덕교육론』(서울: 양서원, 2008).

이인재, "학교 인성교육의 체계적 접근과 교사의 역량", 『윤리교육연구』, 제39집(한국윤리교육학회, 2016).

정창우, 『도덕심리학과 도덕교육』(파주: 인간사랑, 2008).

정창우·손경원·김남준·신호재·한혜민, "학교급별 인성교육 실태 및 활성화 방안", 『2013년 정책연구개발사업』(교육부, 2014).

천세영·김왕준·성기옥·정일화·김수아·방인자, 『인성교육 비전 수립 및 실천방안연구』(교육과학기술부 보고서, 2012).

크리스토퍼 피터슨, 문용린·김인자·백수현 옮김, 『긍정심리학 프라이머』(서울: 도서출판 물푸레, 2009).

한국교육과정평가원, 『교과교육과 창의적 체험활동을 통한 인성교육 활성화 방안』(2011).

현주·임소현·한미영·임현정·손경원, 『초중등 학생 인성수준 조사 및 검사도구의 현장 활용도 제고방안연구』(한국교육개발원, 2014).

Althof, W. & Berkowitz, M., "Moral education and character education", *Journal of Moral Education,* 35(4)(2006).

Baumrind, D., "Current Patterns of Parental Authority", *Developmental Psychology Monographs*, 4(1, Part 2)(1971).

Csikszentmihalyi, M., Ratunde, K. & Whalen, S., *Talented teenagers: The roots of success and failure*(New York: Cambridge University Press, 1993).

Davidson, M., Lickona, T. & Khmelkov V, "Smart & Good Schools: A New Paradigm for High School Character Education", pp.370-390, In L. Nucci & D. Narvaez(ed.) *The Handbook of Moral and Character Education*(New York: Routledge, 2007).

Duckworth, A. L. & Seligman, M. E. P., "Self-discipline gives girls the edge: Gender in self-discipline, grades, and achievement test scores", *Journal of Educational Psychology*, 98-1(2006).

Frankel, V., *Man's search for meaning*(Boston: Beacon, 1959).

Gilman, R., Huebner E. S. & Furlong M. J.(Editor), *Handbook of Positive Psychology in Schools*(New York: Routledge, 2014).

Lickona, T., *Educating for character: How our schools can teach respect and responsibility*(New York: Bantam, 1991).

Lickona, T., *Character matters: How to help our children develop good judgment, integrity, and other essential virtues*(New York: Simon & Schuster, 2004).

Lickona, T. & Davidson, M., *Smart and good high schools: Integrating excellence and ethics for success in school, work, and beyond*(Washington, D.C.: Character Education Partnership, 2005).

Peterson, C. & Seligman, M. E. P., *Character strengths and virtues: A handbook and classification*(New York, NY: Oxford University Press, 2004).

Peterson, C., "Meaning and mattering: Perspectives from positive psychology", *Keynote speech presented at the 7th Biennial International Meaning Conference*(Toronto, Canada. 2012).

Schneider, K., "Toward a Humanistic Positive Psychology", *Existential Analysis: Journal Of The Society For Existential Analysis*, 22-1(2011), pp.32 - 38.

Schultz, N. W. & Huet, L. M., "Sensational! Violent! Popular! Death in American movies", *Omega: The Journal of Death and Dying*, 42(2001).

Seligman, M. E. P., *Authentic happiness: Using the new positive psychology to realize your potential for lasting fulfillment*(New York, NY: Free Press, 2002).

Seligman, M. E. P. *Flourish: A visionary new understanding of happiness and well-being*(New York, NY: Free Press, 2011).

Narvaez, D. "Integrative ethical education", in *Handbook of Moral Development, M. Killen and J. G. Smetana*, Eds., (Lawrence Erlbaum Associates, 2006).

제3장

권석만, 『긍정심리학-행복의 과학적 탐구』(서울: 학지사, 2008).

권석만, 『인간의 긍정적 성품-긍정심리학의 관점』(서울: 학지사, 2011).

김민지, "마음챙김(mindfulness)의 도덕교육적 함의 연구", 서울대학교 윤리
교육과 석사학위논문, 2014.

김하연, "나바에츠의 도덕적 전문성 모형 연구", 서울대학교 대학원 석사학위
논문, 2012.

마틴 셀리그만, 김인자 옮김, 『긍정심리학: 진정한 행복 만들기』(서울: 물푸
레, 2006).

박병기·김민재, "'사회적 직관주의'가 지니는 도덕교육적 함의", 『윤리연구』,
제84호 (한국윤리학회, 2012).

박장호, "신경과학의 도덕적 직관 이해와 도덕교육", 「윤리교육연구」, 제29집
(한국윤리교육학회, 2012).

박장호, "네오-콜버그학파의 새로운 지평: D. 나르바에즈의 신경생물학(Ⅱ)",
『인문학논총』, 제29집(경성대학교 인문과학연구소, 2012).

안신호 외, 『긍정심리학』(서울: 시그마프레스, 2009).

우문식, 『행복 4.0』(서울: 도서출판 물푸레, 2013).

윤병오, "긍정심리학의 '성격강점과 덕목'의 도덕교육적 함의", 『도덕윤리과
교육』, 제33집(도덕윤리과교육학회, 2011).

이정렬·정창우, "도덕심리학의 흐름 및 쟁점과 도덕과교육의 과제", 『윤리
연구』, 제87호(한국윤리학회, 2012).

정창우, "도덕심리학 연구의 최근 동향과 도덕교육적 함의", 『초등도덕교육』,
제37집(한국초등도덕교육학회, 2011).

정창우 외, 『미래사회대비 국가수준교육과정 방향 탐색 연구-도덕, 2012년
정책연구개발사업』(서울: 교육과학기술부, 2012).

조너선 하이트, 권오열 옮김, 『행복의 가설』(서울: 물푸레, 2010).

조너선 하이트, 왕수민 옮김, 『바른마음』(서울: 웅진지식하우스, 2014).

크리스토퍼 피터슨, 문용린·김인자·백수현 옮김, 『긍정심리학 프라이머』
(서울: 물푸레, 2010).

Christen, M. & Narvaez, D., "Moral development in early child hood is key
for moral enhancement", *AJOB Neuroscience*, 3-4(2012).

Greenberg, M., Weissberg, R., O'Brien, M., Zins, J., Fredricks, L., Resnick,

H. & Elias, M., "Enhancing school-based prevention and youth development through co-ordinated social, emotional, and academic learning", *American Psychologist*, 58(2003), pp.466-474.

Haidt, J., "The emotional dog gets mistaken for a possum", *Review of General Psychology*, 8(2004).

Haidt, J. & Joseph, C., The moral mind: How 5 sets of innate intuitions guide the development of many culture-specific virtues, and perhaps even modules, In P. Carruthers, S. Laurence & S. Stich(Eds.), The Innate Mind, Vol. 3.(pp.367-391)(New York: Oxford, 2007).

Hume, D., A Treatise of Human Nature, edited, with an Analytical Index, by L. A. Selby-Bigge, second edition(Oxford: Oxford University Press, 1978).

Narvaez, D., "Integrative ethical education", in Handbook of Moral Development, M. Killen and J. G. Smetana, Eds., pp.703-732(Lawrence Erlbaum Associates, 2006).

Narvaez, D., "The social intuitionist model: Some counter-intuitions", In W. Sinnott-Armstrong(Ed.), Moral psychology, Vol. 2: The cognitive science of morality(pp.233-240)(Cambridge, MA: MIT Press, 2008).

Narvaez, D. & Vaydich, J. L., "Moral development and behaviour under the spotlight of the neurobiological sicences", *Journal of Moral Education*, 37-3(2008), pp.293-294.

Perkins, D. N., Farady, M. & Bushey, B., "Everyday reasoning and the roots of intelligence", In J. F. Voss, D. N. Perkins & J. W. Segal(Eds.), Informal reasoning and education, (pp.83-105)(Hillsdale, NJ: Erlbaum, 1991).

Seligman, M. E. P. & Csikszentmihalyi, M., "Positive psychology: An introduction", *American Psychologist*, 55(2000), pp.5-14.

Seligman, M. E. P., Steen, T. A., Park, N. & Peteson, C., "Positive psychology progress: Empirical validation of interventions", *American Psychologist*, 60-5(2005), pp.410-421.

제4장

권석만, 『긍정심리학-행복의 과학적 탐구』(서울: 학지사, 2008).

게리 콜린스, 한국기독교상담 심리치료학회 옮김, 『뉴크리스천 카운슬링』(서울: 두란노, 2008).

김경미, "긍정심리치료에 대한 기독교 상담학적 평가", 고신대학교 기독교 상담대학원 석사학위논문, 2014.

김동기, 『종교행동의 심리학적 이해』(서울: 학지사, 2013).

김순원, "성경적 낙관성과 그리스도인의 행복연구 로마서 5장 3-5절을 중심으로", 총신대학교 석사학위논문, 2009.

류의근 · 윤상진, 『예수의 도를 위한 서신』(서울: CLC, 2005).

리처드 헤이스, 유승원 옮김, 『신약의 윤리적 비전』(서울: IVP, 2009).

스탠리 하우어워스 · 윌리엄 윌리몬, 김철호 옮김, 『하나님의 나그네 된 백성』(서울: 복 있는 사람, 2010).

이상억 외 9인, 『목회상담실천입문』(서울: 학지사, 2009).

전요섭, "감사의 긍정적 영향에 기초한 기독교 상담", 『신앙과 학문』, 제4권3호(기독교학문연구소, 2009).

정일권, "르네 지라르의 사상과 개혁주의 문화관과 변증학", 『개혁논총』, 제28집(개혁신학회, 2013).

크리스토퍼 피터슨, 문용린 · 김인자 · 백수현 옮김, 『긍정심리학 프라이머』(서울: 도서출판 물푸레, 2010).

탈벤 샤하르, 노혜숙 옮김, 『하바드대행복학강의: 해피어』(서울: 위즈덤하우스, 2007).

Algoe, S. B. & Haidt, J., "Witnessing excellence in action: The 'other-praising' emotions of elevation, gratitude, and admiration", *The Journal of Positive Psychology*, 4-2(2009).

Aquino, K., McFerran, B. & Laven, M., "Moral identity and the experience of moral elevation in response to acts of uncommon goodness", *Journal of Personality and Social Psychology*, 100-4(2011). Barth, K.

Bonhoeffer, D., *Christ the center*(New York: Harper & Row, 1966).

Bonhoeffer, D., *Ethics*, (New York: Macmillan, 1955).

Calvin, J., Institutes of the Christian religion (F. L. Battles, Trans.), Philadelphia: Westminster, (Original work published 1559)(1960).

Casey, J., Pagan virtue: An essay in ethics, Oxford: Clarendon Press, 1990.

Charry, E., "Positive Theology: An Exploration in Theological Psychology and Positive Psychology", Journal of Psychology and Christianity, 30-4(2011).

Dahlsgaard, K., Peterson, C. & Seligman, M. E. P., "Shared virtue: The convergence of valued human strengths across culture and history", Review of General Psychology, 9-3(2005).

Edwards, J., "Concerning the end for which God created the world", In P. Ramsey(Ed.), Ethical writings, Vol. 8, The works of Jonathan Edwards(pp.403-536), New Haven, CT: Yale University Press, 1998.

Emmons, R. A. & Paloutzian, R. F., "The psychology of religion", Annual Review of Psychology, 54(2003).

Emmons, R. A., Thanks! How the new science of gratitude can make you happier(New York: Houghton Mifflin Com 2007).

Foot, P., Virtues and vices and other essays in moral philosophy, (Berkeley, CA: University of California Press, 1978).

Fox, M., Creation Spirituality: Liberating Gifts for the Peoples of the Earth (New York: Harper San Francisco, 1991).

Greenfeld, L., Mind, Modernity, Madness: The Impact of Culture on Human Experience(Cambridge, MA: Harvard University Press, 2013).

Gubbins, J., "Positive Psychology: Friend or Foe of Religious Virtue Ethics?", Journal of the Society of Christian Ethics, 28-2(2008).

Greenfeld, L., Mind, Modernity, Madness: The Impact of Culture on Human Experience, (Cambridge, MA: Harvard University Press, 2013).

Haidt, J., The happiness hypothesis: Finding modern truth in ancient wisdom (New York: Basic Books, 2006).

Haidt, J., The righteous mind: Why good people are divided by politics and religion(New York: Penguin, 2012).

Hauerwas, S., After Christendom? How the church is to behave if freedom, justice, and a Christian nation are bad ideas, Nashville, TN: Abingdon, 1991.

Hauerwas, S. & Pinches, C., Christians among the virtues: Theological conversations with ancient and modern ethics, Notre Dame, IN: University of Notre Dame Press, 1997.

Hauerwas, S., "The Church and Liberal Democracy", in A Community of

Character, Nortre Dame, 1983.

Haidt, J., *The happiness hypothesis: Finding modern truth in ancient wisdom*, (New York: Basic Books, 2006).

Hackney, C., "Possibilities of a Christian Positive Psychology", *Journal of Psychology and Theology*, 35-3(2007).

Hackney, C. H., "Possibilities for a Christian positive psychology", *Journal of Psychology & Theology*, 35(2007).

Hackney, C. H., "Positive psychology and Vanhoozer's theodramatic model of flourishing", *Edification: The Transdisciplinary Journal of Christian Psychology*, 4(2010).

Hackney, C. H., "Sanctification as a source of theological guidance in the construction of a Christian positive psychology", *Journal of Psychology and Christianity*, 29(2010).

Johnson, E., ed. Psychology & Christianity, *Five Views. Downers Grove(IL: IVP Academic, 2010)*.

Kotva, J. J. Jr., "*The Christian case for virtue ethics*", Washington, DC: Georgetown University Press, 1996.

Linley, P. A. & Joseph, S.(Eds.), *Positive psychology in practice,* (Hoboken, NJ: John Wiley & Sons, 2004).

MacIntyre, A. *After Virtue, 2nd ed.*(Notre Dame, IN: University of Notre Dame Press, 1984).

MacIntyre, A., *Three rival versions of moral enquiry: Encyclopaedia, genealogy, and tradition*(Notre Dame, IN: University of Notre Dame Press, 1990).

MacIntyre, A., *Dependant rational animals: Why human beings need the virtues*(Chicago: Open Court, 1999).

Moltmann, J., "God's Kenosis in Creation and Consummation of the World", *in The Work of Love: Creation as Kenosis*, ed. John Polkinghorn(Grand Rapids, MI/Cambridge, U. K: Wm. B. Eerdmans, 2001).

Murphy, N., "Theological resources for integration", In A. Dueck & C. Lee(Eds), *Why psychology needs theology: A radical-reformation perspective*(Grand Rapids, MI: William B. Eerdmans Publishing Company, 2005a).

Murphy, N., "Constructing a radical-reformation research program in psychology", In A. Dueck & C. Lee(Eds), *Why psychology needs theology: A radical-reformation perspective*(Grand Rapids, MI: William B. Eerdmans Publishing Company, 2005b).

Murphy, N. & Hackney, C. H., "An interview with Nancey Murphy: Constructing an Anabaptist vision of ideal psychological functioning", *Edification: The Transdisciplinary Journal of Christian Psychology*, 4(2011).

Picper, J., *The four cardinal virtues*(New York: Harcourt, Brace & World, Inc., 1965).

Henry, C. F. H., *Christian personal ethics*(Grand Rapids, MI: William B. Eerdmans Publishing Company, 1957).

Peterson, C. & Seligman, M. E. P., *Character Strengths and Virtues: A Handbook and Classification*(Washington, DC: American Psychological Association, 2004).

Peterson, C., "Values in Action(VIA): classification of strengths", In Csikszentmihalyi, M. & Csikszentmihalyi, I. S(Eds.) *A life worth living: contributions to positive psychology*(U.S.: Oxford University Press, 2006b).

Seligman, M. E. P., *Authentic happiness: Using the new positive psychology to realize your potential for lasting fulfillment*(New York: Free Press, 2004).

Seligman, M. E. P. & Chikszentmihalyi, M., "Happiness, excellence, andoptimal human functioning", *American Psychologist*, 55(2000/1).

Seligman, M. E. P., *Flourish*(New York: Free Press, 2011).

Sundararajan, L., "Happiness Donut: A Confucian Critique of Positive Psychology", *In Journal of Theoretical and Philosophical Psychology*, 25-1(2005).

Seligman, M. E. P., *Authentic happiness: Using the new positive psychology to realize your potential for lasting fulfillment.*(New York: Free Press, 2004).

Snyder, C. R. & Lopez, S. J.(Eds.), *Oxford handbook of positive psychology* (New York: Oxford University Press, 2009).

Sundararajan, L.. Beyond hope: The Chinese Buddhist notion of emptiness, Paper presented at the annual convention of the American

Psychological Association, Washington, DC, 2005a.

Sundararajan, L., "Happiness donut: A Confucian critique of positive psychology", *Journal of Theoretical and Philosophical Psychology*, 25(2005b).

Triandis, H. C., "Culture and psychology", In S. Kitayama & D. Cohen(Eds.), *Handbook of cultural psychology*(pp.59-76), (New York: Guilford, 2007).

Vanhoozer, K. J., *The drama of doctrine: A canonical linguistic approach to Christian theology*(Louisville, KY: Westminster John Knox, 2005).

Wong, Y. J., "The future of positive therapy. Psychotherapy: Theory, Research, Practice", *Training*, 43(2006).

Wallace, B. A., *Buddhism with an attitude: The Tibetan sevenpoint mind-training* (Ithaca, NY: Snow Lion, 2001).

Wilson J. R., "Virtue(s)" *in Dictionary of Scripture and Ethics, ed. Joel B. Green*(Grand Rapids: Baker, 2011).

Zagzebski, L. T., *Divine motivation theory*(New York: Cambridge University Press, 2004).

제5장

김용규, 『영화관 옆 철학카페』(서울: 이론과 실천: 2002).

박장호, "도덕적으로 의미 있는 삶", 『윤리교육연구』 제35집(한국윤리교육학회, 2014).

빅터 프랭클, 김충선 옮김, 『죽음의 수용소에서』(서울: 청아출판사, 2002).

빅터 프랭클, 이시형 옮김, 『삶의 의미를 찾아』(경기: 청아출판사, 2005).

정미영, "삶의 의미발견과정에 관한 연구: 의미추구, 의미발견, 사생관 및 가치관을 중심으로", 한양대학교 교육학과 박사학위논문, 2010.

Algoe, S. B. & Haidt, J., "Witnessing excellence in action: The 'other-praising' emotions of elevation, gratitude, and admiration", *The Journal of Positive Psychology*, 4-3(2009).

Aquino, K., McFerran, B. & Laven, M., "Moral identity and the experience of moral elevation in response to acts of uncommon goodness",

Journal of Personality and Social Psychology, 100-4(2011).

Bandura, A., "Self-efficacy: Toward a unifying theory of behavior change", *Psychological Review*, 84(1977).

Bandura, A., *Social foundations of thought and action: A social cognitive theory*(Englewood Cliffs, NJ: Prentice Hall, 1986).

Bandura, A., Barbaranelli, C., Caprara, G. V. & Pastorelli, C., "Mechanisms of Moral Diseengagement in the Exerxise of Moral Agency", *Journal of Personality and Social Psychology*, 71-2(1996).

Bolton, M. K., "Imitation versus innovation: Lessons to be learned from the Japanese", *Organizational Dynamics*, 22(1993).

Bonanno, G. A., *The Other Side of Sadness: What the New Science of Bereavement Tells Us About Life After Loss*(New York, NY: Basic Books, 2009).

Cox, M., Garrett, E. & Granam, J. A., "Death in Disney Films: Implications For Children's Understanding of Death", *Omega*, 50-4(2005).

Dobson W. L. & Wong, P. T. P., "Women living with HIV: The role of meaning and spirituality", In A. Tomer, G. T. Eliason, & P. T. P. Wong(Eds.), *Existential and spiritual issues in death attitudes*(New York, NY: Lawrence Erlbaum Associates, 2008).

Frankl, V. E., *The doctor and the soul: From psychotherapy to logotherapy (Revised and expanded)*(New York: Vintage Books, 1986).

Frankl, V. E., *Man's search for ultimate meaning*(New York, NY: Insight Books, 1997).

Fredrickon, B. L., "The role positive emotion in positive psychology: The broaden and build theory of positive emotion", *American psychologist*, 56-3(2001).

Fredrickson, B. L., "Cultivating positive emotions to optimize health and well-being", *Prevention and Treatment* 3(2003).

Furer, P. & Walker, J. R., "Death anxiety: A cognitive-behavioral approach", *Journal of Cognitive Psychotherapy*, 22(2008).

Gadamer, H. G. *Wahrheit und Methode*, (Tubingen: J. C. B. Mohr, 1975).

Gailliot, M. T., Schmeichel B. J. & Baumeister, R. F., "Self-regulatory processes defend against the threat of death: Effects of self-control depletion and trait self-control on thoughts and fears of dying",

Journal of Personality and Social Psychology, 91(2006).

Grusec, J. E., "The socialization of altruism", In M. S. Clark(Ed.), *Prosocial behavior*(Beverly Hills, CA: Sage, 1991).

Guttmann, D. *Finding meaning in life, at midlife and beyond: Wisdom and spirit from logotherapy*(Westport, CT: Praeger, 2008).

Guttmann, D., *Logotherapy for the helping professional: Meaningful social work*(New York, NY: Springer, 1996).

Gibson, M., "Death scenes: Ethics of the face and cinematic deaths", *Mortality*, 6(2001).

Haidt, J., *The happiness hypothesis: Finding modern truth in ancient wisdom*(New York: Basic Books, 2006).

Haidt, J., *The righteous mind: Why good people are divided by politics and religion*(New York: Penguin, 2012).

Haidt, J., "Elevation and the positive psychology of morality", In C. L. M. Keyes & J. Haidt(Eds.), *Flourishing: Positive psychology and the life well-lived*(Washington, D.C.: American Psychological Association, 2003).

Heuser, L., "Death education: A model of student-participatory learning", *Death Studies*, 19(1995).

Krause, N., "Gratitude toward God, stress, and health in late life", *Research on Aging*, 28(2006).

Kristjansson, K., *Virtues and Vices in Positive Psychology: A Philosophical Critique* (New York, NY: Cambridge University Press, 2013).

MacIntyre, A., *After virtue: A study in moral theory*(2nd ed.)(Notre Dame, IN: University of Notre Dame Press, 1984).

May, R.(Ed.), *Existential psychology*(New York: McGraw-Hill, 1961).

Niemiec, R. M. & Deci, E. L., "On happinessandhuman potentials: A review of research on hedonic and eudaemonic well-being", *Annual Review of Psychology*, 52(2001).

Niemiec, R. M., "What is a positive psychology film? [Review of the motion picture The pursuit of happyness]", *Psyccritics*, 52-38(2007).

Niemiec R. M. & Wedding, D., *Positive psychology at the movies: Using films to build virtues and character strengths*(Gottingen, Germany: Hogrefe, 2008).

Niemiec, R. M. & Schulenberg, S. E. "Understanding death attitudes: the integration of movies, positive psychology, and meaning management", *Death Stud*, 35-5(2011).

Nye, S., "Tragic optimism and the search for meaning: Enhancing recovery in psychotherapy", *Eating Disorders*, 16(2008).

Pargament, K. & Mahoney, A., "Spirituality: Discovering and conserving the sacred", In C. R. Snyder & S. J. Lopez(Eds.), *Handbook of positive psychology*(New York, NY: Oxford University Press, 2002).

Pawelski, J. O. & Moores D. J.(Eds.), The eudaimonic turn: Well-being in literary studies(Madison, NJ: Fairleigh Dickinson University Press, 2013).

Peterson, C. & Seligman, M. E. P., *Character strengths and virtues: A handbook and classification*(New York, NY: Oxford University Press, 2004).

Peterson, C., "Meaning and mattering: Perspectives from positive psychology", *Keynote speech presented at the 7th Biennial International Meaning Conference*(Toronto, Canada. 2012).

Ross, E. K. & Kessler, D., Life Lessons, 류시화 역, 『인생 수업』(서울: 이레, 2010).

Schneider, K., "Toward a Humanistic Positive Psychology", *Existential Analysis: Journal Of The Society For Existential Analysis*, 22-1(2011).

Schultz, N. W. & Huet, L. M., "Sensational! Violent! Popular! Death in American movies", *Omega: The Journal of Death and Dying*, 42(2001).

Sedney, M. A.. "Children's grief narratives in popular films", *Omega: The Journal of Death and Dying*, 39(1999).

Seligman, M. E. P., *Authentic happiness: Using the new positive psychology to realize your potential for lasting fulfillment*(New York, NY: Free Press, 2002).

Seligman, M. E. P. *Flourish: A visionary new understanding of happiness and well-being*, (New York, NY: Free Press, 2011).

Tomer, A., Eliason, C. T. & Wong, P. T. P.(Eds.), *Existential and spiritual issues in death attitudes*(New York, NY: Lawrence Erlbaum Associates, 2008).

Wong, P. T. P., "Existential and humanistic theorie", In J. C. Thomas, & D.

L. Segal(Eds.), *Comprehensive Handbook of Personality and Psychopathology*, (Hoboken, NJ: John Wiley & Sons, Inc, 2005).

Wong, P. T. P., "Meaning management theory and death acceptance", InA. Tomer, G. T. Eliason, & P. T. P. Wong(Eds.), *Existential and spiritual issues in death attitudes*(New York, NY: Lawrence Erlbaum Associates, 2008).

Wong, P. T. P., "Viktor Frankl: Prophet of hope for the 21st century", In A. Batthyany & J. Levinson(Eds.), *Anthology of Viktor Frankl's Logotherapy*(Phoenix, AZ: Zeig, Tucker & Theisen Inc, 2009).

Wong, P. T. P., "Meaning-making and death acceptance", *International Journal of Existential Psychology and Psychotherapy*, 3-2(2010).

Wong, P. T. P., "Meaning Therapy: An Integrative and Positive Existential Psychology", *Journal of Contemporary Psychotherapy*, 40-2(2010).

Wong P. T. P. & Tomer, A., "Beyond Terror and Denial: The Positive Psychology of Death Acceptance", *Death Studies*, 35-2(2011).

Yalom, I. D., Existential psychotherapy(New York: Basic Books, 1980).

Yalom, I. D., *Staring at the sun: Overcoming the terror of death*(San Francisco, CA: Jossey-Bass, 2008).

제6장

곽금주·문은영, "청소년의 심리적 특징 및 우울과 비행간의 관계", 『발달』, 제6권 2호(서울: 한국심리학회, 1993).

권석만, 『긍정심리학-행복의 과학적 탐구』(서울: 학지사, 2008).

권정혜·이재우, "우울증의 인지행동치료", 『인지행동치료』, 제1권 1호(한국인지행동치료학회, 2001).

박원명·민경준, 『우울증』(서울: 시그마프레스, 2012).

방양원·채정호·진태원·이정균, "청소년 품행장애의 6개월 단기 예후에 영향을 미치는 변인 II-우울 및 불안척도와 주의력결핍 과잉활동 척도를 중심으로", 『소아청소년정신의학』, 제7권 2호(서울: 소아청소년정신의학회, 1996).

이선주, "청소년기 품행장애와 주의력 결핍/과잉행동장애를 동반한 품행장애의 비교 연구: 인지·정서 및 성격 행동적 특성을 중심으로," 중앙대학교 대학원 석사학위논문, 1999.

이정애, "우울한 노인들을 대상으로 한 집단 긍정심리치료 프로그램의 효과", 고려대학교 심리학과 박사학위논문, 2011.

이진주, "우울증상 감소 및 행복증진을 위한 수용적 긍정심리치료 프로그램 개발 및 효과 검증", 아주대학교 심리학과 석사학위논문, 2012.

임영진, "성격강점과 긍정심리치료가 행복에 미치는 영향", 서울대학교 대학원 박사학위논문, 2010.

임영진, "주요우울장애 대학생을 대상으로 한 긍정심리치료의 효과", 『한국심리학회지 임상』, 제31권 3호(서울: 한국심리학회, 2012).

마크 길슨·아서 프리먼, 최병휘·이종선 옮김, 『우울증의 인지치료』(서울: 시그마프레스, 2009).

마틴 셀리그만, 김세영 옮김, 『낙관적인 아이』(서울: 물푸레, 2010).

마틴 셀리그만, 윤상욱·우문식 옮김, 『마틴 셀리그만의 플로리시』(서울: 물푸레, 2011).

마틴 셀리그만, 우문식·최호영 옮김, 『학습된 낙관주의』(안양: 도서출판 물푸레, 2012).

Anderson, J. C., Williams, S. & McGee, R. et al, "DSM-Ⅲ Disorders in preadolescent children", *Arch Gen Psychiatry*, 44-1(1987).

Ayuso-Mateos, J. L., Vazquez-Barquero, J. L., Dowrick, C., Lehtinen, V., Dalgard, O. S., Casey, P., Group, O., "Depressive disorders in Europe: prevalence figures from the ODIN study", *Br J Psychiatry*, 179(2001).

Beck, A. T., *Cognitive therapy and emotional disorders*(New York: Meridian, 1976).

Beck, A. T., "Psychiatry: cognitive therapy for depression and panic disorder", *West J Med*, 151-3(1989).

Casacalenda, N., Perry, J. C. & Looper, K., "Remission in major depressive disorder: a comparison of pharmacotherapy, psychotherapy, and con-trol conditions", *Am J Psychiatry*, 159-8(2002).

Geller, B., Chestnut, E. C. & Miller, D., et al, "Preliminary data on DSM-Ⅲ associated feature of major depressive disorder in child and adolescents", *Am J Psychiatry*, 142-5(1985).

Grant, B. F., "Comorbidity between DSM-IV drug use disorders and major depression: results of a national survey of adults", *J Subst Abuse*, 7-4(1995).

Hirschfeld, R. M., "The Comorbidity of Major Depression and Anxiety Disorders: Recognition and Management in Primary Care", *Prim Care Companion J Clin Psychiatry*, 3-6(2001).

Kendall, P. C. & Chu, B. C., "Retrospective self-report of therapist Flexibility in a manual-based treatment for youth with anxiety disorder", *Journal of Clinical Child Psychology*, 29-2(2000).

Kessler, R. C., Nelson, C. B., McGonagle, K. A., Liu, J., Swartz, M. & Blazer, D. G., "Comorbidity of DSM-III-R major depressive disorder in the general population: results from the US National Comorbidity Survey", *Br J Psychiatry Suppl*, 30(1996).

King R. A. & Noshpitz, J. D., "Pathways of Growth: Essential of Child Psychiatry", *Psychopathology*. Vol 2. 1st ed, (New York: A Wiley-Interscince Publication, 1991).

Leon, H. M., "Proposed Classification of Childhood Depression", *Am J Psychiatry*, 129-2(1972).

Maddux, J. E., Snyder, C. R. & Lopez, S. J., "Toward a positive clinical psychology: deconstructing the illness ideology and constructing an ideology of human strengths and potential", *Positive psychology in practice*(Hoboken, NJ: John Wiley & Sons Inc, 2004).

Nutt, D. J., "Relationship of neurotransmitters to the symptoms of major depressive disorder", *J Clin Psychiatry*, 69(2008).

Park, N., "Character Strengths and Positive Youth Development", *The ANNALS of the American Academy of Political and Social Science*, 591(2004).

Peterson, C., "Meaning and mattering: Perspectives from positive psychology", *Keynote speech presented at the 7th Biennial International Meaning Conference*(Toronto: Canada. 2012).

Peterson, C. & Seligman, M. E. P., *Character strengths and virtues: A handbook and classification*(New York: Oxford University Press/ Washington, DC.: American Psychological Association, 2004).

Peterson, C. & Seligman, M. E. P., *Character strengths and virtues: A handbook and classification*(New York, NY: Oxford University

Press, 2004).

Puig-Antich, J., "Major depression and conduct disorder in prepuberty", *J Am Acad Child Psychiatry*, 21-2(1982).

Rush, A. J., Warden, D., Wisniewski, S. B., Fava, M., Trivedi, M. H. & Gaynes, B. N., et al., "revising conventional wisdom", *CNS Drugs*, 23(2009).

Seligman, M. E. P., *Authentic happiness: Using the new positive psychology to realize your potential for lasting fulfillment*(New York: N. Y. Free Press, 2002).

Seligman, M. E. P., "Positive psychology, positive prevention, and positive therapy", In C. P. Snyder & S. J. Lopez(eds.), *Handbook of positive psychotherapy*(New York: Oxford University Press, 2002).

Seligman, M. E. P., Steen, T. A. Park, N. & Peterson, C, "Positive psychology progress: empirical validation of interventions", *American Psychology*, 60-5(2005).

Seligman, M. E. P., Rashid, T., Parks, A. C., "Positive psychotherapy", *American Psychol*, 61-8(2006).

Seligman, M. E. P., *Flourish: A visionary new understanding of happiness and well-being*(New York: Free Press, 2011).

Tsankovawa, N. Bental, W. Kumar, A. & Nestler, E. J., "Epigenetic regulation in psychiatric disorders", *Nature Rev Neurosci*, 8(2007).

Vaynman, S. & Gomez-Pinilla, F., "Revenge of the sit: How lifestyle impacts neuronal and cognitive health through molecular systems that interface energy metabolism with neuronal plasticity", *Journal of Neuroscience Research*, 84-4(2006).

Wittchen, H. U., "Critical issues in the evaluation of comorbidity of psychiatric disorders", *Br. J Psychiatry Suppl*, 168-30(1996).

제7장

권석만, 『긍정심리학-행복의 과학적 탐구』(서울: 학지사, 2008).

김주환, 『회복탄력성: 시련을 행운으로 바꾸게 하는 유쾌한 비밀』(서울: 위즈덤 하우스, 2011).

김택호 · 김재환, "청소년의 탄력성 발달 과정에서 희망과 삶의 의미의 효과". 『한국상담』, 16집 3호(심리치료학회, 2004).

김희정, "콜센터 상담사의 회복탄력성과 감정노동에 관한 연구", 광주여자대학교사회개발대학원 석사학위 논문, 2012.

우문식, 『행복 4.0』(서울: 도서출판 물푸레, 2013).

정종진, 『행복수업』(서울: 도서출판 그루, 2014).

최성애, 『나와 우리 아이를 살리는 회복탄력성: 최성애 박사의 행복 에너지 충전법』(서울: 해냄, 2014).

최인재, "청소년 건강 실태 및 대응 방안", 『NYPI 청소년 정책 리포트 30』(서울: 한국청소년정책연구원, 2012).

추병완, "청소년의 회복탄력성 증진을 위한 도덕과 지도방법", 『윤리교육연구』, 34집(한국윤리교육학회, 2014).

다니엘 프리맨, 이종훈 역, 『그러니까 심리학』(서울: 북돋움, 2012).

라이언 니미엑 · 데니 웨딩, 백승화 외 옮김, 『영화 속의 긍정심리』(서울: 학지사, 2011).

마틴 셀리그만, 우문식 · 윤상운 옮김, 『플로리시』(서울: 도서출판 물푸레, 2011).

조지 베일런트, 이덕남 옮김, 『행복의 조건』(서울: 프런티어, 2002/2010).

케네스 R. 긴스버그 · 마샤 M. 재블로우, 안진희 옮김, 『넘어져도 다시 일어서는 아이』(서울: 양철북, 2015).

캐런 레이비치 · 앤드류 샤테, 우문식 · 윤상운 옮김, 『회복력의 7가지 기술』(서울: 도서출판 물푸레, 2014).

Bargh, J. A. & Chartrand, T. L., "The unbearable automaticity of being", *American Psychologist*, 54(1999).

Beck, A. T. *Depression: Clinical, experimental and theoretical aspects*(New York: Hoeber Medical Division, 1967).

Clark, D. M. E. & Fairburn, C. G., *Science and practice of cognitive behaviour therapy*(Oxford University Press, 1997).

Fredrickon, B. L., "The role positive emotion in positive psychology: The broaden and build theory of positive emotion", *American psychologist*, 56-3(2001).

Gloria, C. T., Faulk, K. E. & Steinhardt. M. A., "Positive of fectivity predicts successful and unsuccessful adaptation to stress", *Motivation and Emotion*, 37-1(2013).

Harvey, V. S., "Schoolwide methods for forstering resiliency", *Student Services*, 10(2007).

Kabat-Zinn, J., *Full Catastrophe Living: Using the wisdom of your body and mind to face stress, pain, and illness*(New York: Delta, 1990).

Masten, A. S. & Reed, M. G. J., "Resilience development", In C. R. Snyder & S. J. Lopez(Eds.), *Handbook of Positive Psychology*(New York: Oxford University Press, 2002).

Peterson, C. & Seligman, M. E. P., *Character strengths and virtues: A handbook and classification*(New York, NY: Oxford University Press, 2004).

Reivich, K. & Shatté, A., *The resilience factor*(New York: Broadway Books, 2003).

Rogers, C. R., *Client-Centered Theraphy*(Boston: Houghton Mifflin, 1951).

Seligman. M. E. P. & Chikszentmihalyi, M., "Happiness, excellence, andoptimal human functioning", *American Psychologist*, 55(2000).

Seligman, M. E. P., *Authentic happiness: Using the new positive psychology to realize your potential for lasting fulfillment*(New York, NY: Free Press, 2002).

Seligman, M. E. P., *Flourish: A visionary new understanding of happiness and well-being*(New York, NY: Free Press, 2011).

Shiffrin, R. M. & Schneider, W., "Controlled and automatic human information processing: II. Perceptual learning, automatic attending, and a general theory", *Psychological Review*, 84(1977).

Siegel, D. J., "Mindful Awareness, Mindsight, and Neural Integration", *The Humanist Psychologist*, 37(2009).

Smith, E. J., "The strength-based counseling model, The Counseling", *Psychologist*, 34-1(2006).

Tugade, M. M. & Fredrickson, B. L., "Positive emotions and emotional intelligence", in L. Feldman Barrett and P. Salovey(eds.), *The Wisdom of Feelings*, (Guilford: New York, 2002).

Tugade, M. M. & Fredrickson, B. L., "Resilient individuals use positive emotions to bounce back from negative emotional experiences", *Journal of personality and social psychology*, 86-2(2004).

Vaillant, G. E., "Natural history of male psychological health, III: Empirical dimensions of mental health", *Archives of General Psychiatry*, 32(1975).

Vaillant, G. E., "Ego mechanisms of defense and personality psychology", *Journal of Abnormal Psychology*, 103-1(1994).

Vaillant, G. E., "American Psychiatric Association", *Diagnostic and Statistical Manual of Mental Disorders*(4th ed.)(Washington, DC: Author, 1994).

Vaillant, G. E., "Adaptive mental mechanisms: Their role in a positive psychology", *American Psychologist*, 55-1(2000).

Werner, E. E., *The children of Kauai: a longitudinal study from the prenatal period to age ten*(Honolulu: University of Hawaii Press, 1971).

Werner, E. E & Smith, R. S., *Vulnerable but invincible: A Longitudinal study of resilient children and youth*(New York: MacGraw Hill, 1982).

Werner, E. E. & Smith, R. S., *Overcoming the Odds: High risk children from birth to adulthood*, (New York: Cornell University Press, 1992).

최용성

부산대학교 윤리교육과 및 동 대학원에서 석·박사를 졸업하였으며, 경성대학교 초빙
교수 및 부산대학교·부산교육대학교 등에 출강했으며 윤리교육 관련 논문 및 저서를
출판해오고 있다. 저서로는『도덕철학과 도덕교육』(인간사랑, 2002),『영화와 문학
으로 열어가는 인성교육』(학지사, 2003),『새로운 이야기 도덕교육』(학지사, 2002,
공저),『대학과 학습연구윤리교육』(부산대학교출판부, 2014),『대안적 정보윤리교
육 프로그램의 개발과 적용』(한국학술정보(주), 2015),『연구윤리 표준교재: 올바른
연구윤리의 이해』(국가과학기술인력개발원, 2016, 공저) 외 다수의 저서와 논문이
있다.

행복
윤리교육과
상담

초판인쇄   2017년 11월 10일
초판발행   2017년 11월 10일

지은이   최용성
펴낸이   채종준
펴낸곳   한국학술정보㈜
주소   경기도 파주시 회동길 230(문발동)
전화   031) 908-3181(대표)
팩스   031) 908-3189
홈페이지   http://ebook.kstudy.com
전자우편   출판사업부   publish@kstudy.com
등록   제일산-115호(2000. 6. 19)

ISBN   978-89-268-8176-7 93370